·高职高专经管类专业基础课规划教材·

统计基础

陈增明◆编著

厦门大学出版社
XIAMEN UNIVERSITY PRESS
国家一级出版社
全国百佳图书出版单位

内容简介

《统计基础》是省级精品课程《统计学原理》的配套教材。教材以培养学生统计调查、整理和分析能力为目的，按照实际统计工作的完整过程搭建内容体系。全书共分为8个项目，内容包括：认识统计、统计数据采集、统计数据整理与显示、统计数据描述、抽样设计与推断、相关与回归分析、动态数列分析与预测、统计指数分析。具体项目由若干任务组成。为了提高学生的学习兴趣，每个项目都安排与现实社会经济生活非常贴近的案例资料；为了提高学生的实践能力，以Excel为工具，通过大量实例讲解统计过程所需的知识与技能；为了让学生能够及时检查自己的学习效果，在每个项目的内容后，都安排了相应的技能训练环节。因此，本教材具备"简化理论、突出应用；内容创新、编排科学；案例丰富、趣味性强"的基本特色。

本教材可作为高职高专院校经济与管理类专业教材，还可作为在职人员继续教育、培训的参考用书。

前言

《统计基础》是高职高专院校经济与管理专业的专业基础课。开设本课程的目的在于使经济与管理类专业的学生能掌握统计的基本理论与方法，着重培养学生搜集数据、处理数据及分析数据的实践能力。

随着我国社会主义市场经济体制的逐步建立与完善，无论是进行宏观的国民经济管理，还是进行微观的企业经营决策，都需要准确地把握有关经济运行的各类数据信息。作为数据搜集、处理、分析的一种有效工具，统计方法已广泛应用于社会科学和自然科学的各个领域。运用统计的思维去发现数据、分析数据已成为现代社会一种必要的思维方式。

本书为省级精品课程《统计学原理》的配套教材。全书共分为8个项目，内容包括：认识统计、统计数据采集、统计数据整理与显示、统计数据描述、抽样设计与推断、相关与回归分析、动态数列分析与预测、统计指数分析。具体项目由若干任务组成。

在教材编写的过程中，按照高职高专人才培养的要求，坚持“以能力为本位、以应用为主体”的原则，在体系设计、项目选取、内容组织等方面做了一些探索，力图使本教材有一些特色与新意，从而更加适合新时期高职高专院校经济与管理专业的统计教学要求。

首先，根据高职高专院校经济与管理专业的培养目标设计内容体系。经济与管理专业统计教育的目的是：使学生掌握统计的基本理论与方法，培养学生应用统计方法分析和解决经济管理中实际问题的能力。根据这一目的，本教材内容着重介绍实用的统计方法，突出应用性。在相关项目中安排了案例导读、超级链接等。这些案例和链接材料来自于实际生活，有利于激发学生的学习兴趣。在教材的体例上，各项目开篇均有知识目标、能力目标提示。同时，为加强实践能力的培养，每一项目均安排技能训练环节。

其次，将统计方法与现代信息技术相结合。本书采用最常见的通用软件Excel作为实现统计计算和分析的工具。在有关项目中，运用具体实例（大多采用实际中真实的统计数据）作为“任务导入”讲述Excel在各种统计数据处理、分析中的应用。通过多媒体演示与上机操作，培养学生统计信息现代化处理的能力。

本教材在编写过程中参考了大量相关教材和著作，其中，绝大部分列于参考文献中。但由于时间仓促，有些未列于参考文献中，深表歉意。在此一并感谢。

本教材由陈增明副教授编著。感谢福建商业高等专科学校经济信息教研室的佘香老师和厦门大学出版社对本书出版的大力支持。

由于编者水平有限，教材中疏漏不当之处，恳请各位同行和读者批评指正，以便不断改进与完善。

编者
2013年5月

目 录

项目1 认识统计

学习目标：

1. 知识目标

了解统计学的基本含义、研究对象以及统计学研究的基本方法；重点掌握统计学中常用的几个基本概念。

2. 能力目标

在具体工作实践中，能正确使用统计研究方法解决实际问题，树立用统计方法观察和分析问题的理念。

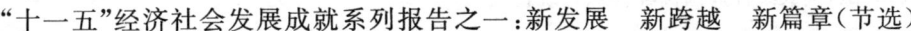

【案例导读①】

“十一五”经济社会发展成就系列报告之一：新发展　新跨越　新篇章（节选）

“十一五”时期，是我国经济和社会发展史上极不容易、极不平凡的五年。面对国内外环境的复杂变化和重大风险挑战，全国各族人民在党中央、国务院的正确领导下，齐心协力，攻坚克难，奋力作为，有效应对国际金融危机的巨大冲击，战胜了汶川地震等重大自然灾害，成功举办了北京奥运会和上海世博会，胜利完成了“十一五”规划确定的主要目标和任务，我国经济社会发展取得新的巨大成就。

经济平稳较快增长。“十一五”前期，我国经济快速增长，2006 年增长 12.7%，2007 年加速到 14.2%，增速仅次于改革开放后最高的 1984 年。2008 年，受百年不遇的国际金融危机的巨大冲击和影响，经济增速陡然回落到 9.6%。面对严峻的国内外形势，党中央、国务院果断决策，迅速出台并不断丰富完善应对国际金融危机的一揽子计划，我国经济增速在世界各国中实现率先回升，2009 年经济增长 9.2%，与世界经济下降 0.6%形成鲜明对照。2010 年经济增长进一步回升到 10.3%，明显快于世界主要国家的平均增速。2006—2010 年，我国国内生产总值年均实际增长 11.2%，不仅远高于同期世界经济年均增速，而且比“十五”时期年平均增速快 1.4 个百分点，是改革开放以来最快的时期之一。

经济总量不断迈上新台阶。2010 年，我国国内生产总值达到 397 983 亿元，扣除价格因素，比 2005 年增长 69.9%。经济总量居世界位次稳步提升。2008 年，我国国内生产总值超过德国，位居世界第三位。2010 年，我国国内生产总值按平均汇率折算达到 58 791 亿美元，超过日本，成为仅次于美国的世界第二大经济体。我国经济增长对世界经济的贡

① 本案例是我国《“十一五”经济社会发展成就系列报告之一：新发展　新跨越　新篇章》的节选。为反映我国“十一五”期间所取得的重大成就，国家统计局相关部门共编写了 17 个“十一五”经济社会发展成就系列报告，内容涉及经济社会发展的各个方面。

献不断提高。特别是2008年第三季度金融危机爆发后，在世界主要经济体均面临负增长或停滞困境时，中国经济依然保持了相当高的增速并率先回升，为世界经济复苏做出了重大贡献。

人均国内生产总值快速增加。在经济总量稳步增长的同时，人均创造价值水平也在不断提高。初步预计，2010年我国人均国内生产总值达到29 748元，扣除价格因素，比2005年增长65.7%，年均实际增长10.6%，比“十五”时期年平均增速快1.5个百分点。

国家财政实力明显增强。经济快速增长带来了国家财政收入的稳定增长。我国财政收入2007年超过5万亿，达到51 322亿元；2008年超过6万亿，达到61 330亿元；2010年超过8万亿，达到83 080亿元，比2005年增长1.6倍，年均增长21.3%。“十一五”时期，我国财政收入的快速增长，为加大教育、医疗、社保等民生领域投入，增强政府调节收入分配能力等提供了有力的资金保障。

国家外汇储备大幅增加。我国外汇储备2006年突破1万亿美元，达到10 663亿美元；2009年突破2万亿美元，达到23 992亿美元；2010年末，我国外汇储备已达到28 473亿美元，比2005年增长2.5倍，年均增长28.3%。我国外汇储备规模自2006年超过日本，连续五年稳居世界第一位。

（资料来源：国家统计局国民经济综合统计司。）

通过阅读以上内容，我们可以了解我国在“十一五”期间国民经济保持平稳较快增长，综合国力大幅提升。那国家统计局是如何获取这些统计资料的？什么是统计？其研究对象、作用又是什么？通过这一项目的学习，您将得到这些问题的答案。

任务一　认识统计学的几个基本问题

一、统计的含义

“统计”一词在各种实践活动和科学研究领域中经常出现。然而，不同的人，或在不同的场合，对其理解是有差异的。比较公认的看法是，统计有三种含义，即统计活动、统计资料和统计学。

（一）统计活动

统计活动或称统计工作，是指搜集、整理和分析统计数据，并探索数据的内在数量规律性的活动过程。它是一个统计工作的过程，即统计实践。

（二）统计资料

统计资料或称统计数据，即通过统计活动过程所获得的各种数字资料和其他资料的总称。表现为各种反映社会经济现象数量特征的原始记录、统计台账、统计表、统计图、统计分析报告、政府统计公报、统计年鉴等各种数字和文字资料。它是统计活动的具体成果。

（三）统计学

统计学是指阐述统计工作基本理论和基本方法的科学，是对统计工作实践的理论概括和经验总结。它以现象总体的数量方面为研究对象，阐明统计调查、统计整理和统计分析的理论与方法，是一门方法论科学。

不列颠百科全书的定义：统计学是收集、分析、表述和解释数据的科学。

统计活动、统计资料和统计学之间有着密切联系。统计活动与统计资料之间是过程与成果之间的关系，统计资料是统计活动的直接成果。就统计活动和统计学的关系来说，统计活动属于实践的范畴，统计学属于理论的范畴，统计学是统计活动实践的理论概括和科学总结，它来源于统计实践，又高于统计实践，反过来又指导统计实践，统计工作的现代化与统计科学研究的支持是分不开的。

统计活动、统计资料和统计学相互依存、相互联系，共同构成了一个完整的整体，这就是我们所说的统计。

二、统计学的研究对象、特点

社会经济统计学的研究对象，是社会经济现象总体的数量方面，即社会经济现象总体的数量特征和数量关系。

社会经济统计是对社会经济现象的一种调查分析活动，它具有以下特点：

（一）数量性

数量性是统计最基本的特点。通常说“统计的语言是数字”就是指其这一特点。社会经济统计的研究对象是客观现象数量方面，包括数量的多少、数量之间的关系以及质量互变的数量界限。

（二）总体性

统计研究对象是客观总体现象的数量方面。如人口统计是要反映和研究一个国家或一个地区全部人口的综合数量特征，而不是要了解和研究某个人的特征，但是它是从每个人调查开始的。人口统计是这样，其他统计活动也是这样。

（三）变异性

统计研究同类现象总体的数量特征，它的前提则是总体各单位的特征表现存在着差异，而且这种差异并不是由某种固定的原因事先给定的。通常说“变异是统计的前提”就是指这一点。

（四）具体性

社会经济统计研究的是具体事物的数量方面，而不是抽象的量，是某一事物在一定时间、地点、条件下的数量表现。这是统计与数学的区别。例如，2012 年我国国内生产总值 519 322 亿元，比上年增长 7.8%。这里的量就是在具体时间、地点以及条件下的反映。

（五）社会性

社会经济统计的社会性主要表现在两个方面：一是社会经济统计的研究对象是社会现象的数量方面；二是统计是一种社会调查活动。

三、统计学的研究方法

统计学研究对象的性质，决定了统计学的研究方法，解决研究方法问题是解决统计研究过程一切问题的关键之一。因此,研究方法问题在统计学中居于重要地位。主要包括:大量观察法、统计分组法、综合指标法、统计模型法和统计推断法等。

(一)大量观察法

大量观察法是指统计研究社会经济现象和过程要从总体上加以考察,就总体中的全部或足够多数单位进行调查观察并加以综合研究。该方法是统计学中特有的方法。统计研究要运用大量观察法这是由于研究对象的大量性和复杂性所决定的。许多统计对象,特别是社会经济现象是已经发生的事件,并且无法进行重复试验,这是因为社会经济现象本质上是反映人与人之间的关系,这种关系客观地存在于现实生活中,要研究这种关系就不能用试验的方法或推理的方法,而必须到社会中去做调查研究,即采用大量观察的方法就总体中的全部或足够多数单位进行调查观察,并加以综合研究。复杂的社会经济现象是在诸多因素作用下形成的,个别现象往往受各种偶然因素的影响,使各单位的特征和数量表现有很大差别,所以不能任意抽取个别或少数单位进行观察,必须在对研究对象定性分析的基础上,确定调查对象和总体范围,并对总体中的所有单位或足够多数单位的变量进行登记和计算,然后把观察得来的个别数量加以整理汇总,计算相应的综合指标,来反映总体现象的数量特征,这就是现象规律性的表现形式。

大量观察法的数学依据是大数定律。大数定律是随机现象出现的基本规律,也是在随机现象大量重复中出现的必然规律。大数定律的一般概念是:在观察过程中,每次取得的结果不同,这是由偶然性所致的,但大量重复观察结果的平均值却几乎接近确定的数值。狭义的大数定律就是指概率论中所反映上述规律性的一些定理,它所表明的是平均数的规律性与随机现象的概率关系。

(二)统计分组法

统计分组法就是根据一定的研究目的和现象的总体特征,将总体各单位按一定的标志,把社会经济现象划分为不同性质或类型的组别。统计分组法是统计研究的基本方法,主要用于统计整理阶段。统计分组法是研究总体内部差异的重要方法。通过统计分组可以研究总体中不同类型的性质以及它们的分布情况,例如,产业的经济类型及其行业分布情况。还可以研究总体中的构成和比例关系,例如,三次产业的构成、生产要素的比例等。另外,还可以研究总体中现象之间的相互依存关系,例如,企业经营规模和利润率之间的关系等。

(三)综合指标法

综合指标法是在大量资料整理的基础上,计算各种综合指标,对大量现象的数量方面进行分析的方法。统计研究的对象具有数量性和总体性的特点,要综合说明大量现象的数量关系,概括地表明其一般特征,必须采用综合指标。综合指标就是从数量方面对现象总体的规模及其特征的概括说明。例如,前文例举的,2012 年我国国内生产总值 519 322 亿元,比上年增长 7.8%,就是综合指标。

大量原始资料经过分组整理汇总,得出综合指标数值。统计必须在此基础上,按照分析的要求,进一步计算各种分析指标,对现象的数量关系进行对比分析。统计分析的方法较多,有综合指标法、动态数列分析法、指数分析法、相关和回归分析法、抽样推断法等,其中综合指标分析法是统计分析的基本方法,其他各种统计分析方法均离不开综合指标的对比分析。

(四)统计模型法

统计模型法是根据一定的经济理论和假定条件,用数学方程去模拟现实经济现象相互关系的一种研究方法。利用这种方法可以对现象和过程中存在的数量关系进行比较完整和近似的描述,从而简化了客观存在的复杂的其他关系,以便利用模型对现象状态和变化过程进行数量上的评价、预测和控制。如相关分析法、回归分析法和统计预测法。统计模型一般包括四个基本要素:变量、基本关系式、模型参数和随机扰动项。

(五)统计推断法

统计推断法是指以一定的置信标准,根据样本数据来判断总体数量特征的归纳推理方法。统计在研究现象的总体数量关系时,需要了解的总体对象的范围往往是很大的,有时是无限的,而由于经费、时间和精力等各种原因,以致有时在客观上只能从中观察部分单位或有限单位进行计算和分析,根据结果来推断总体。例如,要说明一批灯泡的平均使用寿命,只能从该批灯泡中随机抽取一小部分进行检验,借以推断这一批灯泡的平均使用寿命,并以一定的置信度来推断所作结论的可靠程度。统计推断是现代统计学的基本方法,在统计研究中得到了极为广泛的应用,它既可以用于对总体参数的估计,也可以用作对总体的某些假设检验。从这种意义上来说,统计学是在不确定条件下作出决策或推断的一种方法。

四、统计的作用

统计是认识客观世界的手段,也是国家管理、企业事业单位管理和进行宣传教育的工具,还是科学研究的方法和对国民经济和社会发展实行有效监督的手段。为了使我国的统计工作适应现代化建设的需要,国家制定了《中华人民共和国统计法》。"统计法"规定"统计的基本任务是对国民经济和社会发展情况进行统计调查、统计分析、提供统计资料,实行统计监督"。统计任务的完成就能够充分发挥统计的作用。

(一)统计是认识客观世界的工具

统计对客观世界的认识作用,在于它能从客观事物总体的数量方面说明客观世界中发生的客观事实,并对未来做出预测。例如,通过国内生产总值、各种产品产量、居民消费、进出口贸易、固定资产投资等一系列的统计数据,可以对一定时期的国民经济发展情况进行客观描述;根据一个企业的生产能力、产品产量、职工人数、固定资产价值、销售收入、利税总额等统计数据,就可以对该企业的规模做出判断和认识。掌握现象的数量方面是认识现象的重要侧面。统计就是通过数量方面来认识客观事物的,通过统计的语言,即统计数据来认识客观世界。

例如,国家统计局发表的《中华人民共和国 2012 年国民经济和社会发展统计公报》,列举了许多统计数字:初步核算,全年国内生产总值 519 322 亿元,比上年增长 7.8%。其中,第一产业增加值 52 377 亿元,增长 4.5%;第二产业增加值 235 319 亿元,增长 8.1%;第三产业增加值 231 626 亿元,增长 8.1%。第一产业增加值占国内生产总值的比重为 10.1%,第二产业增加值比重为 45.3%,第三产业增加值比重为 44.6%。全年居民消费价格比上年上涨 2.6%,其中食品价格上涨 4.8%。固定资产投资价格上涨 1.1%。工业生产者出厂价格下降 1.7%。工业生产者购进价格下降 1.8%。农产品生产者价格上涨

2.7%。年末全国就业人员 76 704 万人，其中城镇就业人员 37 102 万人。全年城镇新增就业 1 266 万人。年末城镇登记失业率为 4.1%，与上年末持平。全国农民工总量为 26 261万人，比上年增长 3.9%。其中，外出农民工 16 336 万人，增长 3.0%；本地农民工 9 925 万人，增长 5.4%。年末国家外汇储备 33 116 亿美元，比上年末增加 1 304 亿美元。年末人民币汇率为 1 美元兑 6.2855 元人民币，比上年末升值 0.25%。还有许多其他各个领域的统计数字。所有这些，都从数量方面表明我国当前经济社会发展的基本情况。

（二）统计是实行科学管理的工具

统计数据是实行科学管理的基础。要很好地实现管理的每一项职能，离不开反映经济、社会活动状况的统计数据。现代管理不能仅仅凭借管理者的经验，而应该建立在对管理对象正确认识的基础上，采用科学的方法进行。统计不仅可以从数量方面客观地反映管理对象的状况，而且可以揭示管理对象发展变动的规律性，为管理者提供系统、准确的统计信息。科学的管理离不开定量的研究，许多管理都要以定量分析为基本前提。

统计方法是实行科学管理的手段。统计不仅为科学管理提供各种情况和数量信息，成为科学管理的基础，而且还可以为现代管理提供科学的定量研究方法，成为科学管理的重要工具。例如，质量管理中的产品质量分析、检验和控制，物资管理中的库存控制、ABC 分析方法，营销管理中的市场调查、市场预测，人事管理中的人员测评方法等很多内容都是统计方法的直接应用。

（三）统计是实行国家监督的重要手段

统计通过信息反馈来检验决策是否科学、可行，对决策执行过程中出现的偏差，提出矫正意见。统计的监督作用日益显著，统计是观测社会、经济、科技发展变化的仪表。统计部门应充分发挥统计的监督作用，充分运用各种统计手段，对经济、社会、科技及自然的运行状况进行监测，及时发出预警；对政策、计划、措施的执行情况进行跟踪监督，使其不偏离目标；对违纪违法现象进行揭露，维护统计数据的真实性，实事求是地反映客观实际情况。

（四）统计是科学研究的重要方法

几乎所有的科学试验和科学研究都需要将统计方法作为有效的手段。在试验之前必须依靠统计方法对试验作出科学的安排。安排的科学与否，不但影响到以后所收集资料的代表性，而且直接决定试验的效率；在试验的过程中，依靠统计方法分析显示事物的关系及其规律性；试验结束后，应用统计方法对试验结果做出解释，并检验它的正确性。所以，统计方法可以广泛应用于自然科学、工程技术研究的各个领域。药剂师应用统计方法进行新药疗效的显著性检验；工程师应用统计方法测定新工艺、新材料的创新效果；天文学家以统计方法为基础预测星体的未来位置；生物学家应用统计方法安排田间试验和遗传工程研究等等。虽然所研究的问题属于不同的领域，存在千差万别，但所依据的统计学理论和方法则是相同的。

（五）统计是宣传教育的有效手段

通过改革开放以来国际、国内统计数据的对比分析，可以更好地反映改革开放以来我国经济建设所取得的巨大成就和人民生活水平的迅速提高。利用统计数据进行宣传教育更具有说服力。

【超级链接】

"统计"词语的产生

统计已经有几千年的历史。不过在早期还没有出现"统计"这样的用语。

统计语源最早出现于中世纪拉丁语的Status，意思是指各种现象的状态和状况。由这一语根组成意大利语Stato，表示"国家"的概念，也含有国家结构和国情知识的意思。根据这一语根，最早作为学名使用的"统计"，是18世纪德国政治学教授亨瓦尔(G. Achenwall)在1749年所著的《近代欧洲各国国家学纲要》一书绪言中，把国家学名定为"Statistika"(统计)这个词。原意是指"国家显著事项的比较和记述"或"国势学"，认为统计是关于国家应注意事项的学问。此后，各国相继沿用"统计"这个词，并把这个词译成各国的文字，法国译为Statistique，意大利译为Statistica，英国译为Statistics，日本最初译为"政表"、"政算"、"国势"、"形势"等，直到1880年在太政官中设立了统计院，才确定以"统计"二字正名。1903年(清光绪二十九年)由钮永建、林卓南等翻译了四本横山雅南所著的《统计讲义录》一书，把"统计"这个词从日本传到我国。1907年(清光绪三十三年)彭祖植编写的《统计学》在日本出版，同时在国内发行，这是我国最早的一本"统计学"书籍。"统计"一词就成了记述国家和社会状况的数量关系的总称。

(资料来源：山西统计信息网。)

任务二 认识统计学的基本范畴

范畴是人们对客观事物的不同方面进行分析归纳而得出的基本概念，由于自然社会现象的普遍联系，反映在思维上好像一张网络，范畴则是网络的结，抓住了它，就便于掌握现象各方面的本质和特征。每门学科都有自己特有的范畴作为该学科的基础。统计总体、总体单位、标志、标志表现、变量、变量值、指标、指标体系等是统计学的基本范畴，也是统计研究对象的具体化。

一、统计总体和总体单位

(一)统计总体和总体单位的概念

统计总体是统计研究的具体对象，是根据一定的目的和要求所确定的研究事物的全体，它是由客观存在的，具有某种共同性质的许多个别单位构成的整体。它是任何一项统计调查要明确界定的问题之一。总体单位是构成总体的个体单位，它是组成统计总体的基本单位。根据研究的问题不同，总体单位可以是人、物，也可以是组织，还可以是状态；可以用自然计量单位表示，也可以用物理计量单位表示。例如，研究某个工业部门的企业生产情况时，该部门的所有工业企业可以作为一个总体，因为它是由许多客观存在的工业企业组成的，而每个工业企业都是进行工业生产活动的基层单位，具有同质性。

（二）统计总体的基本特点

统计总体的形成必须具备一定的条件。作为统计研究具体对象的统计总体，必须同时具备大量性、同质性和差异性三个特点。

1. 大量性。是总体的量的规定性，即指总体的形成要有一个相对规模的量，仅仅由个别单位或极少量的单位不足以构成总体。因为个别单位的数量表现可能是各种各样的，只对少数单位进行观察，其结果难以反映现象总体的一般特征。统计研究的大量观察法表明，只有观察足够多的量，在对大量现象的综合汇总过程中，才能消除偶然因素，使大量社会经济现象的总体呈现出相对稳定的规律和特征，这就要求统计总体必须包含足够多数的单位。足够多数，是指足以反映规律的数量要求。当然，大量性也是一个相对的概念，它与统计研究目的、客观现象的现存规模以及总体各单位之间的差异程度等都有关系。

2. 同质性。是指构成总体的各个单位至少有一种性质是共同的，同质性是将总体各单位结合起来构成总体的基础，也是总体的质的规定性。例如，全国工业企业作为统计总体，则每个总体单位都必须具有从事工业生产活动的企业特征，而不具有这些特征的就不能称之为工业企业。如果违反同质性，把不同性质的单位结合在一起，对这样的总体进行统计研究，不仅没有实际意义，甚至会产生虚假和歪曲的分析结论。

同质性的概念是相对的，它是根据一定的研究目的而确定的，目的不同，同质性的意义也就不同。例如，研究全国工业企业的生产状况时，所有工业企业都是同质的，而研究民营工业企业生产状况时，那么，民营工业企业与国有工业企业就是异质的。可见，同质性是相对研究目的而言的，当研究目的确定后，同质性的界限也就确定了。

3. 变异性。总体各个单位除了具有某种或某些共同的性质以外，在其他方面则各不相同，具有质的差别和量的差别，这种差别称为变异。正因为变异是普遍存在的，才有必要进行统计研究，这是统计的前提条件。总体中各个单位之间具有变异性的特点，这是由于各种因素错综复杂作用的结果，所以有必要采用统计方法加以研究，才能表明总体的数量特征。

（三）统计总体的种类

按照总体单位数是否有限，统计总体可分为有限总体和无限总体。如果总体中包含的单位数是有限的，称为有限总体。例如，商店数、商业企业职工人数、设备台数等都是有限总体。如果总体中包括的单位数是无限的，称为无限总体。例如，连续生产的某种产品的生产数量、大海里的鱼资源数等。

对有限总体可以进行全面调查，也可以进行非全面调查。但对无限总体只能抽取一部分单位进行非全面调查，据以推断总体。

（四）统计总体与总体单位的关系

统计总体与总体单位存在相互依存关系。没有总体单位，总体也就不存在；没有总体，也就无法确定总体单位。

统计总体和总体单位是相对而言的，在一次特定范围、目的的统计研究中，统计总体与总体单位是不容混淆的，二者的含义是确切的，是包含与被包含的关系。但是随着统计研究目的及范围的变化，统计总体和总体单位可以相互转化。同一事物在不同情况下，可以作为总体，也可以作为总体单位。例如，在上述某一工业部门所有工业企业的统计总体中，每个企业是一个总体单位。但当研究一个典型企业的内部问题时，则被选作典型的某一企业又可作为一个总体。

二、标志和标志表现

(一)标志

1.概念

标志是总体单位具有的某种属性或特征。或者说,标志是说明总体单位属性和特征的名称。因此,可以说总体单位是标志的直接承担者,标志是依附于总体单位的。每个总体单位从不同方面考察都具有许多属性和特征。

例如,每个工人都具有性别、工种、文化程度、技术等级、年龄、工龄、工资等属性和特征,这些就是工人这一总体单位的标志。对于每一个企业又都具有经济成分、所属行业、资产数量、职工人数、产品产量等属性和特征,这些就是企业这一总体单位的标志。

统计研究是从登记标志状况开始的,并通过对标志的综合反映出总体的数量特征。所以标志是统计研究的基础。

2.种类

(1)按其性质不同,分为品质标志和数量标志。品质标志表明总体单位的属性特征,一般用文字说明,而不能用数量表示,如性别、文化程度、民族等。数量标志表明总体单位的数量特征,是用数值表示的,如年龄、工资、工龄等。

(2)按其变异情况,分为不变标志和可变标志。无论是品质标志还是数量标志,当某个标志在同一总体各个总体单位上的具体表现相同时,则称该标志为不变标志。例如,国有工业企业的经济类型是属于国家所有,这个标志对国有工业企业这一总体来说,就是不变标志。任何总体的各个总体单位至少要有一个共同的不变标志,才能使它们结合在一起,这个不变标志就是构成总体同质性的基础。

如果某些标志在总体各单位的具体表现不完全相同,这些标志称为变异标志或可变标志。例如,国有工业企业的产量、产值、工人数等标志,是随着每个企业的具体情况而变动的,这些标志就是可变标志。

(二)标志表现

标志表现是指标志特征在各单位的具体表现。品质标志的标志表现用文字表述,例如,“男”、“大专”、“汉族”等。数量标志的标志表现是具体数值,例如,职工的工龄 8 年或 10 年,企业的商品销售额 100 万元或 400 万元。

三、变异和变量

(一)变异

变异是指可变的标志,具体表现为各个单位的差异,包括量(数值)的变异和质(性质、属性)的变异。例如,性别表现为男、女,这是属性变异;年龄表现为 18 岁、25 岁、28 岁等,这是数值上的变异。

(二)变量

1.概念

变量是指可变的数量标志。例如,商业企业的职工人数、商品销售额、流动资金占用额等数量标志，这些变动的数量标志就称作变量。

变量值就是变量的具体表现，也就是可变的数量标志的具体数值表现。例如，企业的职工人数是一个变量，甲企业职工人数100人、乙企业职工人数150人、丙企业职工人数200人等等，100人、150人、200人等都是职工人数这个变量的变量值(标志值)。

2. 种类

按变量值的取值是否连续，可把变量区分为连续变量和离散变量两种。在一定区间内可以任意取值的变量叫连续变量，其数值是连续不断的，相邻两个数值可作无限分割，即可取无限个数值。例如，生产零件的规格尺寸，人体测量的身高、体重、胸围，企业的产值、利润等均为连续变量，其数值只能用测量或计量的方法取得。反之，其数值只能用自然数或整数单位计算的则为离散变量。例如，企业个数、职工人数、设备台数等。这种变量的数值一般用计数方法取得。区分连续变量和离散变量，对于划分统计分组具有重要作用。

四、统计指标和指标体系

(一)统计指标

1. 统计指标的概念

统计指标是反映总体数量特征的社会经济范畴。换句话说，统计指标是指反映实际存在的一定社会总体现象的数量概念和具体数值。

一项完整的统计指标应该由时间、空间、指标名称、指标数值、计量单位及计算方法等要素构成。统计指标反映总体数量特征的名称和数值。它是在总体同质性的基础上，按一定统计方法对总体各单位标志的标志表现进行登记、核算、汇总、综合形成的。例如，2012年中国经济增长速度为7.8%，国内生产总值达到519 322亿元人民币，实现了历史性的突破。其中“2012年中国国内生产总值519 322亿元”就是一个完整的统计指标。

2. 统计指标的特点

(1)数量性。统计指标反映客观现象数量特征，所有的统计指标都是用数量来表现的。这一特征决定了统计指标与统计总体的区别。例如，“全部商业企业”可以是一个总体，而“全部商业企业数”却是一个统计指标。

(2)综合性。统计指标说明的对象是总体而不是总体单位，其数值是许多个体现象数量综合的结果。例如，某工人年龄32岁、月工资2 600元等都不是统计指标，而某工厂工人平均年龄28岁、月工资总额12万元才是统计指标，这些指标数值是许多总体单位标志值综合的结果。

(3)客观性。统计指标反映已经存在的客观事实的数量特征。这一特点，把统计指标与其他有关学科所应用的指标区分开来。例如，与计划指标、预测指标的区别。

(4)具体性。统计指标不是抽象的概念和数字，它是具体现象量的反映。

3. 统计指标与标志的联系与区别

统计指标与标志既有明显的区别，又有密切的联系，其主要区别在于：统计指标是说明总体特征的，而标志是说明总体单位特征的。例如，一个工人的月工资额是数量标志，全体工人的月工资总额则是统计指标;所有的统计指标都是用数量表现的,而标志有能用数量表现的数量标志和不能用数量表现的品质标志。

统计指标与标志之间也存在密切的联系。有许多指标的数值是从总体单位数量标志的标志值汇总而来的。例如,某企业工资总额是该企业各个职工的工资额之和;某地区工业增加值是该地区各个工业企业的工业增加值之和。

4.统计指标的种类

统计指标按其所说明的总体现象内容的特征不同,可以分为数量指标和质量指标。

数量指标是反映总体某一特征的绝对数量。这类指标主要说明总体的规模、工作总量和水平,一般用绝对数表示。例如,某一地区的总人口、工业企业总数、国内生产总值等等。这些指标的数值会随总体范围的大小而增减。

质量指标是反映总体的强度、密度、效果、结构和工作质量,一般用平均数、相对数表示。例如,人口密度、劳动生产率、资金利润率等。这些指标的数值并不随总体范围的大小而增减。例如,一个100万人口的城市第三产业在地区生产总值所占的比重也可能小于某个30万人口的城市第三产业在地区生产总值中所占的比重;一个由45位学生组成的班级其平均成绩不一定低于由60位学生组成的班级。

(二)指标体系

1.指标体系的意义

统计指标体系是指由若干个相互联系的统计指标组成的一个整体。例如,在商品流转统计中,商品购进、商品销售和商品库存是相互联系和相互制约的统计指标,由这些统计指标组成的一个整体就是商品流转统计指标体系。这三个指标之间还存在以下平衡关系式(实物量):

期初库存+本期购进=本期销售+期末库存

意义:可以深刻认识事物的全貌和发展过程;利用统计指标体系,可以查明产生各种结果的主要因素,了解指标之间的相互联系;可以根据已知指标来计算和推测未知指标。

2.指标体系的种类

统计指标体系大体上可分为两大类,即基本统计指标体系和专题统计指标体系。

基本统计指标体系是反映国民经济和社会发展及其各个组成部分的基本情况的指标体系。

专题统计指标体系是对某一个经济问题或社会问题专门制定的统计指标体系。例如,商品流转统计指标体系、经济效益统计指标体系、人民物质文化生活水平统计指标体系等等。

【超级链接】

反映工业经济效益的指标有哪些?

为适应社会主义市场经济发展的要求,引导工业经济发展朝着提高增长质量和效益方向转化,国家统计局在调查研究和吸收有关单位意见的基础上,初步修订了工业经济评价考核指标体系，新体系由七项指标组成。即：

(1)总资产贡献率。该指标反映企业全部资产的获利能力，是企业管理水平和经营业绩的集中体现，是评价和考核企业盈利能力的核心指标。

$$总资产贡献率(\%)=\frac{利润总额+税金总额+利息支出}{平均资产总额}\times 100\%$$

其中：税金总额为产品销售税金及附加与应交增值税之和，平均资产总额为期初和期末之和的算术平均值。

(2)资本保值增值率。该指标反映企业净资产的变动状况，是企业发展能力的集中体现。

$$资本保值增值率(\%)=\frac{期末所有者权益(净资产)}{期初所有者权益(净资产)}\times 100\%$$

(3)资产负债率。该指标既反映企业经营风险的大小，又反映企业利用债权人提供的资金从事经营活动的能力。

$$资产负债率(\%)=\frac{期末负债总额}{期末资产总额}\times 100\%$$

(4)流动资产周转率。指一定时期内流动资产完成的周转次数，反映工业企业投入的流动资金周转速度。

$$流动资产周转率(次)=\frac{销售收入}{流动资产平均余额}$$

其中：流动资产平均余额为期初和期末流动资产之和的算术平均值。

(5)成本费用利润率。反映工业生产成本及费用投入的经济效益，同时也反映企业降低成本的经济效益。

$$成本费用利润率(\%)=\frac{利润总额}{成本费用总额}\times 100\%$$

其中：成本费用总额为产品销售成本、销售费用、管理费用、财务费用之和。

(6)全员劳动生产率。该指标反映企业的生产效率和劳动投入的经济效益。

$$全员劳动生产率(元/人)=\frac{工业增加值}{全部职工平均人数}$$

工业增加值为消除价格因素与标准值可比的工业增加值。

(7)产品销售率。该指标反映工业产品生产已实现销售的程度，是分析工业产销衔接情况，研究工业产品满足社会需求程度的指标。

$$产品销售率(\%)=\frac{工业销售产值}{工业总产值}\times 100\%$$

根据上述七项指标，计算工业经济效益综合指数。

工业经济效益综合指数是衡量工业经济效益各个方面在数量上总体水平的一种特殊相对数，是反映工业经济运行质量的综合指标，它是以各项指标的实际值分别除以该项指标的全国标准值，并乘以各自权数，加总后除以总权数求得。

$$工业经济效益综合指数(\%)=\frac{\sum(某项经济效益指标报告期数值该项指标全国标准值\times权数)}{总权数}$$

权数是根据上述各项指标在综合经济效益中的重要程度，由专家调查法确定。标准值考虑了我国近期工业经济指标的实际水平及一般标准确定。

技能训练

一、填空题

1."统计"一词有三种含义，即统计工作、统计资料和＿＿＿＿＿＿。

2.构成统计总体的个别事物叫＿＿＿＿＿＿。

3.统计总体是指具有相同性质的许多个别事物的＿＿＿＿＿＿。

4.变量按其数值是否连续，有＿＿＿＿＿＿变量和＿＿＿＿＿＿变量之分。

5.总体的＿＿＿＿＿＿实际上是指总体各单位至少在一个标志上其具体表现是相同的。

6.标志是指＿＿＿＿＿＿的特征或属性的＿＿＿＿＿＿。

7.可变的数量标志称为＿＿＿＿＿＿。

8.标志是说明＿＿＿＿＿＿特征的，而指标是说明＿＿＿＿＿＿特征的。

9.统计总体有＿＿＿＿＿＿总体和＿＿＿＿＿＿总体之分。

10.统计的研究对象是＿＿＿＿＿＿。

11.标志按其性质不同，有＿＿＿＿＿＿标志和＿＿＿＿＿＿标志之分。

12.标志按其变异情况不同，有＿＿＿＿＿＿标志和＿＿＿＿＿＿标志之分。

13.统计指标按数值表现形式不同分为＿＿＿＿＿＿和＿＿＿＿＿＿。

14.统计研究方法包括＿＿＿＿、＿＿＿＿、＿＿＿＿、＿＿＿＿和＿＿＿＿等。

15.统计指标体系一般分为＿＿＿＿＿＿和＿＿＿＿＿＿。

二、单项选择题

1."统计"一词的基本含义是(　　)。

A.统计调查、统计整理、统计分析　　B.统计设计、统计分组、统计计算

C.统计方法、统计分析、统计预测　　D.统计学、统计工作、统计资料

2.统计有三种含义，其中(　　)是基础。

A.统计学　　B.统计活动　　C.统计方法　　D.统计资料

3.调查某大学 2 000 名学生学习情况，则总体是(　　)。

A.2 000 名学生　　B.2 000 名学生的学习成绩

C.每一名学生　　D.每一名学生的学习成绩

4.已知某种商品每件的价格为 25 元，这里的"商品价格"是(　　)。

A.指标　　B.总体单位　　C.品质标志　　D.数量标志

5. 要了解某市国有工业企业生产设备情况，则统计总体是（　　）。

A. 该市国有的全部工业企业　　B. 该市国有的每一个工业企业

C. 该市国有的某一台设备　　D. 该市国有工业企业的全部生产设备

6. 变量是（　　）。

A. 可变的质量指标　　B. 指标和可变的数量标志

C. 可变的品质标志　　D. 可变的数量标志

7. 构成统计总体的个别事物称为（　　）。

A. 标志　　B. 总体单位　　C. 调查对象　　D. 填报单位

8. 下列属于品质标志的是（　　）。

A. 工人年龄　　B. 工人性别　　C. 工人体重　　D. 工人工资等级

9. 标志是指（　　）。

A. 总体单位的特征或属性的名称　　B. 总体单位数量特征

C. 标志名称之后所表现的属性或数值　　D. 总体单位所具有的特征

10. 一个统计总体（　　）。

A. 只能有一个标志　　B. 只能有一个指标

C. 可以有多个标志　　D. 可以有多个指标

11. 构成统计总体的总体单位（　　）。

A. 只能有一个标志　　B. 只能有一个指标

C. 可以有多个标志　　D. 可以有多个指标

12. 要了解某市职工收入状况，其总体单位是（　　）。

A. 该市所有职工　　B. 该市每名职工

C. 该市所有职工的收入　　D. 该市每名职工的收入

13. 连续变量是指（　　）。

A. 整数变量　　B. 数量标志

C. 其数值在整数之间可以有有限个数值　　D. 其数值在整数之间可以有无限个数值

14. 要了解 50 个学生的学习情况，则总体单位是（　　）。

A. 50 个学生　　B. 每一个学生

C. 50 个学生的学习成绩　　D. 每一个学生成绩

15. 工业企业的设备台数、产品产值是（　　）。

A. 连续变量　　B. 离散变量

C. 前者是连续变量，后者是离散变量　　D. 前者是离散变量，后者是连续变量

三、多项选择题

1. 下列各项中属于品质标志的有（　　）。

A. 性别　　B. 年龄　　C. 职务　　D. 民族

E. 工资

2. 下列各项中属于连续变量的有（　　）。

A. 厂房面积　　B. 职工人数　　C. 原材料消耗量　　D. 设备数量

E. 产值

3.统计的基本概念中(　　)。
A.标志是说明总体单位的属性和特性的名称
B.指标是说明总体特征的
C.变异是总体单位标志表现相同
D.变量是指可变的数量指标
E.变异是统计的前提
4.统计总体的基本特征表现为(　　)。
A.大量性　　B.数量性　　C.同质性　　D.差异性
E.客观性
5.变量按其取值是否连续可分为(　　)。
A.确定性变量　　B.随机性变量　　C.连续变量　　D.离散变量
E.常数
6.品质标志表示事物的质的特征,数量标志表示事物的量的特征,所以(　　)。
A.数量标志可以用数值表示　　B.品质标志可以用数值表示
C.数量标志不可以用数值表示　　D.品质标志不可以用数值表示
E.两者都可以用数值表示
7.当观察和研究某省国有工业企业的生产活动情况时(　　)。
A.该省所有的国有工业企业为总体
B.该省国有工业企业生产的全部产品为总体
C.该省国有企业的全部资产为总体
D.该省每一个国有工业企业为总体单位
E.该省国有工业企业生产的每一件产品为总体单位
8.下列标志中,属于数量标志的有(　　)。
A.性别　　B.工种　　C.工资　　D.民族
E.年龄
9.对某市工业生产进行调查,得到以下资料,其中的统计指标是(　　)。
A.某企业为亏损企业　　B.实际产值为1100亿元
C.职工人数为10万人　　D.某企业资金利率为30%
E.机器台数为7500台

10.有一统计报告如下:某市工业企业1 000个,职工人数30万人,工业总产值9亿元,平均劳动生产率为3 000元/人。其中,某一企业的总产值为542.6万元,职工人数2 000人。上述统计报告中出现有(　　)。
A.总体　　B.总体单位　　C.标志　　D.指标
E.变量
11.连续变量的数值(　　)。
A.是连续不断的　　B.是以整数断开的
C.相邻两值之间可取无限数值　　D.要用测量或计算的方法取得
E.只能用计数方法取得

12. 离散变量的数值(　　)。

A. 是连续不断的　　B. 是以整数断开的

C. 相邻两值之间不可能有小数　　D. 要用测量或计算的方法取得

E. 只能用计数方法取得

13. 下列变量中,属于连续变量的有(　　)。

A. 棉花产量　　B. 棉花播种面积

C. 单位面积棉花产量　　D. 植棉专业户数

E. 农业科研所数

14. 下列变量中,属于离散变量的有(　　)。

A. 商业企业单位数　　B. 商品总销售额

C. 职工人数　　D. 商品库存额

E. 商店经营商品品种数

15. 下列指标中,属于数量指标的有(　　)。

A. 国民生产总值　　B. 人口密度　　C. 全国总人口数　　D. 投资效果系数

E. 工程成本降低率

四、判断题

1. 标志和指标是两个根本不同的概念,两者没有任何联系。(　　)

2. 统计所研究的对象就是社会经济现象的数量方面。(　　)

3. 统计着眼于事物的整体,不考虑个别事物的数量特征。(　　)

4. 社会经济统计学是一门实质性社会科学。(　　)

5. 离散变量的数值包括整数和小数。(　　)

6. 一个人口总体,可以用人口总数、年龄、性别、民族等词语来反映和描述。(　　)

7. 粮食产量、身高等是离散变量,它们的数值可以靠计数取得。(　　)

8. 指标数据的取得,绝不能采用估算和推断方法。(　　)

9. 品质标志不能转变为统计指标。(　　)

10. 全国人口普查的总体单位是户。(　　)

五、简答题

1. 如何理解统计中的变量?

2. 如何理解统计总体性的特点?

3. 标志按其表现形式可以分为哪几种?

4. 统计研究的基本方法包括哪些?

5. 标志和指标有何区别和联系?

项目2

统计数据采集

学习目标：

1. 知识目标

了解统计数据采集的意义；掌握普查、抽样调查、典型调查、重点调查、统计报表等各种数据采集的组织方式；掌握询问调查、观察、实验等统计数据采集方法；掌握统计数据采集方案的具体项目与内容；掌握基本调查问卷的设计。

2. 能力目标

在实践中能正确判断统计数据的正确来源；准确选择各种统计数据采集的组织方式；正确运用统计数据的采集方法；具备独立设计统计数据采集方案及基本调查问卷的能力。

【案例导读】

家庭是社会构成的基本单元。如何通过反映城市居民家庭人口、就业、收入、消费、储蓄、商品需求和住房等变化情况，为党和国家研究制定劳动力就业、工资和奖金、社会福利、货币流通、商品生产和供应等政策提供依据，为确定居民消费价格指数权数、确定城市贫困线、计算社会商品购买力、国民收入分配比例及国民经济核算等提供依据？

城市家计调查

为实现以上任务，国家进行了城市住户调查，又称“城市家计调查”。它是以家庭为对象，搜集各种社会经济资料而组织的各种调查的总称。

我国城市住户调查采用抽样调查方法。

具体操作步骤如下：

(1)调查对象

城市住户调查对象是在城市和县城关镇中的部分非农业居民家庭及其成员，包括单身户，但不包括集体户口中的单身者。

(2)调查内容

城市住户调查主要包括城市住户基本情况调查表、城市住户现金收支调查表、城市住户消费支出调查表、居民家庭成员基本情况一览表、城市住户居住情况表、城市住户不同收入水平家庭调查表、城市住户实物收入调查表、城市住户主要指标调查表等共 8 张。

(3)调查市、县样本量及抽选方法

调查市、县是采取分层、按人口比例概率抽选的。为了使调查力量分布比较均匀，并适当照顾某些边远省份和少数民族地区，在随机抽样的原则上，又给部分省、自治区增加了个别调查点。全国共抽选了226个城市和县城作为样本的初级抽样单位，最终样本调查户为25 000户。目前，加上地方自增的调查市、县和调查户，全国共有550多个调查市、县，39 000个调查户。

(4)调查户抽选

调查户样本采取二相抽样和多阶段抽样相结合的方法选取。由于条件限制，各调查市能分配到的经常性调查户样本量一般偏小，为了增强调查资料的代表性，调查市均采取二相抽样法。即从总体中先抽出一个大样本，进行简单调查，得到家庭收入等辅助性资料；然后，根据辅助资料对大样本分层，从中抽出一个小样本，开展经常性调查。

(5)样本轮换

居民家庭一旦被选中作为调查户，就对其进行连续跟踪调查。为了防止样本老化，减轻调查户负担，提高样本代表性，每年有1/3的调查户要退出调查，再抽选1/3的新调查户替代之。三年之内，所有调查户都要被轮换掉。

(6)数据搜集方式

住户调查是采用日记账的形式，由调查户对其家庭各项收支逐笔记账，然后，由调查员定期整理，按月汇总。

(7)调查组织实施

城市住户调查由国家统计局城市社会经济调查队组织实施，各省、自治区、直辖市城调队及抽中城市城调队按国家统计局制定的统一方案收集资料汇总上报。

(8)资料的公布

城市住户调查综合资料按季、年定期向外公布。

“城市家计调查”的调查对象是谁？调查什么内容？采用了什么组织方式和调查方法？除了以上出现的调查方式与方法外，实际中还有哪些调查方式和方法？本项目教学将予以充分解答。

任务一　统计数据采集的组织方式

一、统计数据采集的基本知识

(一)统计数据的来源

从统计数据本身的来源看，统计数据最初都是来源于直接的调查或实验。但从使用者的角度看，统计数据主要来源于两种渠道：一是来源于直接的调查和科学实验，对使用者来说，这是统计数据的直接来源，我们称之为第一手或直接的统计数据；二是来源于别人调查或实验的数据，对使用者来说，这是统计数据的间接来源，我们称之为第二手或间接的统计数据。

1. 统计数据的间接来源

对大多数使用者来说，亲自去做调查往往是不可能的。所使用的数据大多数是别人调查或科学实验的数据，对使用者来说称为二手数据。

二手数据主要是公开出版的或公开报道的数据，当然有些是尚未公开出版的数据。在我国，公开出版或报道的社会经济统计数据主要来自国家和地方的统计部门以及各种报刊媒介。例如，公开出版的有《中国市场统计年鉴》以及各省、市、地区的统计年鉴等。提供世界各国社会和经济数据的出版社物也有很多，例如，《世界经济年鉴》、《国外经济统计资料》、《世界发展报告》等。联合国的有关部门及世界各国也定期出版各种统计数据。

除了公开出版的统计数据，还可以通过其他渠道使用一些尚未公开发布的统计数据，以及广泛分布于各种报纸、杂志、图书、广播、电视传媒中的各种数据资料。现在大多是通过网络获取所需的各种数据资料。

利用二手数据对使用者来说既经济又方便，但使用时应注意统计数据的含义、计算口径和计算方法，以避免误用或滥用。同时，在引用二手数据时，一定要注明数据的来源，以尊重他人的劳动。

2.统计数据的直接来源

统计数据的直接来源主要有两个渠道：一是调查或观察；二是实验。调查是取得社会经济数据的重要手段，其中，有统计部门进行的统计调查，也有其他部门或机构为特定目的而进行的调查，如市场调查等；实验是取得自然科学数据的主要手段。

（二）统计数据采集的基本要求

《中华人民共和国统计法》明确规定：国家机关、企业事业单位和其他组织以及个体工商户和个人等统计调查对象，必须依照统计法和国家有关规定，真实、准确、完整、及时地提供统计调查所需的资料。

1.真实性

统计数据采集是整个统计工作的基础，是保障统计资料质量的首要环节。统计采集的信息必须能够客观地反映调查对象的真实情况，否则，将直接影响统计整理、分析的结果与质量。

2.准确性

准确性是统计工作的生命。在我国，统计立法的核心就是保障统计资料的准确性、客观性和科学性。国家机关、企业事业单位和其他组织以及个体工商户和个人等，都要依照《统计法》和国家的有关规定，提供统计资料，不允许虚报、瞒报、拒报、迟报，不允许伪造、篡改。

3.完整性

完整性是指统计数据采集的范围即调查单位要完整，统计项目要齐全。要根据统计调查的目的和任务，确定调查范围和调查项目，做到不重不漏。只有保持完整性，才能正确认识社会经济现象的总体特征和规律，做出科学的决策。

4.及时性

及时性是对统计资料时效性的一种要求。只有及时地将统计信息提供给决策部门，才能充分发挥其应有的作用。否则，真实、准确、完整的统计资料，也发挥不了其应有作用，有人形象地称之为“雨后送伞。”

二、统计数据采集的组织方式

《中华人民共和国统计法》第十六条规定:“搜集、整理统计资料,应当以周期性普查为基础,以经常性抽样调查为主体,综合运用全面调查、重点调查等方法,并充分利用行政记录等资料。”实际中常用的统计数据采集的组织方式主要有普查、抽样调查、重点调查、典型调查、统计报表等。

(一)普查

1.普查的概念

普查是为某一特定目的而专门组织的一次性全面调查。它是一种反映国情国力的重要的调查方式。通过普查获取的资料翔实,是非常重要的基础数据。例如,人口普查、工业普查、农业普查、基本单位普查、经济普查等。世界各国一般都定期进行各种普查。普查适用于特定目的、特定对象,旨在搜集有关国情国力的基本统计数据,为国家制定有关政策或措施提供依据。它主要用于采集处于某一时点状态上的社会经济现象的数量。

2.普查的特点

(1)普查通常是一次性或周期性的。普查涉及面广,调查单位多,要耗费大量的人力、物力和财力,所以间隔较长时间,如人口普查10年才进行一次。解放后,我国的人口普查从1953年到2010年共进行过六次(详见“超级链接”)。今后,我国的普查将进一步规范化、制度化,每逢末尾为“0”的年份进行人口普查,末尾为“3”的年份进行第三产业普查,末尾为“5”的年份进行工业普查,末尾为“7”的年份进行农业普查,末尾为“1”或“6”的年份进行统计基本单位普查。

(2)普查一般需要规定统一的标准调查时间,以避免调查数据的重复或遗漏,保证普查结果的准确性。我国前四次人口普查的标准时间定为普查年份的7月1日零时,第五、六次人口普查为普查年份的11月1日零时;农业普查的标准时间定为普查年份的1月1日零时。标准时间一般定为调查对象比较集中、相对稳定的时期。

(3)普查的数据一般比较准确,规范化程度也高。因此,可作为抽样调查和其他调查的依据。

(4)普查的使用范围较窄,只能调查一些最基本或特定的现象。

3.普查的组织实施

普查的组织实施工作分为三个阶段,即普查准备阶段、登记和复查阶段、数据处理和数据公布阶段。下面以人口普查为例进行说明。

在人口普查的全过程中,准备阶段的工作最多,时间也最长。我国近几次的人口普查准备工作都在2～3年左右。第六次人口普查从2008年就开始准备,这其间的工作主要有人口普查的立法,建立普查机构,制定《人口普查办法》、普查表和工作细则、制定工作计划、试点、普查区域的划分、户口整顿、普查员的选调和培训、宣传工作、物资准备等。

登记和复查阶段时间一般不超过15天,但这一阶段的工作是人口普查最重要的阶段,是取得准确资料的基础。第六次人口普查从2010年11月1日开始到11月10日结束,凡是普查对象,都要在这10天内进行登记。

数据处理和数据公布是人口普查的收获阶段。通过登记复查,广大普查员已经把每家每户每个人的各种状况登记到了普查表上，或者说，我们已经获得了全国人口的微观资料。对这些资料进行进一步的整理，加工成能够反映各地区乃至全国人口各种状况的宏观资料，为政府和社会各界使用。这一阶段的工作不需要每一名普查员参加，主要由各类专业技术人员承担。这一阶段的工作主要有编码、汇总、资料评价、资料发表和印刷、分析研究、总结等。

【超级链接】

人口普查几年进行一次？我国共进行过几次人口普查？

人口普查每10年进行一次，尾数逢“0”的年份为普查年度。新中国成立以来，我国已经成功进行过六次全国人口普查，分别在1953年、1964年、1982年、1990年、2000年和2010年。

1953年，为了配合各级人民代表大会的选举，同时，也是为了国民经济第一个五年计划的制定，我国政府决定以7月1日零时为标准时间进行第一次全国人口普查。普查内容包括本户地址、姓名、性别、年龄、民族、与户主关系等6项。

1964年，我国经济经过调整后出现了全面好转的形势，为了第三个五年计划和长远规划的制定，我国政府决定进行第二次全国人口普查。标准时间为7月1日零时，普查内容共9项，除保留上次普查的6项外，又增加了本人成分、文化程度、职业3个项目。

1982年，在结束了十年内乱，经济健康发展的情况下，为了给国家制定政策和计划提供准确、详细的人口数据，我国政府决定以7月1日零时为标准时间进行第三次全国人口普查。普查内容增加到19项，并第一次使用计算机进行数据处理。

1990年，为了检验“七五”计划执行情况，制定“八五”计划，并为中国经济和社会发展提供可靠的依据，我国政府决定以7月1日零时为标准时间进行第四次全国人口普查。为了应对人口迁移和流动数量的增多，普查内容在上次普查的基础上又增加了五年前常住地状况和迁来本地原因两项，达到21项。

2000年，为了科学制定国民经济和社会发展战略与规划，更好地向现代化建设第三步战略目标胜利迈进，我国政府决定以11月1日零时为标准时间进行第五次全国人口普查。这次普查有许多新特点：一是增加了普查内容，共计49项，分为按户填报的项目和按人填报的项目，比上一次普查增加了28项；二是第一次采取长短表的技术；三是改变了常住人口的标准；四是改变了普查时间；五是增加了“暂住人口表”；六是首次采用光电录入技术；七是建立了人口地理信息系统。

2010年，为更加准确反映我国进入新世纪以来的人口变化，更好地制定国民经济和社会发展战略与规划，我国政府决定以2010年11月1日零时为标准时间进行第六次全国人口普查。人口普查表分为《第六次全国人口普查表短表》和《第六次全国人口普查表长表》。普查表长表抽取百分之十的户填报，普查表短表由其余的户填报。

六次全国人口普查的历程表明中国的人口普查经历了一个逐步提高和完善的过程，通过不断自我探索和学习国际上的成功经验，我国人口普查工作逐步达到一个新的水平。

（资料来源（部分）：国务院第六次全国人口普查领导小组办公室。）

（二）抽样调查

1. 抽样调查的概念

抽样调查是按照随机原则从总体中抽取一部分单位构成样本，并根据样本资料推断总体数量特征的一种非全面调查。这是一种应用最为广泛的调查组织方式。本书后面将作为独立的项目予以介绍。

2. 抽样调查的特点

（1）按照随机原则抽取调查单位。随机原则也叫同等可能原则，它是指在总体中抽取样本单位时，每一个单位都有相同被抽中的机会，谁被抽中，谁不被抽中完全是同等可能的，即概率相等。

（2）由样本特征推断总体特征。从全部总体中抽出一部分单位所构成的一个小总体就称为样本。抽样调查的目的就是通过对样本的计算，从数量上来推断总体。

（3）抽样误差可以事先加以计算和控制。抽样误差是抽样调查时一定会产生的误差，它是人为所避免不了的，但我们可以在组织抽样调查的活动中，用科学的方法把它事先计算出来，并且可以把它控制在一定范围之内，以便提高抽样推断的准确性。

（三）重点调查

1. 重点调查的概念

重点调查是指在调查对象中，只选择一部分重点单位进行的非全面调查。这些重点单位尽管在全部总体单位中出现的频数极少，但其某一数量标志值却在所要研究的数量标志总量中占有很大的比重。例如，要了解全国的钢铁生产总量，只要对产量很大的少数几个钢铁企业，如鞍钢、宝钢、首钢等进行调查，就可对全国的钢铁生产总量有个大致的认识。这几个钢铁产量很大的企业，构成了这次全国钢铁产量调查的重点单位，因为它们的钢铁产量在全国的钢铁生产总量中占有很大比重。当然重点单位除了可能是企业外，也可能是一些地区、城市。

2. 重点调查的特点

重点调查是非全面调查，具有非全面调查的特点：调查单位少、可以节省人力、物力和财力；调查内容、项目多；有助于对有关问题进行深入研究。重点调查的特点主要表现在：

（1）调查目的是为了了解事物总体的基本情况，不宜推断总体总量。总体各单位某一标志值差异很大，多数单位该标志值很小，有少数单位该标志值很大，这些单位对总体的基本情况有代表性，况且这些单位一般统计基础工作较好，管理水平较高，容易取得可靠的原始资料，调查效果好，能反映总体的基本情况。但它不可能完整地反映现象总量，不具备推断总体总量的条件。

（2）重点单位是依据客观存在的标准而确定的，选择的是某一标志的重点单位。某一标志是随着人们研究目的、任务的不同而进行的选择，这一标志的有关数值是客观存在的，需要通过了解，进行计算比较确定出重点单位。重点单位的选择应着眼于研究现象的某一标志总量的比重。

3. 重点调查的适用条件

（1）调查任务在于反映调查总体的基本情况或基本趋势。因此，重点调查通常用于不定期的一次性调查，但有时也用于经常性的连续调查。

(2)要有重点单位。重点调查中重点单位的选择着眼于标志量的比重,因而重点单位的选择具有客观性。当调查目的是掌握现象的基本情况,而部分单位又能比较集中地反映所研究的项目和指标时,可用重点调查。重点调查可以定期进行,也可以不定期进行,重点调查实际上是范围比较小的全面调查,它的目的是反映现象总体的基本情况。

(四)典型调查

1.典型调查的概念

典型调查是从全部总体单位中选择一个或几个有代表性的单位进行深入细致调查的一种调查组织方式。典型调查的目的是通过典型单位具体生动、形象的资料来描述或揭示事物的本质或规律,因此所选择的典型单位应能反映所研究问题的本质属性或特征。例如,要研究工业企业的经济效益问题,可以在同行业中选择一个或几个经济效益突出的单位做深入细致的调查,从中找出经济效益好的原因和经验。

2.典型调查的特点

(1)调查单位是有意识的选择出来的若干有代表性的单位,它更多地取决于调查者的主观判断和决策。

(2)调查范围小、调查单位少、调查具体、深入、细致。

(3)是一种由点到面,由个别到一般的认识方法。

(4)进行典型调查的主要目的不在于取得社会经济现象的总体数值,而在于了解与有关数字相关的生动具体情况。典型调查的结果一般情况下不宜用来推算全面数据。

3.典型调查的类型

一般来说,典型调查有两种类型:一种是一般的典型调查,即对个别典型单位的调查研究。在这种典型调查中,只需在总体中选出少数几个典型单位,通过对这几个典型单位的调查研究,用以说明事物的一般情况或事物发展的一般规律,这种典型调查也称为"解剖麻雀式"调查;另一种是对现象总体按与研究问题有关的标志划分类型,以减少类型组中各单位之间的差异,然后再在各类型组中选择典型单位进行调查,这种形式又称为"划类选典"式的典型调查。

典型调查的首要问题是选择好典型单位,选好典型的标准,就是被选中的单位具有充分的代表性。否则,就会失去典型的意义。典型单位的选择,要根据调查研究的具体要求来确定。在实际操作中选择真正有代表性的典型单位比较困难,而且还容易受人为因素的干扰,从而可能会导致调查的结论有一定的倾向性。

(五)统计报表

1.统计报表的概念

统计报表是按照国家有关法规规定,自上而下统一布置,自下而上逐级填报的一种调查组织方式。这种调查组织方式在我国政府统计工作中,经过几十年的改进和完善,已形成了一套比较完备的统计报表制度,它要求以原始数据为基础,按照统一的表式、指标、报送时间和报送程序填报,已成为国家和地方政府部门获取统计数据的主要统计调查组织方式。

2.统计报表的分类

统计报表类型多样。统计报表按调查范围可分为全面报表和非全面报表;按报送时间可分为日报、月报、季报和年报等;按报送受体可分为国家、部门、地方统计报表。

3.统计报表制度的基本内容

统计报表制度是指基层单位和下级机关按照统一规定的表格、内容和报送程序、定期向上级机关和国家报送统计资料的制度。执行统计报表制度是各地区、各部门、各单位按照国家的法律规定必须向国家履行的一种义务。我国统计报表制度的基本内容有:

(1)报表内容和指标体系的确定。

(2)报表表式的设计。它是指统计报表的具体格式。包括主栏项目、宾栏项目以及补充资料项目;表名、表号、填报单位、报告期别、报送日期、报送方式、单位负责人及填报人签署等。分为基本表式和专业表式两种。

(3)报表的实施范围。即应由哪些单位填报(编报单位),汇总时包括哪些单位(编报单位)。

(4)报表的报送程序和报送日期。报表的报送程序,包括填报单位填报报表的份数、方式和受表单位,且要规定其报送日期。

(5)填表说明。具体说明填表的方法、指标说明(指标的概念、计算范围、计算方法)以及其他有关问题。

(6)统计目录。指统计报表中主栏项目的一览表。大体可以分为两类:一类是主栏中填报的统计分组用的目录,如工业部门分类目录等;另一类是主栏中填报的具体项目的目录,如工业产品目录等。

【超级链接】

国民经济核算统计报表制度

一、为了全面、系统、完整地反映我国国民经济运行状况,为各级政府制定有关政策和计划,进行宏观管理和决策提供依据,根据《中华人民共和国统计法》规定,特制定本综合制度。

二、《国民经济核算综合统计报表制度》包括五部分,即地区生产总值核算制度、投入产出核算制度、资金流量核算制度、国民资产核算制度和国民经济账户制度。本综合制度的综合范围为各省、自治区、直辖市、计划单列市、新疆生产建设兵团辖区内的地区生产总值的生产、分配和支出情况,投入产出关系,社会资金的流量和流向,国民资产存量状况,以及各机构部门从生产、收支、资本、金融活动到资产负债的循环全过程。

三、《国民经济核算综合统计报表制度》是国家统计报表制度的重要组成部分,是国家统计局对各省、自治区、直辖市、计划单列市、新疆生产建设兵团统计局在国民经济核算方面的综合要求,各地区应按照全国统一的要求,认真组织实施,按时填报。

四、本制度由国家统计局负责解释。

具体链接:http://www.stats.gov.cn/tjzd/gjtjzd/t20090601—402562303.htm。

任务二 统计数据采集的方法

不论采用哪种方式组织调查，都要运用具体的数据搜集方法去采集统计数据。归纳起来，数据搜集方法有询问调查和观察实验两大类。

一、询问调查

（一）询问调查的概念

询问调查是调查者与被调查者直接或间接接触以获得统计数据的一种方法。具体包括访问调查、邮寄调查、电话调查、电脑辅助调查、座谈会、个别深度访问等。

（二）询问调查的分类

1. 访问调查。访问调查又称派员调查，是调查者与被调查者通过面对面交谈从而得到所需资料的调查方法。一般分为标准式访问和非标准式访问两种。标准式访问又称结构式访问。调查人员按照事先设计好的、有固定格式的标准化问卷或表格，有顺序地依次提问，并由受访者做出回答。其优点是能够对调查过程加以控制，从而获得比较可靠的调查结果。非标准式访问又称非结构式访问。它事先不制作统一的问卷或表格，没有统一的提问顺序，只是根据一个题目或提纲，由调查人员和受访者自由交谈，从中获得所需资料。访问调查在市场和社会调查中常被采用。

2. 邮寄调查。邮寄调查是通过邮寄、宣传媒介和专门场所等将调查表或问卷送至被调查者手中，由被调查者填写，然后将调查表或问卷寄回或投放到收集点的一种调查方法。这是一种标准化调查，其特点是，调查人员和受调查者没有直接的语言交流，信息的传递完全依赖于调查表或问卷。邮寄调查在市场调查机构进行的问卷调查中经常使用。邮寄调查的基本程序是：在设计好问卷的基础上，先在小范围内进行预调查，以检查问卷设计中是否存在问题，以便纠正，然后选择一定的方式将问卷发放下去，进行正式的调查，再将问卷回收并进行处理和分析。

采用邮寄调查可节省人力、时间和经费，对调查的双方都比较方便，同时可以避免主观偏见，减少人为的误差，但与访问调查相比，邮寄调查的回收率比较低，调查人员难以对填答问卷进行有效指导等都是它的不足之处。如果调查对象的地域分布很广，采用访问调查需要大量的人力、经费和时间，对于这样的调查对象正是邮寄调查所适合的。

3. 电话调查。电话调查是调查人员利用电话同受访者进行语言交流，从而获得信息的一种调查方法。该方法具有时效快、费用低等特点。由于电话的普及，应用电话调查也越来越广泛。电话调查可以按照事先设计好的问卷进行，也可以针对某一专门的问题进行电话采访。电话调查所提问题要明确，且数量不宜过多。

4. 电脑辅助调查。这种调查也叫做电脑辅助电话调查，就是在电话调查时，调查的问卷、答案都由计算机显示，整个调查过程，包括电话拨号、调查记录、数据处理等也都借助于计算机来完成的一种调查方法。目前，电脑辅助调查已得到广泛应用。

5. 座谈会。座谈会也称为集体访谈法，就是将一组被调查者集中在调查现场，让他们对调查的主题发表意见，从而获取资料的方法。参加座谈会的受访者应是所调查问题的专家或有经验者，人数不宜太多，通常为6—10人，研究人员应对受访者进行严格的甄别、筛选。座谈方式主要看主持人的习惯和爱好。这种方法能获取其他方法无法取得的资料，因为在彼此交流的环境里，受访者相互影响、启发、补充，不断修正自己的观点，这就有利于调查者从中获得较为广泛深入的想法和意见。而且座谈会不会因为问卷过长而遭到拒访。

6.个别深度访问。深度访问是一种一次只有一名受访者参加的特殊的定性研究。“深访”暗示着要不断深入到受访者的思想中，努力发掘其行为的真实动机。深访是一种无结构的个人访问。调查者应运用大量的追问技巧，尽可能让受访者自由发挥，表达他的想法和感受。深度访问常用于动机研究，如消费者购买某种产品的动机等，以发掘受访者非表面化的深层意见。这一方法最适用于研究隐私的问题，如个人隐私问题，或敏感问题，如政治性问题。对于那些不同人之间观点差异极大的问题，用小组讨论可能会把问题弄糟，这时也可采用深度访问法。

座谈会和个别深度访问属于定性方法，通常围绕一个特定的主题取得有关定性资料。此类方法和定量方法不同。定量方法是从总体中按随机方式抽取样本获得资料，其研究结果或结论可以进行推论。但定性研究着重于问题的性质和对未来趋势的把握，而不是对研究总体数量特征的推断。座谈会和个别深度访问主要用于市场调查和研究。

二、观察与实验

观察与实验是调查者通过直接的观察或实验获得数据的一种方法。

（一）观察法

1.观察法的概念

观察法是指研究者根据一定的研究目的、研究提纲或观察表，用自己的感官和辅助工具去直接观察被研究对象，从而获得资料的一种方法。科学的观察具有目的性和计划性、系统性和可重复性。观察一般利用眼睛、耳朵等感觉器官去感知观察对象。由于人的感觉器官具有一定的局限性，观察者往往要借助各种现代化的仪器和手段，如照相机、录音机、显微录像机、监控设备等来辅助观察。

2.观察法的分类

（1）自然观察法。调查员在一个自然环境中（包括超市、展示地点、服务中心等）观察被调查对象的行为和举止。

（2）设计观察法。调查机构事先设计模拟一种场景，调查员在一个已经设计好的并接近自然的环境中观察被调查对象的行为和举止。所设置的场景越接近自然，被观察者的行为就越接近真实。

（3）掩饰观察法。众所周知，如果被观察人知道自己被观察，其行为可能会有所不同，观察的结果也就不同，调查所获得的数据也会出现偏差。掩饰观察法就是在不为被观察人、物、或者事件所知的情况下监视他们的行为过程。

（4）机器观察法。在某些情况下，用机器观察取代人员观察是可能的甚至是所希望的。在一些特定的环境中，机器能比人员更便宜、更精确和更容易完成工作。

3.观察法的应用范围

(1)对实际行动和迹象的观察。例如,调查人员通过对顾客购物行为的观察,预测某种商品购销情况。

(2)对语言行为的观察。例如,观察顾客与售货员的谈话。

(3)对表现行为的观察。例如,观察顾客谈话时的面部表情等身体语言的表现。

(4)对空间关系和地点的观察。例如,利用交通计数器对来往车流量的记录。

(5)对时间的观察。例如,观察顾客进出商店以及在商店逗留的时间。

(6)对文字记录的观察。例如,观察人们对广告文字内容的反应。

4.观察法的优点和缺点

观察法的主要优点是:

(1)它能通过观察直接获得资料,不需其他中间环节,因此,观察的资料比较真实。

(2)在自然状态下的观察,能获得生动的资料。

(3)观察法具有及时性的优点,它能捕捉到正在发生的现象。

(4)观察法能搜集到一些无法言表的材料。

观察法的主要缺点是:

(1)受时间的限制,某些事件的发生是有一定时间限制的,过了这段时间就不会再发生。

(2)受观察对象限制。例如,研究青少年犯罪问题,有些秘密团伙一般不会让别人观察的。

(3)受观察者本身限制。一方面人的感官都有生理限制,超出这个限度就很难直接观察;另一方面,观察结果也会受到主观意识的影响。

(4)观察者只能观察外表现象和某些物质结构,不能直接观察到事物的本质和人们的思想意识。

(5)观察法不适用于大面积调查。

为了尽可能地避免调查偏差,调查人员在采用观察法搜集资料时应注意以下几点:

第一,调查人员要努力做到采取不偏不倚的态度,即不带有任何看法或偏见进行调查。

第二,调查人员应注意选择具有代表性的调查对象和最合适的调查时间和地点。

第三,在观察过程中,调查人员应随时做好记录,并尽量做较详细的记录。

第四,除了在实验室等特定的环境下和在借助各种仪器进行观察时,调查人员应尽量使观察环境保持平常自然的状态,同时要注意被调查者的隐私权问题。

(二)实验法

这是一种特殊的观察调查方法。实验法是在所设定的特殊实验场所、特殊状态下,对调查对象进行实验以取得所需资料的一种调查方法。根据场所不同,实验法可分为在室内进行的室内实验法和在市场或外部进行的市场实验法。室内实验法可用于广告认知的实验等,例如,在同日的同种报纸上,版面大小相同,分别刊登A、B两种广告,然后将其散发给读者,以测定其反应结果。市场实验法可用于消费者需求调查等,例如,企业让消费者免费使用一种新产品,以得到消费者对新产品看法的资料。

任务三 统计数据采集方案设计

统计调查的工作量大，内容繁杂，研究目的和任务又客观要求调查资料的准确性、全面性和及时性，为了做好本阶段的工作，在调查工作开始之前，必须制定出一个周密的统计数据采集方案，对整个阶段的工作进行统筹考虑、合理安排，保证统计调查工作的效率和质量。

一、确定调查目的

统计调查是为一定的统计研究任务服务的，在制定调查方案时，首先要确定调查目的，即调查中要研究解决的问题。例如，2010 年 11 月 1 日零时举行的全国第六次人口普查的调查方案，第一点就是确定调查目的。即查清 2000 年以来我国人口数量、结构、分布和居住环境等方面的变化情况，为科学制定国民经济和社会发展规划，统筹安排人民的物质和文化生活，实现可持续发展战略，构建社会主义和谐社会，提供真实准确、完整、及时的人口统计信息支持。确定调查目的，就是为了回答"为什么要进行调查"的问题。

二、确定调查对象和调查单位

统计调查的目的确定以后，就可以进一步确定调查对象和调查单位。确定调查对象和调查单位，就是为了回答"向谁调查"的问题。调查对象就是根据调查目的所确定的统计总体。确定调查对象，首先，需要根据调查目的，对研究对象进行认真分析，掌握其主要特征，科学地规定调查对象的含义；其次，要明确规定调查对象的总体范围，划清它与其他社会现象的界限。只有调查对象的含义确切、界限清楚，才能避免登记的重复或遗漏，保证统计资料的准确性。例如，当调查目的是搜集某地区工业企业的生产情况的资料时，调查对象就是该地区所有的工业企业；又如，当调查目的是搜集某地区工业企业 200 万元以上设备时，则调查对象就是该地区工业企业的所有 200 万元以上的设备。

调查单位是指调查对象中所要调查的具体单位，即总体单位。它是进行调查登记的标志的承担者。调查单位的确定取决于调查目的和调查对象。如上述例子中，调查单位分别是该地区的每一家工业企业、该地区工业企业的每一台 200 万元以上的设备。

明确调查单位，还要同填报单位区别开来。填报单位也称报告单位，是填写调查内容、提供资料的单位。它一般在行政上、经济上具有一定独立性的单位。而调查单位既可以是人、单位，也可以是物。根据调查目的，调查单位与填报单位有时一致、有时不一致。例如，对工业企业调查，每个工业企业既是调查单位也是填报单位；调查企业设备情况时，调查单位是企业的每台设备，而填报单位则是企业；人口普查时，调查单位是总体中的每个人，而填报单位则是家庭(户)。

三、确定调查项目和拟定调查表

确定调查项目就是确定所要调查的内容，即所要登记的调查单位的特征。调查项目一般就是调查单位各个标志的名称,包括品质标志和数量标志两种。确定调查项目所要解决的问题是:向调查单位调查什么?调查单位有哪些特征?用什么标志反映调查单位的特征?这些都应根据调查目的和调查单位的特点而定,并贯彻“少而精”的原则进行处理。

在确定所要登记的标志,即调查项目时,注意以下几点:

1.各调查项目必须是可行的,是能够取得的确切资料。即必须从实际出发,只列出能够取得资料的项目,不可能取得资料的项目不应列入。

2.要有科学的理论依据和统一的解释。即列入调查项目的内容含义要明确、具体,不能有两种或两种以上的解释,以免调查人员按照各自不同的理解填写,使调查结果无法汇总。

3.调查项目要“少而精”。即只列出调查目的所必需的项目,登记与问题本质有关的标志,以免内容庞杂,增加工作量,造成调查工作的浪费。

4.各调查项目之间尽可能做到相互联系,彼此衔接,以便于相互核对与分析。例如,总产值/在职人数=全员劳动生产率。

调查项目确定后,就要将这些调查项目科学的分类排队,并按一定顺序列在表格上,这种供调查使用的表格就叫调查表。它是统计工作搜集资料的基本工具。调查目的、被调查者都可以从调查表中反映出来。调查表主要用于统计调查阶段,是搜集原始资料的基本工具,且便于填写和汇总整理。

调查表一般分为单一表和一览表两种。单一表(又称卡片式)是将一个调查单位的调查内容填列在一份表格上的调查表。它可以容纳较多的项目,且便于分类整理和汇总审核。一览表是将许多个调查单位和相应的项目按次序登记在一份表格里的调查表。它便于合计和核对差错,一般在调查项目不多时采用。

具体应用注意点:一要看项目的多少,调查项目多时一般用单一表,反之则用一览表;二是看填报单位与调查单位是否一致,一致时常用单一表,不一致时用一览表。例如,我国人口普查的调查表采用的是一览表,基层统计报表多采用单一表的形式。

四、确定调查时间和调查期限

调查时间是指调查资料的所属时间。调查时间可以是时期,也可以是一定的时点。从资料的性质来看,有的资料反映现象在某一时点上的状态,而有的资料反映现象在一段时期内发展过程的结果。如果是时点现象,统计调查必须规定统一的标准时刻。例如,2010 年第六次人口普查的标准时间是 2010 年 11 月 1 日零时。如果是时期现象,就要明确规定资料所反映的是从何年何月何日至何年何月何日止的资料,要设定起讫日期。

调查期限是进行调查工作所要经历的时间,包括搜集资料和报送资料的整个工作所需要的时间。例如,第六次全国人口普查登记工作的期限从 2010 年 11 月 1 日开始,11 月 10 日结束。

五、制定调查的组织实施计划

为了保证整个统计调查工作的顺利进行，在调查方案中还应该有一个周密的组织实施计划。也就是要明确调查机构、调查步骤、调查人员及组织训练、资料报送方法、经费来源、检验方法等。它是调查过程的总方案。

【超级链接】

第六次全国人口普查方案

为科学有效地组织实施第六次全国人口普查，根据《全国人口普查条例》，制定本方案。

一、总则

（一）第六次全国人口普查的目的是查清 2000 年以来我国人口数量、结构、分布和居住环境等方面的变化情况，为科学制定国民经济和社会发展规划，统筹安排人民的物质和文化生活，实现可持续发展战略，构建社会主义和谐社会，提供真实准确、完整、及时的人口统计信息支持。

（二）人口普查工作，按照“全国统一领导、部门分工协作、地方分级负责、各方共同参与”的原则组织实施。

国务院和地方各级人民政府设立第六次全国人口普查领导小组及其办公室，领导和组织实施全国和本区域内的人口普查工作。

村民委员会和居民委员会设立人口普查小组，做好本区域内的人口普查工作。

领导小组各成员单位按照各自职能，各负其责、通力协作、密切配合。

（三）人口普查所需经费，由国务院和地方各级人民政府共同负担，并列入相应年度的财政预算，按时拨付，确保足额到位。

人口普查经费应当统一管理、专款专用，从严控制支出。

（四）各级宣传部门和人口普查机构应采取多种方式，积极做好人口普查的宣传工作，为人口普查工作的开展营造良好的社会氛围。

（五）人口普查实行严格的质量控制制度。地方各级人口普查机构主要负责人对本行政区域人口普查数据质量负总责，确保人口普查数据真实、准确、完整、及时。

二、人口普查的标准时点、对象和内容

（六）人口普查的标准时点是 2010 年 11 月 1 日零时。

（七）人口普查对象是指普查标准时点在中华人民共和国境内的自然人以及在中华人民共和国境外但未定居的中国公民，不包括在中华人民共和国境内短期停留的境外人员。

（八）人口普查采用按现住地登记的原则。每个人必须在现住地进行登记。普查对象不在户口登记地居住的，户口登记地要登记相应信息。

（九）人口普查以户为单位进行登记，户分为家庭户和集体户。

以家庭成员关系为主、居住一处共同生活的人口，作为一个家庭户；单身居住独自生活的，也作为一个家庭户。

相互之间没有家庭成员关系、集体居住共同生活的人口，作为集体户。

（十）人口普查登记的主要内容包括：姓名、性别、年龄、民族、国籍、受教育程度、行业、职业、迁移流动、社会保障、婚姻、生育、死亡、住房情况等。

（十一）人口普查表分为《第六次全国人口普查表短表》和《第六次全国人口普查表长表》。普查表长表抽取10%的户填报；普查表短表由其余的户填报。

在境内居住的港澳台和外籍人员，在现住地进行登记，填写供港澳台和外籍人员使用的普查表短表。

（十二）2009年11月1日至2010年10月31日期间有死亡人口的户，同时填报《第六次全国人口普查死亡人口调查表》。

（十三）人口普查表由国务院第六次全国人口普查领导小组办公室（以下简称国务院人口普查办公室）和国家统计局统一制定，各省、自治区、直辖市人口普查办公室负责印发。

（十四）中国人民解放军现役军人及军队管理的离退休人员，由军队领导机关统一进行普查、汇总。

军队各类单位中服务的职工、文职人员、非现役公勤人员以及家属、保姆等，在军队营院内居住的，由军队机关负责普查，普查表移交当地人民政府指定的人口普查机构；不在军队营院内居住的，由地方人口普查机构负责普查。

（十五）中国人民武装警察部队，由武警机关负责普查登记，普查表移交当地人民政府指定的人口普查机构。

武警部队各类单位中服务的职工、非现役公勤人员以及家属、保姆等，在武警部队营院内居住的，由武警机关负责普查，普查表移交当地人民政府指定的人口普查机构；不在武警部队营院内居住的，由地方人口普查机构负责普查。

（十六）驻外外交机构人员、驻港澳机构人员、其他各驻外机构人员以及派往境外的专家、职工、劳务人员、留学生、实习生、进修人员等，由其出国前居住的家庭户或者集体户申报登记。

（十七）依法被判处徒刑、劳动教养的人员，由当地公安机关和监狱、劳教机关进行普查，普查表移交县、市人口普查办公室。

三、人口普查的宣传工作

（十八）各级宣传部门和人口普查机构应制定宣传工作方案，深入开展普查宣传。

（十九）各级宣传部门应组织协调新闻媒体，通过报刊、广播、电视、互联网和户外广告等多种渠道，宣传人口普查的重大意义、政策规定和工作要求，积极营造良好的人口普查氛围。

（二十）各级人口普查机构要组织开展形式多样的宣传活动，动员社会各界支持、参与人口普查工作。

四、普查指导员、普查员的借调、招聘和培训

（二十一）每个普查小区至少配备1名普查员，每个普查区至少配备1名普查指导员，原则上4至5个普查小区配备1名普查指导员。

普查员负责人口普查的入户登记等工作，普查指导员负责安排、指导、督促和检查普

查员的工作，也可以直接进行入户登记。

（二十二）普查指导员和普查员应当由具有初中以上文化水平、身体健康、认真负责、能够胜任人口普查工作的人员担任。

（二十三）普查指导员和普查员可以从党政机关、社会团体、企业事业单位借调，也可以从村民委员会、居民委员会或者社会招聘。借调和招聘工作由县级人民政府负责。

借调的普查指导员和普查员在普查任务完成以前，不得随意更换。

（二十四）借调的普查指导员和普查员的工资由原单位支付，其福利待遇保持不变，并保留其原有的工作岗位。

招聘的普查指导员和普查员的劳动报酬，在人口普查经费中予以安排，由聘用单位支付。

（二十五）普查指导员和普查员的借调和招聘工作应于2010年8月底前完成。

（二十六）普查指导员和普查员的培训工作由县级人口普查机构统一组织进行。普查指导员和普查员经过培训并考核合格后，由县级以上人口普查机构颁发全国统一的证件。培训工作应于2010年10月15日前完成。

普查指导员和普查员执行直接面对普查对象的人口普查任务时，应当出示普查指导员证或者普查员证。

任何单位和个人不得冒充人口普查机构、普查人员进行社会调查或者进行欺诈活动。

五、人口普查登记前的现场准备工作

（二十七）人口普查按照划分的普查区域进行。普查区域的划分要坚持地域原则，做到不重不漏，完整覆盖全国。

（二十八）普查区划分以村民委员会和居民委员会所辖区域为基础。每个普查区按照一个普查员所能承担的工作量，划分成若干个普查小区。

普查小区划分工作应于2010年8月底前完成。

（二十九）在人口普查机构统一领导下，公安部门应按照《中华人民共和国户口登记条例》和《第六次全国人口普查户口整顿工作方案》的要求进行户口整顿。户口整顿应当按照普查区域的范围，摸清常住人口、流动人口、无户口和应销未销户口等情况。户口整顿有关资料应当提交同级人口普查机构，供普查登记时参考。

户口整顿工作应于2010年8月底前完成。

（三十）人口普查登记前，普查员要做好摸底工作，明确普查小区的地域范围、绘制普查小区图、摸清人口和居住情况、编制普查小区各户户主姓名底册。

摸底工作应于2010年10月底前完成。

六、人口普查的登记和复查工作

（三十一）人口普查的登记工作，从2010年11月1日开始到11月10日结束。

（三十二）人口普查登记，采用普查员入户查点询问、当场填报的方式进行。普查员应当按照普查表列出的项目逐户逐人询问清楚，逐项进行填写，做到不重不漏、准确无误。

普查表填写完成后，普查员应将填写的内容，向申报人当面宣读，核对无误后，由申报人签字或盖章确认。

（三十三）普查登记时，申报人应当依法履行普查义务，如实回答普查员的询问，不得谎报、瞒报、拒报。

（三十四）普查登记结束后，普查指导员应当组织普查员按照规定的方法进行全面复查，发现差错，应重新入户核对，经确认后予以更正。

复查工作应于2010年11月15日前完成。

（三十五）复查工作完成后，国务院人口普查办公室统一组织事后质量抽查。

事后质量抽查工作应于2010年11月底前完成。

（三十六）人口普查对象提供的资料，应当依法予以保密。

人口普查中获得的能够识别或者推断单个普查对象身份的资料，任何单位和个人不得对外提供、泄露，不得作为对人口普查对象作出具体行政行为的依据，不得用于人口普查以外的目的。

人口普查数据不得作为对地方人民政府进行政绩考核和责任追究的依据。

七、人口普查数据的汇总、发布和管理

（三十七）人口普查表经复查后，按照统一规定的标准进行编码。

编码后的普查表经复核、检查验收合格后，方可交付录入。

（三十八）《第六次全国人口普查表短表》、《第六次全国人口普查表长表》，以普查小区为单位分别装入不同的包装袋。《死亡人口调查表》以普查区为单位装入相应的包装袋。

普查资料在运送过程中，必须妥善包装，专人护送，保证完整无损。运送单位和接收单位应当按规定的程序办理交接手续。

（三十九）人口普查数据由人口普查机构负责进行数据处理。录入采用光电录入的方式，数据录入、编辑、审核、汇总程序由国务院人口普查办公室统一下发。

（四十）人口普查机构对普查登记的主要数据，先进行快速汇总。国家统计局和国务院人口普查办公室对数据进行审核后发布主要数据公报。各省、自治区、直辖市的主要数据应于国家公报发布之后发布。

（四十一）国务院人口普查办公室应于2011年12月31日前完成人口普查全部数据的汇总工作。

（四十二）人口普查数据处理工作结束后，原始普查表按国务院人口普查办公室的统一规定销毁。

（四十三）数据处理形成的单个普查对象的资料，由国务院人口普查办公室和各省、自治区、直辖市人口普查办公室负责管理。

（四十四）国务院人口普查办公室和各省、自治区、直辖市人口普查办公室应编制普查报告书，分别向国务院和各省、自治区、直辖市人民政府报告工作。

（四十五）各级人口普查机构应做好人口普查资料的开发和应用，为社会公众提供查询、咨询等服务。

八、人口普查的质量控制

（四十六）人口普查实行质量控制岗位责任制，普查人员应认真履行职责，严格执行岗位工作规范，保证各自的工作质量达到规定的标准。

（四十七）各级人口普查办公室应对人口普查实施中的每个环节进行监督检查，收集、整理、分析工作质量情况，对发现的问题，要及时研究解决。

（四十八）在人口普查登记、快速汇总、编码、数据处理各环节实行质量验收制度。验收不合格的必须返工，直至达到规定的质量验收标准方可转入下一工作环节。

九、其他

（四十九）对认真执行本方案，忠于职守，坚持原则，在人口普查工作中做出显著成绩的单位和个人，按照国家有关规定给予表彰奖励。

（五十）违反本方案规定的，依据《中华人民共和国统计法》、《全国人口普查条例》等追究法律责任。

（五十一）香港特别行政区、澳门特别行政区的人口数，按照香港特别行政区政府、澳门特别行政区政府公布的资料计算。

台湾地区的人口数，按照台湾地区有关主管部门公布的资料计算。

（五十二）交通极为不便的地区，需采用其他登记时间和方法的，须报请国务院人口普查领导小组批准。

（五十三）国务院人口普查办公室可以根据本方案制定各项具体工作实施细则。

（五十四）本方案由国务院人口普查办公室负责解释。

（资料来源：国家统计局。）

任务四　调查问卷的设计

一、问卷的基本内容

一份完整的问卷应包括以下几个方面的内容：

（一）问卷的标题

任何一份问卷都要反映某一主题，这就要用简单明了的标题表示出来。例如，要对城镇居民消费情况进行调查，问卷标题可为“城镇居民消费调查”；要反映大学生考研情况，问卷标题可为“当代大学生考研情况调查”；又如，“城镇居民住房调查”、“汽车市场问卷调查”、“下岗职工再就业问卷调查”等等。问卷标题要鲜明、准确、简捷，一看标题，就能明确向谁调查，调查什么，即明确要调查的对象和调查的内容。

（二）致被调查者的一封短信和填表说明

问卷调查是一种书面形式的谈话，调查者和被调查者之间是陌生的，为了消除被调查者的思想顾虑，赢得他们的信任与合作，就需要由调查方对问卷作一定的介绍说明，写出致被调查者的一封短信。短信要说明这次调查的目的和意义、调查者的身份等，同时要注明调查单位与印章、邮政编码、电话号码、E-mail、联系人等。这样以示调查的严谨性。填表说明是对问卷填写过程中的要求、方法、注意事项等作一个总的解释和说明。要求语言简捷易懂。

【超级链接】

"贸易壁垒调查问卷"填写说明

为全面掌握入世以来国外贸易壁垒对我国对外贸易产生的影响，评估我国外部贸易环境，商务部特开展此次调查。调查的组织和实施各方承诺：在调查过程中严格保守企业秘密，不向任何第三方透露被调查企业的任何非公开信息，不将被调查企业的答卷信息用于本次调查以外的任何目的。现就调查问卷的填写注意事项说明如下：

1. 本调查问卷由三部分构成。第一部分为企业基本信息，所有被调查企业均须填写；第二部分为贸易壁垒调查，企业可根据实际情况选择填写；第三部分为贸易壁垒案例调查，企业可根据遇到的具体案例填写(可另附页)；

2. 请企业委派熟悉本企业情况和出口业务的人员填写，并请务必认真准确地填写填表人员姓名及有效联系方式，以利于进一步跟踪调查；

3. 选择性问题请在合适选项前的方框中打"√"，选择并填写性问题请在选择后补充填写，填写性问题请企业根据实际情况在问题后的对应填写处填写；

4. 需填写国家或地区处请填具体国家或地区名称，港澳台地区要具体列明，欧盟地区请注明具体国家名称；

5. 除第一部分的中资企业注册资本以人民币为货币单位外，其余涉及金额的地方均以美元作为货币单位；

6. 第二部分中的产品名称请填写具体产品名称或8位中国《海关税则》的商品编码；

7. 本问卷的调查期为××××年和××××年两个年度。

8. 部分术语说明：

(1)企业海关代码：指出口企业在中国海关注册的10位企业代码。

(2)从业人数：在本单位工作并取得劳动报酬或收入的人数总和。

(3)出口贸易金额：企业依出口合同金额计算的年度贸易金额。

(4)直接贸易利益损失：企业因贸易壁垒而遇到退货、销毁货物、订单取消、索赔等，由此给企业造成的直接经济损失。

(5)间接贸易利益损失：企业为消除贸易壁垒、实现出口目的而支出额外费用，或因贸易壁垒而丧失贸易机会、市场份额减少，由此给企业造成的间接经济损失。

(三)问卷的主体部分，即问题和答案

问卷的主体部分是由一个一个问题和相应的答案组成，它是问卷的核心。书中后面内容将详细介绍。

(四)编码

把调查问卷中的问题转换成数字的工作即为编码。要对问卷中的统计资料进行定量分析，就必须将问卷中的各项回答转换成数字，也就是变成计算机能够接受和处理的语言，然后输入计算机，用一定程序进行统计分析。在问卷设计前进行的编码称为预编码，而在问卷回收后所进行的编码称为后编码。对于封闭型问题，既可采用预编码，也可采用后编码;而对于开放型问题,由于其灵活性较大,所以用后编码。在实际工作中,一般多采用预编码。

(五)调查实施情况记录

这部分内容一般放在一份调查问卷的最后,用来记录调查中可供参考的重要情况,调查的效果和需要复查、校正的问题。

二、问卷设计的方法

一项问卷调查的成功与失败,很大程度取决于问卷的质量。一份问卷的设计通常考虑以下几个方面:

(一)问卷的总体框架

问卷的主体内容是问句和答案,在此之前,我们须根据调查目的要求,对调查内容做一通盘考虑,设计出一个总体框架。总体框架是指导设计问卷的提问语句和对资料进行分析的一种总体思路的逻辑架构图。有了总体框架,一方面指导具体问题的提出;另一方面使各问句之间建立起一种内在的逻辑联系,为以后的统计分析提供依据。

问卷的总体框架,是从研究目的出发,找出所要研究问题的中心概念,而后将这些概念逐步分解,最后形成可提出的一个个提问语句。所以,制作问卷总体框架的过程,就是怎样把所研究的抽象的概念和内容变成可进行操作的过程。

(二)问卷的问句设计

问卷中的问句就是由调查者向被调查者提出的一个个问题。

1. 问句的主要形式

(1)从外部形式看,有封闭式问题和开放式问题

封闭式问题是在提出问题的同时,给出可供选择的答案;开放式问题是不设计答案,给回答者以充分发表意见的空间。前者回答者填写时较方便,较容易,能省时、省力,便于统计数据处理和定量分析,但回答问题时失去了自主性;后者回答问题的自主性大,可以使调查得到比较符合被调查者实际的答案,取得的资料较生动,可对问题进行深入的研究,但它要花费较多的时间和精力,且要求回答者具有较高的知识水准和文字表达能力,有时意见比较分散,难以综合。开放式问题适用于探索性问题的调查。

(2)从内容上看,有特征问题、行为问题、态度问题

①特征问题。指用来了解被调查者基本情况的问题。一般对被调查者基本情况了解的主要项目有:性别、年龄、文化程度、婚姻状况、职业等。了解这些情况是为了将其作为自变量,与人们对某一事物的不同看法一起做因素分析。

②行为问题。指用来了解被调查者过去发生的和现在正在进行的某些行为与行为后果的问题。它又分为了解被调查者本人行为的问题、通过被调查者了解他人行为的问题、对人们行为结果了解的问题等。例如,"您现在抽烟吗?","您觉得国有企业职工的工作表现怎样?","您每天忙家务的时间是:A. 增加了 B. 减少了 C. 没变化"。

③态度问题。指用来了解被调查者对某一事物的态度、意见、感觉、想法、兴趣、爱好等问题。在问卷中,这一类问句所占比例最大。例如,"您对吸烟行为持何态度?","您对绩效改革是否赞成?"等等。

(3)从提问问题的方式看,有直接问题、间接问题、假设问题

直接问题,是对问卷中那些属于个人基本情况的项目和回答者能够直接回答的项目所设计的问题。间接问题,是对那些被调查者不敢或不愿说出自己真实想法的项目所设计的问题。它可以消除被调查者的思想顾虑,取得我们希望所得到的资料。假设问题,是对那些用来反映未来意向、将来的打算等项目时所设计的问题。例如,“如果你考上了大学,将选择什么专业?”,“如果你手中有了钱,最先选购什么?”。

2. 设计问句时应注意的问题

(1)问句要简短、准确、明了。

(2)避免出现双重提问。

(3)避免带有诱导性和倾向性。

(4)对敏感问题的提问要婉转,要有技巧性。

3. 问卷的答案设计

问卷答案设计只针对封闭式问题而言。而开放式问题,则是由被调查者根据自己的看法、认识及理解自由回答,因此,不存在答案设计问题,只需在问句下面留一定的空白即可。

问句是用问和答的形式来取得资料的,有问必有答,若答案设计不好,势必影响到问卷的质量。那么针对不同的问题,就有不同的回答,我们可把问卷中的每一个问题都当做一个变量,那么不同的答案就是变量的不同取值。根据所提问题所属的变量类型不同,答案设计就可分为定类问题答案设计、定序问题答案设计、定距问题答案设计。

(1)定类问题答案设计

定类问题的答案设计需要我们对所研究的现象和事物进行分类,类分好了,答案也就设计出来了。对于简单的定类问题,较易分类,如文化程度、性别等。但对于很多现象来说,由于其本身的复杂性,分类也就相应复杂了。例如,“您认为小康的标准有哪些?”,“您选择储蓄的主要目的是什么?”。

在设计定类问题的答案时,要强调两点:

第一,答案要具有穷尽性。即问卷所设计的答案要包括所有回答,不能有遗漏。例如,“储蓄的主要目的是:A. 买房　B. 买车　C. 防老　D. 子女教育”,题中用于有机会再投资的、用于今后收入降低时弥补不足的等在答案中都没有,这就造成有些人无法回答。人的储蓄目的与年龄、职业、收入都有密切联系,因此,我们先将人按年龄、职业、收入分类,然后研究不同年龄、不同职业、不同收入人的储蓄目的,分别列出,最后将所有答案加以综合,去掉重复内容,即为该问题的所有答案,为防止出现列举不全的情况,在答案最后列出“其他”一项。

第二,答案要具有互斥性。即指答案之间要互相排斥,不能相互交叉。例如,“您最喜欢阅读哪类书籍? A. 文学类　B. 科普类　C. 生活类　D. 政治类　E. 经济类　F. 小说类”,这里文学类与小说类就出现互相交叉的情况。所以,对于较复杂、较抽象问题进行答案设计时,可以按同一抽象层分类,然后,在某一确定的层面上列出答案。上例中,首先我们应该明确问题应在哪一层上提出,是书籍大类这一层呢,还是较具体的读物这一层,这样就避免了答案间的相互包容。又如,“社会上哪些人对改革更充满信心? A. 青年人　B. 知识分子　C. 公务员等”,这里的答案也出现交叉现象。为了使答案互斥,可按某一标

准来分;按职业分,则有 A.工人　B.农民　C.公务员　D.教师　E.其他等等;按文化程度分,则有 A.大学及大学以上　B.高中　C.初中　D.小学及以下。

(2)定序问题的答案设计

定序问题的答案设计需要我们对所研究的现象和事物进行比较、排序。定序问题答案往往采取的设计形式是:A.很满意　B.满意　C.中立　D.不满意　E.很不满意五等级,或 A.满意　B.中立　C.不满意三等级。例如,“您对目前我国消费质量方面的感觉是:A.很满意　B.满意　C.中立　D.不满意　E.很不满意”,“您对绩效改革是否赞成?A.很赞成　B.赞成　C.无所谓　D.不赞成　E.很不赞成”等。一些调查问卷,将多个语句排列在一起,共用一组相同的定序答案,这样就构成一个表的形式,我们称为态度量表。其构成要素有两个:一是由多语句组成的一个提问系列,二是一组相同的答案。态度量表从不同方面(一个提问系列),来测量人们对事物的态度。例如,您对目前我国社会生活以下各方面的状况感觉是:

状况	A.很满意	B.满意	C.中立	D.不满意	E.很不满意
(1)市场供应情况					
(2)经济秩序					
(3)消费品质量					
(4)新闻报导真实情况					
(5)治安状况					
(6)社会保障					
(7)市政建设					
(8)有法可依					
(9)依法办事					
(10)社会风气					
(11)挣钱机会					
(12)环境保护					
(13)物价状况					
(14)文化生活					
(15)贫富差别					
(16)经济发展状况					
(17)对外开放状况					
(18)国际地位					

根据态度量表可以进行统计分析。

(3)定距问题的答案设计

定距问题的答案是用数字表示的。例如,“你早晨什么时候起床:A.6:00 以前　B.6:00—6:15　C.6:15—6:30　D.6:30—7:00　E.7:00 以后”,“您的月收入为:A.500 元以下　B.500~1 000 元　C.1 000~1 500 元　D.1 500~2 000 元　E.2 000~3 000 元　F.3 000~5 000 元　G.5 000 元以上”。设计这类问题时,组不宜分得太多,组距大小可以不等,要注意各组的同质性。

4.答案的格式

(1)填空式。在问句后面画一短横线,由回答者填写。如“您的年龄____周岁”、“您的职业__________”等。

(2)选择式。即列出的答案至少在两个以上，由回答者根据问卷的要求，选择其中一个或几个答案。例如，“请您对目前大学学风作一评价(限选一项，请打√)：A. 总体很好□　B. 过得去□　C. 不怎么样，没几个真正在学习□　D. 非常差，都在玩□　E. 不了解，讲不清楚□”。

(3)排序式。在所给的答案中选出几个，并加以排序。例如：

您最担心发生哪几方面的问题？(选三项排序，在下表中填入相应的题号)

A. 环境污染　B. 社会风气败坏　C. 物价进一步上涨　D. 个人失业　E. 治安状况恶化　F. 贫困救济不够　G. 社会发生动乱　H. 发展机会不均等　I. 贫富两级分化　J. 经济环境恶化

第一位	第二位	第三位

(4)矩阵式。将针对某一方面的情况，而提出一系列问题的答案设计成一组相同定序的形式，由回答者从不同的方面来回答。例如：

对下列说法您的看法是(在对应的□上打√)：

	A. 非常同意	B. 同意	C. 无所谓	D. 不同意	E. 非常不同意
①社会动荡的结果总是老百姓吃亏	□	□	□	□	□
②当前“有理无处讲”的现象很普遍	□	□	□	□	□
③虽然也没有什么事但心里总感到不顺	□	□	□	□	□
④生活中的不快总能很快忘掉	□	□	□	□	□
⑤娱乐中我能忘掉一切不快	□	□	□	□	□

(5)表格式。是矩阵式的一种延伸，形式类同于矩阵式。例如：

您和您父母的文化程度：

	小学	初中	高中	中专	大专以上
您自己					
您父亲					
您母亲					

(6)相依问题的答案形式。在问卷中有些问题只适合部分调查对象回答,因为这些问题只与一部分人有关,而不需要由全部被调查者回答。例如,“您了解股份制吗? A.了解　B.不了解(回答到此结束)”;“您对股份制怎样看? A.好事　B.有利有弊　C.坏事”。

5.问卷设计时还应注意以下几点

(1)设计问卷时,要考虑被调查者的回答能力。问卷中的问题是由被调查者来回答的,而调查者与被调查者之间往往不直接见面,所以,在问卷设计时,要从被调查者的角度考虑,使所设计的问题能够符合被调查者的回答能力。凡是被调查者不理解、不了解或不愿意回答的问题,均不应提出,否则,将使回答者因产生畏难情绪而拒绝填写。所以,所提出问题的难易程度应与被调查者的知识水平和阅读能力相一致。

(2)问卷中问题的数目要适中。有的问卷长达数十页,问题太多,回答问题时间太长,从而容易使回答者产生一种厌烦和畏难情绪,而最终放弃填写。问卷中的问题不是多多益善,而是要根据研究主题确定。一般来说,回答问题的时间应在 20 分钟以内能顺利完成,最多不能超过 30 分钟。这样就使回答者以较轻松的、积极的态度来填写问卷。

(3)要注意问卷的先后顺序。这一点有时容易被设计者所忽略。注意问题的编排顺序,使回答者更乐意配合与参与,从而可以提高问卷的回收率。排列顺序的一般原则是:

①把简单容易的放在前面,将较难的问题放在后面。

②把容易吸引回答者的问题放在前面,将产生顾虑的问题放在后面。

③将开放式问题放在最后。

④先问行为方面的问题(只是客观的具体问题,较易回答),再问态度、看法等问题(涉及主观因素),最后问个人的背景资料(涉及到一些敏感问题)。

⑤问题的排列要有逻辑顺序。如时间顺序,可从远到近或从近到远,不宜远近交叉,要符合人的思维逻辑。

【超级链接】

新型农村合作医疗调查问卷

您好! 为了更好地了解农民群众的心声,倾听农民朋友对新型农村合作医疗(简称“新农合”)的建议,同时也为推动新型农村合作医疗的健康持续发展,现正在做一项关于新型农村合作医疗的调查问卷。为了方便问卷分析,使您的信息更有意义,希望您能根据自己情况如实填写,请在后面的括号里写上您的答案或直接在您选定的选项上打√。

您所提供的情况,我们将严格保密,请您认真完成这份问卷,在此真诚地感谢您的合作!

第一部分:基本信息

__________省__________市__________县__________乡(镇)

1.您的性别:(　　)。

A.男　　　　B.女

2.您的年龄:(　　)。

A.18 岁以下　　B.18～30 岁　　C.31～45 岁　　D.46～60 岁

E.61 岁以上

3. 您的文化程度：(　　)。

A. 小学及以下　　B. 初中

C. 高中(包括职高)　　D. 大学及以上

4. 您认为自己的身体状况怎么样？(　　)

A. 很好　　B. 一般　　C. 较差　　D. 很差

5. 家里有无人长期患病或具有慢性病？(　　)

A. 没有　　B. 一个　　C. 两个或以上

6. 如果您的家人生了病，一般会选择什么地方看病？(　　)

A. 私人医院　　B. 村或乡镇新农合定点医院

C. 市县级新农合医院　　D. 省级新农合医院及其以上

7. 您或您的家人生病时，最常去这些医疗机构的原因是什么？(　　)

A. 距离近　　B. 费用低　　C. 医生熟　　D. 服务态度好

E. 其他

8. 村里有没有相应的关于新型农村合作医疗方面的宣传？(　　)

A. 有，很全面，而且是持续性的　　B. 有，只有在投保的时候做过宣传

C. 从来没有过　　D. 不知道

第二部分：资料收集

9. 您对新型农村合作医疗的参保意愿是怎么样的呢？(　　)

A. 迫切要求参加　　B. 自愿参加　　C. 不愿意参加　　D. 无所谓

10. 您知道您参保后可以享有哪些医疗待遇吗？(　　)

A. 完全知道　　B. 知道一些，但具体不怎么了解

C. 完全不知道

11. 您对新型农村合作医疗的政策了解吗？(　　)

A. 非常了解　　B. 了解一部分

C. 不太了解，仅仅听说过　　D. 没听说过

12. 您了解合作医疗政策的途径是(　　)。

A. 政府宣传　　B. 电视、报纸、杂志

C. 他人介绍　　D. 其他

13. 您今年参加新农合个人缴费＿＿＿＿＿＿＿＿元钱。

14. 您认为农民参加新型农村合作医疗个人缴费标准为每人每年(　　)较为合适。

A. 50 元以下　　B. 50～100 元　　C. 100～200 元　　D. 200～300 元

E. 300 元以上

15. 您家距离最近的新农合定点医疗医院的距离是(　　)。

A. 不足 1 公里　　B. 1～2 公里　　C. 2～3 公里　　D. 3 公里以上

16. 参加新型农村合作医疗后，您在定点医院住过院吗？(　　)

A. 没有住过　　B. 住过一次　　C. 住过两次　　D. 住过两次以上

17. 您对新农合医疗的报销比例清楚吗？(　　)

A. 十分清楚　　B. 了解一点　　C. 完全不知道

18. 您认为报销的病种是否齐全？（　　）

A. 非常齐全　　B. 还行，总体差不多　　C. 非常不齐全

19. 您认为新型农村合作医疗报销方便及时吗？（　　）

A. 太麻烦，难以顺利完成所有程序　　B. 有点复杂，但还可以接受

C. 挺简单的，非常方便　　D. 不清楚

20. 医院能不能主动向您提供正规医疗费用发票及费用的详细清单？（　　）

A. 医院主动提供　　B. 自己提出要求时，医院才提供

C. 自己提出来，但医院不给　　D. 没有想过索要

21. 您对新农合定点医疗单位的服务质量和服务态度是否满意？（　　）

A. 满意　　B. 不满意　　C. 说不清楚

22. 在您看来，新农合定点医院同样的药是否比私人医院贵？（　　）

A. 是的，贵了一倍有余　　B. 稍微贵了些，但不甚多

C. 价格一样　　D. 比私人医院便宜

23. 您觉得参加合作医疗后，看门诊花费是否要比以前高？（　　）那住院呢？（　　）

A. 要高一些　　B. 要低一些　　C. 没有什么变化　　D. 不清楚

24. 参加新农合后有没有在现实生活中上减轻您的经济负担？（　　）

A. 参合费用加重了经济负担

B. 和原先没有区别

C. 减轻了经济负担，但是效果不是很显著

D. 明显减轻经济负担

25. 您认为新型合作医疗制度对解决看病难、看病贵的问题作用如何？（　　）

A. 不能解决实际问题　　B. 能稍微缓解这种情况

C. 能显著改善农民看病难、看病贵的问题

26. 新型农村合作医疗和原来您参保的医疗保险相比，农村合作医疗保险比原保险报销比例（　　）。

A. 高　　B. 低　　C. 没有什么不同

27. 如果要提高新型农村合作的报销比例，但要求提高现在的人均年缴费水平，您的态度是什么？（　　）

A. 完全同意，现在的报销水平和缴费水平都有点低

B. 同意提高报销比例，但现在的缴费水平已经很高了

C. 现在的报销水平和缴费水平都正好合适

D. 现在的报销水平和缴费水平都有点高

28. 根据您的满意度，请您给新型农村合作医疗制度打分（满分 100 分）。________________分

问卷结束，谢谢您的合作，祝您在新的一年里大吉大利、工作顺利！

××××机构

××××年××月××日

技能训练

一、填空题

1. 常用的统计调查方式主要有__________、__________、__________、__________、__________等。

2. 典型调查有两类：一是__________；二是__________。

3. 统计调查按调查对象包括的范围不同可分为__________、__________。

4. 确定调查对象时，还必须确定两种单位，即__________和__________。

5. 重点调查是在调查对象中选择一部分__________进行调查的一种__________调查。

6. 询问调查具体包括__________、__________、__________、__________、__________、__________等。

7. 访问调查一般分为__________和__________两种。

8. 邮寄调查的问卷发放方式有__________、__________、__________三种。

9. 若要调查福建省国有工业企业的生产经营情况，调查对象是__________，填报单位是__________。

10. 问句设计从内容上看，有__________、__________、__________。

二、单项选择题

1. 调查单位和报告（填报）单位（　　）。

A. 是同一个概念　　B. 是毫无关系的两个概念
C. 有区别，但有时也一致　　D. 不可能是一致的

2. 某灯泡厂为了掌握该厂的产品质量，拟进行一次全厂的质量大检查，这种检查应选择（　　）。

A. 统计报表　　B. 重点调查　　C. 全面调查　　D. 抽样调查

3. 人口普查规定统一的标准时间是为了（　　）。

A. 避免登记的重复与遗漏　　B. 确定调查的范围
C. 确定调查的单位　　D. 登记的方便

4. 统计调查方法体系中，作为“基础”的是（　　）。

A. 经常性抽样调查　　B. 必要的统计报表
C. 重点调查、估计推算　　D. 周期性普查

5. 某地进行国有商业企业经营情况调查，则调查对象是（　　）。

A. 该地所有商业企业　　B. 该地所有国有商业企业
C. 该地每一国有商业企业　　D. 该地每一商业企业

6. 以下哪种调查的报告单位与调查单位是一致的（　　）。

A. 工业普查　　B. 工业设备调查　　C. 职工调查　　D. 未安装设备调查

7. 假定调查的目的是全面掌握某市国有企业生产经营状况资料，则该市每一个国有企业的“产值、销售收入、利润”等等是(　　)。

A. 调查对象　　B. 调查单位　　C. 调查项目　　D. 都不是

8. 假定调查的目的是全面掌握某市国有企业生产经营状况资料，则该市“每一个国有企业”是(　　)。

A. 调查对象　　B. 调查单位　　C. 调查项目　　D. 都不是

9. 通过调查大庆、胜利、辽河等油田，了解我国石油生产的基本情况。这种调查方式是(　　)。

A. 典型调查　　B. 重点调查　　C. 抽样调查　　D. 普查

10. 调查项目通常以表的形式表示，称作调查表，一般可分为(　　)。

A. 单一表和复合表　　B. 单一表和一览表

C. 简单表和复合表　　D. 简单表和一览表

11. 某市进行工业企业生产设备普查，要求在7月1日至7月10日全部调查完毕，则这一时间规定是(　　)。

A. 调查时间　　B. 调查期限　　C. 标准时间　　D. 登记期限

12. 调查某市工业企业职工的工种、工龄、文化程度等情况(　　)。

A. 填报单位是每个职工

B. 调查单位是每个企业

C. 调查单位和填报单位都是企业

D. 调查单位是每个职工，填报单位是每个企业

三、多项选择题

1. 普查是一种(　　)。

A. 非全面调查　　B. 专门调查　　C. 全面调查　　D. 一次性调查

E. 经常性调查

2. 某地对集市贸易个体户的偷漏税情况进行调查，1月5日抽选5%样本检查，5月1日抽选10%样本检查，这种调查是(　　)。

A. 非全面调查　　B. 一次性调查　　C. 不定期性调查　　D. 定期性调查

E. 经常性调查

3. 第六次人口普查中(　　)。

A. 调查单位是每一个人　　B. 填报单位是每一个人

C. 调查对象是每一户家庭　　D. 调查对象是全国所有人

E. 填报单位是每一户家庭

4. 询问调查法有(　　)。

A. 访问调查　　B. 邮寄调查　　C. 电话调查　　D. 电脑辅助调查

E. 观察法

5. 典型调查是(　　)。

A. 一种专门组织的调查　　B. 其调查单位少、调查范围小

C. 调查单位是随机选取的　　D. 可用采访法取得资料

E. 一般情况下，不宜用来推断总体指标

6. 非全面调查包括(　　)。

A. 普查　B. 统计报表　C. 重点调查　D. 典型调查

E. 抽样调查

7. 某市对全部工业企业生产设备的使用情况进行普查，则每一台设备是(　　)。

A. 调查单位　B. 调查对象　C. 总体单位　D. 填报单位

E. 报告单位

8. 统计调查方案中的调查时间是指(　　)。

A. 时期现象资料所属的起止时间　B. 时点现象资料所属的标准时点

C. 调查工作进行的时间　D. 公布调查结果的时间

E. 调查期限

9. 统计调查方案的主要内容有(　　)。

A. 确定调查的目的和任务　B. 确定调查项目和调查表

C. 确定调查对象和调查单位　D. 编制填表说明

E. 编制调查工作的组织实施计划

10. 下列各调查中，调查单位和填报单位一致的是(　　)。

A. 企业设备调查　B. 人口普查

C. 工业企业调查　D. 商业企业调查

E. 商品价格水平调查

四、判断题

1. 在统计调查方案中，调查期限是指调查资料所属的时间，调查时间是指调查工作的起止时间。(　　)

2. 全面调查是对调查对象的各方面都进行调查。(　　)

3. 经常性调查是指随着调查对象的不断变化，而随时将变化情况进行连续不断的登记。(　　)

4. 统计报表是我国定期取得统计资料的基本调查方式。(　　)

5. 抽样调查是所有调查方式中最有科学依据的，因此，它适用于任何调查任务。(　　)

6. 各种调查方法的结合运用，会造成重复劳动，因此不应提倡。(　　)

7. 每月月初登记职工人数属于经常性调查。(　　)

8. 重点调查是在调查对象中选择一部分样本进行的一种全面调查。(　　)

9. 报告单位是指负责报告调查内容的单位。报告单位与调查单位有时一致，有时不一致，这要根据调查任务来确定。(　　)

10. 访问调查回答率较低，但其调查成本低。(　　)

11. 当调查对象分布区域较广时宜采用邮寄调查。(　　)

12. 电话调查的问题要明确且数量要少。(　　)

13. 实验法是一种特殊的观察法。(　　)

14. 一览表是指一份表格上只体现一个调查单位的情况表。(　　)

15.调查员对交通十字路口车流量进行记录，这属于观察法。（ ）

五、简答题

1.统计数据的具体搜集方法有哪些？

2.统计数据搜集方案包括哪几个方面的内容？

3.什么是统计数据搜集的单一表和一览表？它们在什么情况下采用？

4.试对普查、重点调查、抽样调查、典型调查、统计报表等几种调查方式进行比较。

5.什么是重点调查？应如何选择重点单位？

六、综合训练题

1.某家用电器生产厂家想通过市场调查了解以下问题：企业产品的知名度、产品的市场占有率、用户对产品质量的评价及满意程度。

(1)请设计一份调查方案。

(2)你认为这项调查采取哪种调查方法较合适？

(3)请设计一份调查问卷。

项目3 统计数据整理与显示

学习目标：

1. 知识目标

了解统计数据整理的意义和统计分组的种类，掌握统计分组方法；了解分配数列的概念和种类，掌握分配数列的编制方法；了解统计表的结构、种类以及统计图的种类；了解 excel 的基本功能，掌握用 excel 编制统计图表的方法。

2. 能力目标

能对社会经济现象进行合理分组；能编制以组距式变量数列为重点的分配数列；能运用科学方法进行统计图、表绘制。

【案例导读】

我国在 2006 年进行的第二次农业普查，对全国 2.3 亿农户、40 万个农业生产经营单位、65 万多个村和 4 万多个乡镇进行了规模空前的调查，获得了宝贵的第一手资料。普查主要内容包括：农业生产条件、农业生产经营活动、农业土地利用、农村劳动力及就业、农村基础设施、农村社会服务、农村居民生活，以及乡镇、村民委员会和社区环境等方面的情况。普查的数据要为新时期解决“三农”问题、统筹城乡经济社会的发展、推进社会主义新农村建设、构建社会主义和谐社会提供重要的决策依据。下面摘录部分普查结果（农业从业人员）：

2006 年末，全国农业从业人员 34 874 万人，其中，男性占 46.8%，女性占 53.2%。按年龄分，20 岁以下占 5.3%，21～30 岁占 14.9%，31～40 岁占 24.2%，41～50 岁占 23.1%，51 岁以上占 32.5%；按文化程度分，文盲占 9.5%，小学占 41.1%，初中占 45.1%，高中占 4.1%，大专及以上占 0.2%。

这是农业普查数据整理的结果。但如何实现上述数据更有序化，数据结构表达更清晰，可以借助于统计表予以表示。具体见表 3-1。

表 3-1　2006 年末我国农业从业人员数量及构成

	全国	东部地区	中部地区	西部地区	东北地区
农业从业人员数量(万人)	34 874	9 522	10 206	12 355	2 791
农业从业人员性别构成(%)					
男	46.8	44.9	45.7	48.6	49.7
女	53.2	55.1	54.3	51.4	50.3
农业从业人员年龄构成(%)					
20 岁以下	5.3	4.2	4.9	6.4	6.4
21～30 岁	14.9	13.5	13.8	16.5	17.2
31～40 岁	24.2	22.0	24.5	25.3	25.4
41～50 岁	23.1	25.0	23.5	20.6	25.3
51 岁以上	32.5	35.3	33.3	31.2	25.7
农业从业人员文化程度构成(%)					
文盲	9.5	7.7	8.9	12.8	2.9
小学	41.1	38.5	37.0	47.0	39.0
初中	45.1	48.8	49.2	36.7	54.6
高中	4.1	4.8	4.7	3.3	3.2
大专及以上	0.2	0.2	0.2	0.2	0.3

从表 3-1 可以看出，在我国农业从业人员中，女性占比高于男性；51 岁以上人员占比最高；以小学、初中文化程度的人员为主体。

本项目将解决的问题是：对一个现象进行分析研究时，如何通过合理分组、编制分配数列以及绘制统计图表等形式充分体现现象变化特征及规律。

任务一　统计数据分组

一、统计数据整理的基础知识

(一)统计数据整理的概念

统计数据整理就是对搜集得到的数据进行审核、分组、汇总，使之条理化、系统化，变成能反映总体特征的综合数据的工作过程。

(二)统计数据整理的目的

1. 去伪存真，去粗取精。在大量的原始统计数据中，不可避免会存在着一些假数据和伪信息，只有经过认真筛选和判别，才能防止和避免鱼目混珠、真假难辨，并在信息传递和使用中误人害已，造成事业和经济上的重大损失。

2. 分类排序，规则系统。原始统计数据大多数呈现出零乱、孤立的状态，根本无法存储、传递和使用，只有对其进行有效分类和排序，才有可能使之成为规则、有序、系统的统计信息，并方便存储、检索、传递和使用。

3. 分析研究，综合创新。对搜集得来的统计数据只有经过加工处理之后，才能进行分析比较、计算研究，这样也可能会创造出新的统计信息。

统计数据整理是实现统计由对个别现象的认识上升到对总体现象认识的一个重要阶段，在统计工作中起着承前启后的作用，它既是数据搜集的继续和深化，又是数据分析的基础和前提。统计数据整理的质量，不仅关系到统计调查资料能否发挥其应有的作用，而且也直接影响到数据分析能否得出正确的结论。不恰当的加工整理，不完善的整理方法，往往使调查取得的丰富资料失去价值，甚至掩盖事实的真相，使使用者得出错误的结论。

二、统计数据整理的原则和内容

（一）统计数据整理的原则

1.标准性原则。为了方便国内外的统计信息交流，在对统计数据进行加工处理时需要按标准化要求进行操作，遵循国际国内相关标准。否则，该统计数据的利用价值就会大打折扣。

2.系统性原则。为了更好地使用统计数据，使其最大限度地发挥效能，在统计数据加工处理过程中应该使其具有系统性。只有系统化的统计数据，才能使人发现其中隐藏的某些共同的规律性。

3.准确性原则。是指经过加工处理以后的统计数据必须真实可靠，符合客观实际，按事物的本来面貌如实地反映情况。只有准确的统计数据，才可能为使用者带来一定的经济效益。反之，会使数据的使用者误入歧途，导致重大损失。

4.及时性原则。由于所有的信息都具有时效性，所以在对统计数据进行加工处理时要有时间观念，力争在最短时间内将统计数据加工处理完毕，以便最大限度地发挥统计数据的效能，及时地满足使用者的需要。

5.通俗性原则。经过加工处理的统计数据一定要便于推广和使用，其内容务必通俗易懂。只有使用者看了以后能够明白其内容的统计信息，才能被人们充分利用。

（二）统计数据整理的内容

1.统计数据的筛选和判别。统计数据的筛选和判别是指对原始统计数据有无作用的筛检和挑选，或是对原始统计数据真伪的判断和鉴别。

2.统计数据的排序和分类。统计数据的排序是指按照一定规律将调查所得到的统计数据排列成序，形成顺序统计量。统计数据的分类是指在数据排序的基础上，根据选定的分类标志，对杂乱无章的原始统计数据进行分门别类。

3.统计数据的计算和研究。统计数据的计算和研究是指对分类排序后的统计数据进行计算、分析、比较和研究，以便创造出更为系统、更为深刻、更具使用价值的新信息的活动。

4.统计数据的编目和组织。统计数据的编目和组织是指按照一定的规则将著录和标引的结果另外编制成简明的目录，提供给统计数据需求者作为查找信息工具的活动。

三、统计数据的预处理

统计数据的预处理是统计数据整理先行步骤，它是在对数据分类或分组之前对原始数据和第二手数据所做的必要处理，包括对数据的审核、订正和排序等。

（一）统计数据的审核

在对统计数据进行汇总整理前，先要进行严格的审核，这是统计数据整理的重要一环，涉及整个汇总工作的质量。数据审核的内容包括数据的准确性、及时性、完整性和适用性等四个方面。

1. 数据的准确性是审核的重点。审核方法主要有计算检查和逻辑检查两种。逻辑检查是审核调查数据的内容是否合理、有无相互矛盾和不符合实际的地方。比如，“文盲”文化程度的人所填的职业是“大学教师”，年龄“12 岁”的人所填的婚姻状况是“已婚”，对于这种违背逻辑的项目应进行复核，查明原因，确认错误并及时纠正。逻辑检查主要适合对定性数据的审核。计算检查是通过计算来复核表中的各项数值有无差错，各项指标的计算方法是否恰当，计量单位是否正确，有关指标之间的平衡关系是否得以保持等。比如，各分项数字之和是否等于相应的合计数，各结构比重之和是否等于 100%，出现在不同表格上的同一指标数据是否相同等等。计算检查主要适合对定量数据的审核。

2. 审核数据的及时性，就是审核数据是否符合调查时间，数据的报送是否及时，并找出未按时报送的原因。

3. 审核数据的完整性，就是审查搜集的数据是否达到规定的调查单位数目，调查资料中的各项目是否填写齐全。因为任何单位的数据缺报、漏报，都会影响整个汇总工作的进行。

4. 数据适用性的审查主要是针对第二手数据。因为第二手数据可以来自多种渠道，有些数据可能是为特定目的通过专门调查而取得的，或者是已经按特定目的的需要做了加工整理，因此，对于使用者来说，首先应弄清楚数据的来源、数据的计算口径和有关的背景材料，以便确定这些数据是否符合分析研究的需要，是否需要重新进行加工整理等。

（二）统计数据的订正

对审核过程中发现的迟报、漏报及计算错误，应及时催报、补报、改正，并针对不同的错误作出不同的处理：

1. 对于可以肯定的一般错误，可代为更正，并向有关单位核对；

2. 对于可疑之处或无法代为更正的错误，应通知原报送单位复查更正；

3. 对于在一个单位发现的有代表性的重大差错，除通知原报送单位更正外，还要将差错情况通报尚未报送资料的单位，以防止类似错误的发生；

4. 凡错误情节属于违反统计法规的，应查明责任，予以适当处理。

（三）统计数据的排序

统计数据排序就是按照一定的顺序将统计数据进行排列，以便初步显示数据的一些特征和规律，为研究者找到解决问题的线索。

统计数据的排序还有助于对数据的检查纠错，为分组、汇总提供依据。在某些场合，分析的目的就是排序。例如，将各大手机品牌的返修率进行排序，以了解手机的质量和性能的稳定性，为消费者选择购买哪种品牌的手机提供有用的信息；将全国轿车产量前 10 名的企业排序，经营者据此可以了解竞争对手的情况，从而有效地制定企业发展规划和战略目标。

统计数据排序还是计算有关分析指标，进行数据分析的基础。例如，计算众数、中位数和分位数前均需要先将数据进行排序。

借助于计算机进行排序十分简单易行。下面依次说明几种类型的数据排序：

1.数字型数据排序。有递增和递减两种。设一组数据为 $X_1, X_2, \cdots, X_n$，递增排序结果可以表示为：

$$X_{(1)} < X_{(2)} < \cdots < X_{(n)}$$

递减排序结果可以表示为：

$$X_{(1)} > X_{(2)} > \cdots > X_{(n)}$$

为了突出重点，总是坚持重点优先的惯例，选择递增还是递减取决于数小为重还是数大为重，但递减的场合似乎更多一些。

2.字母型数据排序。也有升序降序之分，但习惯上升序用得更多，因为升序与字母的自然排列相同。

3.汉字型数据排序。这种排序方式最多，例如，按汉字的首位拼音字母排序，与字母型数据排序完全一样；也可按笔画多少排序，则也有笔画多少的升序降序之分。交替运用不同方式排序在汉字型数据的检错纠错编码过程中十分有用。

四、统计分组

（一）统计分组的概念

统计分组既是统计认识问题的一种基本方法，又是统计整理工作的具体内容之一。因此，它在整个统计工作过程中具有十分重要的作用。

统计分组就是根据统计研究的目的和社会经济现象的特点，按照一个或几个标志把统计总体区分为性质不同的若干个组成部分的一种统计方法。对于所研究的社会经济现象总体，有些单位具有这种特点，而另一些单位则具有那种特点，这些特点有的表现为量的差异，有的表现为质的差异。统计分组就是要把那些表现为质的差异的单位区分开，把具有同一性质的单位合并在一起，达到组内同质性和组间差异性，以便反映现象的本质特征，并为进一步运用各种统计方法，研究总体的数量表现和数量关系打下基础。

因此，统计分组同时具有两方面的含义：对总体而言，是“分”，即将总体区分为性质不同的若干个部分；对总体单位而言，是“合”，即把性质相同的单位组合在一起。要做到这一点，关键的问题就是正确选择分组标志。分组标志一经选出，统计分组必将突出总体各单位在该标志下的差异，各单位在其他方面的差异都退居次要地位，这时候在同一组内的总体单位都具有相同的性质，不同组间的总体单位则具有相异的性质。

例如，人口普查的调查对象是“具有中华人民共和国国籍并在中华人民共和国境内居住的人”，但每一个人有许多方面的标志，如年龄、性别、民族、文化程度、婚姻状况和居住地等都不是完全相同的。为了揭示我国人口总体内部的差别、特点，就需要按照不同的标志对全国人口进行分组。例如，按性别可以分为男、女两个组，按照民族、文化程度又可以各自分为若干组，以便分析全国人口在性别、民族、文化程度等方面的结构。

统计分组的概念图示如图 3-1。

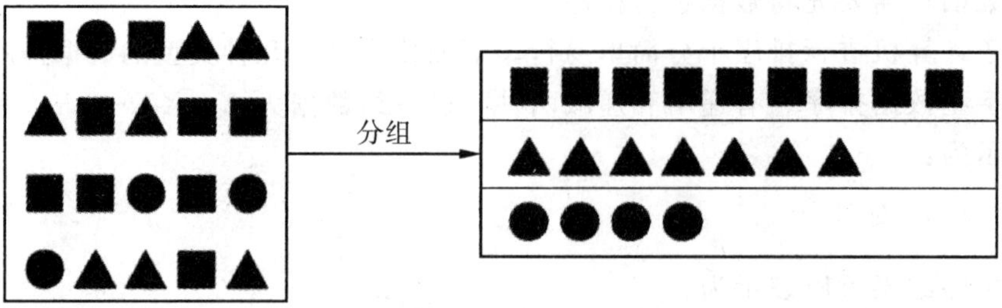

图 3-1 统计分组概念图

(二)统计分组的类型

统计分组的类型多种多样,从不同的角度可以分为不同的类型。

1.根据分组的标志不同,分为品质标志分组和数量标志分组

品质标志分组又称属性分组,是指按照反映事物属性的品质标志进行的分组。例如,人口按性别、民族、文化程度、职业、婚姻状况等标志分组;工业企业按经济类型、行业等标志分组。

数量标志分组又称变量分组,是指按照反映数量特征的数量标志进行的分组。例如,把学生总体按成绩高低分为:60 以下、60～70、70～80、80～90、90 以上五个组;把家庭总体按现有子女数分为 0 人(无子女)、1 人、2 人、3 人、4 人以上等组。

2.根据分组选择标志的多少不同,分为简单分组和复合分组

简单分组是指对统计总体按一个标志进行的分组。按两个或两个以上的标志对同一总体分别进行简单分组就可得到多个简单分组。反映同一总体的多个简单分组构成的整体就形成平行分组体系。例如:

学生	按性别分	按籍贯分	按考试成绩分
	男	福建	60 以下
	女	浙江	60～70
		江西	70～80
		……	80～90
			90 以上

复合分组是指对同一总体采用两个或两个以上的标志重叠起来进行分组。反映同一总体的多个复合分组构成的整体就形成复合分组体系。例如:

学生	按性别和成绩分组	按籍贯和性别分组
	男	福建
	60 以下	男
	60～70	女
	70～80	浙江
	80～90	男
	90 分以上	女

女	江西
60 以下	男
60～70	女
70～80	……
80～90	
90 以上	

值得注意的是，在进行复合分组时，重叠的层次一般不能太多，否则，就会喧宾夺主，显得杂乱。

(三)统计分组的原则和方法

1. 统计分组的原则

(1)穷尽原则

穷尽原则要求在分组时每一个总体单位都应有组可归，各个组要有足够的空间容纳总体的所有单位。例如，一个单位的从业人员按文化程度分组，如果分为小学毕业、中学毕业(含中专)和大学毕业三组，那么，那些不识字或识字不多的人和大学以上文化程度的人则无组可归。如果将分组适当调整为:不识字或识字不多、小学程度、中学程度、大学及大学以上，这样分组，就可以包括全部从业人员的各种不同层次的文化程度，没有发生遗漏，符合了分组的穷尽原则。

(2)互斥原则

互斥原则要求组与组之间在涵义上和口径上不能发生重叠。总体中的任何一个单位只能归属于某一组，而不能同时或可能归属于几个组。例如，某商场将鞋子分为男鞋、女鞋、童鞋三类，这不符合互斥的原则，因为童鞋也有男、女鞋之分。若先把鞋子分为成人鞋和童鞋两类，然后每类再分为男鞋、女鞋两个组，这就符合互斥的原则了。

2. 分组标志的选择

分组标志就是统计分组时所依据的标志。正确选择分组标志是统计分组的关键问题。因为它关系到能否通过统计分组来正确反映事物的本质特征。正确选择分组标志应从对客观事物的定性认识出发，力求选择与统计研究目的有密切关系，并能说明事物本质特征的标志作为分组标志。

3. 分组界限的划分

分组标志确定了以后，分组界限的划分便成为统计分组的重要问题。

按属性分组时，确定组限有两种情况。第一种情况，组限是自然形成的或比较明显的。例如，人口按性别、文化程度、党派分组等，由于组限自现、组数固定，因而容易确定。第二种情况，由于存在着属性之间的过渡形式，使分组界限难以确定。例如，人口按职业分组、企业按行业分组、产品按经济用途分组等，常常涉及复杂的理论与实际问题，不是每一个人在每次分组时都能辨析清楚的。在实际统计工作中，这种比较复杂的属性分组，国家有关部门都制定有标准的分类目录，对各种分组界限均有详细的规定与说明，分组时可以依据分类目录来确定组限。

变量分组时要注意数量界限能够反映各组之间质的差异。“任务二”中将详细论述分组界限的确定方法。

（四）统计分组的作用

1.应用统计分组划分现象的类型

利用统计分组可以将客观现象划分为不同的类型，从而深入研究不同类型的现象特征。例如，将国民经济按产业划分，分为第一产业、第二产业和第三产业，可深入研究各次产业的特点、现状、发展变化的趋势以及它们之间的比例关系。

2.应用统计分组反映现象的内部结构

按一定的标志将总体划分为不同的部分或组，计算各组的比重，从而反映总体的内部结构。

现象的内部结构往往决定现象的性质，现象内部结构的变化往往引起现象性质的变化。例如，瑞典人口学家桑德巴按照人口总体的年龄结构，把人口总体划分为增加型、稳定型、减少型三种类型，其划分标准具体见表 3-2。

表 3-2 人口增长类型的划分

人口类型	各年龄段人口数在总人口数中的比重（%）		
	0～14 岁	15～49 岁	50 岁以上
增加型	40.0	50.0	10.0
稳定型	26.5	50.5	23.0
减少型	20.0	50.0	30.0

3.应用统计分组研究现象之间的依存关系

客观现象之间是相互联系、相互依存、相互制约的，而不是孤立的。利用统计分组可以分析现象之间的相互依存关系，有助于人们全面、深刻地认识事物。其方法是先按一个标志（原因标志）分组，再计算另一个标志（结果标志）在各组的数值（一般用平均数表示），据以观察它们之间的相互依存关系。例如，商贸企业的商品流通费用率与商品销售额之间存在密切关系，可把商贸企业按商品销售额分组，再计算各组的平均流通费用率，以观察它们之间的依存关系。表 3-3 是反映某市部分商贸企业商品流通费用率与商品销售额之间依存关系的统计表。

表 3-3 某市部分商贸企业商品流通费用率与商品销售额关系表

按商品销售额分组（万元）	商品流通费用率（%）
50 以下	12.3
50～100	11.8
100～300	11.5
300～500	11.1
500～700	11.0
700 以上	10.8

从表 3-3 可以看出，商品销售额越高，商品流通费用率就越低，二者之间存在一定的依存关系。

【超级链接】

国民经济统计中的常用分类

一、经济成分分类

按经济成分分类是为了反映我国经济中所有制成分的构成情况。现阶段我国经济成分分类与代码如下：

表 3-4　经济成分分类及代码

代码	分类及构成
1	公有经济
11	国有经济
12	集体经济
2	非公有经济
21	私有经济
22	港澳台经济
23	外商经济

二、登记注册类型分类

这是以工商行政管理部门对企业登记注册的类型为依据，将企业进行分类。按登记注册类型不同，可以将所有的企业分内资企业、港澳台商投资企业和外商投资企业三大类。

内资企业

　　国有企业

　　集体企业

　　股份合作企业

　　联营企业

　　有限责任公司

　　股份有限公司

　　私营企业

　　其他企业

港、澳、台商投资企业

　　合资经营企业（港或澳、台资）

　　合作经营企业（港或澳、台资）

　　港、澳、台商独资经营企业

　　港、澳、台商投资股份有限公司

外商投资企业

　　中外合资经营企业

　　中外合作经营企业

　　外资企业

外商投资股份有限公司

三、三次产业分类

这是根据产业部门的发展顺序和层次进行的分类。目前我国对三次产业的具体划分为：

第一产业：农、林、牧、渔业。

第二产业：是指采矿业，制造业，电力、燃气及水的生产和供应业，建筑业。

第三产业：是指除第一、二产业以外的其他行业，包括：交通运输、仓储和邮政业，信息传输、计算机服务和软件业，批发和零售业，住宿和餐饮业，金融业，房地产业，租赁和商务服务业，科学研究、技术服务和地质勘查业，水利、环境和公共设施管理业，居民服务和其他服务业，教育，卫生、社会保障和社会福利业，文化、体育和娱乐业，公共管理和社会组织，国际组织。

四、国民经济行业分类

这是按基层单位的主要活动的同质性归口的分类方法。《国民经济行业分类与代码》将社会经济活动划分为门类、大类、中类和小类四级。与此同时，采用了层次编码法。分类情况见表 3-5。

表 3-5　《国民经济行业分类》(GB/T 4754－2002)

门类	类别、名称	大类数
A	农、林、牧、渔业	5
B	采矿业	6
C	制造业	30
D	电力、燃气及水的生产和供应业	3
E	建筑业	4
F	交通运输、仓储和邮政业	9
G	信息传输、计算机服务和软件业	3
H	批发和零售业	2
I	住宿和餐饮业	2
J	金融业	4
K	房地产业	1
L	租赁和商务服务业	2
M	科学研究、技术服务和地质勘查业	4
N	水利、环境和公共设施管理业	3
O	居民服务和其他服务业	2
P	教育	1
Q	卫生、社会保障和社会福利业	3
R	文化、体育和娱乐业	5
S	公共管理和社会组织	5
T	国际组织	1

五、机构部门分类

机构部门又称为制度部门或财务收支部门。机构部门分类是从取得收入和支配收入、筹集资金和运用资金的财务决策权的同一性进行的分类。我国的机构部门包括非金融企业部门、金融机构部门、政府部门和住户部门等四类。

任务二　统计数据分配数列的编制

一、分配数列的意义

在统计分组的基础上，将总体的所有单位按组归类整理，并按一定顺序排列，就形成了总体中各个单位在各组中的分布，称为分配数列或频数分布。分布在各组中的总体单位数叫次数，又叫频数。各组次数与总次数之比叫频率。有时也可把频率列入分配数列中。

分配数列是统计整理的一种重要形式，也是统计描述和统计分析的一种重要方法。它可以表明总体的分布特征、结构情况，并据以研究总体某一标志的平均水平及其变动的规律性。

根据分组标志的特征不同，分配数列分为品质分配数列和变量分配数列两种。

（一）品质数列

按品质标志分组形成的分配数列称为品质分配数列，简称品质数列。例如，我国人口按城乡分组，可编制如下的品质数列。见表 3-6 所示。

表 3-6　2012 年末我国人口城乡分布

按城乡分组	人数（万人）	比重（%）
城镇	71 182	52.6
农村	64 222	47.4
合计	135 404	100.0

资料来源：《中华人民共和国 2012 年国民经济和社会发展统计公报》。

所有品质数列都有两个要素构成：组的名称和各组的频数。

（二）变量数列

按数量标志分组形成的分配数列称为变量分配数列，简称变量数列。例如，2012 级某班学生按《统计学原理》成绩分组，可编成如下变量数列。见表 3-7 所示。

表 3-7　2012 级某班学生《统计学原理》成绩分布

按成绩分组(分)	人数(人)	比重(%)
60 以下	2	4
60～70	18	36
70～80	20	40
80～90	8	16
90 以上	2	4
合计	50	100

所有的变量数列,也都有两个要素构成:变量值形成的组和各组的频数。

综上,分配数列由两个部分构成:一是组别;二是分布在各组的频数 f 和频率$\frac{f}{\sum f}$。频率具有以下性质:

(1) $0 \leqslant \frac{f}{\sum f} \leqslant 1$

(2) $\sum \frac{f}{\sum f} = 1$

变量数列分为单项变量数列和组距变量数列。

1. 单项变量数列

单项变量数列是以一个变量值为一组编制的变量分配数列,简称单项数列。如表 3-8 就是一个单项数列。

表 3-8　某高校在校生年龄分布

按年龄分组	学生人数(人) f	比重(%) $\frac{f}{\sum f}$
17	540	5.4
18	1 890	18.8
19	2 280	22.7
20	2 830	28.1
21	1 310	13.0
22	970	9.6
23	240	2.4
合计	10 060	100.0

2. 组距变量数列

组距变量数列是以表示一定变动范围的两个变量值构成的组所编制的变量分配数列,简称组距数列。如表 3-7 就是一个组距变量数列。

在组距数列中，每一组的起点数值为组的下限，终点数值为组的上限。组距就是上限与下限的距离。而各组中点位置上的变量值叫组中值，它是各组的代表值。在上限与下限齐全的闭口组中，组距与组中值的计算公式如下：

$$组距=上限-下限 \qquad (公式\ 3\text{-}1)$$

$$组中值=\frac{上限+下限}{2} \qquad (公式\ 3\text{-}2)$$

例如，表 3-7 中，第二组的组距＝70－60＝10（分），组中值＝(60＋70)/2＝65（分）。

编制组距数列时，为了避免出现空组，同时又能使个别极大或极小的数据不至于无组可归，常使用“××以上”或“××以下”这种不确定具体组限的组，这样的组称为开口组。开口组的组中值一般按下列公式计算：

$$缺下限组的组中值=本组上限-\frac{相邻组的组距}{2} \qquad (公式\ 3\text{-}3)$$

$$缺上限组的组中值=本组下限+\frac{相邻组的组距}{2} \qquad (公式\ 3\text{-}4)$$

表 3-7 中，第一组的组中值$=60-\frac{70-60}{2}=55$（分），第五组的组中值$=90+\frac{90-80}{2}=95$（分）。

在组距数列中，如果各组的组距都相等，叫等距数列；反之，如果各组的组距不完全相等，叫异距数列或不等距数列。

二、累计频数和累计频率

累计频数和累计频率，是将变量分配数列中各组频数或频率依次累加而得到的各组频数或频率。累计的方法有两种：一是向上累计，即将各组频数或频率由变量值低的组依次向变量值高的组累计，它表明从第一组下限开始到本组上限为止的累计频数或累计频率；二是向下累计，即将各组频数或频率由变量值高的组依次向变量值低的组累计，它表明从最末一组的上限开始到本组下限为止的累计频数或频率。累计频数和累计频率可以简要地、概括地反映总体各单位的分布特征。下面以表 3-7 的资料编制相应的累计频数和累计频率的分布表，具体见表 3-9 所示。

表 3-9　2012 级某学生《统计学原理》成绩分布表

按成绩分组（分）	人数（人）	比重（%）	向上累计		向下累计	
			人数	比重（%）	人数	比重（%）
60 以下	2	4	2	4	50	100
60～70	18	36	20	40	48	96
70～80	20	40	40	80	30	60
80～90	8	16	48	96	10	20
90 以上	2	4	50	100	2	4
合计	50	100	—	—	—	—

三、分配数列的编制

分配数列都是在统计分组的基础上归类汇总的结果。从这个意义上来说，分配数列的编制过程实质上是分组与汇总的过程。

（一）品质分配数列的编制

当按照研究目的和任务选定的分组标志为品质标志后，就需要编制品质数列。编制品质数列，首先应按品质标志对总体作属性分组，划分各组界限。属性分组有时比较简单，分组标志一经确定，组名称和组数也就确定，不存在组与组之间界限划分的困难。例如，人口按性别分组、工业企业按经济类型分组等。有时，属性分组很复杂，组别繁多，界限不清。例如，人口按城乡、职业分类等。实际工作中，对于这些比较复杂的分组往往根据分析任务的要求，经过事先的研究，规定统一的划分标准或分类目录，如《关于城乡划分标准的规定》、《国民经济行业分类与代码》等，具体规定各组名称、顺序、计量单位、计算标准等作为分组的统一依据，供长期使用。

分组确定后，再汇总各组单位数，并编成统计表，即得品质数列。表 3-6 即为品质数列。

（二）变量分配数列的编制

对于变量分配数列，由于分组的依据是数量标志，而数量标志具体表现为许多不等的变量值，这些变量值能准确地反映现象之间量的差异，却不能明显地反映现象之间质的区别，从而在编制变量分配数列时，往往带有较大的主观随意性，使变量分配数列的编制变得困难。

1. 单项数列的编制

对于离散型变量，如果变量值的种类较少（一般不超过 15 种）且变量值的变动范围不大时，可编制单项数列。

编制单项数列时，首先，应将各种变量值按大小顺序排列；然后，计算各变量值出现的频数和频率；最后，将上述结果以表格的形式表现。表 3-8 即为单项变量数列。

2. 组距数列的编制

离散型变量，若变动幅度较大，变量值的种类较多，则宜编成组距数列；连续型变量其取值难以一一列出，只能编制成组距数列。

[例 3-1]某企业 2013 年 3 月份 30 个工人完成劳动定额的原始资料如下（%）：

98 81 95 84 93 86 91 102 100 103 105 100 104 108 107 108
106 109 112 114 109 117 125 115 120 119 118 116 129 113

以上数据，我们仅仅可以看出 30 个工人完成劳动定额的情况是不相同的，但很难看出有什么样的分布特征。想要了解具体分布特征，就要在按完成劳动定额分组基础上编制分配数列。

其编制过程为：

（1）将原始数据按大小顺序排列（略），并确定量大值、量小值和全距 R。全距 $R=129\%-81\%=48\%$。

（2）确定组距数列的类型。由于劳动定额数是连续变量，所以应编制成组距变量数列，该资料中劳动定额数分布比较均匀，可编制成等距数列。

(3)确定组数和组距。组数的多少和组距的大小是相互制约的。组数越多，组距越小；组数越少，组距越大。等距数列组距＝全距÷组数。确定组数和组距时，依据以下几条：

①应考虑组内同质性。本例中必须将完成与未完成的质的界限体现出来，所以，不能分成85～95、95～105……

②要能反映总体分布的规律。即要体现原始数据分布的集中趋势或离中趋势。

③组距不能太大或太小。经验表明，组数一般应在5～15组，组距最好是5的整数倍数。

④在等距数列情况下，如果总体单位数不是太多，变量值变动范围不是太大时，可用斯特吉斯(H. A. Sturges)经验公式计算出一个参考组距。公式为：

$$i=\frac{R}{1+3.322\lg N} \qquad \text{(公式 3-5)}$$

式中，i 为组距，R 为全距，N 总体单位数。将资料代入公式3-5，则：

$$i=\frac{48\%}{1+3.322\lg 30}\approx 8.3\%$$

故可定出组距为10%。组数＝48%/10%≈5组。

(4)确定组限和组限的表示法。确定组限时，应做到以下几点：

①最小组下限应低于或等于最小变量值，最大组上限应大于最大变量值；

②如果有极端值，可用开口组；

③组限应有利于表现总体单位分布规律；

④对于等距数列，如果组距是5的整数倍数，则每组下限也最好是5的整数倍数。

此外，还应确定组限的表示法是用同限，还是用异限。如果是连续变量，组限必须用同限表示；如果是离散变量，可以用同限表示，也可以用异限表示。

(5)从最小组起依次排列，并分别计算各组频数和其他有关指标，形成分组的统计表。具体见表3-10所示。

表3-10　工人劳动定额完成分组表

按劳动定额完成情况分组(%)	工人数(人)	比重(%)
80～90	3	10.0
90～100	4	13.3
100～110	12	40.0
110～120	8	26.7
120以上	3	10.0
合计	30	100.0

四、频数分布的类型

各种不同性质的客观现象都有其特殊的频数分布，呈现出不同的分布类型。常见的频数分布类型有：

(一)对称分布型

对称分布曲线的特征是中间变量值分配的频数最多，两边各组的频数逐渐减少，并且围绕中心变量值两侧呈对称状。这种分布类型也称为正态分布。严格的正态分布，在客观现象特别是社会经济现象中并不多见，而常见的是趋于正态分布的情况。例如，零件尺寸随机误差的分布、居民家庭人均收入的分布、人体身高的分布、农作物产量的分布等等。对称分布图形见图 3-2 所示。

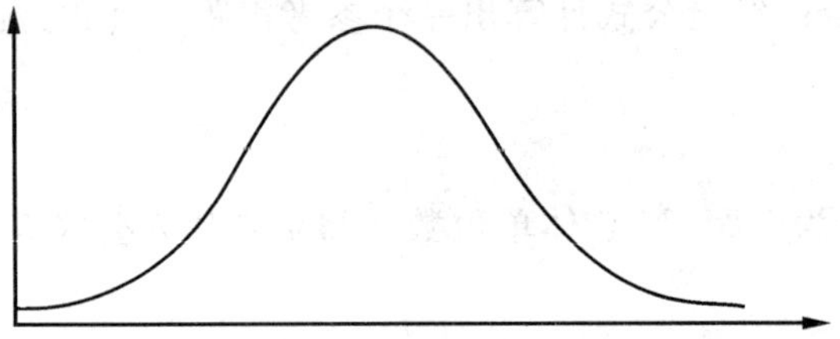

图 3-2　对称分布(正态分布)图

(二)偏态分布型

偏态分布型是一种非对称的分布，根据高峰值的偏离方向，有左偏态分布和右偏态分布。

如图 3-3 所示，左边为右偏态分布，右边为左偏态分布。

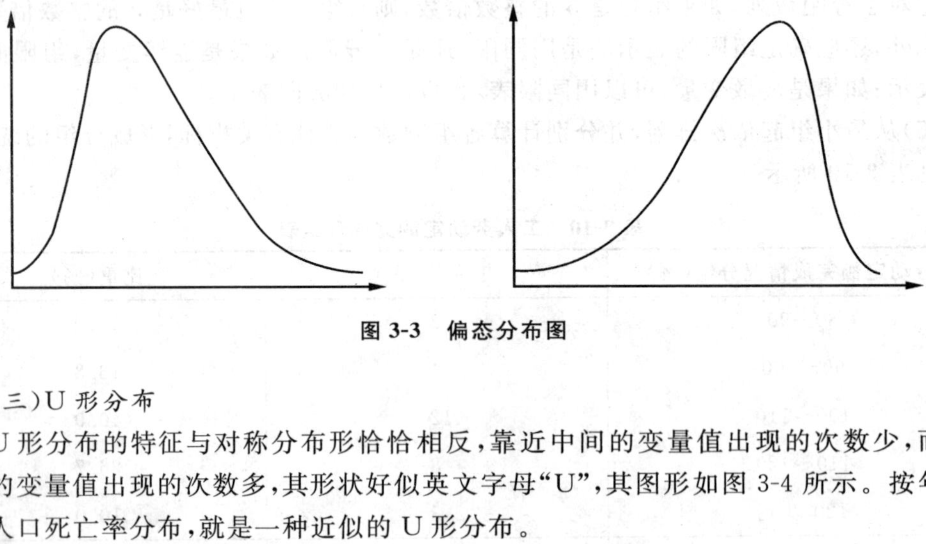

图 3-3　偏态分布图

(三)U 形分布

U 形分布的特征与对称分布形恰恰相反，靠近中间的变量值出现的次数少，而靠近两端的变量值出现的次数多，其形状好似英文字母“U”，其图形如图 3-4 所示。按年龄分组的人口死亡率分布，就是一种近似的 U 形分布。

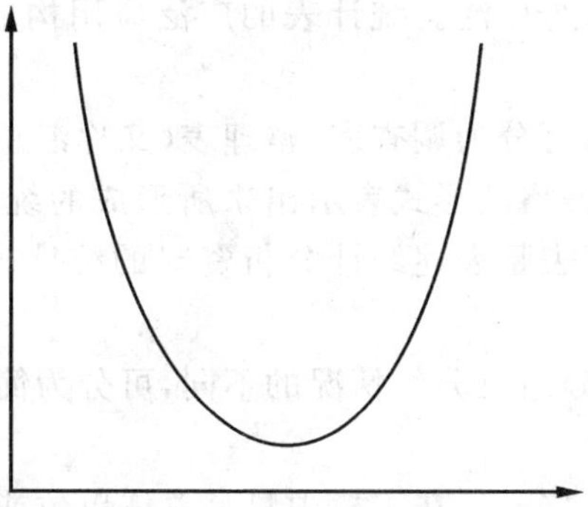

图 3-4　U 形分布图

(四)J 形分布

J 形分布的曲线好似英文字母“J”,有正 J 形分布和反 J 形分布两种类型,如图 3-5 所示,左边为正 J 形分布,右边为反 J 形分布。正 J 形分布是频数随着变量值的增大而增多,如经济学中的供给曲线,随着价格的提高,供给量以更快的速度增加。反 J 形分布是频数随着变量值的增大而减少,如经济学中的需求曲线,随着价格的提高,需求量以较快的速度减少。

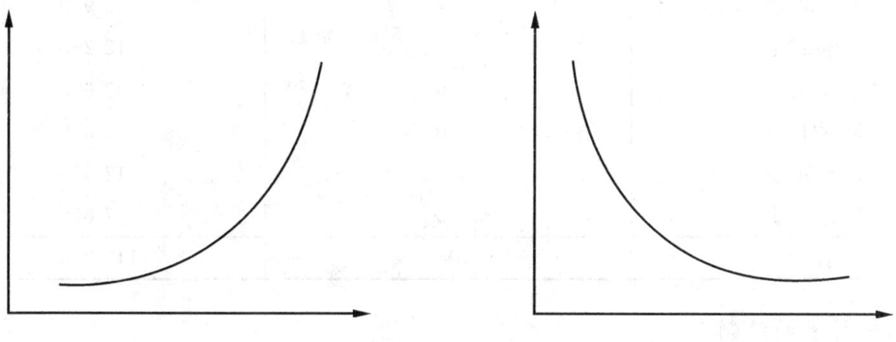

图 3-5　J 形分布图

任务三　统计数据显示——统计表与统计图

统计工作的整个过程都离不开一种重要的工具,那就是统计表和统计图。统计表和统计图都是将已整理的资料用简明的表格或图形表达出来,使人获得明晰而直观的印象,避免冗长的文字叙述,便于比较分析,尤其适合于社会宣传,成为广大社会公众易于接受的有效方式。

一、统计表

(一)统计表的概念及种类

统计表是用纵横垂直交叉的直线所绘制的表格来表现统计资料的形式。它是表现统计资料最常用的形式，应用最为广泛。统计表的广泛应用构成了统计的特色。统计表的种类有：

1. 统计表按其作用不同，可分为调查表、整理表（又称汇总表）和分析表

调查表是把调查项目以表格的形式表示出来所形成的统计表；整理表用于登记对统计资料整理汇总的结果；分析表是表述统计分析资料的统计表。它们分别应用于统计工作过程的各个环节。

2. 统计表按对总体是否分组及分组情况的不同，可分为简单表、简单分组表和复合分组表

简单表是对总体未经任何分组，在主栏中只是总体单位或时间的排列，具有一览表的性质。例如，班级的考勤表、成绩一览表等；简单分组表是对总体只按一个标志分组而成的统计表，如表 3-6、3-7、3-8、3-9 等；复合分组表是对总体进行复合分组而形成的统计表，如表 3-11。

表 3-11　某工厂工人基本情况表

按性别和年龄分组	工人数（人）	月工资总额（元）
男工	58	66 560
30 岁以下	32	34 400
30～50 岁	17	19 900
50 岁以上	9	12 260
女工	46	50 650
30 岁以下	30	30 370
30～50 岁	11	12 610
50 岁以上	5	7 670
合计	104	117 210

（二）统计表的编制

要想编制符合要求的统计表，需弄清以下问题：

1. 统计表的构成

（1）从统计表的表式结构看，统计表包括总标题、横行标题、纵栏标题和指标数值四部分。见表 3-12 所示。

表 3-12　2011 年我国按登记注册类型批发业企业基本情况表

按登记注册类型分组	法人企业（个）	年末从业人数（人）
甲	(1)	(2)
内资企业	63 170	3 222 606
港、澳、台商投资企业	1 261	185 083
外商投资企业	2 321	327 197
合计	66 752	3 734 886

资料来源：《2012 中国统计年鉴》

总标题是统计表的名称，应该简明扼要、清楚地表明全表统计资料的内容，一般列在表的上端中部。如上表的“2011 年我国按登记注册类型批发业企业基本情况表”。

横行标题是横行的名称，一般用来表明各组的名称，代表统计表所要说明的对象，一般列在表的左方。如上表的“内资企业”、“港、澳、台商投资企业”、“外商投资企业”。

纵栏标题即纵栏的名称，一般用来表明统计指标的名称，列于表的上方。如上表的“法人企业”、“年末从业人数”。

指标数值即统计指标的具体数值表现，一般列于横行标题和纵栏标题的交叉处。

(2)从统计表的内容看，由主词和宾词两部分组成。

主词是指统计表所要说明的总体及其各组成部分，一般列在表的左方，即横行标题所在的列。宾词是用来说明总体数量特征的各项统计指标，通常列在表的右方，即纵栏标题和指标数值所在的列。

2.编制统计表应注意的问题

编制统计表要遵循科学、实用、简炼、美观的原则。同时还应注意以下若干问题：

(1)统计表的标题要能够确切说明表的内容，文字简明，标题内或标题下应载明资料所属的时间、地点或单位。

(2)统计表主词与宾词之间必须相互对应，以便表明表中任一指标数值反映的量所属的社会经济性质及其限定的时间、空间和条件。横行各项内容和纵栏各项内容的排列应有一个合理的顺序或清晰的逻辑关系。

(3)统计表中的数字要注明单位，或设置“计量单位”栏目。如果表内计量单位相同，则可将单位标在表的右上方。

(4)统计表内的数字要对整齐，应用同等的精度。

(5)统计表中不应有空格，当表中不应有内容或可免填时，用“—”表示；当某些数字不足本表最小单位时，用“…”表示。

(6)统计表上下线要用粗线，表内如有两个以上的不同事实，也应用粗线或双线隔开。习惯上统计表左右两端不划线，采用开口式。

(7)特殊需要说明的统计资料，应在表下方注明。统计表编制完毕并经审核后，填表人、主管负责人和单位要分别签字、盖章，以示负责。如果是引用现成资料，应注明来源或出处。

二、统计图

统计图一般是根据统计资料，用点、线、面或立体图像鲜明地表达其数量或变化动态，它可以从数量方面显示出研究对象的规模、水平、结构、发展趋势和比例关系，是表现统计资料的一种重要形式。

(一)统计图的概念

统计图是以图形形象地表现统计资料的一种形式。用统计图表现统计资料，具有鲜明醒目、富于表现、易于理解的特点，因而绘制统计图是统计整理的重要内容之一。

统计图可以揭示现象的内部结构和依存关系，显示现象的发展趋势和分布状况，有利于进行统计分析与研究。

（二）统计图的种类

1. 直方图和条形图

（1）直方图。直方图是用矩形的宽度和高度来表示频数分布的图形。在平面直角坐标中，横轴表示数据分组，纵轴表示频数或频率，这样各组与相应的频数就形成了一个矩形，即直方图。下面以表 3-10 的资料绘制直方图，如图 3-6 所示，横轴表示按劳动定额分成的几个组，纵轴表示每组人数。

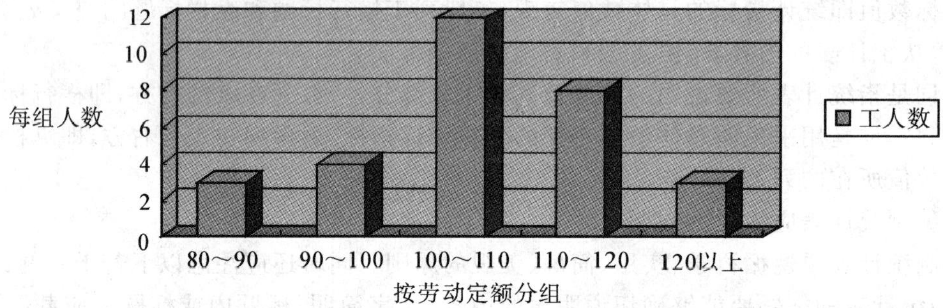

图 3-6　某企业职工劳动定额完成分布直方图

（2）条形图。条形图是用宽度相同的条形的高度或长度来表示数据变动的图形。条形图可以横置或纵置。当分组类别放在纵轴时，称为水平条形图；当分组类别放在横轴时，称为竖直条形图，又称柱形图。主要用来比较数据的多少和大小。以表 3-7 数据资料绘制条形图，如图 3-7 所示。

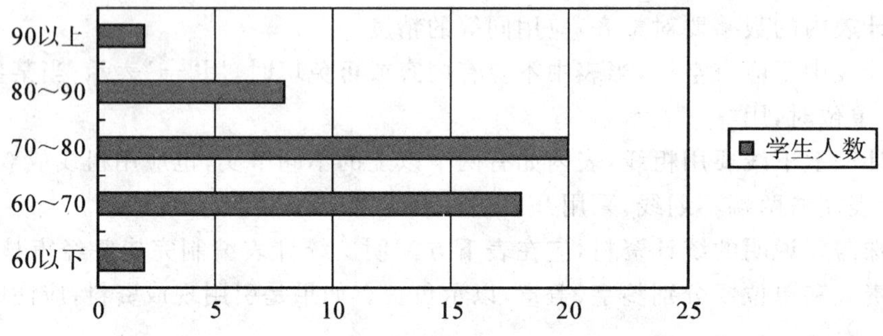

图 3-7　2012 级某班《统计学原理》成绩分布条形图

2. 折线图和曲线图

（1）折线图，也称频数分布折线图。在直方图的基础上，把相邻直方形的顶边中点连接成一条折线，再把折线两端与横轴上直方形两侧延伸的假想组中点相连，就形成了频数分布折线图。例如，在图 3-6 的基础上绘制的折线图，如图 3-8 所示。

（2）曲线图。曲线图是用曲线的升降起伏来表示被研究现象的变动情况及其趋势的图形。曲线图根据所示数据的性质和作用不同，可分为频数分布曲线图、动态曲线图和依存关系曲线图。

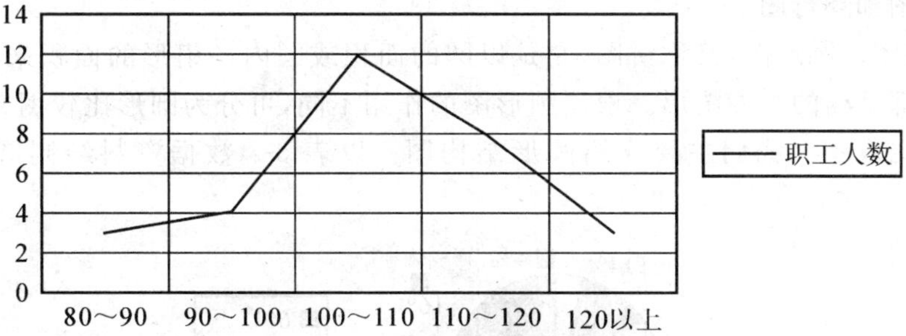

图 3-8　某企业职工劳动定额完成分布折线图

在频数分布折线图的基础上，当变量数列的组数无限增多时，折线图便近似地表现为一条平滑的曲线，折线图就变成了频数分布曲线图。对图 3-8 平滑化，即得频数分布曲线图，见图 3-9 所示。

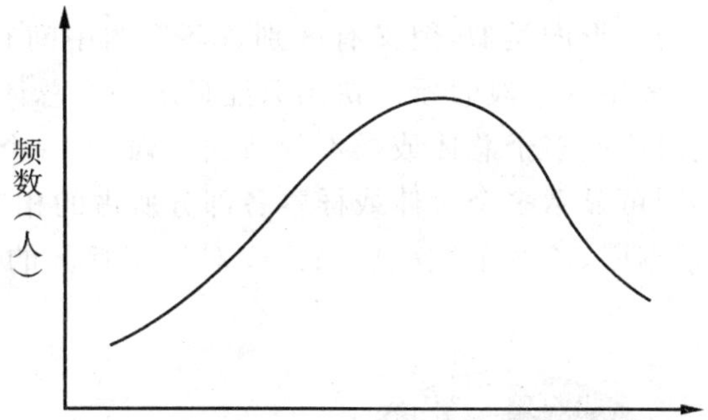

图 3-9　某企业职工劳动定额完成频数分布曲线图

动态曲线图是用曲线来反映动态序列的图形，它通过曲线表明客观现象发展变化的过程及其规律性。如图 3-10 反映改革开放以来我国三次产业的发展变化情况。从图 3-10 可以看出，以 1985 年为分水岭，1985 年前我国产业结构为"二一三"，1985 年后产业结构为"二三一"，产业结构日趋合理。

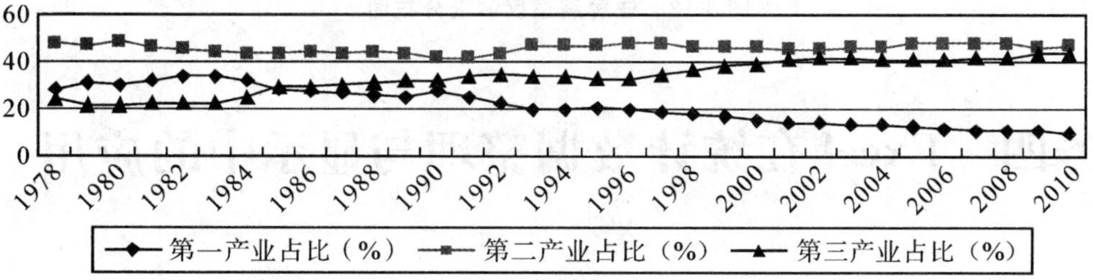

图 3-10　1978—2010 年中国三次产业演进情况

依存关系曲线图，又称相关曲线图，它是以曲线表示现象之间相互依存关系的一种图形。主要用于反映某种现象受另一种现象影响的情况。例如，新技术推广应用对提高劳动生产率的影响；农业中施肥量与单产的关系等。相关曲线图可参阅"项目六"中图 6-2。

3. 圆形图和环行图

(1)圆形图。圆形图,又称饼图,它是以圆的面积或圆内各扇形的面积来表示数值大小或总体内部结构的一种图形。根据圆形图的作用不同,可分为圆形比较图、圆形结构图和圆形结构比较图。我们主要介绍圆形结构图。以表 3-7 数据资料绘制圆形图,如图 3-11所示。

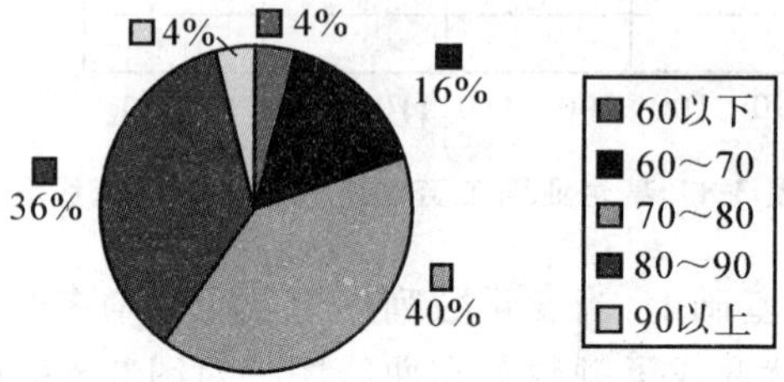

图 3-11　2012 级某班《统计学原理》成绩分布圆形图

(2)环形图。环形图与圆形图类似,但又有区别。环形图中间有一个“空洞”,总体或样本中的每一部分数据用环中的一段表示。饼图只能显示一个总体和样本各部分所占的比例,而环形图则可以同时绘制多个总体或样本的数据系列,每一个总体或样本的数据系列为一个环。因此,环形图可显示多个总体或样本各部分所占的相应比例,从而有利于我们进行比较研究。假设根据甲、乙两个城市居民家庭对住房状况的评价资料制成的环形图,如图 3-12 所示。

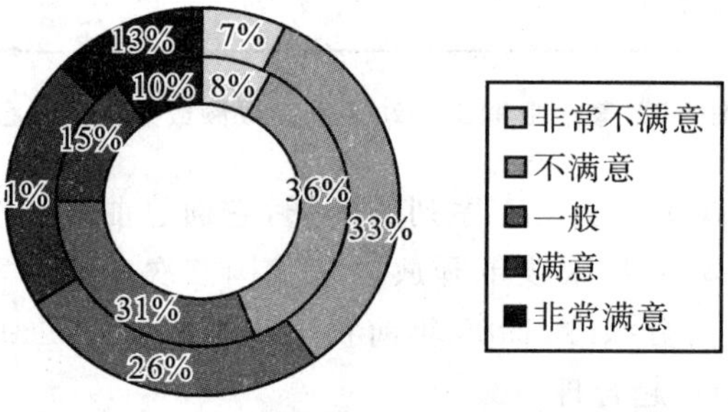

图 3-12　住房满意度调查分布图

任务四　Excel 在统计数据整理与显示中的应用

任务导入

成绩是学生考试能力的一种体现,是对学生学习情况的基本评价。表 3-13 是某高校统计专业学生某门课程的考试成绩。

表 3-13　学生考试成绩表

座号	性别	考试成绩		座号	性别	考试成绩
1	男	89		25	女	86
2	男	71.5		26	男	75
3	女	74		27	男	78
4	女	67		28	女	81
5	女	84		29	女	72
6	女	83		30	女	45
7	女	83		31	女	82
8	男	66		32	女	84
9	男	75		33	女	74
10	女	78		34	女	87
11	女	78		35	女	81
12	女	83		36	女	78.5
13	女	83		37	男	86
14	女	85		38	男	78
15	男	79		39	男	79
16	男	77		40	男	76
17	男	85		41	男	81
18	男	81		42	女	80
19	男	77		43	女	75
20	男	76		44	男	89
21	男	81		45	女	84
22	女	79		46	男	82
23	女	79		47	女	83
24	女	79		48	男	91.5

需要分析的问题：

一、将上述数据中的性别和考试成绩按递增进行排序；

二、对“考试成绩”分别编辑全班、男生和女生考试成绩的频数分布表；

三、选择适当的图形展示考试成绩的分布情况以及性别的构成。

任务处理

选择何种统计量和图形描述一组数据，取决于分析的目的和所掌握的数据的特点。这里的分组标志包含品质分组标志，如性别；也涉及到变量分组标志，如考试成绩(百分制)。

一、数据排序

1. 打开“成绩.xls”工作簿，选择“考试成绩”工作表，如图 3-13 所示。
2. 利用鼠标选定单元格 A1:C49 区域。
3. 选择“数据”—“排序”命令，弹出“排序”对话框，如图 3-14 所示。

A	B	C
座号	性别	考试成绩
1	男	89
2	男	71.5
3	女	74
4	女	67
5	女	84
6	女	83
7	女	83
8	男	66
9	男	75
10	女	78
11	女	78

图 3-13

图 3-14

4. 在该对话框的“主要关键字”选项组中，选择“主要关键字”下拉列表中的“性别”作为排序关键字，并选中“升序”单选按钮；在“次要关键字”选项组中，选择“次要关键字”下拉列表中的“考试成绩”作为关键字，并选中“升序”单选按钮。由于所选数据中已经包含标题，所以在“我的数据区域”选项组中选中“有标题行”单选按钮，然后单击“确定”按钮，即可得到排序的结果，如图 3-15 所示。

A	B	C
座号	性别	考试成绩
8	男	66
2	男	71.5
9	男	75
26	男	75
20	男	76
40	男	76
16	男	77
19	男	77
27	男	78
38	男	78
15	男	79
39	男	79
18	男	81
21	男	81

图 3-15

二、考试成绩频数分布表

1. 打开“成绩.xls”工作簿，选择“考试成绩”工作表，对数据按性别和考试成绩升序排序。

2. 在单元格 E2 中输入“全班分组”，在单元格 F2 中输入“频数”。

3. 在 E3:E7 区域中依次输入 60,70,80,90,100，作为频数接受区域，它们分别表明 60 分以下的人数，60 分以上但在 70 分以下的人数……，在 D2 中输入“分组类别”，D3 中输入“60 分以下”，D4 中输入“60～70 分”，D5 中输入“70～80 分”，D6 中输入“80～90 分”，D7 中输入“90 分以上”。

4. 选定 F3:F7 区域，选择“插入”—“函数”命令，打开“插入函数”对话框，如图 3-16 所示。

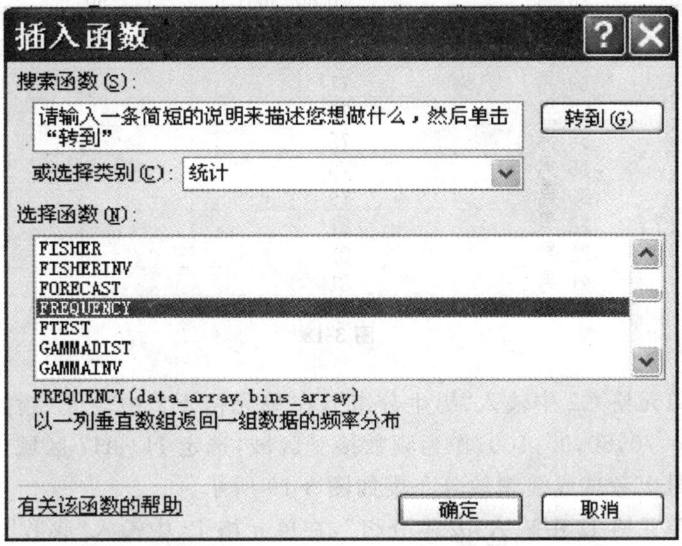

图 3-16

5. 在“或选择类别”下拉列表中选择“统计”选项，然后在“选择函数”列表框中选择“FREQUENCY”选项后，单击“确定”按钮，Excel 弹出“函数参数”对话窗口，如图 3-17 所示。

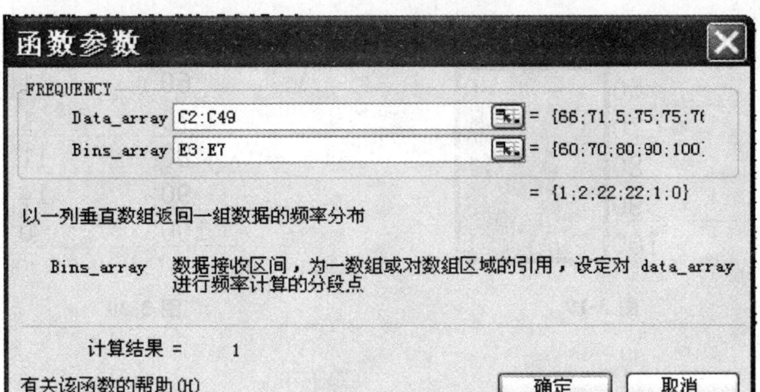

图 3-17

6. 在数据区域“Data_array”中输入单元格 C2:C49，在数据接受区间“Bins_array”中输入单元格 E3:E7。

7. 由于频数分布是数组操作，所以，此处不能直接单击“确定”按钮，而应按 Ctrl＋Shift 组合键的同时按“回车”键，得到频数分布如图 3-18 所示。

	A	B	C	D	E	F
1	座号	性别	考试成绩			
2	8	男	66	分组类别	全班分组	频数
3	2	男	71.5	60以下	60	1
4	9	男	75	60~70分	70	2
5	26	男	75	70~80分	80	22
6	20	男	76	80~90分	90	22
7	40	男	76	90分以上	100	1
8	16	男	77			
9	19	男	77			
10	27	男	78			
11	38	男	78			
12	15	男	79			
13	39	男	79			
14	18	男	81			
15	21	男	81			
16	41	男	81			

图 3-18

8. 同理，在单元格 G2 中输入“男生分组”，在单元格 H2 中输入“频数”，在 G3:G7 区域中依次输入 60,70,80,90,100，作为频数接受区域，选定 H3:H7 区域，重复 4、5、6、7 的操作步骤，得出男生考试成绩频数分布表如图 3-19 所示。

9. 同理，在单元格 I2 中输入“女生分组”，在单元格 J2 中输入“频数”，在 I3:I7 区域中依次输入 60,70,80,90,100，作为频数接受区域，选定 J3:J7 区域，重复 4、5、6、7 的操作步骤，得出女生考试成绩频数分布表如图 3-20 所示。

G	H
男生分组	频数
60	0
70	1
80	11
90	8
100	1

图 3-19

I	J
女生分组	频数
60	1
70	1
80	11
90	14
100	0

图 3-20

三、统计图形

(一)考试成绩的分布

要描述考试成绩的分布,可以选择条形图。

1. 对"成绩. xls"工作簿"考试成绩"工作表中的数据,在上述分析的基础上,选择"插入"—"图表"命令,弹出"图表向导—4 步骤之 1—图表类型"对话框窗。在"图表类型"列表中选择"柱形图",在"子图表类型"列表中选择"三维簇状柱形图",具体见图 3-21,单击"下一步"按钮。

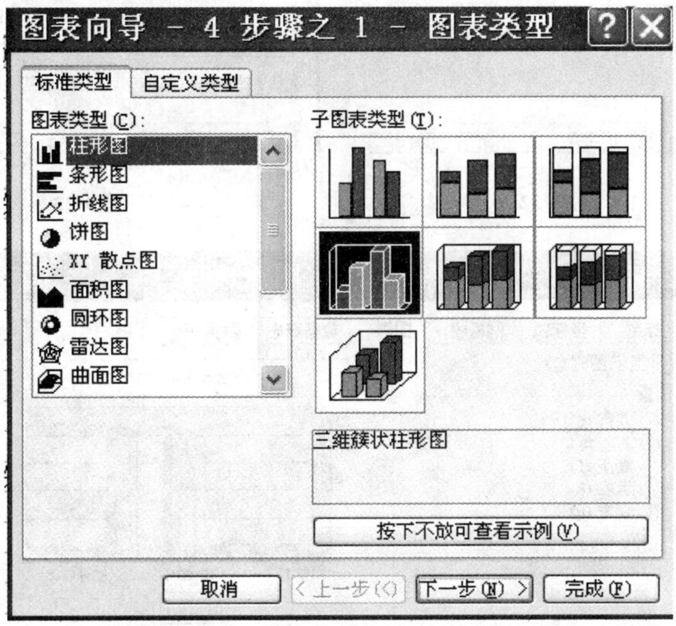

图 3-21

2. 在弹出的"图表向导—4 步骤之 2—图表源数据"对话框中,选择数据区域选项卡,单击"数据区域"文本框右端的"压缩对话框"按钮,在打开的工作表上将鼠标指向单元格 F3,按下鼠标左键,拖动到 F7 单元格,再单击"压缩对话框"按钮,回到原来的对话框,如图 3-22 所示。确定 F3:F7 单元格作为此图的数据源,同时,也应注意数据系列是以行还是以列方式排列,如果正确,此时,便有一个预览的图形如图 3-22 所示。

再选择"系列"选项卡,确定 D3:D7 单元格作为此图"分类(X)轴标志(T)"分类轴的数据,如图 3-23 所示。如满意可单击"下一步"按钮,进入"图表选项"对话框,如图 3-24 所示。

3. 在该对话框中单击"标题"标签,切换到"标题"选项卡,在图表"标题"文本框中输入"考试成绩分布图";然后单击"图例"标签,切换到"图例"选项卡,在"位置"选项组中选择"底部"单选按钮,其他功能则不需改动与添加,这些过程都会在图表预览框中看到,如果满意,单击"完成"按钮,即可得到所绘制的条形图。

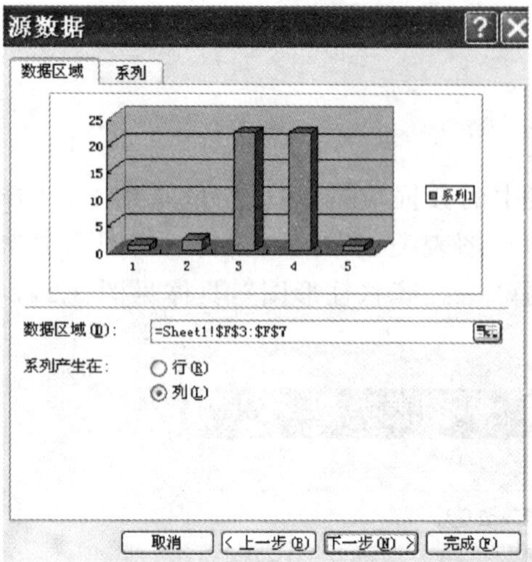

图 3-22

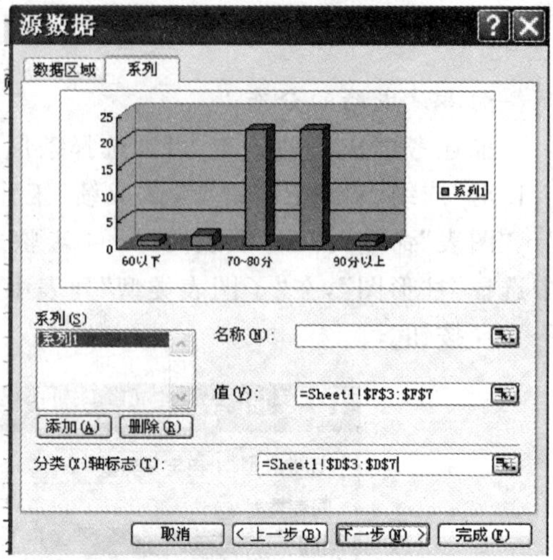

图 3-23

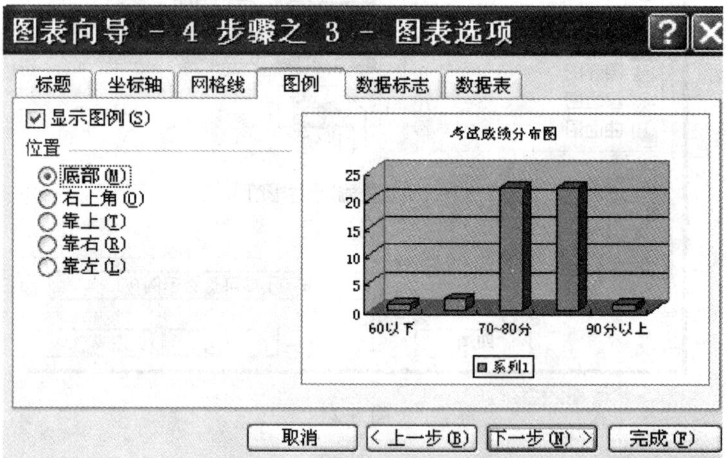

图 3-24

4. 双击所绘制的图形，弹出“图表区格式”对话框，如图 3-25。单击“字体”标签，切换到“字体”选项卡，在“字体”列表中选择“宋体”选项，在“字形”列表中选择“常规”选项，在“字号”列表选择“10”选项。

5. 单击“图案”标签，切换到“图案”选项卡，在“边框”选项组中选择“阴影”复选框和“圆角”复选框，单击“确定”按钮，得到柱形图如图 3-26 所示。

要对全班及男女生考试成绩的分布情况进行描述和比较，可使用复式条形图。

1. 同理，用来描述全班及男女生考试成绩的分布的复式条形图，选择“插入”—“图表”命令，弹出“图表向导—4 步骤之 1—图表类型”对话框窗。在“图表类型”列表中选择“柱形图”，在“子图表类型”列表中选择“三维簇状柱形图”，单击“下一步”按钮。

2. 在弹出的“图表向导—4 步骤之 2—图表源数据”对话框中，在“数据区域”选择 F3：

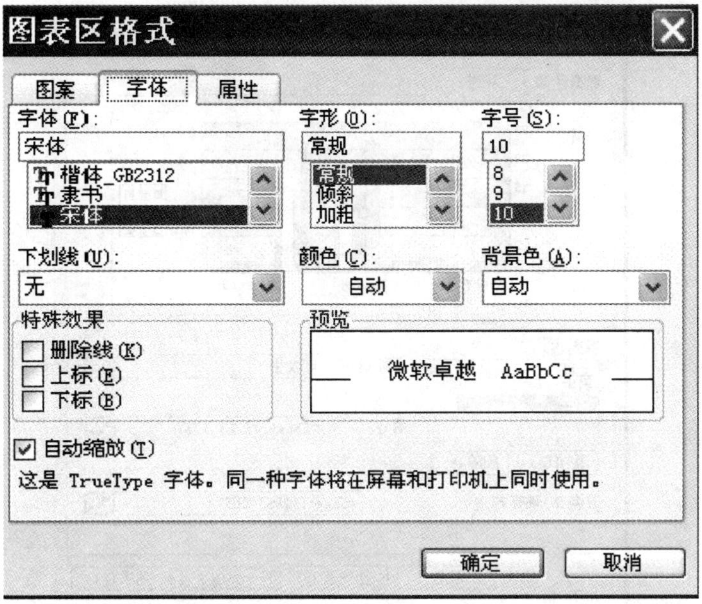

图 3-25

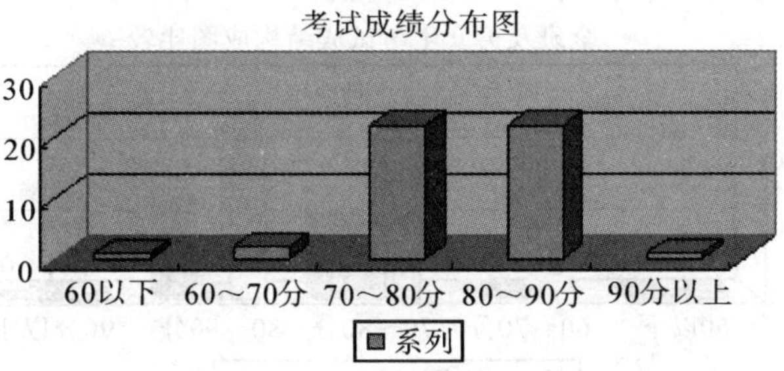

图 3-26

F7,然后按住 Ctrl,选择 H3:H7 和 J3:J7,作为此图的数据源。同时,数据系列以列方式排列。

再选择“系列”选项卡,确定 D3:D7 单元格作为此图“分类(X)轴标志(T)”分类轴的数据。在“系列”选择框中选中“系列 1”,然后在“名称”中输入“全班”;在“系列”选择框中选中“系列 2”,然后在“名称”中输入“男生”;在“系列”选择框中选中“系列 3”,然后在“名称”中输入“女生”,如图 3-27 所示,单击“下一步”按钮,进入“图表选项”对话框。

3. 在该对话框中单击“标题”标签,切换到“标题”选项卡,在图表“标题”文本框中输入“全班及男女生考试成绩构成图比较”;然后单击“图例”标签,切换到“图例”选项卡,在“位置”选项组中选择“底部”单选按钮,单击“数据标志”标签,切换到“数据标志”选项卡,在“数据标志包括”选项组中选择“值”,单击“完成”按钮,得到图形如图 3-28。

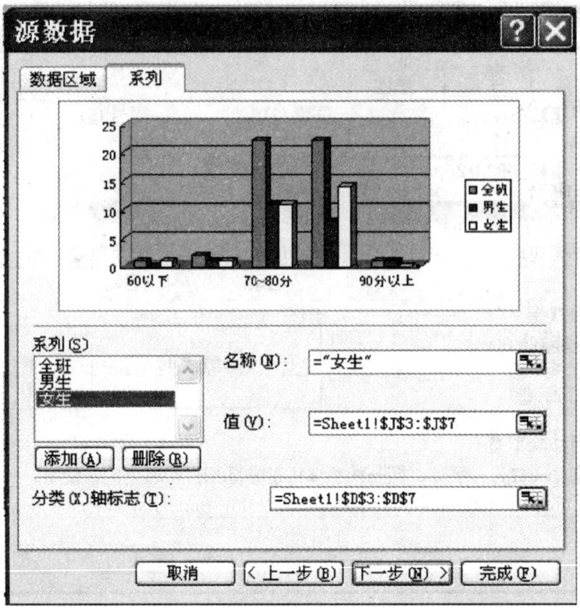

图 3-27

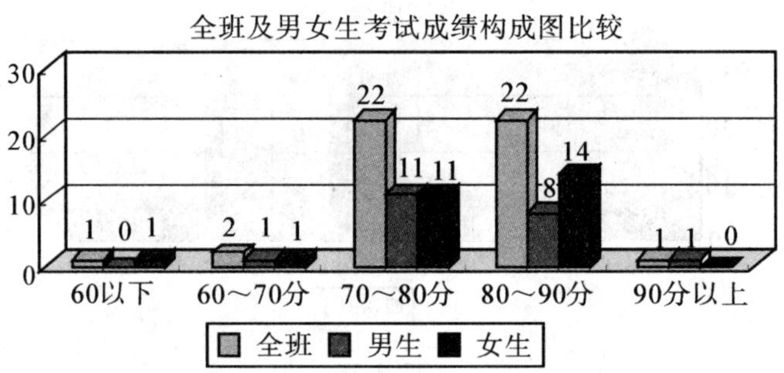

图 3-28

(二)考试成绩的构成

要描述考试成绩的构成情况,可选择饼图。

1. 对"成绩. xls"工作簿"考试成绩"工作表中的数据,在上述分析的基础上,选择"插入"—"图表"命令,弹出"图表向导—4 步骤之 1—图表类型"对话框窗。在"图表类型"列表中选择"饼图",在"子图表类型"列表中选择"三维饼图",单击"下一步"按钮。

2. 弹出"图表向导—4 步骤之 2—图表源数据"对话框,选择"数据区域"选项卡,在"数据区域"文本框选择 F3:F7 单元格,再选择"系列"选项卡,确定 D3:D7 单元格作为此图"分类(X)轴标志(T)"分类轴的数据,如图 3-29 所示,单击"下一步"按钮。

3. 弹出"图表向导—4 步骤之 3—图表选项"对话框,单击"标题"标签,切换到"标题"选项卡,在"图表标题"文本框中输入"考试成绩构成图";单击"图例"标签,切换到"图例"选项卡,取消选中"显示图例"复选框;单击"数据标志"标签,切换到"数据标志"选项卡,在

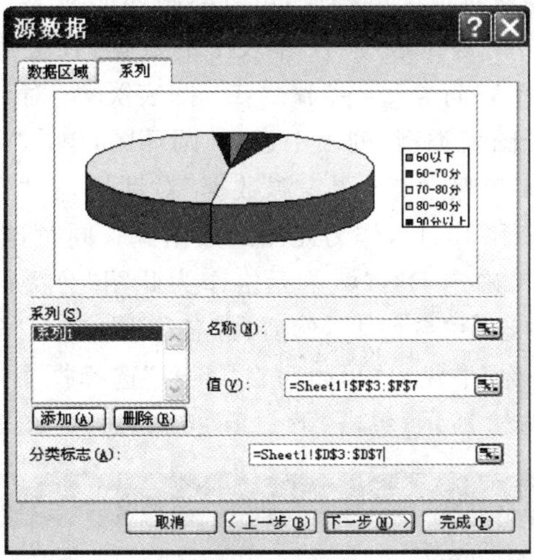

图 3-29

“数据标签包括”选项组中选中“类别名称”和“百分比”复选框。如图 3-30 所示。

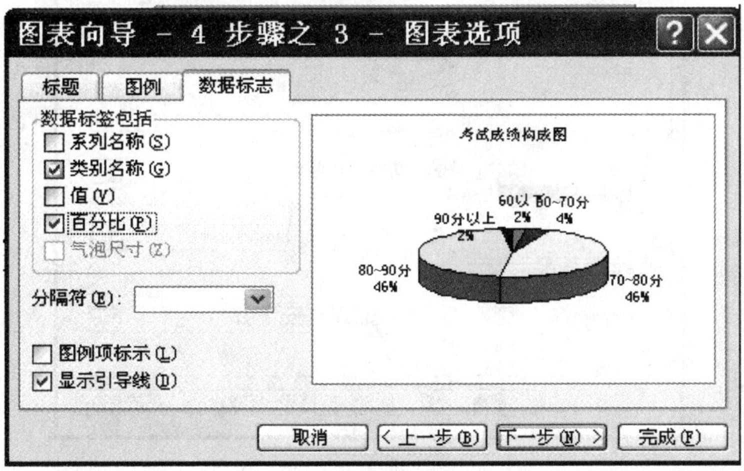

图 3-30

4. 如果通过图表预览，认为满意，即可单击“完成”按钮。经过修饰后，得饼图如图 3-31 所示。

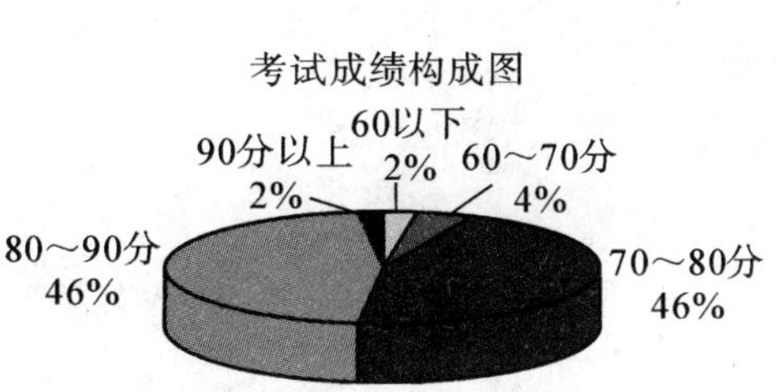

图 3-31

要比较全班及男女生考试成绩的构成，可以绘制环形图。

1. 对“成绩. xls”工作簿“考试成绩”工作表中的数据，在上述分析的基础上，选择“插入”—“图表”命令，弹出“图表向导—4 步骤之 1—图表类型”对话框窗。在“图表类型”列表中选择“圆环图”，在“子图表类型”列表中选择“圆环图，单击“下一步”按钮。

2. 弹出“图表向导—4 步骤之 2—图表源数据”对话框，在“数据区域”选择 F3:F7，然后按住 Ctrl，选择 H3:H7 和 J3:J7，作为此图的数据源。同时，数据系列以列方式排列。

再选择“系列”选项卡，确定 D3:D7 单元格作为此图“分类(X)轴标志(T)”分类轴的数据。在“系列”选择框中选中“系列 1”，然后在“名称”中输入“全班”；在“系列”选择框中选中“系列 2”，然后在“名称”中输入“男生”；在“系列”选择框中选中“系列 3”，然后在“名称”中输入“女生”，如图 3-32 所示，单击“下一步”按钮，进入“图表选项”对话框。

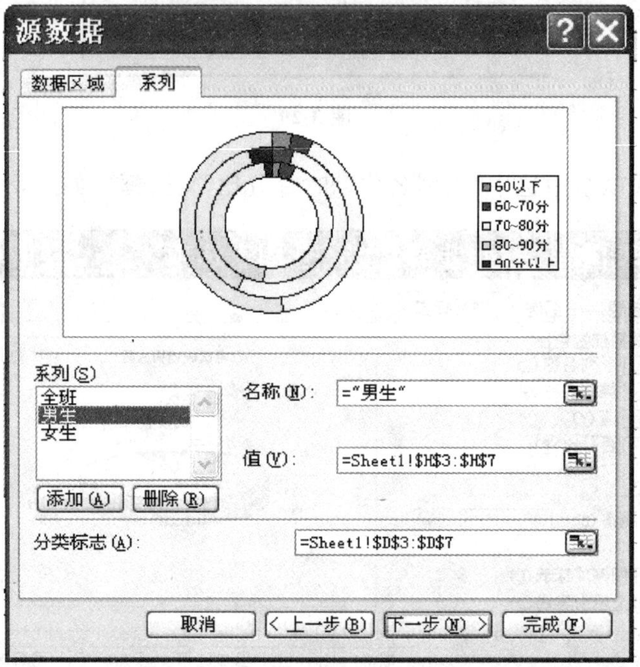

图 3-32

3. 弹出“图表向导—4 步骤之 3—图表选项”对话框，单击“标题”标签，切换到“标题”选项卡，在“图表标题”文本框中输入“全班及男女生考试成绩构成图比较”。单击“完成”按钮，得到图形如图 3-33。

全班及男女生考试成绩构成图比较

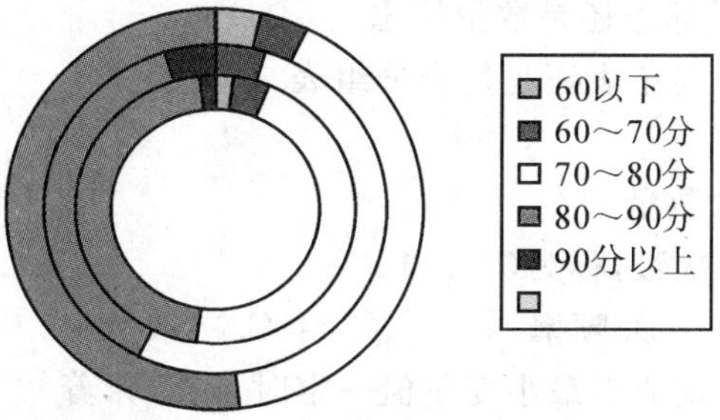

图 3-33

技能训练

一、填空题

1. 统计数据分组的关键在于______________。

2. 一般说来，统计分组用于三方面_____________、_____________、_____________。

3. 根据分组标志的不同，统计分组可以有____________分组和______________分组。

4. 按每个变量值分别列组所编制的变量分布数列叫______________。

5. 在组距式数列中，表示各组界限的变量值叫______________。各组中点位置上的变量值叫______________。

6. 组距式变量数列，根据各组的组距是否相等可以分为______________和______________。

7. 已知一个变量数列最后一组的下限为 900，其邻组的组中值为 850，则最后一组的上限和组中值分别为______________和______________。

8. 统计资料的表现形式主要有______________和______________。

9. 从形式上看，统计表主要由______________、______________、______________和______________四部分组成；从内容上看，统计表由______________和______________两部分组成。

10. 统计数据整理就是对搜集得到的______________进行审核、分组、汇总，使之条理化、系统化，变成能反映总体特征的______________的工作过程。

二、单项选择题

1. 统计分组就是根据统计分析需要，将总体(　　)区分为若干组成部分。

A. 按品质标志　B. 按数量标志　C. 按数量指标　D. 按一定标志

2. 各组上下限简单平均等于(　　)。

A. 组数　B. 组距　C. 组限　D. 组中值

3. 统计分组的首要问题(　　)。

A. 划分各组界限　B. 确定组数　C. 选择分组标志　D. 确定组距

4. 简单分组和复合分组的根本区别(　　)。

A. 分组标志是品质标志还是数量标志

B. 所用的统计表是简单表还是复合分组表

C. 分组数目的多少

D. 选择分组标志的数量

5. 各组次数除以总次数,称为(　　)。

A. 频数　　B. 频率　　C. 次数　　D. 次数密度

6. 当总体内最大变量值与最小变量值一定时,则意味着(　　)。

A. 组距一定　　B. 组数一定

C. 全距一定　　D. 组距大小与组数多少成正比

7. 根据主词是否分组,统计表分为(　　)。

A. 简单表和分组表　　B. 简单表和复合表

C. 分组表和复合表　　D. 简单表和分组表、复合表

8. 按年龄分组的人口死亡率表现为(　　)。

A. 钟型分布　　B. 对称分布　　C. J 型分布　　D. U 型分布

9. 将统计总体按某一标志分组的结果表现为(　　)。

A. 组内同质性,组间差异性　　B. 组内差异性,组间差异性

C. 组内差异性,组间同质性　　D. 组内同质性,组间同质性

10. 某地区人口按年龄所做的分组如下:不满周岁,1～3 岁,4～6 岁,7～12 岁……60～64 岁,65～79 岁,80～99 岁,100 岁以上。最后一组的组中值为(　　)。

A. 110 岁　　B. 109 岁　　C. 109.5 岁　　D. 119 岁

三、多项选择题

1. 统计整理是(　　)。

A. 统计调查的继续　　B. 统计设计的继续

C. 统计调查的基础　　D. 统计分析的前提

E. 统计分析的基础

2. 统计分组是(　　)。

A. 在统计总体内进行的一种定性分类

B. 在统计总体内进行的一种定量分类

C. 将同一总体区分为不同性质的组

D. 把总体划分为一个个性质不同的、范围更小的总体

E. 将不同的总体划分为性质不同的组

3. 统计分组的作用是(　　)。

A. 划分社会现象类型　　B. 说明总体的基本情况

C. 研究同质总体的结构　　D. 说明总体单位的特征

E. 分析被研究现象总体诸标志之间的联系和依存关系

4. 统计分组体系的形式有(　　)。

A. 数量标志分组和复合分组体系　　B. 简单分组和复合分组体系

C. 简单分组和平行分组体系　　D. 复合分组和平行分组体系

E. 复合分组和复合分组体系

5. 次数分配数列(　　)。

A. 由总体按某标志所分的组和各组对应的单位数两个要素构成

B. 由组距和组数、组限和组中值构成的

C. 包括品质数列和变量数列两种

D. 可以用图表形式表现

E. 可以表明总体结构和分布特征

6. 在组距数列中,组中值是(　　)。

A. 上限和下限之间的中点数值

B. 用来代表各组标志值的平均水平

C. 在开放式分组中无法确定

D. 在开放式分组中,可以参照相邻组的组距来确定

E. 就是组平均数

7. 在等距数列中,组距的大小与(　　)。

A. 总体单位的多少成正比　　B. 组数的多少成正比

C. 组数的多少成反比　　D. 全距的大小成反比

E. 全距的大小成正比

8. 将某地区国有企业按产值计划完成程度分为以下四组,哪些是正确的?(　　)

A:第一种	B. 第二种	C. 第三种	D. 第四种
100%以下	80%以下	80%以下	85%以下
100%～110%	80.1%～90%	80%～90%	85%～95%
110%以上	90.1%～100%	90%～100%	95%～105%
	100.1%～110%	100%～110%	105%～115%
	110.1%以上	110%以上	115%以上

9. 在次数分配数列中(　　)。

A. 总次数一定,频数和频率成反比

B. 各组的频数之和等于100

C. 各组频率大于0,频率之和等于1

D. 频数越小,则该组的标志值所起的作用越小

E. 频率又称为次数

10. 统计表按主词是否分组及分组的程度,可分为(　　)。

A. 简单表　　B. 一览表

C. 简单分组表　　D. 复合分组表

E. 单一表

11. 下列分组哪些是按品质标志分组?(　　)

A. 职工按工龄分组　　B. 科技人员按职称分组

C. 人口按民族分组　　D. 企业按经济成分分组

E. 人口按地区分组

12. 下面哪些分组是按数量标志分组？（　　）

A. 企业按销售计划完成程度分组　　B. 学生按健康状况分组

C. 工人按产量分组　　D. 职工按工龄分组

E. 企业按隶属关系分组

四、判断题

1. 统计整理的关键是对各项整理的指标进行汇总。（　　）
2. 统计整理是统计调查的基础。（　　）
3. 统计分组的关键问题是确定组距和组数。（　　）
4. 按数量标志分组的目的，就是要区分各组在数量上的差别。（　　）
5. 单项式分组就是把一个变量分为一组。（　　）
6. 在确定组限时，最大组的上限应大于最大变量值。（　　）
7. 分配数列的实质是把总体单位总量按照总体所分的组进行分配。（　　）
8. 分配数列是指按数量标志分组所形成的变量分配数列。（　　）
9. 统计表的主词栏是说明总体的各种统计指标。（　　）
10. 连续型变量可以作单项式分组或组距式分组，而离散型变量只能作组距式分组。（　　）

五、简答题

1. 什么是统计分组？它的作用有哪些？
2. 如何正确选择分组标志？
3. 离散型变量、连续型变量在编制变量分配数列时有何不同？
4. 什么是分配数列？它包括哪两个要素？有哪些分类？
5. 简述组距变量数列编制的具体步骤。
6. 统计表由哪几个主要部分组成？制作统计表应注意哪几个问题？

六、综合训练题

1. 某班学生统计学考试成绩(分)如下：

93　50　78　85　66　71　63　83　52　95　78　72　85　78　82　90　80　55　95　67　72　85　77　70　90　70　76　69　58　89　80　61　67　99　89　63　78　74　82　88　98　62　81　24　76　86　73　83　85　81

要求：

(1)根据资料编制组距数列。

(2)计算两种累计人数，并回答 60 分以下及 80 分以上的人数。

2. 某公司连续 40 天的商品销售额(单位：万元)如下：

41　25　29　47　38　34　30　38　43　40　46　36　45　37　37　36　45　43　33　44　35　28　46　34　30　37　44　26　38　44　42　36　37　37　49　39　42　32　36　35

要求：根据上面的数据进行适当分组，编制频数分布表。

3. 某行业管理局所属 40 个企业 2012 年的产品销售收入数据(单位：万元)如下：

152　124　129　116　100　103　92　95　127　104　105　119　114　115　87

103　118　142　135　125　117　108　105　110　107　137　120　136　117　108
97　88　123　115　119　138　112　146　113　126

要求：

(1)根据上面的数据进行适当分组，编制频数分布表，并计算出累计频数与累计频率；

(2)按规定，销售收入在 125 万元以上为先进企业，115 万～125 万元为良好企业，105 万～115 万元为一般企业，105 万元以下为落后企业，按先进企业、良好企业、一般企业、落后企业进行分组。

项目4

统计数据描述

学习目标：

1. 知识目标

了解总量指标、相对指标、平均指标和标志变异指标的意义和种类，掌握相对指标、平均指标和变异指标的计算方法和应用条件。

2. 能力目标

能熟练运用总量指标、相对指标、平均指标和标志变异指标描述现象的规模、水平和数量关系，对现象总体进行对比分析。

【案例导读】

“十一五“期间，我国经济取得辉煌的成就，不仅总量上取得突破，结构上也得到优化。主要指标如表 4-1 所示。

表 4-1　2006—2010 年我国国民经济和社会发展主要指标

年份	2006	2007	2008	2009	2010
国内生产总值(亿元)	216 314.4	26 5810.3	314 045.4	340 902.8	401 512.8
第一产业增加值(亿元)	24 040.0	28 627.0	33 702.0	35 226.0	40 533.6
第二产业增加值(亿元)	103 719.5	125 831.4	149 003.4	157 638.8	187 383.2
第三产业增加值(亿元)	88 554.9	111 351.9	131 340.0	148 038.0	173 596.0
人均国内生产总值(元/人)	16 500	20 169	23 708	25 608	30 015
第一产业占比(%)	11.2	10.8	10.7	10.3	10.1
第二产业占比(%)	47.9	47.4	47.5	46.3	46.7
第三产业占比(%)	40.9	41.8	41.8	43.4	43.2

资料来源：《2012 中国统计年鉴》

表 4-1 反映我国“十一五”期间以“国内生产总值”为代表的经济总量指标的变化(2010 年我国经济总量超过日本，成为世界第二大经济体)，同时，还通过“三次产业占比”、“人均国内生产总值”等相对指标反映我国产业结构以及经济强度等变化。对于现象总体客观、全面、完整、详细描述及其分析必须借助于总量、相对以及平均指标。

任务一　统计数据总体描述

一、总量指标的基本知识

(一)总量指标的概念

总量指标是反映总体现象在一定时间、空间和条件下达到的总规模或绝对水平的统计指标，其数值用绝对数形式来表示，又称绝对数指标。例如，一个国家在一定时点上的人口总数、土地面积，在一定时期内的国内生产总值、商品进出口总额等都是总量指标。对总量指标的理解需从以下几点把握：

1. 总量指标的数值表现形式为绝对数或绝对数的差额，且有一定的计量单位。例如，2012 年我国国内生产总值为 519 322 亿元；2011 年末福建省总人口为 3 720 万人，比 2010 年末增加 27 万人。

2. 总量指标的数值大小随总体范围的大小而增减。总体范围增大，指标数值亦大；总体范围变小，指标数值随着变小。例如，在同一时期内，一个国家的国内生产总值一定大于一个省的地区生产总值；在同一时点上，一个国家的总人数一定大于一个省的人口数。

(二)总量指标的计量单位

由于总量指标是反映总体现象的总规模或绝对水平的统计指标，因此，任何一个总量指标都必须要有具体的计量单位予以计量。这个在统计上称为有名数。实际中，用于总量指标的计量单位有实物单位、价值单位和劳动单位等。

1. 实物单位

实物指标表明现象总体的使用价值总量。它根据现象的自然属性和特点采用实物单位计量。实物单位有自然单位、度量衡单位、标准实物量单位、复合单位。

自然单位是根据研究对象的自然状态度量其数量的计量单位，是人们长期以来习惯形成的。如人口按“人”计量、汽车以“辆”计量等。度量衡单位是按照国家度量衡制度的规定来度量客观事物数量的一种计量单位，它需要一定的计量器具或仪表来反映。如粮食按“吨”计量、布匹按“米”计量、面积按“平方米”、“平方公里”、体积按“立方米”等。标准实物计量单位是按统一的折算标准将用途相同，但规格或含量不同的物品数量汇合在一起而采用的计量单位。如将功率大小不同的拖拉机折合为 15 马力/台的拖拉机、将不同含量的氮肥折合成 100%含量的氮肥等。

两个或两个以上的实物单位也可以结合在一起使用，形成复合单位、双重或多重单位。如货物周转量就以“吨公里”这种复合单位计量，船舶以“艘/吨/马力”这种多重单位计量等。

用实物单位计量客观事物使用价值总量的统计指标称为实物量指标，简称实物指标。实物指标直接反映事物的使用价值，能真实表明事物的规模和水平。但不同现象的实物数量不能简单相加，即不能同度量，因而无法反映多种事物发展的总规模和总水平。

2. 价值单位

价值指标表明现象总体的价值总量,它以货币单位计量。货币单位是以货币形式度量社会财富或劳动成果的单位。如社会产品用人民币“元”计量,进出口总额用“美元”计量等。

用货币单位度量客观事物数量的统计指标称为价值量指标,简称价值指标。价值指标克服了实物指标的缺陷,它使不能直接相加的实物数量过渡到能够相加,综合反映多种事物发展的总规模和总水平。但价值指标由于脱离了物质内容,所以比较抽象。

特别需要注意的是:货币单位有现行价格和不变价格之分。现行价格是计算期当期使用的价格,用现行价格计算的价值量指标可以用来研究国民经济的价值运动过程及国民经济的重要比例关系。不变价格是统计工作中特殊使用的各期统一的价格,用不变价格计算的价值量指标可以消除价格变动对指标数值大小的影响,从而能综合反映现象发展变化的程度。

理解实物指标和价值指标,对于“项目八”中综合指数的测定具有重要意义。

3.劳动单位

劳动单位是以劳动者人数、设备运转台数及其相应的时间来计量生产工作总量的单位,是一种复合单位,如工时、工日、工年等。

用劳动单位计量客观事物数量的指标称为劳动量指标或工作量指标,简称劳动指标。这一指标常用于企业内部劳动定额管理。

(三)总量指标的种类

1.按反映总体的内容不同,分为总体单位总量和总体标志总量

总体单位总量是反映总体中单位数多少的总量指标,通过对总体各单位计数直接得到。总体标志总量是反映总体中各单位某一数量标志的标志值总和的总量指标,需要对某一数量标志的标志值加总得到。例如,将福建省全部工业企业作为一个总体,福建省全部工业企业数就是总体单位总量,而福建省工业企业的所有职工人数、工业总产值等就是总体标志总量。对特定总体而言,总体单位总量只有一个,而总体标志总量可以有多个。

必须指出的是:

第一,有的总体单位某一标志的标志值相加是没有实际意义的标志总量,但它却是计算其他统计分析指标的基础。例如,对2012级某班学生《统计学原理》考分加总就是如此。

第二,一个总量指标属于总体单位总量还是总体标志总量,是随着研究目的和研究对象的不同而确定的。若要研究福建省工业企业职工的基本情况,那么,福建省工业企业的全部职工人数就是总体单位总量,而这些职工的工资总额、工龄总量等就是总体标志总量。

区分总体单位总量和总体标志总量,对于计算算术平均数具有重要意义。

2.按反映的时间状况不同,分为时期指标和时点指标

时期指标是反映社会经济现象在一定时期内发展变化过程总量的指标。例如,商品销售额、工业总产值、基本建设投资额等。时点指标是反映社会经济现象在一定时点上状况的总量指标。例如,人口数、房屋的居住面积、企业数等。

时期指标和时点指标各有不同特点:

(1)时期指标的数值大小与现象经历的时期长短有直接关系,时期越长,指标数值也

就越大；而时点指标数值的大小与时点间的间隔长短没有直接关系。前者如福建省 2012 年的国内生产总值肯定要比该年第四季度国内生产总值大得多；后者如年末的人数不一定比该年某月末的人口数多。

(2)不同时间范围的时期指标数值可以直接相加，其结果反映现象在更长时期内达到的总量；而不同时间的时点指标数值直接相加没有意义。前者如年内出生人数是年内各月出生人数的总和；而年末人数并非年内各月月末人数的总和。

(3)时期指标数值是通过连续登记取得，时点指标数值是通过不连续登记取得。

区分时期指标和时点指标决定了统计处理与应用上的不同，在运用时期和时点指标时，注意同一指标若从不同的角度考虑，则总量指标的性质也不同。例如，年末人口数和年初人口数都是时点指标，但，年末人口数－年初人口数＝人口净增数，则为时期指标。

区分时期指标和时点指标，对于动态数列分析具有重要意义。

(四)总量指标的作用

1. 总量指标是认识客观现象的起点

客观现象的基本情况首先表现为一定的总量，对客观现象的认识就应从总量指标入手。例如，要了解一个国家的基本情况，首先了解的是这个国家的土地面积、人口数、经济总量等基本指标。这些指标均为总量指标。只有掌握了这些资料，才能进一步对该国进行深入了解与分析。

2. 总量指标是实现宏观调控和微观管理的基本指标

因为无论进行宏观调控还是微观管理，都必须以客观实际为基本依据，而反映客观实际的最基本指标就是总量指标。因此，它成为最主要的依据。实际中，宏观层面的政策的制定、微观层面的企业管理都必须要以相关的总量指标作为决策依据。例如，国家计生政策的制定，必须以我国人口总量指标数据为基础；流通企业制订下一年度销售额计划数，必须以上一年度的销售额总量为基础。

3. 总量指标是计算相对指标、平均指标的基础

一般情况下，相对指标和平均指标都是由两个有联系的总量指标对比而得到，它们是总量指标的派生指标。例如，人均国内生产总值是国内生产总值与人口数之比、平均月消费额是消费总额与总人数之比、人口密度是人口数与土地面积之比、产品的合格率是合格品产量与总产量之比等。因此，总量指标的计算是否科学、是否正确，直接关系到相对指标和平均指标的准确度。

总量指标虽然能反映现象的总规模和总水平，但它不能反映总量的内部构成，不便于说明同一总体、同一现象发展变化的程度以及不同总体、同类现象的差别程度，为了深入地、全面地认识问题，就要将不能直接比较的总量指标和能够用于比较的相对指标或平均指标结合应用，否则，仅用总量指标对问题做出分析，所得结论可能是片面的，甚至是错误的。

二、相对指标的基本知识

(一)相对指标的概念

相对指标是将两个有联系的指标数值加以对比，用来反映现象内部、现象之间数量联

系程度及现象本身发展变化程度等的统计指标，又称统计相对数。例如，人口的性别构成、国民经济的发展速度、人均国内生产总值等都是相对指标。

相对指标的数值表现形式有两种：即无名数和有名数。无名数是一种抽象化的数值，多以系数、倍数、成数、百分数和千分数表示。例如，人口的性别构成用“%”表示，人口的出生率用“‰”表示等。有名数是将用来对比的分子与分母的计量单位同时使用，以表明现象的强度、密度或普遍程度等。例如，人口密度用“人/平方公里”表示，人均国内生产总值用“元/人”表示等。

（二）相对指标的作用

1. 相对指标反映总体内部的结构、比例、事物发展的程度以及事物之间的对比关系等，有利于深入认识事物。例如，某公司 2012 年实现 10 000 万元的增加值，这个总量指标仅表明了增加值是多少，但企业的发展速度如何？与同类企业相比，规模是大是小？显然，只有通过对比，计算出相对指标才能说明问题。假设通过查找资料知道 2011 年该企业的增加值为 8 000 万元，则发展速度为 125%＝10 000/8 000×100%；又知另一同类企业 2012 年增加值为 11 000 万元，则该公司的增加值仅为另一企业的 90.9%＝10 000/11 000×100%。计算表明，2012 年该公司的发展是很快的，但其生产规模不如另一同类企业。相对指标赋予了人们更多判断和鉴别事物的手段。

2. 相对指标可以使那些不能直接通过总量指标对比的现象进行对比，从而更有效地分析问题。行业不同、生产条件不同或生产规模不同的企业之间，其产出总量直接对比不能说明工作成绩的差距，但如果以各自的计划指标为依据，计算计划完成程度指标，以各自的利润额为依据，计算利润率指标，就可以对不同企业的工作成绩进行比较了。

（三）相对指标的种类

由于研究问题的目的和任务不同，对比的基础不同，产生了不同的相对指标。常用的有：结构相对指标、比例相对指标、比较相对指标、计划完成程度相对指标、动态相对指标和强度相对指标。

1. 结构相对指标

结构相对指标是在总体分组基础上，将总体中的部分数值与总体全部数值对比计算的比重或比率，用于反映总体的构成情况。其计算公式为：

$$\text{结构相对指标}=\frac{\text{总体中部分数值}}{\text{总体的全部数值}}\times 100\% \qquad \text{（公式 4-1）}$$

例如，反映工农业增加值的内部结构，农业内部各业构成，种植业内粮食作物、经济作物及其他作物的比例结构，消费结构中食品支出占全部生活费支出的比重（恩格尔系数），国内生产总值中第一、二、三产业的构成等。

由于结构相对指标是总体中部分数值与总体全部数值之比，所以，各部分所占比重之和必然等于 100%或 1，且结构相对数的分子分母位置不能互换。

对于总体单位总量和总体标志总量均可计算结构相对指标。

结构相对指标的作用：

第一，结构相对指标可以用来反映事物的构成特征，说明各部分在总体中的地位和作用。如表 4-2 表明，2011 年福建省的三次产业结构表现为“二三一”。

表 4-2　2011 年福建省的三次产业结构

按三次产业分组	比重(%)
第一产业	9.2
第二产业	51.6
第三产业	39.2
合计	100.0

资料来源:《2012 福建统计年鉴》。

第二,结构相对指标可以用来说明不同时期事物构成的变化。如表 4-3 表明,福建省二十多年来人口结构基本稳定。

表 4-3　福建省人口性别构成(%)

年份	1990		2000		2010		2011	
性别	男	女	男	女	男	女	男	女
比重	51.36	48.64	51.53	48.47	51.45	48.55	51.42	48.58
合计	100.00		100.00		100.00		100.00	

资料来源:http://www.stats-fj.gov.cn/tongjinianjian/dz2012/index-cn.htm。

第三,结构相对指标可以用来说明事物总体的质量或工作的质量,反映人力、物力和财力的利用情况。例如,产品合格率说明生产部门的工作质量的好坏,工时利用率、原材料利用率等反映人力、物力的利用情况。

【超级链接】

恩格尔系数

1857 年,著名的德国统计学家恩思特·恩格尔经过大量研究得出:随着家庭和个人收入的增加,收入中用于食品方面的支出比例越来越小,这就是著名的恩格尔定律,反映这一定律的系数称为恩格尔系数。恩格尔系数就是食品支出占居民消费总支出的比重,它是衡量一个国家或地区居民生活水平的重要指标。一般来说,恩格尔系数越小,生活越富裕,系数越大则越贫困。联合国根据恩格尔系数的大小确定了评价贫富的标准,恩格尔系数在 60%以上为绝对贫困,50%~59%为温饱水平,40%~49%为小康水平,30%~39%为富裕水平,30%以下为最富裕水平。

2. 比例相对指标

比例相对指标是总体中的一部分数值与总体中的另一部分数值之比。其计算公式为:

$$\text{比例相对指标}=\frac{\text{总体中某一部分数值}}{\text{总体中另一部分数值}} \qquad \text{(公式 4-2)}$$

比例相对指标一般用百分数或几比几的形式表示。反映总体中若干部分之间的比例关系时，通常应用连比的形式 1∶m∶n 表示。如表 4-2 数据表明，2011 年福建省三次产业之间的比例为 9.2∶51.6∶39.2 或 1∶5.6∶4.3。

比例相对指标实质上是一种结构性的比例。然而，按比例是事物发展的客观要求，比例失调会招致严重的失误。计算比例相对指标，对比例关系进行研究，有利于调整不合理的比例，使事物按照正常的轨迹发展。

3. 比较相对指标

比较相对指标是同一时间、不同空间同类指标数值的对比。其计算公式为：

$$比较相对指标=\frac{某条件下的某类指标数值}{另一条件下的同类指标数值} \qquad (公式 4\text{-}3)$$

比较相对指标一般用百分数表示，有时也可用系数或倍数表示。例如，甲、乙两公司 2012 年商品销售额分别为 5.4 亿元和 3.6 亿元，则甲公司商品销售额为乙公司的 1.5 倍（=5.4/3.6）。计算比较相对指标可以用总量指标、相对指标或平均指标。

运用比较相对指标对不同国家、不同地区、不同单位的同类指标对比，有助于揭露矛盾、找出差距、挖掘潜力，促进事物进一步发展。

比较相对指标的特点：

(1)对比的分子分母必须是同质现象；

(2)分子、分母可互换。

4. 计划完成程度相对指标

简称计划完成程度指标或计划完成率，是同一时间条件下现象的实际完成数与计划任务数之比。一般用百分数表示。其基本计算公式为：

$$计划完成程度相对指标=\frac{实际完成数}{计划任务数}\times 100\% \qquad (公式 4\text{-}4)$$

应注意：公式中的分子与分母在指标含义、计算口径、计算方法、计量单位、时间和空间范围等方面必须一致，且分子与分母不能互换。

在实际工作中，由于计划任务数的数值表现形式不同，计划完成程度相对指标的计算方法也不同。

(1)当计划数为绝对数时，计划完成程度相对指标可用上述基本公式计算。

[**例 4-1**]2012 年某地地区生产总值计划数为 1 000 亿元，实际完成 1 500 亿元，其计划完成程度为：

$$计划完成程度指标=\frac{1\ 500}{1\ 000}\times 100\%=150\%$$

计算结果表明，该地区地区生产总值计划完成程度为 150%，超额完成 50%。

(2)当计划数为相对数时，计划完成程度相对指标的基本计算公式为：

$$计划完成程度相对指标=\frac{实际为上期的百分数}{计划为上期的百分数}\times 100\% \qquad (公式 4\text{-}5)$$

式中，分子是本期实际总量与上期实际总量之比，分母是本期计划总量与上期实际总量之比。

该公式适合各种现象的降低率、增长率计划完成程度的计算。

①按降低率规定计划任务，其计划完成程度为：

$$计划完成程度相对指标=\frac{1-实际降低率}{1-计划降低率}\times 100\% \quad (公式\ 4\text{-}6)$$

[例 4-2]某企业计划 2012 年计划生产成本在去年基础上降低 10%，实际降低 8%，则该企业 2012 年生产成本计划完成程度为：

$$计划完成程度相对指标=\frac{1-8\%(实际为上年的\ 92\%)}{1-10\%(计划为上年的\ 90\%)}\times 100\%=102.22\%$$

计算结果表明，该企业 2012 年在生产成本计划完成情况不理想，没有完成计划。

②按增长率规定计划任务，其计划完成程度为：

$$计划完成程度相对指标=\frac{1+实际增长率}{1+计划增长率}\times 100\% \quad (公式\ 4\text{-}7)$$

[例 4-3]某企业计划 2012 年计划劳动生产率在去年基础上提高 8%，实际提高 10%，则该企业 2012 年劳动生产率计划完成程度为：

$$计划完成程度相对指标=\frac{1+10\%(实际为上年的\ 110\%)}{1+8\%(计划为上年的\ 108\%)}\times 100\%=101.85\%$$

计算结果表明，该企业 2012 年劳动生产率计划完成较好，超额完成 1.85%。

(3)当计划数为平均数时，计划完成程度相对指标的计算公式为：

$$计划完成程度相对指标=\frac{实际平均水平}{计划平均水平}\times 100\% \quad (公式\ 4\text{-}8)$$

该公式适用于以平均水平表示的技术经济指标计划完成程度的计算。

[例 4-4]2012 年某企业规定甲产品的单位成本为 1 200 元/台，由于企业加强了内部管理，其实际单位成本为 1 150 元/台，则该产品单位成本计划完成程度为：

$$计划完成程度相对指标=\frac{1\ 150}{1\ 200}\times 100\%=95.8\%$$

需要指出的是：在计算计划完成程度相对指标时，不能一概认为大于 100%就是超额完成了计划，而小于 100%就没有完成计划。计划完成的好坏要视指标的类型而定。例如，对于以最低限额制定的计划(如产量、产值、收入和利润等)，计算结果等于或大于 100%才算完成或超额完成计划；对于以最高限额制定的计划(如财政赤字、原材料消耗、生产成本等)，计算结果等于或小于 100%才算完成或超额完成计划。

(4)计划执行进度检查。计划制定，是为了实施并实现。因此，计划检查不仅仅要检查结果的完成情况，同时还要检查计划执行的进度情况。通过进度检查，及时发现计划执行过程中所存在的问题，采取具体措施予以解决。计划执行进度检查方法是，用计划期初至检查时止累计实际完成数除以全时期计划任务数，即：

$$计划执行进度=\frac{计划期初至检查时止累计实际完成数}{全时期计划任务数}\times 100\% \quad (公式\ 4\text{-}9)$$

[例 4-5]某企业某年计划产值 850 万元，6 月末检查计划执行情况时得知，1－6 月份企业实际产值为 510 万元，则：

$$截至6月末的计划执行进度=\frac{510}{850}\times100\%=60\%$$

计算结果表明，该企业上半年生产情况总体较好，时间过半，任务也已过半，按照这样的执行进度，企业可以甚至超额完成全年产值。

(5)长期计划执行情况检查。长期计划一般指计划期在 5 年以上的计划，其制定和检查方法有累计法和水平法两种。检查其计划执行情况主要是计算计划完成程度和提前完成计划时间。

①累计法。当计划任务数是规定整个计划期间应完成的累计数时，该计划被称为累计法计划。这类指标主要有基本建设投资额、新增固定资产、植树造林面积等。其计划完成程度计算公式为：

$$计划完成程度=\frac{计划期间实际完成的累计数}{本期计划规定的累计数}\times100\% \qquad (公式 4\text{-}10)$$

提前完成计划时间的计算方法：是将计划期的全部时间减去自计划执行之日(一般以计划期初始日)起至累计完成计划的时间。

[例 4-6]某企业计划规定“十一五”期间新增固定资产 2 000 万元，五年实际累计完成新增固定资产 2 500 万元，则该企业五年新增固定资产计划完成程度为：

$$计划完成程度=\frac{2\ 500}{2\ 000}\times100\%=125\%$$

假设该企业 2006 年 1 月至 2010 年 3 月末止实际累计完成的新增固定资产已达 2 000万元，则该企业提前 9 个月完成了五年计划。

②水平法。当计划任务数规定计划期内最后一年应达到的水平时，该计划被称为水平法计划。这类指标主要有产量、产值和利润额等。其计划完成程度计算公式为：

$$计划完成程度=\frac{计划末期实际达到的水平}{计划规定末期应达到的水平}\times100\% \qquad (公式 4\text{-}11)$$

提前完成计划时间的计算方法：是根据整个计划期内连续一年(可以跨年度)的数值和计划规定最后一年的数值相比较来确定的。

[例 4-7]某企业“十一五”计划规定 2010 年某种产品应达到 80 万吨的年产量水平，实际在 2010 年年产量达到 100 万吨，则五年计划完成程度为：

$$计划完成程度=\frac{100}{80}\times100\%=125\%$$

假设该企业从 2009 年 4 月初起至 2010 年 3 月末止(跨年度)，该企业该产品产量已达 80 万吨，则意味着该产品提前 9 个月完成了五年计划任务。

【超级链接】

新中国历史上的五年计划

"一五"计划(1953—1957)

"一五"计划是在党中央的直接领导下,由周恩来、陈云同志主持制定的,1955 年 7 月经全国人大一届二次会议审议通过。至 1957 年,"一五"计划超额完成了规定的任务,实现了国民经济的快速增长,并为我国的工业化奠定了初步基础。

"二五"计划(1958—1962)

1956 年 9 月召开的党的"八大"正式通过了由周恩来主持编制的《关于发展国民经济的第二个五年计划的建议的报告》。由于实施过程中的巨大波动,"二五"计划实际上分成"大跃进"和调整时期两个阶段。

"三五"计划(1966—1970)

"三五"计划从 1964 年初开始研究和编制,指导思想经历了由"解决吃穿用"到"以战备为中心"的变化,从准备大打、早打出发,积极备战,把国防建设放在第一位,加快"三线"建设。

"四五"计划(1971—1975)

"四五"计划于 1970 年开始进行编制。1973 年,中共中央两次修改"四五"计划的高指标,逐步调整了以战备为中心的战略,开始强调经济效益,注意沿海和"三线"地区并重,大规模的"三线"建设进入收尾阶段。经过 1975 年邓小平主持的整顿工作,"四五"计划得到了基本完成。

"五五"计划(1976—1980)

1975 年,中共中央制定了《1976—1985 年发展国民经济十年规划纲要(草案)》,安排了"五五"计划。党的十一届三中全会以后,国民经济处于全面调整时期,"五五"计划指标相应作了较大幅度的调整。1980 年底,国民经济主要比例关系开始改善,生产和建设也取得较大发展。

"六五"计划(1981—1985)

1980 年 2 月,国务院决定重新制定中长期计划,酝酿编制"六五"计划。1982 年 12 月全国人大五届五次会议正式批准"六五"计划。"六五"计划是继"一五"计划后的一个比较完备的五年计划,是在调整中使国民经济走上稳步发展的健康轨道的五年计划。

"七五"计划(1986—1990)

1983 年,国务院即着手组织"七五"计划的起草工作。1986 年,经全国人大六届四次会议审议批准。这是我国社会主义计划经济史上第一次在一个新的五年计划刚刚起步的时候就制定出来的经济和社会发展计划。

"八五"计划(1991—1995)

1991 年 4 月,全国人大七届四次会议审议通过国务院《关于国民经济和社会发展十年规划和第八个五年计划纲要的报告》。以 1992 年邓小平同志重要谈话和中共十四大为标志,"八五"期间中国改革开放和现代化建设进入新的阶段。"八五"期间成为中国改革开放推进最快的时期，确立了社会主义市场经济目标，形成了总体开放的格局。

“九五”计划(1996—2000)

1996年3月，全国人大八届四次会议通过了《国民经济和社会发展“九五”计划和2010年远景目标纲要》。这是中国社会主义市场经济条件下的第一个中长期计划，是一个跨世纪的发展规划。“九五”期间国民经济和社会发展的主要奋斗目标确定为“全面完成现代化建设的第二步战略部署”。

“十五”计划(2001—2005)

2001年3月，全国人大九届四次会议通过了《国民经济和社会发展第十个五年计划纲要》。按照发展社会主义市场经济的需要，确立以经济结构的战略性调整作为主线。生态建设、环保、经济与社会的可持续发展得到了加倍的重视。更多关注教育、文化、医疗卫生、体育等各项社会事业，更加注意经济与社会的协调发展，以更好地满足广大人民群众发展的需要、享受的需要。

“十一五”规划(2006—2010)

2006年3月，全国人大十届四次会议审议通过了《国民经济和社会发展第十一个五年规划纲要》。“十一五”是为后十年顺利发展打下坚实基础的关键时期，这一时期我国积极应对国际金融危机冲击，克服汶川大地震等重大自然灾害带来的严重困难，保持了经济平稳较快发展，综合国力显著提高，社会事业显著进步，人民生活显著改善，为“十二五”规划的制定和实施奠定了坚实的基础。

“十二五”规划(2011—2015)

2011年3月，全国人大十一届四次会议审议通过了《国民经济和社会发展第十二个五年规划纲要》。目前正在实施。

5. 强度相对指标

强度相对指标是两个性质不同但又有一定联系的总量指标之比。其计算公式为：

$$强度相对指标=\frac{某一总量指标数值}{另一有联系但性质不同的总量指标数值} \quad (公式4\text{-}12)$$

强度相对指标的数值表现形式有两种：一种是有名数，如人均国内生产总值是用“元/人”表示等，例如，2011年福建省国内生产总值达到17 560.18亿元，人均国内生产总值为47 377元/人，福建省2011年人口密度为300人/平方公里；另一种是无名数，如人口的出生率、死亡率、自然增长率等用“‰”表示，例如，福建省2011年人口的出生率、死亡率、自然增长率分别为11.41‰、5.20‰、6.21‰。

强度相对指标的应用十分广泛。用它可以说明现象的强度、密度和普遍程度；反映国民经济和社会发展的基本情况；还可以进行国家、地区、单位之间的比较，以此确定发展的差距和不平衡的程度等。

有些强度相对数的分子和分母可以互换，形成强度相对指标的正指标与逆指标。正指标数值大小与其反映的强度、密度和普及程度成正比；逆指标的数值大小与其反映的强度、密度和普及程度成反比。

[**例 4-8**]某地区 2012 年零售商业网点为 50 000 个，年平均人口为 800 万人，则：

$$零售商业网点密度=\frac{50\ 000}{800}=62.5\ 个/万人 \quad （正指标）$$

$$零售商业网点密度=\frac{800}{50\ 000}=0.016\ 万人/个=160\ 人/个 \quad （逆指标）$$

上述计算结果 62.5 个/万人，说明每万人拥有商业网点数 62.5 个，该数值越大则表示每万人拥有的商业网点数越多，商业网点密度越高，故称正指标；160 人/个，说明每个商业网点平均服务的人数是 160 人，指标数值越大，商业网点密度越低，故称逆指标。

强度相对指标的特点：不同总体进行对比；具有平均含义；分子分母可以互换。

值得注意的是，有的强度相对指标分子、分母是不能互换的。如人口出生率、流通费用率、人均国内生产总值等强度相对指标的分子、分母是不能互换的。

6. 动态相对指标

又称动态相对数或发展速度，是现象报告期水平与基期水平之比，用以反映现象在时间上的发展变化情况。即是同一空间、不同时间同类指标数值之比。一般用百分数表示，有时也用倍数表示。其基本计算公式为：

$$动态相对指标=\frac{报告期指标数值}{基期指标数值}\times 100\% \qquad （公式 4-13）$$

式中，基期是指作为对比的基础时期，报告期则是与基期对比的时期，也称计算期。

[**例 4-9**]某地区 2011 年地区生产总值为 16 386 亿元，2012 年达到 18 914 亿元，则该地区生产总值的动态相对数为：

$$动态相对指标=\frac{18\ 914}{16\ 386}\times 100\%=115.4\%$$

即该地区 2012 年的地区生产总值为 2011 年的 115.4%，或者说，2012 年的地区生产总值比 2011 年增长 15.4%。

动态相对指标对分析社会经济现象的发展变化过程有重要作用。其具体计算和应用将在“项目七——动态数列分析与预测”中详细介绍。

【超级链接】

“百分数”与“百分点”

百分数是用 100 作分母的分数，在数学中用“%”来表示，在文章中一般都写作“百分之多少”。百分数与倍数不同，它既可以表示数量的增加，也可以表示数量的减少。运用百分数时，也要注意概念的精确。如“比过去增长 20%”，即过去为 100，现在是“120”；“比过去降低 20%”，即过去是 100，现在是“80”；“降低到原来的 20%”，即原来是 100，现在是“20”。运用百分数时，还要注意有些数最多只能达到 100%，如产品合格率、种子发芽率等；有些百分数只能小于 100%，如粮食出粉率等；有些百分数却可以超过 100%，如产品产量计划完成情况等。

“占”、“超”、“为”、“增”的用法，“占计划百分之几”指完成计划的百分之几；“超计划的百分之几”，就应该扣除原来的基数（—100%）；“为去年的百分之几”就是等于或相当于去年的百分之几；“比去年增长百分之几”应扣掉原有的基数（—100%）。

百分点是指不同时期以百分数形式表示的相对指标（如：速度、指数、构成等）的变动幅度。例如，我国国内生产总值中，第一产业占的比重由1992年的21.8%下降到1993年的18.2%。这句话的意思是：国内生产总值中，第一产业占的比重，1993年比1992年下降3.6个百分点（18.2—21.8=—3.6），但不能说下降3.6%。

（资料来源：http://www.stats.gov.cn/tjzs/tjcd/t20020523—20342.htm。）

任务二　统计数据集中趋势描述

将通过采集得到的统计数据经过分组整理形成分配数列后，就可大体了解数据分布的特征和类型。但要准确反映数据分布的特征和变化规律，还需要通过以下统计分析指标进行描述：一是反映数据分布集中趋势的平均指标；二是反映数据分布离中趋势的标志变异指标。

集中趋势也称作中心位置，是指一组数据向某一中心值靠拢的倾向。测度集中趋势就是寻找数据一般水平的代表值或中心值。一组数据的集中趋势通常用算术平均数、调和平均数、几何平均数、中位数及众数等来表示。它表明属于同类社会经济现象的各单位的某一标志在一定时间、空间条件下达到的一般水平。这些统计量称之为平均指标。

一、平均指标的基本知识

（一）平均指标的概念

平均指标又称统计平均数，它是统计分析中最常用的统计指标之一。它反映了社会经济现象中某一总体各单位某一标志在一定时间、地点条件下所达到的一般水平，或者反映某一总体、某一指标在不同时间上发展的一般水平。

（二）平均指标的特点

1.同质性。即总体内各单位的性质是相同的，如果各单位性质上存在着差异，就不能计算平均数。

2.抽象性。即用平均数把总体各单位标志值的差异抽象化。

3.代表性。即用一个指标值代表现象的一般水平，它反映了一组数据中各个数据的典型水平、中心位置或集中趋势。

（三）平均指标的作用

平均指标是最常见的综合指标之一，它在认识问题和研究问题中起着重要的作用。

1.可以用来比较同类现象在不同地区、部门、单位（即不同总体）发展的一般水平，用以说明经济发展的高低和工作质量的好坏。例如，评价流通企业工作成绩好坏，不能直接用商品的销售额或利税额的多少来对比，因为各流通企业的规模大小不一、职工人数多少不同，如果用平均劳动效率、人均创利额等平均指标，就可以进行对比。

2.可以用来比较同一总体某一现象在不同时期的水平，以反映该现象的发展趋势或规律。如对同一地区人均年收入逐年进行比较来反映该地区居民生活水平的发展趋势或规律。

3.可以作为论断事物的一种数量标准。由于总体各单位的数量特征有差异性，不便于直接对比，因此，只有作为代表总体数量特征的平均数，才是比较事物的数量标准。例如，对某班或某校学生成绩的优劣，不是以个别学生的成绩来说明，而是用全班或全校学生的平均成绩为依据。

4.可以用来分析现象之间的依存关系。例如，分析施肥量和农作物平均产量的依存关系，商品销售额和平均流通费用率的依存关系。

5.可以估算和推算其他有关数字。用样本指标去推断总体参数(或称总体指标)，离不开平均指标中的算术平均数，这将在“项目五——抽样设计与推断”中得到具体体现。

二、平均指标的种类及计算

平均指标按其性质可分为静态平均数和动态平均数。静态平均数反映的是同质总体内各单位某一标志值在一定时间、地点和条件下的一般水平，而动态平均数反映的是某一总体某一指标值在不同时间上的一般水平。这里主要介绍静态平均数。

静态平均数，按其表现形式可分为数值平均数和位置平均数。凡根据总体各单位标志值计算的平均数，称为数值平均数。常见的数值平均数主要包括算术平均数、调和平均数和几何平均数；凡根据总体单位标志值所处的位置来确定的平均数，称为位置平均数。常见的位置平均数主要有中位数和众数。

(一)算术平均数

1.算术平均数的概念

算术平均数也称为均值，是全部数值算术平均的结果。算术平均法是计算平均指标最基本、最常用的方法。计算公式为：

$$\text{算术平均数}=\frac{\text{总体标志总量}}{\text{总体单位总量}} \qquad \text{(公式 4-14)}$$

很多社会经济现象，总体标志总量常常是总体单位标志值的算术总和。例如，工人工资总额是总体中每个工人工资的总和；某地区小麦总产量是该地区所有耕地小麦产量的总和。在总体标志总量和总体单位总量的基础上，就可以计算算术平均数。

算术平均数与强度相对数都是两个总量指标的比值，都反映了相互联系的两个现象之间的数量对比关系，计算方法也非常相似。但它们却是两个性质不同的统计指标，主要区别有两点：

第一，子项指标与母项指标的关系不同。算术平均数的子项指标与母项指标属于同一个统计总体，是同一个统计总体的总体标志总量与总体单位总量的比值，而强度相对数则是来自两个不同总体但有联系的总量指标之比。

第二，算术平均数的子项指标(标志总量)随着母项指标(总体单位数)的变动而变动，二者互相适应，而强度相对数的子项指标同母项指标之间不存在这样的关系。

2.算术平均数的种类

算术平均数在统计学中具有重要的地位，是集中趋势的最主要度量值，通常用 $\bar{x}$ 表示。根据所掌握资料的不同，算术平均数有简单算术平均数和加权算术平均数。

(1)简单算术平均数

如果总体中所含单位数不多，资料又未分组，计算算术平均数要用简单平均法。所谓“简单”，就是总体中各标志值(或称为变量值)出现的次数均相等，各标志值出现的次数对平均数的影响程度是一致的，这样，影响平均数大小的因素就只有一个，即各标志值的大小。所以，计算算术平均数，只需要简单的将总体中各标志值相加，求得标志总量后，再除以单位总量即可。其计算公式为：

$$\bar{x} = \frac{x_1 + x_2 + \cdots + x_n}{n} = \frac{\sum_{i=1}^{n} x_i}{n} \quad \text{(公式 4-15)}$$

式中，$\bar{x}$ 为简单算术平均数；x 为各单位标志值；n 为总体单位数；$\sum$ 为总和符号。

[**例 4-10**]某班 40 名同学《统计学原理》期末成绩(分)分别为：64 70 89 64 56 95 98 79 88 88 78 78 85 89 89 79 60 99 70 78 36 84 68 75 68 79 84 75 79 78 89 95 64 75 68 78 78 60 85 75

该班 40 名同学的《统计学原理》的平均成绩为：

$$\text{平均成绩} = \frac{64+70+\cdots+75}{40} = \frac{3\ 089}{40} = 77.23\text{(分)}$$

简单算术平均数的大小仅受总体各单位标志值大小的影响，其平均数大小不会超过变量值的变动范围。

(2)加权算术平均数

如果总体中所包含的单位数较多，就要对资料进行分组，编成分配数列。根据分配数列计算算术平均数，要用加权平均法。所谓“加权”，是指将总体分组后，各标志值出现的次数不一样，出现次数多的标志值对平均数的影响大一些，出现次数少的标志值对平均数的影响小一些，因此，对各个标志值就不能同等看待，而应当将各标志值乘以其出现的次数，以权衡其对平均数影响的轻重作用，这就是“加权”，各标志值出现的次数称为“权数”。计算加权算术平均数就要将总体中各组标志值与其相对应的次数相乘，加总得到标志总量后，再除以单位总量。用公式表示为：

$$\bar{x} = \frac{x_1 f_1 + x_2 f_2 + \cdots + x_n f_n}{f_1 + f_2 + \cdots + f_n} = \frac{\sum_{i=1}^{n} x_i f_i}{\sum_{i=1}^{n} f_i} \quad \text{(公式 4-16)}$$

式中，$\bar{x}$ 代表算术平均数；$x_i (i = 1、2\cdots、n)$ 代表各组标志值；$f_i (i = 1、2\cdots、n)$ 代表各标志值出现的次数；$\sum$ 表示总和。

①根据单项数列计算

根据单项数列计算算术平均数，可直接套用公式 4-16。

[**例 4-11**]朝阳总公司 2012 年 3 月 5 日工人组装电脑主机的数量如表 4-4 所示，求工

人该日平均组装电脑主机数量。

表 4-4　朝阳总公司 2012 年 3 月 5 日工人组装电脑主机分组资料及计算表

日组装数量(台)x_i	工人人数(人)f_i	组装总量(台)x_if_i
5	10	50
6	15	90
7	24	168
8	13	104
9	8	72
合计	70	484

要计算工人平均组装数量，不能依(5＋6＋7＋8＋9)÷5＝35÷5＝7 进行简单算术平均计算。简单算术平均就把出现次数不同的日组装数量等同看待了。况且，35 不是日总产量，5 也不是参加组装的全部工人人数。要使计算符合算术平均数的基本公式，必须采用加权平均法，即：

$$\text{工人平均组装数量}(\bar{x})=\frac{\text{总组装数量}}{\text{工人人数}}=\frac{\sum_{i=1}^{n}x_if_i}{\sum_{i=1}^{n}f_i}=\frac{484}{70}=6.91(\text{台})$$

②根据组距数列计算

根据组距数列计算算术平均数，本应以各组平均数代表各组标志值的一般水平，但在编制组距数列时，组平均数并不计算，在这种情况下，就用各组组中值代替各组的平均数，即用各组组中值代表各组标志值的一般水平，然后套用公式 4-16 加以计算。

[例 4-12]2012 年 3 月对某地大学生月消费支出情况进行了问卷调查，资料如表 4-5 所示，计算其月消费支出的算术平均数。

表 4-5　2012 年 3 月对某地大学生月消费支出分组资料及计算表

月消费支出额(元)	组中值(元)x_i	调查人数(人)f_i	月消费总额(元)x_if_i
1 000 以下	900	80	72 000
1 000～1 200	1100	200	220 000
1 200～1 400	1 300	280	364 000
1 400～1 600	1 500	190	285 000
1 600～1 800	1 700	110	187 000
1 800 以上	1 900	60	114 000
合计	—	920	1 242 000

$$\text{平均月消费支出}(\bar{x})=\frac{\text{月消费总额}}{\text{人数}}=\frac{\sum_{i=1}^{n}x_if_i}{\sum_{i=1}^{n}f_i}=\frac{1\ 242\ 000}{920}=1\ 350(\text{元})$$

需要说明的是，用组中值作为各组标志值的代表值是假定组内各单位标志值在组中均匀分布或对称分布，即假定在任何一组中比组中值大的和小的标志值出现的次数一样多，且各标志值与组中值的误差刚好可以互相抵消。如果实际数据与这一假定相吻合，其计算结果就比较准确，否则，误差较大。

加权算术平均数受各组标志值和其权数大小的双重影响，标志值大，权数大，平均数就接近于标志值大的一方；标志值小，权数大，平均数就接近于标志值小的一方。但需特别指出的是：权数有次数权数和比重权数两种表现形式，离开了总体全部单位数的次数权数很难说明其对平均数大小的影响程度。权数对平均数大小的影响是体现在各组单位数占总体单位数比重大小上的，哪一组单位数所占比重大，其标志值对算术平均数的影响就大，反之就小。各组单位数占总体单位数的比重称为比重权数或权数系数。

在许多情况下，可直接利用比重权数计算算术平均数，其计算公式可由公式 4-16 变形得到：

$$\bar{x}=\frac{\sum_{i=1}^{n}x_if_i}{\sum_{i=1}^{n}f_i}=\frac{x_1f_1+x_2f_2+\cdots+x_nf_n}{\sum_{i=1}^{n}f_i}$$

$$=x_1\frac{f_1}{\sum_{i=1}^{n}f_i}+x_2\frac{f_2}{\sum_{i=1}^{n}f_i}+\cdots+x_n\frac{f_n}{\sum_{i=1}^{n}f_i}=\sum_{i=1}^{n}x_i\frac{f_i}{\sum_{i=1}^{n}f_1} \qquad \text{（公式 4-17）}$$

同一资料用次数权数与用比重权数计算的算术平均数，结果是一样的。需要指出的是，当各组变量值出现的频数（f_i）或频率 $\frac{f_i}{\sum f_i}$ 相等时，权数的作用就消失了，这就意味着各组变量值对总平均的结果所起的作用是一样的，此时，加权算术平均数就等于简单算术平均数。

在实际生活中，我们也会经常遇到由相对数或平均数计算平均数的情况。一般来说，求相对数或平均数的平均数应采用加权平均的方法，此时，用于加权平均的权数不再是频数或频率，而应根据相对数或平均数的含义，选择适当的权数。

[例 4-13]某公司所属 10 个企业资金利润率分组资料如表 4-6 所示，要求计算该公司 10 个企业的平均利润率。

表 4-6　某公司所属 10 个企业资金利润率分组资料

资金利润率（%）x_i	企业数 n_i	资金总额（万元）f_i	利润总额（万元）x_if_i
5	4	40	2
10	3	80	8
15	3	140	21
合计	10	260	31

该例子的平均对象是各企业的资金利润率，表中的企业数虽然是次数或频数，但却不是合适的权数。那怎么计算公司10个企业的平均资金利润率才是正确的呢？因为，资金利润率＝利润总额/资金总额，所以，计算平均资金利润率需要以资金总额为权数，这样才符合该指标的性质。因此，该公司10个企业的平均利润率为：

$$\bar{x}=\frac{\sum_{i=1}^{n}x_if_i}{\sum_{i=1}^{n}f_i}=\frac{5\%\times40+10\%\times80+15\%\times140}{40+80+140}=\frac{31}{260}=11.9\%$$

3.算术平均数的数学性质

算术平均数有多个数学性质，在实际应用中有着重要作用的是下面两个：

性质一：各数据观察值与其算术平均数的离差之和等于零，即：

$$\sum_{i=1}^{n}(x_i-\bar{x})=0\qquad（资料未分组场合）$$

$$\sum_{i=1}^{n}(x_i-\bar{x})f_i=0\qquad（资料分组场合）$$

性质二：各数据观察值与其算术平均数的离差平方之和为最小，即：

$$\sum_{i=1}^{n}(x_i-\bar{x})^2=最小(\min)\qquad（资料未分组场合）$$

$$\sum_{i=1}^{n}(x_i-\bar{x})^2f_i=最小(\min)\qquad（资料分组场合）$$

算术平均数的数学性质在抽样推断、趋势预测、相关与回归分析中将得到充分利用。

（二）调和平均数

在实际工作中，经常会遇到只有各组变量值和各组标志总量而缺少总体单位数的情况，这时就要用调和平均数法计算平均指标。

为了方便调和平均数的概念和计算方法的说明，我们先看一个简单的例子。

[例4-14]市场上早、中、晚蔬菜的价格分别是：早晨6元/公斤、中午5元/公斤、晚上4元/公斤。现在，我们分别按四种方法购买蔬菜，分别计算平均价格（不管按什么方法购买，平均价格都应该等于花费的金额除所买蔬菜的数量）：

第一种买法：早、中、晚各买1公斤。

$$则蔬菜平均价格=\frac{6+5+4}{3}=5(元/公斤)$$

第二种买法：早晨买1公斤、中午买2公斤、晚上买3公斤。

$$则蔬菜平均价格=\frac{1\times6+2\times5+3\times4}{6}=4.67(元/公斤)$$

第三种买法：早、中、晚各买1元。

在这种情况下，计算蔬菜平均价格，我们得先计算出1元钱所购买蔬菜的数量，然后再计算蔬菜的平均价格。

$$早晨购买蔬菜的数量=\frac{1}{6}=0.167(公斤)$$

$$中午购买蔬菜的数量=\frac{1}{5}=0.2(公斤)$$

$$晚上购买蔬菜的数量=\frac{1}{4}=0.25(公斤)$$

$$则蔬菜平均价格=\frac{1+1+1}{\frac{1}{6}+\frac{1}{5}+\frac{1}{4}}=\frac{3}{0.167+0.2+0.25}=4.87(元/公斤)$$

这种计算平均指标的方法同算术平均法有很大的不同，由于资料中缺乏总体单位总量，所以，就不可能直接用算术平均的方法计算平均指标。为了达到计算目的，首先要用变量值的倒数计算出总体单位总量来，然后再计算平均指标，调和平均数法因此而得名，也正是由于这个原因，调和平均数又称为倒数平均数。

第四种买法：早晨买 1 元、中午买 2 元、晚上买 3 元。

和第三种买法一样，我们还是得先计算出早晨、中午和晚上所购买蔬菜的数量，然后再计算平均价格。

$$早晨购买蔬菜的数量=\frac{1}{6}=0.167(公斤)$$

$$中午购买蔬菜的数量=\frac{2}{5}=0.4(公斤)$$

$$晚上购买蔬菜的数量=\frac{3}{4}=0.75(公斤)$$

$$则蔬菜平均价格=\frac{1+2+3}{\frac{1}{6}+\frac{2}{5}+\frac{3}{4}}=\frac{6}{0.167+0.4+0.75}=4.56(元/公斤)$$

在上述计算平均价格的过程中，早、中、晚三个时段购买蔬菜所花费的金额是计算平均价格的权数，这种方法我们称为加权调和平均法。

1. 调和平均数的概念

调和平均数是各个变量值倒数的算术平均数的倒数。用符号 $\bar{x}_H$ 表示。

2. 调和平均数的种类

根据所掌握的资料不同，调和平均数也有简单调和平均数和加权调和平均数之分。

(1)简单调和平均数

简单调和平均数是标志值倒数的简单算术平均数的倒数。在各个标志值相应的标志总量均为一个单位的情况下求平均数时，用简单式。其计算公式为：

$$\bar{x}_H=\frac{n}{\frac{1}{x_1}+\frac{1}{x_2}+\cdots+\frac{1}{x_n}}=\frac{n}{\sum_{i=1}^{n}\frac{1}{x_i}} \qquad (公式 4\text{-}18)$$

式中，$\bar{x}_H$ 表示调和平均数；x 表示总体各单位标志值；n 表示总体单位数。

(2)加权调和平均数

加权调和平均数是标志值倒数的加权算术平均数的倒数。在各个标志值相应的标志总量均为不同的情况下求平均数时，用加权式。其计算公式为：

$$\bar{x}_H=\frac{m_1+m_2+\cdots+m_n}{\frac{m_1}{x_1}+\frac{m_2}{x_2}+\cdots+\frac{m_n}{x_n}}=\frac{\sum_{i=1}^{n}m_i}{\sum_{i=1}^{n}\frac{m_i}{x_i}}$$　（公式 4-19）

在实际工作中，调和平均数通常是作为算术平均数的变形使用的，也就是由于受所掌握资料的限制，有时不能直接采用算术平均数的计算公式计算平均数，这就需要使用调和平均数的形式进行计算。为了更好地理解调和平均数的应用场合，我们看下面的例子。

[例 4-15]某商品有三种不同的规格，销售单价与销售量如表 4-7 所示，求这三种不同规格商品的平均销售单价。

表 4-7　某商品三种规格的销售数据

商品规格	销售单价（元/件）x_i	销售量（件）f_i	销售额（元）x_if_i
A 型	45	60	2 700
B 型	38	72	2 736
C 型	22	88	1 936
合计	—	220	7 372

从平均价格的实际意义看，其计算方法应该是：

$$平均价格=\frac{销售额}{销售量}$$

根据题中给出的原始数据（三种规格的销售单价和销售量），即已知 x、f，可以求出销售额（xf）数据，因此，计算平均价格在形式上采用的是加权算术平均数公式，即：

$$\bar{x}=\frac{\sum_{i=1}^{n}x_if_i}{\sum_{i=1}^{n}f_i}=\frac{7\ 372}{220}=33.51（元/件）$$

如果已知的不是销售量（f）数据，而是销售额（xf）数据，如表 4-8 所示，就应改变计算方法。

表 4-8　某商品三种规格的销售数据

商品规格	销售单价（元/件）x_i	销售额（元）m_i	销售量（件）$\frac{m_i}{x_i}$
A 型	45	2 700	60
B 型	38	2 736	72
C 型	22	1 936	88
合计	—	7 372	220

根据表 4-8 给出的原始数据（三种规格的销售单价与销售额）计算平均价格时，即已知 x、$xf(m)$，未知 f，就无法直接采用加权算术平均数形式。这时，需要根据销售单价（x）和销售额（$xf=m$）数据，求出销售量（$\frac{m}{x}=f$）数据，再用总销售额（$\sum m$）除以总销售量（$\sum \frac{m}{x}$）即得平均价格，即加权调和平均数。根据表 4-8 的数据，代入公式 4-19 得平均价格为：

$$\bar{x}_H=\frac{\sum_{i=1}^{n}m_i}{\sum_{i=1}^{n}\frac{m_i}{x_i}}=\frac{7\ 372}{220}=33.51(\text{元}/\text{件})$$

这与采用加权算术平均数公式的计算结果完全相等。事实上，公式 4-19 只是加权算术平均数的另一种表现形式，式中 m_i（销售额）实际上是销售单价 x_i 与销售量 f_i 的乘积，即 $m_i=x_if_i$，这从下面的式中可以清楚地看出来。

$$\bar{x}_H=\frac{\sum_{i=1}^{n}m_i}{\sum_{i=1}^{n}\frac{m_i}{x_i}}=\frac{\sum_{i=1}^{n}x_if_i}{\sum_{i=1}^{n}\frac{x_if_i}{x_i}}=\frac{\sum_{i=1}^{n}x_if_i}{\sum_{i=1}^{n}f_i}=\bar{x}$$

由此可见，调和平均数和算术平均数在本质上是一致的，唯一的区别是计算时使用了不同的数据。在实际计算平均数时，可掌握这样的原则：其分子资料未知时，就采用加权算术平均数计算平均数；分母资料未知时，就采用加权调和平均数计算平均数。

（三）几何平均数

几何平均数是 n 个标志值连乘积的 n 次方根，通常用 $\bar{x}_G$ 表示。几何平均数是适用于特殊数据的一种平均数。当所掌握的变量值本身是比率的形式，而且各比率的乘积等于总的比率时，就应采用几何平均法计算平均比率。在实际中，通常用几何平均数来计算平均比率、平均利率和平均速度等。

根据所掌握的资料不同，有简单几何平均数和加权几何平均数两种。

1.简单几何平均数

简单几何平均数适用于已知每个比率或每个速度求平均数的情况。设有 n 个标志值（比率或速度）分别为 $x_1,x_2,\cdots,x_n$，则简单几何平均数 $\bar{x}_G$ 的计算公式为：

$$\bar{x}_G=\sqrt[n]{x_1\times x_2\times\cdots\times x_n}=\sqrt[n]{\prod x} \qquad (\text{公式 4-20})$$

式中，$\prod$ 为连乘符号。

［**例 4-16**］某产品需经三个车间连续加工，已知三个车间制品的合格率分别为 95%、90%、98%，求三个车间平均合格率。

解：由于产品是由三个车间连续加工完成的，第二个车间加工的是第一个车间完工的合格制品，第三车间加工的又是第二车间完工的合格制品，因此，三个车间总合格率是三个车间相应合格率的连乘积，求平均合格率就不能采用算术平均法，而应当用几何平均法。则三个车间平均合格率为：

$$\bar{x}_G=\sqrt[n]{x_1\times x_2\times\cdots\times x_n}=\sqrt[n]{\prod x}=\sqrt[3]{95\%\times 90\%\times 98\%}=94.28\%$$

2.加权几何平均数

加权几何平均数适用于比率或速度已分组的情况下。设经过分组以后有 n 个标志值(比率或速度)，分别为 $x_1,x_2,\cdots,x_n$，假设各标志值(比率或速度)的权数分别为 $f_1,f_2,f_3,\cdots,f_n$，则加权几何平均数 $\bar{x}_G$ 的计算公式为：

$$\bar{x}_G=\sqrt[\sum f]{x_1^{f_1}\times x_2^{f_2}\times\cdots\times x_n^{f_n}}=\sqrt[\sum f]{\prod x_i^{f_i}} \qquad \text{(公式 4-21)}$$

[例 4-17]我国历年个人住房商业贷款 5 年期以上年利率见表 4-9 所示。

表 4-9　我国个人住房商业贷款 5 年期以上年利率

年　份	年利率(%)
1996	15.12
1998	7.56
2002	5.76
2004	6.12
2007	7.83

如果个人住房商业贷款 5 年期以上年利率按年复利计算，那么，根据表中资料可以计算出我国个人住房商业贷款年平均利率。

解：首先计算出平均每年的贷款本利比率 $\bar{x}_G$。

$$\bar{x}_G=\sqrt[2+4+2+3+1]{1.1512^2\times 1.0756^4\times 1.0576^2\times 1.0612^3\times 1.0783^1}=108.15\%$$

所以，历年个人住房商业贷款 5 年期以上年平均贷款利率为：

$$\bar{x}_G-1=108.15\%-100\%=8.15\%$$

[例 4-18]某地区 GDP 2001—2005 年平均发展速度为 107.2%，2006—2008 年平均发展速度为 108.7%，2009—2010 年平均发展速度为 110%，求该地区 2001—2010 年间的平均发展速度。

由于总速度是各年环比发展速度连乘形成的，该资料提供的各时段的平均发展速度所代表的时间长度又有所不同，所以，根据该资料求平均发展速度需用加权几何平均法。该地区 2001—2010 间的平均发展速度为：

$$\bar{x}_G=\sqrt[10]{1.072^5\times 1.087^3\times 1.1^2}=1.082(\text{或 }108.2\%)$$

以上内容是平均指标中的数值平均数。数值平均数在统计研究中应用十分广泛。理论上讲，变量数列中任何一项数据，都将在一定程度上影响到数值平均数大小，也就是说，数值平均数受到所有变量值的影响。因此，在运用数值平均数来分析总体现象时，除了必须遵循前面所述的总体现象的同质性原则以外，还应注意以下几点：

第一，用组平均数补充说明总平均数。总平均数不能全面说明总体的特征，因为总体单位之间还存在其他一些性质上的差别，有时被总平均数所掩盖。如前所述，加权算术平均数受两个因素的影响，一个是分配数列中各组的标志值水平，另一个是各组标志值出现的频数。即使各组标志值确定不变，频率发生改变时，平均数也会变化。因此，在进行统计分析时，必须在注意总平均数发生变化的同时，还要注意各组组平均数的变化情况，只有这样，才能全面地说明问题，揭示现象的本质。

例如，甲、乙两商店平均售货员的销售情况如表 4-10 所示。

表 4-10　甲、乙两商店销售情况对比表

商品类别	甲商店			乙商店		
	售货员（人）	月销售额（元）	平均每人销售额（元）	售货员（人）	月销售额（元）	平均每人销售额（元）
A 类	8	80 000	10 000	2	19 200	9 600
B 类	2	32 000	16 000	8	120 000	15 000
合计	10	112 000	11 200	10	139 200	13 920

从总水平看，平均每人销售额甲商店为 11 200 元，乙商店为 13 920 元，甲商店低于乙商店。可是通过组平均数对比正好相反，甲商店各组平均数都高于乙商店。是什么原因造成总平均数与组平均数不一致？从表 4-10 可以看出，甲商店在 A 类的售货员人数比重较大，而 A 类相对于 B 类人均销售额偏低，正是这种内部分配结构比例的变化，造成了平均每人销售额甲商店低于乙商店。所以，在具体分析某一社会现象一般水平变动时，必须把总平均数与分组法结合起来，用组平均数来补充说明，才能比较全面了解事物的真实情况。

第二，用分配数列补充说明平均数。我们知道，平均数的重要特征是把总体各单位的数量差异抽象化了，从而掩盖了各单位的数量差别及分布状况。因此，在应用平均指标说明现象的特征时，还要具体地分析总体单位的分布状况，用分配数列来补充说明平均数。现以表 4-11 资料说明。

表 4-11　某商业集团 50 个商店年度销售计划完成情况

按计划完成程度分组(%)	商店数	比重(%)
80～90	4	8
90～100	6	12
100～110	25	50
110～120	12	24
120 以上	3	6
合计	50	100

假定通过计算，这个商业集团的 50 个商店销售额的计划完成程度为 108%，超额完成 8%，计划完成情况总的较好，但结合分配数列看，在 50 个商店中仍有 10 个商店没有完成计划，占总数的 20%。

第三，把平均数和典型事例相结合。平均数反映总体某一标志值的一般水平，它体现了一定范围内现象的共性，但它却掩盖了现象的个性。我们知道，事物的发展都是不平衡的，在同一总体中，既有先进部分，也有落后部分，不能满足于一般状况。因此，在充分发挥平均数认识现象一般水平作用的同时，还需要结合典型事例，特别是要研究先进和落后的典型，以补充平均数的不足。

（四）众数

众数是一组数据中出现次数最多的标志值，用符号 M_o 表示。虽然在实际中，通常用数值平均数说明现象的一般水平，但在一些场合，用众数说明现象的一般水平也有很好的效果。例如，为了掌握集市上某日某种商品的价格水平，不必登记全部的成交量和成交额，只用该日市场上最普遍的成交价格即可。又如，在确定某种商品的生产量、进货量时，要考虑哪一种规格的商品消费量最大。显然，用众数来表现给定总体的一般水平或变量数列的集中趋势都具有非常直观的代表意义。

根据所掌握的资料不同，应采用不同的方法确定众数。具体方法如下：

1. 如果各标志值分布很均匀，无明显的变化，则数列无众数。

[例 4-19]有 20 名学生参加《经济应用数学》课程的考试，所得的分数均不相同，资料如下：61　62　63　64　65　66　67　68　69　70　71　72　73　74　75　76　77　78　79　80，则由这 20 名学生的考试分数所组成的这个数列就没有众数。

2. 如果是单项数列或未分组的数据，则看哪一个标志值出现的次数最多便可。此时，出现次数最多的那一个标志值就是众数。

[例 4-20]有 20 名学生参加英语口试，所得分数如下：60　60　65　67　70　74　74　74　74　74　74　74　76　79　79　80　80　85　87　88。则这 20 名学生的英语口试分数的分布中，74 分出现的次数是 7 次，为所有分数值中出现次数最多的，所以，74 分为众数。

[例 4-21]表 4-12 为一单项数列。确定数列的众数如下：

表 4-12　某企业某班组工人日产量统计表

日产量（公斤）x	工人数（人）f
35	4
42	11
48	5
54	14
59	6
合计	40

由以上变量数列可以看出，日产量 54 公斤的工人有 14 人，为最多次数，所以，日产量

54 公斤就是众数。

3. 由组距式数列确定众数。先根据次数的多少确定众数所在组，然后可按下述公式之一计算。

下限公式：$M_O=L+\frac{\Delta_1}{\Delta_1+\Delta_2}\times I$ （公式 4-22）

上限公式：$M_O=U-\frac{\Delta_2}{\Delta_1+\Delta_2}\times I$ （公式 4-23）

式中：M_0 表示众数；L 表示众数组的下限；U 表示众数组的上限；I 表示众数组组距；Δ_1 表示众数组次数与其前一组次数之差；Δ_2 表示众数组次数与其后一组次数之差。

[**例 4-22**]某商场营业员销售额资料如表 4-13 所示，试确定众数。

解：由表中资料可知，各组组距相等，出现次数最多的是年销售额 70 万～80 万元组。同时，$L=70$，$U=80$，$\Delta_1=105-48=57$，$\Delta_2=105-60=45$，$I=80-70=10$。

表 4-13　某商场营业员销售额

按年销售额分组(万元)	营业员人数(人)
50～60	24
60～70	48
70～80	105
80～90	60
90～100	37
100 以上	26
合计	300

则年销售额的众数为：

$$M_O=L+\frac{\Delta_1}{\Delta_1+\Delta_2}\times I=70+\frac{57}{57+45}\times 10=75.6\text{(万元)}$$

或：

$$M_O=U-\frac{\Delta_2}{\Delta_1+\Delta_2}\times I=80-\frac{45}{57+45}\times 10=75.6\text{(万元)}$$

（五）中位数

中位数是指将总体各单位标志值按照大小顺序排列后，处于中间位置的那个标志值，用 M_e 表示。中位数将变量数列分为相等的两部分，一部分的标志值小于中位数，另一部分的标志值大于中位数。用这样一个中等水平的标志值来表现数据的集中趋势，显然也具有非常直观的代表性。在许多情况下，不易计算数值平均数时，可用中位数代表总体的一般水平，尤其是在总体标志值差异很大的情况下，中位数更加具有较强的代表性。例如，人口年龄中位数，可表示人口年龄的一般水平；集贸市场上某种商品的价格中位数，可代表该种商品价格的一般水平；在收入水平差异较大的社会，用居民收入的中位数作为收入水平的代表值更为恰当，因为它排除了极端变量值的影响。

对于中位数的确定，根据具体资料不同，采用的方法也就不同，这里分以下三种情况：

1. 由未分组的数据确定中位数

根据未分组的数据确定中位数时，首先将总体各单位的标志值资料按大小顺序排列，然后按照$\frac{n+1}{2}$（n 表示资料的项数）来确定中位数的位次，最后根据中位数的位次找出对应的标志值即可。

[**例 4-23**]某企业各车间某月份的工人劳动生产率（万元/人）分别为：2.0　2.1　2.3　2.5　2.6　2.7　2.9。则：

$$中位数位次=\frac{n+1}{2}=\frac{7+1}{2}=4$$

即工人劳动生产率 2.5 万元为中位数。

上例数据的个数为奇数，如果为偶数，如某企业各车间某月份的工人劳动生产率（万元/人）分别为：2.0　2.3　2.5　2.6　2.7　2.9，则：

$$中位数位次=\frac{n+1}{2}=\frac{6+1}{2}=3.5$$

该位次在第 3 个位次和第 4 个位次中间，则中位数取第 3 个位次和第 4 个位次对应的标志值的算术平均数。即：

$$M_e=(2.5+2.6)/2=2.55(万元/人)$$

2. 由单项数列确定中位数

单项数列确定中位数的具体步骤：首先向上或向下累计次数，然后按$\frac{\sum f+1}{2}$确定中位数的位次，最后再根据中位数的位次，找出中位数所在的组，该组所对应的标志值即为中位数。

3. 由组距数列确定中位数

组距数列确定中位数的具体步骤：首先向上或向下累计次数，然后按$\frac{\sum f+1}{2}$确定中位数的位次，根据中位数的位次，找出中位数所在的组，最后应用公式计算中位数的近似值。其计算公式如下：

$$下限公式（向上累计用）：M_e = L+\frac{\frac{\sum f}{2}-S_{m-1}}{f_m}\times I \qquad （公式 4-24）$$

$$上限公式（向下累计用）：M_e = U-\frac{\frac{\sum f}{2}-S_{m+1}}{f_m}\times I \qquad （公式 4-25）$$

式中：L 表示中位数组的下限；U 表示中位数组的上限；I 表示中位数组的组距；f_m 表示中位数组的频数；S_{m-1} 表示中位数组前一组的累计次数；S_{m+1} 表示中位数组后一组的累

计次数。

[**例 4-24**]某商场营业员商品销售资料如表 4-14 所示。试计算销售额的中位数。

表 4-14 某商场营业员销售额资料

按年销售额分组(万元)	营业员人数(人)	向上累计次数(人)	向下累计次数(人)
50～60	24	24	300
60～70	48	72	276
70～80	105	177	228
80～90	60	237	123
90～100	37	274	63
100 以上	26	300	26
合计	300	—	—

解:根据资料先计算出累计次数(见表 4-14 中的第三栏和第四栏)。

再计算出中位数的位次为:

$$\frac{\sum f+1}{2}=\frac{300+1}{2}=150.5$$

经过观察可以看出,第 150.5 项无论从哪个方向累计都位于 70～80 这一组中,所以,70～80 这一组就是中位数组。运用前述公式可以计算中位数如下:

$$M_e=L+\frac{\frac{\sum f}{2}-S_{m-1}}{f_m}\times I=70+\frac{\frac{300}{2}-72}{105}\times 10=77.43(\text{万元})$$

$$M_e=U-\frac{\frac{\sum f}{2}-S_{m+1}}{f_m}\times I=80-\frac{\frac{300}{2}-123}{105}\times 10=77.43(\text{万元})$$

很显然,当累计次数是向上累计时,须用下限公式计算中位数;当累计次数是向下累计时,则要用上限公式计算中位数。按照一般习惯,用下限公式计算中位数较多见。

任务三　统计数据离中趋势描述

统计平均数是一组数据的一般水平或代表值、中心值,说明了一组数据的集中趋势。而集中趋势只是数据组数量特征的一个方面,另一方面还应表明该数据组的分布偏离一般水平或中心值的程度,说明平均数对所平均的数据的代表性大小。因此,在运用平均指标反映数据组集中趋势的同时,还要观察数据组的离中程度,这就需要设置一类反映离中程度大小的指标。

一、离中趋势指标的概念

离中趋势是指一组数据中各数据值以不同程度的距离偏离其中心(平均数)的趋势,又称标志变动度。它是综合反映现象总体各单位标志值差异程度的指标,亦即用来反映分配数列中各标志值的变动范围及离散程度的。在对统计数据进行综合分析时,将集中趋势指标和离中趋势指标互相配合、互相补充,可以对统计数据进行较全面的观察。

二、离中趋势指标的种类及计算

常用的离中趋势指标有极差、分位差、平均差、方差、标准差、离散系数等。

(一)极差和分位差

1.极差

极差是一组数据中的最大变量值与最小变量值的差距,与“项目三”中的“全距”意义相同,通常用“R”表示。用公式表示为:

$$R=x_{\max}-x_{\min} \qquad \text{(公式 4-26)}$$

根据所掌握的资料不同,极差有两种计算方法:

第一,由未分组或单项变量数列资料计算极差,只要用其中的最大变量值减去最小变量值即可求得。

第二,如果统计数据已经过整理,并形成组距变量数列,则极差的近似值为:

$$\text{极差}=\text{最大组的上限}-\text{最小组的下限} \qquad \text{(公式 4-27)}$$

极差是测定离中趋势的一种简便方法,它能说明数据组中各数据值的最大变动范围,但由于它是根据数据组的两个极端值进行计算的,没有考虑到中间变量值的变动情况,所以,不能充分反映数据组所有各项数据的离中趋势,只是一个较粗糙的测定数据离中趋势的指标。

在实际工作中,极差可用于粗略检查产品质量的稳定性和进行质量控制。因为在正常生产的条件下,产品质量比较稳定,误差总是在一定范围内波动。如有不正常情况时,误差将会超出一定范围。这样,利用极差有助于及时发现问题,以便采取措施,保证产品质量。

2.分位差

分位差是对极差的一种改进,它是从一组数据中剔除了一部分极端值之后重新计算的类似于极差的指标。常用的有四分位差、八分位差和十分位差等。这里只介绍四分位差。

四分位差是第三个四分位数减去第一个四分位数的差的一半,即:

$$\text{四分位差}=\frac{\text{第三个四分位数}-\text{第一个四分位数}}{2} \qquad \text{(公式 4-28)}$$

四分位差排除了数列两端各 25%单位标志值的影响,反映了数据组中间部分各变量值的最大数与最小数距离中位数的平均离差。

[**例 4-25**]已知有一组数分别为:7　6　8　9　8　4　8　6,求这组数的四分位差。

首先，将数字按从小到大顺序排列，即 4　6　6　7　8　8　8　9，然后，将数字分成四等份，第一个四分位数位于第二、三个数字之间，取其平均数为(6+6)/2=6，依次，第二个四分位数为(7+8)/2=7.5，第三个四分位数为(8+8)/2=8，则这组数据的四分位差为(8−6)/2=1。

这种为了消除极端变量值对测定结果影响的方法，在实际中也是常用的。例如，歌手大奖赛中，去掉评委一个最高分，去掉评委一个最低分，然后再计算其平均值，就是为了消除极端变量值对歌手得分的影响。

(二)平均差

平均差是是总体各单位标志值对算术平均数的离差绝对值的算术平均数，用符号“M. D”表示。

根据掌握资料形式不同，平均差有简单平均差和加权平均差两种计算方法。

1. 简单平均式

如果所掌握的资料未分组或分组后各组次数相等，应采用简单平均法计算平均差。公式表示为：

$$M.D=\frac{\sum|x-\bar{x}|}{n} \quad \text{(公式 4-29)}$$

[例 4-26]某车间有两个班组，各有 10 名工人，其日产量见表 4-15 所示，试计算工人日产量平均差。

表 4-15　工人日产量平均差计算表

甲组			乙组		
日产量	离差	离差绝对值	日产量	离差	离差绝对值
x	$x-\bar{x}$	$\|x-\bar{x}\|$	x	$x-\bar{x}$	$\|x-\bar{x}\|$
4	−12	12	7	−9	9
7	−9	9	12	−4	4
11	−5	5	14	−2	2
14	−2	2	14	−2	2
14	−2	2	15	−1	1
16	0	0	17	1	1
17	1	1	17	1	1
24	8	8	19	3	3
25	9	9	20	4	4
28	12	12	25	9	9
合计	—	60	合计	—	36

解：两组工人日产量的平均差为：

$$\bar{x}_{甲}=\frac{\sum x}{n}=\frac{160}{10}=16(件) \qquad \bar{x}_{乙}=\frac{\sum x}{n}=\frac{160}{10}=16(件)$$

$$M.D_{甲}=\frac{\sum|x-\bar{x}|}{n}=\frac{60}{10}=6(件) \qquad M.D_{乙}=\frac{\sum|x-\bar{x}|}{n}=\frac{36}{10}=3.6(件)$$

这就是说，在甲、乙两组工人平均日产量相等（都是16件）的情况下，甲组的平均差（6件）大于乙组（3.6件），因而其变量值的离散程度比乙组更大，乙组平均日产量更有代表性。

2.加权平均式

如果所掌握的资料已经分组，形成分配数列且各组次数不等，应采取加权平均公式计算平均差。公式表示为：

$$M.D=\frac{\sum|x-\bar{x}|f}{\sum f} \qquad (公式4\text{-}30)$$

[例4-27]某班级《统计学》课程期末考试成绩如表4-16所示，试计算成绩平均差。

表4-16　某班级《统计学》期末成绩平均差计算表

按成绩分组（分）	学生人数	组中值	总分数	离差绝对值	绝对值加权
	f	x	xf	$\|x-\bar{x}\|$	$\|x-\bar{x}\|f$
60以下	2	55	110	18	36
60—70	18	65	1 170	8	144
70—80	20	75	1 500	2	40
80—90	8	85	680	12	96
90—100	2	95	190	22	44
合　计	50	—	3 650	—	360

解：计算该班学生《统计学》课程成绩的平均差如下：

$$\bar{x}=\frac{\sum xf}{\sum f}=\frac{3\,650}{50}=73(分)$$

$$M.D=\frac{\sum|x-\bar{x}|f}{\sum f}=\frac{360}{50}=7.2(分)$$

由于平均差是根据数列中所有数值计算出来的，所以对整个统计数列的离中趋势有较充分的代表性。

（三）方差和标准差

1.方差和标准差的概念

方差是数据组中各数据值与其算术平均数离差平方的算术平均数，用符号σ^2表示。方差的平方根就是标准差，用符号σ表示。

2.标准差的计算

根据掌握资料形式不同，标准差有简单平均式和加权平均式两种计算方法。

(1)简单平均式

如果所掌握的资料未分组或分组后各组次数相等，应采用简单平均法计算标准差。公式表示为：

$$\sigma=\sqrt{\frac{\sum (x-\bar{x})^2}{n}} \qquad \text{(公式 4-31)}$$

[例 4-28]根据例 4-26 甲、乙两组工人日产量的资料，计算标准差。计算过程见表 4-17 所示。

表 4-17　标准差计算表

甲组			乙组		
日产量	离差	离差平方	日产量	离差	离差平方
x	$x-\bar{x}$	$(x-\bar{x})^2$	x	$x-\bar{x}$	$(x-\bar{x})^2$
4	−12	144	7	−9	81
7	−9	81	12	−4	16
11	−5	25	14	−2	4
14	−2	4	14	−2	4
14	−2	4	15	−1	1
16	0	0	17	1	1
17	1	1	17	1	1
24	8	64	19	3	9
25	9	81	20	4	16
28	12	144	25	9	81
合计	—	548	—	—	214

解：两组工人日产量的标准差为：

$$\sigma_{甲}=\sqrt{\frac{\sum (x-\bar{x})^2}{n}}=\sqrt{\frac{548}{10}}=7.4(\text{件})$$

$$\sigma_{乙}=\sqrt{\frac{\sum (x-\bar{x})^2}{n}}=\sqrt{\frac{214}{10}}=4.63(\text{件})$$

结果表明，在甲、乙两组工人平均日产量相等(都是 16 件)的情况下，甲组的标准差(7.40 件)大于乙组(4.63 件)，因而，其平均数的代表性比乙组小。

2.加权平均式

在资料经过分组，形成分配数列时，应采取加权平均式，其公式为：

$$\sigma=\sqrt{\frac{\sum (x-\bar{x})^2 f}{\sum f}} \qquad \text{(公式 4-32)}$$

[**例 4-29**]根据例 4-27 的资料计算标准差如表 4-18。

表 4-18　　标准差计算表

按成绩分组（分）	人数	组中值	总分数	离差	离差平方加权
	f	x	xf	$x-\bar{x}$	$(x-\bar{x})^2 f$
60 以下	2	55	110	−18	648
60—70	18	65	1 170	−8	1 152
70—80	20	75	1 500	2	80
80—90	8	85	680	12	1152
90—100	2	95	190	22	968
合计	50	—	3 650	—	4 000

解：

$$\bar{x}=\frac{\sum xf}{\sum f}=\frac{3\ 650}{50}=73(\text{分})$$

$$\sigma=\sqrt{\frac{\sum (x-\bar{x})^2 f}{\sum f}}=\sqrt{\frac{4\ 000}{50}}\approx 8.94(\text{分})$$

标准差的实质与平均差基本相同，只是在数学处理方法上与平均差不同。平均差是用取绝对值的方法消除离差的正负号，然后用算术平均的方法求出平均离差。而标准差是用平方的方法消除离差的正负号，然后对离差的平方计算算术平均数，并开方求出标准差。既克服了平均差计算中用绝对值取消离差正负号带来的弊病，又增加了指标本身的“灵敏度”，由于这些优点，使它成为各种离中趋势指标中最重要的一种。同时，它与抽样推断、相关分析、统计预测有机地联系在一起，成为广泛运用的离中趋势指标。

3. 是非标志的标准差

对于有些总体的全部单位，根据某一品质标志可分为具有某种特征的单位和不具有该种特征的单位。例如，将全部产品分为合格品与不合格品两组；将全部人口分为男性和女性两组等。这种用“是”与“否”、“有”与“无”来表示的标志，称为是非标志或交替标志。

由于这种品质标志只有两种标志表现，为了计算方便，可将其量化，分别用 1 和 0 表示。设 N 代表全部总体单位数，其中，具有某种特征的单位数用 N_1 表示，不具有该种特征的单位数用 N_0 表示，则 $N=N_1+N_0$。这两部分单位数占总体单位总数的比重，称为成数（即结构相对数），分别用 p 和 q 表示，即 $p=\frac{N_1}{N}$，$q=\frac{N_0}{N}$，两个成数之和为：$\frac{N_1}{N}+\frac{N_0}{N}=1$，即 $p+q=1$，所以 $q=1-p$。

作了上述假定之后，就可以计算出是非标志的标准差。具体见表 4-19 所示。

表 4-19　是非标志标准差计算表

是非标志	标志值 x	成数 $\frac{f}{\sum f}$	离差 $x-\bar{x}$	离差平方 $(x-\bar{x})^2$	离差平方加权 $(x-\bar{x})^2\frac{f}{\sum f}$
是	1	p	$1-p$	$(1-p)^2$	q^2p
否	0	q	$0-p$	$(0-p)^2$	p^2q
合计	—	1	—	—	q^2p+p^2q

解：

$$\bar{x}_p=\frac{\sum xf}{\sum f}=\sum x\frac{f}{\sum f}=1\times p+0\times q=p$$

$$\sigma_p=\sqrt{\frac{\sum(x-\bar{x})^2f}{\sum f}}$$

$$=\sqrt{\sum(x-\bar{x})^2\frac{f}{\sum f}}$$

$$=\sqrt{q^2p+p^2q}=\sqrt{pq(p+q)}=\sqrt{pq}=\sqrt{p(1-p)}$$

[**例 4-30**]某厂日产某种零件 3 000 件，其中，合格品 2 700 件，不合格品 300 件。试计算该种零件的合格率及其标准差。

解：

该种零件的合格率：$p=\frac{2\ 700}{3\ 000}=90\%$

该种零件的标准差：$\sigma_p=\sqrt{pq}=\sqrt{0.9\times(1-0.9)}=30\%$

(四)离散系数

极差、平均差、标准差都是对数据的离中趋势进行绝对或平均差异的测定。在通常情况下，它们都带有计量单位，而且其离中趋势大小与变量平均水平的高低有关。因此，要比较数据平均水平不同的两组数据的离中程度的大小，就有必要计算它们的相对离中程度指标，即离散系数。常用的离散系数指标是标准差系数。

标准差系数是将一组数据的标准差与其算术平均数对比的结果，以测定其相对离中程度，用符号“V_σ”表示，其公式为：

$$V_\sigma=\frac{\sigma}{\bar{x}}\times100\%\qquad\text{(公式 4-33)}$$

[**例 4-31**]有甲、乙两班同时参加《统计学原理》课程的测试，甲班平均成绩为 70 分，标准差为 9.0 分；乙班的成绩分组资料如表 4-20 所示。

表 4-20 乙班统计学原理课程的测试成绩

按成绩分组	学生人数(人)
60 以下	2
60～70	6
70～80	25
80～90	12
90～100	5

比较甲、乙两班哪个班的平均成绩更有代表性。

解:列标准差计算表,见表 4-21 所示。

表 4-21 标准差计算表

按成绩分组	组中值 x	学生人数 f	xf	$x-\bar{x}$	$(x-\bar{x})^2$	$(x-\bar{x})^2f$
60 以下	55	2	110	−22.4	501.76	1 003.52
60～70	65	6	390	−12.4	153.76	922.56
70～80	75	25	1 875	−2.4	5.76	144.00
80～90	85	12	1 020	7.6	57.76	693.12
90～100	95	5	475	17.6	309.76	1 548.80
合计	—	50	3 870	—	—	4 312.00

$$\bar{x}_{乙}=\frac{\sum xf}{\sum f}=\frac{3\,870}{50}=77.4(分)$$

$$\sigma_{乙}=\sqrt{\frac{\sum(x-\bar{x})^2f}{\sum f}}=\sqrt{\frac{4\,312}{50}}=\sqrt{86.24}\approx 9.29(分)$$

$$V_{\sigma甲}=\frac{\sigma_{甲}}{\bar{x}_{甲}}=\frac{9}{70}=0.1286 \text{ 或 } 12.86\% \quad V_{\sigma乙}=\frac{\sigma_{乙}}{\bar{x}_{乙}}=\frac{9.29}{77.4}=0.12 \text{ 或 } 12\%$$

从计算结果可以看出,$V_{\sigma甲}>V_{\sigma乙}$,所以,乙班的平均成绩更有代表性。

任务四 Excel 在统计数据描述中的应用

任务导入

地区生产总值反映了一个地区的经济发展水平,而生产总值中各产业的构成则反映了一个地区经济发展的格局。表 4-22 是 2010 年我国 31 个省市自治区第一产业、第二产业和第三产业的生产总值数据。

表 4-22 2010 年我国 31 个省市自治区三个产业的生产总值数据

单位:亿元

地　区	第一产业	第二产业	第三产业	地　区	第一产业	第二产业	第三产业
北　京	124.36	3 388.38	10 600.84	湖　北	2 147.00	7 767.24	6 053.37
天　津	145.58	4 840.23	4 238.65	湖　南	2 325.50	7 343.19	6 369.27
河　北	2 562.81	1 0707.68	7 123.77	广　东	2 286.98	2 3014.53	2 0711.55
山　西	554.48	5234.00	3 412.38	广　西	1 675.06	4 511.68	3 383.11
内蒙古	1 095.28	6 367.69	4 209.02	海　南	539.83	571.00	953.67
辽　宁	1 631.08	9 976.82	6 849.37	重　庆	685.38	4 359.12	2 881.08
吉　林	1 050.15	4 506.31	3 111.12	四　川	2 482.89	8 672.18	6 030.41
黑龙江	1 302.90	5 204.11	3 861.59	贵　州	625.03	1 800.06	2 177.07
上　海	114.15	7 218.32	9 833.51	云　南	1 108.38	3 223.49	2 892.31
江　苏	2 540.10	21 753.93	17 131.45	西　藏	68.72	163.92	274.82
浙　江	1 360.56	14 297.93	12 063.82	陕　西	988.45	5 446.10	3 688.93
安　徽	1 729.02	6 436.62	4 193.68	甘　肃	599.28	1 984.97	1 536.50
福　建	1 363.67	7 522.83	5 850.62	青　海	134.92	744.63	470.88
江　西	1 206.98	5 122.88	3 121.40	宁　夏	159.29	827.91	702.45
山　东	3 588.28	21 238.49	14 343.14	新　疆	1 078.63	2 592.15	1 766.69
河　南	3 258.09	13 226.38	6 607.89				

需要分析问题：

分析三大产业生产总值分布的特征。

任务处理

为分析三个产业生产总值的分布特征，需要用相关统计量进行描述。通常有两种方法：一是使用 Excel 中有关函数或输入计算公式分别去计算各个指标；二是利用 Excel 的“描述统计”分析工具将一系列指标一起计算出来，并用一个表格显示全部计算结果。

一、使用函数功能计算各个指标

具体步骤如下：

1. 打开“三大产业生产总值. xls”工作簿，选择“产值”工作表。

2. 根据 Excel 提供的公式，用函数计算相关统计量。

(1)算术平均数

A. 在单元格 F2 中输入“统计量”，F3 中输入“平均数”，在 F4 中输入“中位数”，在 F5 中输入“标准差”，F6 中输入“离散系数”，F7 中输入“极差”，F8 中输入“最小值”，F9 中输入“最大值”，F10 中输入“总和”，F11 输入“观测数”，G2 中输入“第一产业”，H2 中输入

“第二产业”，I2 中输入“第三产业”。

B. 选定单元格 G3，单击“插入”菜单，选择“函数”选项，Excel 会弹出“插入函数”对话框窗口。

C. 在“或选择类别”下拉列表中选择“统计”选项，然后在“选择函数”列表框中选择均值函数“AVERAGE”，单击“确定”，Excel 弹出“函数参数”对话框窗口，如图 4-1 所示。

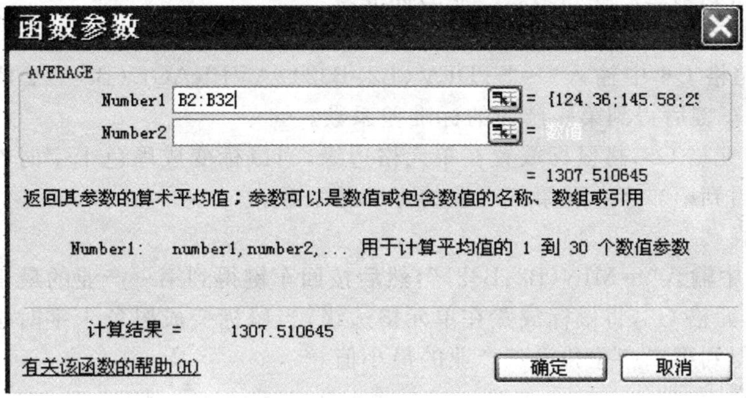

图 4-1

D. 在“Number1”区域中输入数据 B2:B32 后，对话窗口底部便显示出计算结果 1307.510645。如果对话窗口中没有计算结果，便说明计算有错误，需要再检查一下。

E. 单击“确定”按钮，第一产业的平均数计算完成。

F. 选中单元格 G3，将鼠标放置在单元格边缘，当鼠标变成黑色十字时按住鼠标左键拖动到 I3，便得到第二产业和第三产业的平均数，结果如图 4-2 所示。

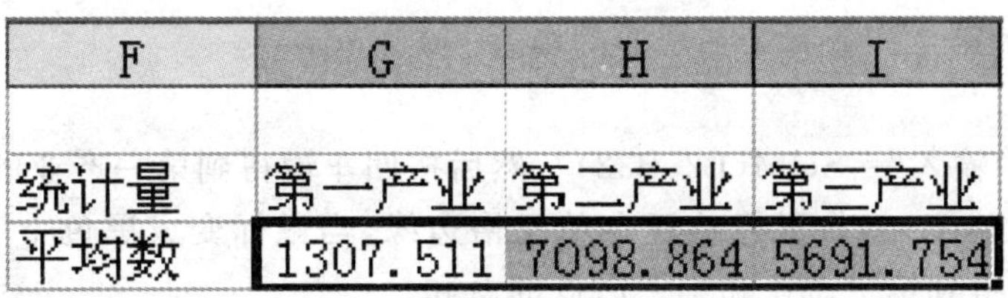

F	G	H	I
统计量	第一产业	第二产业	第三产业
平均数	1307.511	7098.864	5691.754

图 4-2

(2)中位数

A. 选定单元格 G4，单击““插入”菜单，选择“函数”选项，Excel 会弹出“插入函数”对话框窗口。在“或选择类别”下拉列表中选择“统计”选项，然后在“选择函数”列表框中选择中位数函数“MEDIAN”，单击“确定”，Excel 弹出“函数参数”对话窗口。

B. 在“Number1”区域中输入数据 B2:B32，单击“确定”按钮，第一产业的中位数计算完成。

C. 选中单元格 G4，将鼠标放置在单元格边缘，当鼠标变成黑色十字时按住鼠标左键拖动到 I4，便得到第二产业和第三产业的中位数。

(3)标准差

A. 选定单元格 G5，单击““插入”菜单，选择“函数”选项，Excel 会弹出“插入函数”对话框窗口。在“或选择类别”下拉列表中选择“统计”选项，然后在“选择函数”列表框中选择标准差函数“STDEV”，单击“确定”，Excel 弹出“函数参数”对话窗口。

B. 在“Number1”区域中输入数据 B2:B32，单击“确定”按钮，第一产业的标准差计算完成。

C. 选中单元格 G5，将鼠标放置在单元格边缘，当鼠标变成黑色十字时按住鼠标左键拖动到 I5，便得到第二产业和第三产业的标准差。

(4)标准差系数

A. 在单元格 G6 中输入“=STDEV(B2:B32)/AVERAGE(B2:B32)”，即输入“=G5/G3”，按回车键后得到第一产业的标准差系数。

B. 选中单元格 G6，将鼠标放置在单元格边缘，当鼠标变成黑色十字时按住鼠标左键拖动到 I6，便得到第二产业和第三产业的标准差系数。

(5)最小值

A. 在 G8 中输入“=MIN(B2:B32)”，然后按回车键得到第一产业的最小值。

B. 选中单元格 G8，将鼠标放置在单元格边缘，当鼠标变成黑色十字时按住鼠标左键拖动到 I8，便得到第二产业和第三产业的最小值。

(6)最大值

A. 在 G9 中输入“=MAX(B2:B32)”，然后按回车键得到第一产业的最大值。

B. 选中单元格 G9，将鼠标放置在单元格边缘，当鼠标变成黑色十字时按住鼠标左键拖动到 I9，便得到第二产业和第三产业的最大值。

(7)极差

A. 在单元格 G7 中输入“=MAX(B2:B32)−MIN(B2:B32)”，即输入“=G9−G8”，按回车键后得到第一产业的极差。

B. 选中单元格 G7，将鼠标放置在单元格边缘，当鼠标变成黑色十字时按住鼠标左键拖动到 I7，便得到第二产业和第三产业的极差。

(8)总和

A. 在 G10 中输入“=SUM(B2:B32)”，然后按回车键得到第一产业的总和。

B. 选中单元格 G10，将鼠标放置在单元格边缘，当鼠标变成黑色十字时按住鼠标左键拖动到 I10，便得到第二产业和第三产业的总和。

(9)观测数

A. 在 G11 中输入“=COUNT(B2:B32)”，然后按回车键得到第一产业的观测数。

B. 选中单元格 G11，将鼠标放置在单元格边缘，当鼠标变成黑色十字时按住鼠标左键拖动到 I11，便得到第二产业和第三产业的观测数。

结果如表 4-23 所示。

表 4-23　计算所得的三大产业各项指标

统计量	第一产业	第二产业	第三产业
平均数	1 307.511	7 098.864	5 691.754
中位数	1 108.38	5 234	4 193.68
标准差	963.2435	6 045.099	4 900.802
变异系数	0.7367	0.851559	0.861036
极差	3 519.56	22 850.61	20 436.73
最小值	68.72	163.92	274.82
最大值	3 588.28	23 014.53	20 711.55
总和	40 532.83	220 064.80	176 444.40
观测数	31	31	31

二、使用"描述统计"分析工具

具体操作步骤如下：

1. 在"三大产业生产总值.xls"工作簿，选择"产值"工作表。

2. 选择菜单栏中的"工具"—"数据分析"命令，在"数据分析"选项卡中选择"描述统计"后，单击"确定"按钮，弹出"描述统计"对话框，如图 4-3 所示。

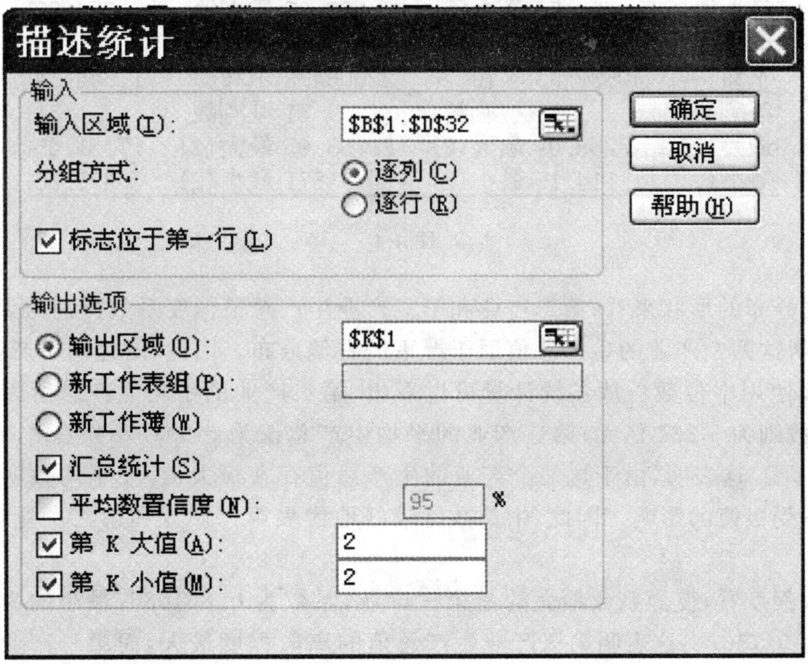

图 4-3

3. 在对话框中的“输入区域”数值框中输入待分析数据所在的单元格区域，本例中输入“B1:D32”(这里的单元格引用也可以使用绝对引用，如图 4-3 所示。

4. 在“分组方式”下选择“逐列”，即指定输入区域的数据是按列排列。因输入区域的第一行(或列)中包含标志项(变量名)，选中“标志位于第一行(L)”复选框。

5. 在“输出区域”选项中指定显示输出结果表的起点单元格地址 K1，选中“汇总统计”复选框，输出表则会输出包括样本的平均值、标准误差、中位数、众数、标准差、方差、峰度值、偏度值、极差、最小值、最大值和观测数等统计指标。选中“第 K 大值”，在编辑框中输入 2，选中“第 K 小值”，在编辑框中输入 2，则输出第 2 最大值和第 2 最小值。单击“确定”按钮，输出结果如图 4-4 所示。

K	L	M	N	O	P
第一产业		第二产业		第三产业	
平均	1307.511	平均	7098.864	平均	5691.754
标准误差	173.0036	标准误差	1085.732	标准误差	880.21
中位数	1108.38	中位数	5234	中位数	4193.68
众数	#N/A	众数	#N/A	众数	#N/A
标准差	963.2435	标准差	6045.099	标准差	4900.802
方差	927838	方差	36543217	方差	24017860
峰度	-0.30291	峰度	1.689067	峰度	2.313619
偏度	0.625162	偏度	1.450571	偏度	1.5599
区域	3519.56	区域	22850.61	区域	20436.73
最小值	68.72	最小值	163.92	最小值	274.82
最大值	3588.28	最大值	23014.53	最大值	20711.55
求和	40532.83	求和	220064.8	求和	176444.4
观测数	31	观测数	31	观测数	31
最大(2)	3258.09	最大(2)	21753.93	最大(2)	17131.45
最小(2)	114.15	最小(2)	571	最小(2)	470.88

图 4-4

从数据分布的形状来看，第二产业和第三产业生产总值偏度系数分别为 1.450571 和 1.5599，表明这两个产业的生产总值属于严重的右偏分布。因此，对这两个产业生产总值的描述应该使用中位数。从各统计量可以看出，第二产业的平均生产总值为 7 098.864 亿元，中位数则为 5 234 亿元；第三产业的平均生产总值为 5 691.754 亿元，中位数则为 4 193.68亿元。这表明，由于这两个产业的生产总值存在极大值，使平均数明显偏高，而中位数则不受极值的影响。因此，中位数能较好地代表第二产业和第三产业生产总值的水平。

从离散程度看，变异系数最大的是第三产业，系数为 0.861036；最小的为第一产业，变异系数为 0.7367。这表明第三产业生产总值的离散程度最大，而第一产业则最小，第二产业居中。

技能训练

一、填空题

1. 总量指标按反映总体内容的不同，分为__________和__________；按反映__________的不同，可分为时期指标和时点指标。

2. 总量指标的计量单位除实物单位外，还有__________单位和__________单位。

3. 研究目的是通过每一企业平均职工人数来观察企业规模时，职工人数为__________总量指标。

4. 相对指标的计量形式有两种：__________和__________。除了__________相对指标用__________表示外，其他都用__________表示。

5. 计算计划完成情况相对指标时，分母的计划数可以用绝对数、__________和__________表示。当计划数是以比上年提高或降低百分之几的形式下达时，不能直接用__________除以__________来计算，而应包括__________在内。

6. 检查长期计划执行情况时，如计划指标是按计划期末应达到水平下达的，应采用__________计算；如计划指标是按全期累计完成量下达的，则采用__________计算。

7. 结构相对指标可以是总体各组单位数与__________之比，也可以是__________与总体标志总量之比。

8. 同类指标数值在不同空间进行静态对比的结果，就是__________；而同一总体内不同部分数值静态对比的结果，则就是__________，它们既有联系也有区别。

9. 强度相对指标数值的大小，如果与现象的发展程度或密度成正比，称之为__________，反之称为__________。

10. 各种相对指标中，属于两个总体之间对比的相对指标有__________和__________。

11. 平均指标反映了总体分布的__________，它是总体分布的重要特征值。

12. 计算加权算术平均数时，必须使各组的变量值和__________的乘积等于各组的标志总量。

13. 变量的次数多少对平均数的大小有权衡轻重的作用，故又称次数为__________。

14. 由未分组资料确定中位数位置，可以采用公式__________。

15. 标志变异指标是衡量平均数__________程度的综合指标。

16. 标志变异指标与平均数是一对互相联系的指标，标志变异指标数值愈大，平均数的代表性愈__________。

17. 标准差系数计算公式为__________。

18. 已知平均数 $\bar{x}=120$ 元，标准差系数 $V_\sigma=30\%$，则标准差＝__________。

19. 标准差数值大小不仅取决标志值的离差程度，还取决于__________。

20. 某工厂生产某种产品 2 000 件，其中，一等品 1 600 件，其标准差为___________。

二、单项选择题

1. 某企业某种产品计划规定单位成本降低 5%，实际降低了 7%，则实际生产成本为计划的（　　）。

A. 97.9%　　B. 140%　　C. 102.2%　　D. 2%

2. 某月份甲工厂的工人出勤率属于（　　）。

A. 结构相对数　　B. 强度相对数　　C. 比例相对数　　D. 计划完成相对数

3. 按全国人口平均的粮食产量是（　　）。

A. 平均指标　　B. 强度相对指标　　C. 比较相对指标　　D. 结构相对指标

4. 平均指标是说明（　　）。

A. 各类社会经济现象在一定时间、地点条件下的一般水平

B. 大量社会经济现象在一定时间、地点条件下的一般水平

C. 同类社会经济现象在一定时间、地点条件下的一般水平

D. 统计指标在一定时间、地点条件下的一般水平

5. 平均指标将总体内各单位数量差异（　　）。

A. 具体化　　B. 抽象化　　C. 一般化　　D. 标准化

6. 平均数反映了总体分布的（　　）。

A. 集中趋势　　B. 离中趋势　　C. 分散趋势　　D. 变动趋势

7. 统计中最常用的平均指标的具体形式是（　　）。

A. 算术平均数　　B. 调和平均数　　C. 几何平均数　　D. 中位数

8. 算术平均数的基本公式是（　　）。

A. 总体部分数量与总体单位总量之比　　B. 总体部分总量与总体标志总量之比

C. 两个总体的总量指标之比　　D. 总体标志总量与总体单位总量之比

9. 加权算术平均数 $\bar{x}$ 的大小（　　）。

A. 受各组次数 f 的影响最大　　B. 受各组标志值的影响最大

C. 只受各组标志值 x 的影响　　D. 受各组标志值 x 和次数 f 的共同影响

10. 加权算术平均数计算中的权数是（　　）。

A. 各组标志值　　B. 各组单位数之和

C. 各组单位数在总体单位数中所占比重　　D. 各组标志值之和

11. 在变量数列中，若标志值较小的组其权数较大，则计算出来的平均数（　　）。

A. 接近于标志值小的一方　　B. 接近于标志值大的一方

C. 接近于平均水平的标志值　　D. 无法判定

12. 某厂两个车间，2011 年甲车间工人平均工资为 2 200 元，乙车间工人平均工资为 2 300 元，若 2012 年甲车间工人人数增加，而乙车间保持不变，则在两个车间工人平均工资都不变的条件下，总平均工资 2012 年比 2011 年（　　）。

A. 提高　　B. 降低　　C. 不变　　D. 无法判断

13. 众数是（　　）。

A. 分配数列中最大的次数　　B. 出现次数最多的标志值

C. 变量值最大组的次数　　D. 出现次数最小的标志值

14. 在五种平均数中，被称作位置平均数的是(　　)。

A. 算术平均数和调和平均数　　B. 算术平均数和中位数

C. 几何平均数和众数　　D. 中位数和众数

15. 若所有标志值的次数都扩大两倍，标志值都不变，则算术平均数(　　)。

A. 不变　　B. 扩大两倍　　C. 缩小两倍　　D. 无法判断

16. 离中趋势指标中，最容易受极端值影响的是(　　)。

A. 极差　　B. 平均差　　C. 标准差　　D. 标准差系数

17. 平均差与标准差的主要区别在于(　　)。

A. 指标意义不同　　B. 计算条件不同

C. 计算结果不同　　D. 数学处理方法不同

18. 标准差指标数值越小，则反映变量值(　　)。

A. 越分散，平均数代表性越低　　B. 越集中，平均数代表性越高

C. 越分散，平均数代表性越高　　D. 越集中，平均数代表性越低

19. 已知某班 40 名学生，其中男、女学生各占一半，则该班学生性别成数方差为(　　)。

A. 25%　　B. 30%　　C. 40%　　D. 50%

20. 方差是数据中各变量值与其算术平均数的(　　)。

A. 离差绝对值的平均数　　B. 离差平方的平均数

C. 离差平均数的平方　　D. 离差平均数的绝对值

三、多项选择题

1. 总量指标(　　)。

A. 是计算相对指标和平均指标的基础

B. 是反映国情和国力的重要指标

C. 是实行社会管理的重要依据

D. 可用来比较现象发展的结构和效益水平

E. 只能根据有限总体计算

2. 某银行 2012 年末的居民储蓄存款余额是(　　)。

A. 综合指标　　B. 单位总量指标　　C. 标志总量指标　　D. 时期指标

E. 时点指标

3. 下列指标中属于时期指标的是(　　)。

A. 产品产量　　B. 销售收入　　C. 职工人数　　D. 设备台数

E. 固定资产原值

4. 分子与分母不可互换计算的相对指标是(　　)。

A. 计划完成情况相对指标　　B. 动态相对指标

C. 结构相对指标　　D. 强度相对指标

E. 比较相对指标

5. 平均指标所平均的对象是(　　)。

A. 总体单位数量标志的具体表现　　B. 总体单位标志值

C. 总体单位变量值　　D. 总体单位

E. 总体

6. 简单算术平均数(　　)。

A. 在资料未分组时应用　　B. 在变量数列各组次数相等时应用

C. 在各组标志值相同时应用　　D. 是加权算术平均数的一种特例

7. 下列数列中,可以计算算术平均数的有(　　)。

A. 变量数列　　B. 等距数列　　C. 品质数列　　D. 时间数列

E. 不等距数列

8. 下列各项中,可以应用加权算术平均法计算平均指标的有(　　)。

A. 由各个工人的工资额计算平均工资

B. 由工人按工资分组的变量数列计算平均工资

C. 由工人总数和工资总额求平均工资

D. 由各个环比发展速度求平均发展速度

E. 由各产品等级及各级产品产量求平均等级

9. 几何平均数运用于(　　)。

A. 在各比率的连乘积等于总比率时,计算平均比率

B. 在各速度的连乘积等于总速度时,计算平均速度

C. 计算平均工资

D. 计算平均计划完成程度

E. 计算强度相对数的平均数

10. 加权算术平均数和加权调和平均数计算方法的选择,应根据已知资料的情况而定,(　　)。

A. 如果掌握基本形式的分母用加权算术平均数计算

B. 如果掌握基本形式的分子用加权算术平均数计算

C. 如果掌握基本形式的分母用加权调和平均数计算

D. 如果掌握基本形式的分子用加权调和平均数计算

E. 如无基本形式的分子、分母,则无法计算平均数

11. 标志变异指标可以反映(　　)。

A. 平均数代表性大小　　B. 总体单位标志值分布的集中趋势

C. 总体单位标志值的离中趋势　　D. 社会生产过程的均衡性

E. 产品质量的稳定性

12. 标志变异指标有(　　)。

A. 全距　　B. 平均差　　C. 平均差系数　　D. 标准差

E. 标准差系数

13. 用标准差系数比较两个总体的平均数代表性大小(　　)。

A. 两个平均数必须相等　　B. 两个平均数可不相等

C. 两个平均数反映的现象可以不同　　D. 两个平均数的计量单位必须相同

E. 两个平均数的计量单位可不相同

14. 下面描述中，不正确的有（　）。

A. 极差是总体中各单位标志值最大数与最小数之间差距，说明标志值的变动范围

B. 反映总各单位标志值的离散程度只能用相对数，不能用绝对数

C. 标志变动度与平均数的代表性成正比

D. 标志变异指标中的标准差，也称为方差

E. 平均差和标准差的经济内容相同，只是在数学处理上有所不同

15. 计算是非标志的方差可选用的公式，有（　）。

A. $p(1-p)$　　B. $q(1-p)$　　C. $p(1-q)$　　D. $q(1-q)$

E. pq

四、判断题

1. 绝对数随着总体范围的扩大而增加。（　）

2. 绝对数随着时间范围的扩大而增加。（　）

3. 总体单位总数和总体标志值总数是不能转化的。（　）

4. 结构相对数的数值不能大于1。（　）

5. 水平法和累计法的选择依据是计划指标的规定方式。（　）

6. 计划完成相对数的数值大于100%，就说明完成并超额完成了计划。（　）

7. 相对指标的可比性原则是指对比的两个指标在总体范围、时间范围、指标名称、计算方法等方面都要能够进行对比。（　）

8. 反映总体内部构成特征的指标只能是结构相对数。（　）

9. 不同时间的时点数可以相加。（　）

10. 经济现象发展速度越高，说明经济实力越强。（　）

11. 相对数都是用无名数表示的。（　）

12. 变量数列中任一组标志值为零，则无法计算调和平均数。（　）

13. 中位数是位置平均数，不受极端数值的影响。（　）

14. 权数的绝对值越大，对算术平均数的影响也就越大。（　）

15. 算术平均数反映总体各单位标志值的离中趋势。（　）

16. 当各标志值的连乘积等于总比率或总速度时，宜采用几何平均法计算平均数。（　）

17. 极差易受极端数值的影响。（　）

18. 是非标志的方差就是具有某一标志的成数和不具有某一标志的成数的乘积。（　）

19. 标准差系数可用于不同现象的平均指标代表性的比较。（　）

20. 若两数列平均水平不同，在比较两数列离散程度时，应采用标准差。（　）

五、简答题

1. 时期数和时点数的主要区别是什么？

2. 相对指标计算为什么要遵循可比性原则？

3. 为什么相对数要和绝对数结合运用？

4. 简述平均指标的作用。

5. 计算算术平均数的基本公式是什么？为什么说它是基本公式？
6. 算术平均数和强度相对数有什么区别？
7. 计算加权算术平均数时，如何正确选择权数？
8. 如何正确理解权数对平均数数值的影响？
9. 调和平均数与算术平均数有何区别和联系？
10. 计算和应用平均指标应注意哪几个问题？
11. 标志变异指标和平均指标在说明总体特征方面有何异同？
12. 什么是是非标志？怎样计算是非标志的平均数和标准差？

六、计算题

1. 某企业今年计划产值比去年增长5%，实际计划完成108%，问今年产值比去年增长多少？

2. 某地2011年和2012年进出口贸易总额资料如下：

年份	出口总额(亿美元)	进口总额(亿美元)
2011	800	700
2012	900	750

要求：
(1)分别计算2011年、2012年的进出口贸易差额；
(2)计算2012年进出口总额比例相对数及出口总额增长速度；
(3)分析该地进出口贸易状况。

3. 根据下列资料，计算强度相对数的正指标和逆指标，并根据正指标数值分析该地区医疗卫生设施的变动情况。

指　标	2007年	2012年
医院数量(个)	40	80
地区人口总数(万人)	84.4	126.5

4. 甲乙两企业生产三种产品的单位成本和总成本资料如下表，试比较哪个企业的平均成本高，并分析其原因。

产品	单位成本(元)	总成本	
		甲企业	乙企业
A	15	2 100	3 255
B	20	3 000	1 500
C	30	1 500	1 500

5. 某企业甲乙两车间生产同种产品产量和成本资料如下表

车间	2011 年		2012 年	
	单位成本(元)	产量(吨)	单位成本(元)	总成本(万元)
甲	600	1 200	620	93
乙	700	1 800	667	133.4

要求：

(1)分别计算 2011、2012 年甲乙两车间的平均单位成本；

(2)分析该种产品甲乙两车间平均单位成本变动情况。

6.因某种原因，银行为吸收存款而提高利息率，五年的年利率分别为 9%、10%、12%、14%、20%，试计算五年的平均年利率。若存入 2000 元，第五年末实际存款额为多少？

7.某厂长想研究星期一的产量是否低于其他几天，连续观察六个星期，所得星期一日产量(吨)为：

100 150 170 210 150 120

同期非星期一的产量资料如表。

日产量(吨)	天数(天)
100～150	8
150～200	10
200～250	4
250 以上	2
合计	24

要求：

(1)计算六个星期一产量的算术平均数和中位数；

(2)计算非星期一产量的算术平均数、中位数和众数；

(3)计算星期一和非星期一产量的标准差；

(4)比较星期一和非星期一产量的相对离散程度哪个大一些。

项目5

抽样设计与推断

学习目标：

1. 知识目标

了解抽样推断的意义、特点和作用，掌握抽样推断的几个基本概念；明确抽样调查的四种组织形式，理解抽样误差产生的原因；掌握抽样平均误差和抽样极限误差的计算及抽样估计的具体方法；掌握必要样本容量的计算。

2. 能力目标

能恰当地使用抽样调查的方法，正确运用抽样估计的方法进行总体指标的推断；能利用 Excel 进行总体平均数、总体成数的区间估计及必要样本单位数的计算。

【案例导读】

抽样调查是统计调查最主要的调查方式之一，是我国统计调查体系的主体。本案例节选自国家统计局广东调查总队于 2012 年 6 月公布的《2011 年广东群众幸福感测评调查报告》。本次调查采取随机实地抽样的方法，对广东省 21 个地级以上市和 35 个县(市、区)范围内的 6 900 个样本进行入户问卷调查。调查对象为年龄在 16～65 周岁且居住在本地一年以上的城乡居民，包括了不同年龄、婚姻状况、学历、职业、性别等各类人群。调查问卷包括一个“对个人幸福程度总体评价”的总指标和“个人发展、生活质量、精神生活、社会环境、社会公平、政府服务、生态环境”等七个分项一级指标包含的 36 个二级指标，下设 38 个具体方面“是否满意”等封闭式问题以及问卷最后设置的“您感觉最幸福的是哪些方面”和“您感觉最痛苦的是哪些方面”两个开放性问题。评分采用五等分量表，各选项对应分值分别为：“很幸福/很满意”计 100 分，“比较幸福/比较满意”计 80 分，“一般”计 60 分，“不太幸福/不太满意”计 40 分，“很不幸福/很不满意”计 0 分，“说不清楚/不了解”不纳入计算。

调查结果显示：2011 年广东群众对个人幸福感的总体评价为 80.4 分，总体达到“比较幸福”；七个分项指标满意度的综合评分为 76.7 分，略低于对个人幸福感的总体评价得分。

1. 调查显示，对于“您目前觉得自己幸福吗?”的问题回答，群众的总体幸福感达 80.4 分，其中 76.2％的被访者认为“很幸福”或“比较幸福”，认为“一般”的占 21.5％，认为“不太幸福”和“很不幸福”的仅占 2.3％，这表明群众对个人幸福感的总体评价较好。但分不同群体来看，各群体的幸福感差异则比较明显。

从年龄看，认为幸福的比例与年龄呈现 U 型结构的趋势，32～41 岁年龄群体认为幸福的比例相对较低(74.3%),而以这个群体为中心,认为幸福的比例随着年龄的减少或增加都呈现出递增的趋势,其中16～21岁年龄群体的比例较高(81.8%)。

从文化程度看,认为幸福的比例与文化程度呈现正向相关趋势,小学及以下学历群体的比例(70.4%)最低,而大专及以上学历群体的比例(81.2%)最高。

从职业看,在校学生、离退休群体、行政及事业单位工作人员认为幸福的比例(分别为84.3%、84.1%、83.1%)较高,无业或失业群体认为幸福的比例(63.7%)最低。

从性别看,女性认为幸福的比例为78.7%,比男性的73.9%高出4.8个百分点。

从婚姻状况看,已婚者认为幸福的比例为77.0%,比未婚者的73.2%高出3.8个百分点。

从城乡看,城镇居民认为幸福的比例(76.6%)略高于农村居民(75.2%)。

2.调查显示,群众对"个人发展、生活质量、精神生活、社会环境、社会公平、政府服务、生态环境"等七个方面满意度的综合评分为76.7分,得分较总体幸福感的评价偏低。其中,"个人发展"方面满意度为76.6分;"生活质量"方面满意度为76.2分;"精神生活"方面满意度为84.0分;"社会环境"方面满意度为72.2分;"社会公平"方面满意度为74.3分;"政府服务"方面满意度为76.5分;"生态环境"方面满意度为77.3分。

在七个分项中的36个细项中,群众对"自己家庭的和谐"(90.6分)、"生活的有尊严"(86.7分)、"人际社交状况"(82.9分)、"本地的绿化建设"(80.8分)和"当前的选举权利保障状况"(80.2分)等方面的满意度评价均达到"比较满意";而对"食品药品安全"(65.9分)、"社会分配"(67.2分)、"当前的收入状况"(68.7分)、"当前的诉求表达渠道"(72.2分)、"消费环境"(72.3分)、"医疗服务水平"(72.5分)、"社会诚信度"(72.6分)等方面的满意度评价较低。

由此可见,当前,群众对"精神生活"方面的满意度相对较高;对"社会环境"、"社会公平"等方面的满意度则相对偏低。

(资料来源:国家统计局广东调查总队。)

采取随机实地抽样,对群众幸福感进行测评并得到相应的结论是否科学合理?被调查人员是怎么确定的?以上数据是怎么取得的?这些数据能否真正体现群众的幸福感?本项目将针对抽样推断及抽样设计等问题予以介绍。

任务一 抽样推断的基本问题

一、抽样推断与抽样设计的概念

(一)抽样推断

抽样推断是在抽样调查的基础上,利用样本的实际资料计算样本指标(统计量),并据以推算总体相应特征值(总体参数)的一种统计分析方法。抽样推断具有如下特点:

第一,抽样推断是建立在随机取样的基础上。按随机原则抽取样本单位,是抽样推断的前提。所谓随机原则就是在抽选调查单位的过程中，完全排除人为的主观因素的干扰，以保证使现象总体中的每一个个体都有一定的可能性被选中。换句话讲，哪些单元能够被选作调查单位纯属偶然因素的影响所致。只有坚持抽样的随机原则，才能使被抽中单位的频率分布类型与调查对象相同，从而增强被抽中单位对总体的代表性，达到推断总体的目的。

第二，抽样推断是由部分推算整体的一种认识方法。即对抽取的调查单位进行调查研究，取得调查单位的实际资料，计算出调查单位的指标数值，并据以推断和估计总体的指标数值。

第三，抽样推断以概率论中的大数法则和中心极限定理为理论依据。

第四，抽样误差可以事先计算和控制。

抽样调查除具有十分明显的特点之外，还在实际应用过程中发挥着突出的作用。

第一，抽样调查能够解决全面调查所无法解决的现象的调查问题。在实际工作中，对某些现象常常可能一方面需要了解其全面情况，另一方面又由于现象自身的特性决定了无法通过全面调查获取资料。此时，只有使用抽样调查。该类现象主要有：(1)产品质量的破坏性检验。如轮胎的里程寿命试验、青砖的抗折耐压试验、炮弹的杀伤力试验、弹簧的抗拉强度试验等等。(2)无限总体的调查。无限总体所包含的总体单位数目无限多个，无法一一调查。(3)包括未来时序的总体，如生产过程稳定性的检查等。

第二，抽样调查适用于对理论上可以做全面调查，而实际上又难以组织全面调查的现象进行调查。有些现象虽属于有限总体，但由于其总体范围过大，单位数目过多且过于分散，事实上不可能做全面调查，如森林的木材蓄积量调查、大量连续作业的某些产品质量的非破坏性检验、水稻的颗粒重检验等等。还有些现象由于受时间或其他条件的制约，不能组织全面调查，如战备物资调查、自然灾害造成损失情况的调查等等。

第三，抽样调查对于时效性要求较高，同时又可以不做全面调查的现象的调查有着特殊的作用。由于抽样调查具有费用低、速度快、精度高的特点，这使得它比其他非全面调查能更有效地满足各有关方面的需要。

第四，抽样调查的结果可被用来检验和修正全面调查结果。由于全面调查涉及面广、工作量大、参加人员多、汇总传递环节多、调查结果容易出现差错。但是，其差错到底有多大，全面调查自身无法回答这一问题。因此，可在全面调查之后再进行一次抽样调查，根据抽样调查结果对全面调查结果进行检查和修正，从而提高全面调查的质量。

第五，抽样调查可对工业生产过程的稳定性进行监测，从而实现质量控制。

第六，利用抽样调查方法还可以对总体的某些假设进行检验，以判断这些假设的真伪，为管理决策提供依据。例如，一种新药在对某位患者使用后效果不错，这是否意味着这种新药的疗效就一定显著呢？单凭此还不能做出结论。因为疗效对于每个人常会受到一些随机因素的影响而呈现出一定的不确定性。因此，最好利用抽样调查结果，对这种药物的疗效是否存在显著性的统计差异进行检验，以确定其疗效状况，并据此做出是否推广使用该药的决策。

(二)抽样设计

抽样设计是为抽样调查的实施提供一个指导性文件，以实现抽样调查的目的和任务。

抽样设计的目的：首先，要合理安排整个抽样调查各个环节上的费用，使调查费用控制在预算范围内，保证抽样调查的顺利实施；其次，抽样设计中要通过对抽样方法的选择、样本容量的科学计算等，把抽样误差控制在要求的范围内，达到抽样的精度要求；最后，抽样设计要为抽样调查提供一个具体的日程表，指导调查工作按预定的时间要求进行，保证在规定的调查期限内全面完成调查的各项工作。

一次抽样设计通常主要包括：抽样方法设计、抽样单位设计、抽样框设计、估计方法设计、辅助变量设计、样本轮换设计、样本容量设计、问卷设计等基本内容。本项目主要研究抽样方法的设计问题。

二、全及总体与样本总体

(一)全及总体

全及总体是指在统计抽样中所要了解的研究对象整体，它是由研究范围内的具有某种共同性质的全体单位所组成的集合体，是被抽取样本的母体。当确定了研究目标时，它具有唯一性。一般全及总体的单位总数用 N 表示，称作总体容量。

(二)样本总体

样本总体是指在总体中按照随机原则抽取的那部分单位组成的集合体。一般样本总体的单位总数用 n 表示，称作样本容量。样本总体则不具唯一性，它的可能个数与 N、n 及抽样方法有关。通常 $n<30$ 称为小样本，$n\geqslant 30$ 称为大样本。在抽样调查中是取大样本还是小样本会直接影响到抽样分布的特征。

三、参数与统计量

(一)参数

参数是指根据总体各单位的标志值和标志属性计算的，反映总体数量特征的综合指标，又称为全及指标或总体指标。由于总体是唯一的、确定的，因此，根据总体计算的参数也必定是唯一的、确定的。常用的总体参数有总体平均数 μ 和总体方差 σ^2（或总体标准差 σ）等。

设总体变量 X 的取值为：$X_1,X_2,X_3,\cdots,X_n$，则有：

$$\mu=\frac{\sum X}{N}\text{ 或 }=\frac{\sum XF}{\sum F}\qquad\text{（公式 5-1）}$$

$$\sigma^2=\frac{\sum(X-\overline{X})^2}{n}\text{ 或 }=\frac{\sum(X-\overline{X})^2F}{\sum F}\qquad\text{（公式 5-2）}$$

此外，总体参数还有总体成数 P。它表示总体中具有某种性质的单位数在总体全部单位数中所占的比重。以 Q 表示总体中不具有某种性质的单位数在总体中所占的比重。

设总体 N 个单位中，有 N_1 个单位具有某种性质，N_0 个单位不具有某种性质，$N_1+N_0=N$，则有：

$$P=\frac{N_1}{N},Q=\frac{N_0}{N}=\frac{N-N_1}{N}=1-P\qquad\text{（公式 5-3）}$$

由于这是一个是非标志，所以按“项目四”中所述，其平均数和方差分别为：

$$\bar{x}_p = P = \frac{N_1}{N} \quad \text{（公式 5-4）}$$

$$\sigma_P^2 = PQ = P(1-P) \quad \text{（公式 5-5）}$$

（二）统计量

统计量是根据样本各单位标志值或标志属性计算的综合指标，又称为样本指标或抽样指标。由于从一个总体中可以抽取许多个不同的样本，不同样本的分布结构也会不同，所以，从总体中每抽取一个样本将计算出一个统计量。也就是说，统计量是不唯一的，也是不确定的。与常用的总体参数相对应，有样本平均数、样本方差和样本成数等。以小写字母表示。

设样本变量 x 的取值为：$x_1, x_2, x_3, \cdots, x_n$，则有：

$$\bar{x} = \frac{\sum x}{n} \text{ 或 } = \frac{\sum xf}{\sum f} \quad \text{（公式 5-6）}$$

$$s^2 = \frac{\sum (x-\bar{x})^2}{n} \text{ 或 } = \frac{\sum (x-\bar{x})^2 f}{\sum f} \quad \text{（公式 5-7）}$$

$$\bar{x}_p = p = \frac{n_1}{n} \quad \text{（公式 5-8）}$$

$$s_p^2 = p(1-p) \quad \text{（公式 5-9）}$$

参数估计就是利用实际调查计算的样本统计量的值来估计相应的总体指标的数值。由于总体指标是表明总体数量特征的参数，所以叫参数估计。参数估计方法有点估计和区间估计两种。参数估计在“任务二”中将予以详细介绍。

四、样本容量与样本个数

（一）样本容量

样本容量是指一个样本所包含的单位数目。其数目的多少要结合调查任务的要求及总体标志值的差异程度来确定。样本容量的大小要适度，过大的样本容量会带来不必要的浪费，而较小的样本容量则会无法满足调查任务的要求。一个样本应该包含多少单位最合适，是抽样设计必须认真考虑的问题。在社会经济统计抽样调查中大多属于大样本调查。

（二）样本个数

样本个数是指样本组合的个数。从一个总体中抽取样本时会有不同的组合，每一个组合被称为一个样本。一个总体可能抽取多少个样本与样本容量以及抽样方法等因素有关。

五、重复抽样与不重复抽样

实际中，抽样的基本方法有重复抽样和不重复抽样两种。

（一）重复抽样

重复抽样也称放回抽样，它是从总体中抽取样本时，随机抽取一个样本单位，记录该单位有关标志表现以后，把它放回到原总体中去，然后，再从总体中随机抽取第二个样本单位，记录它的有关标志表现以后，也把它放回原总体中去参加下一次抽取，照此下去直到抽满 n 个样本单位为止。

从总体 N 个单位中，用重复抽样的方法，随机抽取 n 个单位构成一个样本，则共可抽取 N^n 种样本。

（二）不重复抽样

不重复抽样也称不放回抽样，它是从总体中抽取第一个样本单位，记录该单位有关标志表现后，这个样本单位不再放回原总体中参加下一次抽选，然后，从总体 $N-1$ 个单位中随机抽取第二个样本单位，记录了该单位有关标志表现后，该样本单位也不放回原总体中去，再从总体 $N-2$ 个单位中抽取第三个样本单位，照此下去直到抽满 n 个样本单位为止。

从总体 N 个单位中，用不重复抽样的方法，抽取 n 个单位的样本，可能出现的样本种数为 C_N^n。

可见，在其他条件相同的情况下，重复抽样的样本种数总是大于不重复抽样的样本种数。

六、抽样误差与抽样平均误差

（一）抽样误差

样本指标具有随机性，它的取值随着样本的变化而变化。例如，想要了解某校新生的身高情况，可以从入学新生这个总体中抽取一系列样本进行观察，如果计算出所抽取的各样本的平均身高，就会发现各个样本的平均数并不完全相等，彼此间存在着一定的差异。因此，当我们用样本指标来代表总体指标时就会产生一定的误差，这种误差是抽样推断方法本身所固有的，所以叫抽样误差，属于代表性误差。

抽样误差主要包括样本平均数与总体平均数的差数（$\bar{x}-\mu$），样本成数与总体成数的差数（$p-P$）。抽样误差愈小，表示样本的代表性愈高；反之，代表性就愈低。

抽样误差的大小取决于以下几个因素：

1. 样本容量 n 的多少。在其他条件不变的情况下，样本容量愈大，抽样误差就愈小；反之，抽样误差就愈大。可以想象，当把样本容量 n 扩大到等于总体容量 N 时，抽样调查也就等于全面调查，抽样误差也就随之消失。

2. 总体被研究标志的变异程度。在其他条件不变的情况下，标志变异程度愈大，抽样误差也愈大；反之，抽样误差就愈小。如果标志之间没有差异，每一个单位的标志表现都一样，则抽出任何一个单位都可代表总体，这时也就不存在抽样误差了。

3. 抽样方法的选择。在抽样调查时，采用什么样的方法和组织形式直接影响到抽样误差的大小。在相同的情况下，不重复抽样比重复抽样的误差小，这是因为重复抽样有可能使同一单位被多次抽中，因而产生的样本对总体的代表性就较差。当然，这两种方法产生的差别也仅在总体不很大时才有体现，当总体很大时，这两种抽样的误差也趋于相等。

（二）抽样平均误差

抽样平均误差就是抽样平均数或抽样成数的标准差。在抽样推断中，一个总体可以抽取很多个样本，每个样本都可以算出它的抽样平均数或抽样成数，样本的结构不同，这些数值也就各有不同，因而它们和总体平均数或总体成数之间就会有各种不同的误差。抽样平均误差就是说明各个抽样平均数或抽样成数与总体平均数或总体成数之间的平均误差。它是我们用样本指标来估计或推断总体指标时，计算误差范围的基础。

设以 $\mu_{\bar{x}}$ 和 μ_p 分别代表抽样平均数或抽样成数的平均差，M 表示样本的可能数目，则抽样平均误差的理论公式为：

$$\mu_{\bar{x}} = \sqrt{\frac{\sum_{i=1}^{M}(\bar{x}-\mu)^2}{M}} \qquad \text{（公式 5-10）}$$

$$\mu_p = \sqrt{\frac{\sum_{i=1}^{M}(p-P)^2}{M}} \qquad \text{（公式 5-11）}$$

样本的可能数目 M 是指在固定样本容量的前提下，从总体中抽取不同样本总体的可能数目，这个数目与抽样方法有关。如果从 5 个职工中抽取 2 个组成一个样本，在重复抽样条件下，一共可以组成 5×5＝25 个样本；在不重复抽样条件下，一共可以组成 5×4＝20 个样本，显然这两种方法所得到的样本总数是不同的。

抽样平均误差公式 5-10 和公式 5-11 只能用来解释平均误差的概念，在实际问题中要根据该公式来计算抽样平均误差是不可能的。首先，总体的平均数或成数通常是未知的；其次，也很难给出全部样本的平均数或成数。

七、参数估计的基本步骤

抽样调查有多种组织形式，不论采用何种组织形式，抽样推断的基本原理都是相似的。抽样推断的基本步骤是：

1. 按照一定的抽样方式抽取适当的样本进行调查，针对该种抽样方式选择总体参数的最优样本估计量，计算估计值，以此作为总体参数的点估计。

2. 根据该种抽样形式的抽样平均误差公式计算出抽样平均误差 $\mu_{\bar{x}}$ 或 μ_p，这里，我们往往要先计算样本标准差以替代未知的总体标准差。

3. 根据所要求的置信水平，查正态分布表、t 分布表获得对应的概率度，然后，再计算出抽样极限误差，最后，对总体参数作出区间推断。

任务二　参数估计

参数估计就是利用实际调查计算的样本统计量的值来估计相应的总体指标的数值。参数估计方法有点估计和区间估计两种。

一、参数的点估计

(一)点估计方法

参数点估计的基本特点是,根据总体指标的结构形式设计样本指标(称统计量)作为总体参数的估计量,并以样本指标的实际值直接作为相应总体参数的估计值。

[例 5-1]在某村所有种植小麦的专业户中抽取 50 户,对他们种植的小麦进行实割实测,得到的平均亩产为 350 公斤。如果用这一结果作为全村所有专业户的小麦亩产的估计值,这就是点估计。

设 $\hat{\mu}$ 表示总体平均数 μ 的估计量,$\hat{P}$ 表示总体成数 P 的估计量,$\hat{\sigma}^2$ 表示总体方差 σ^2 的估计量,则点估计的基本公式为:

$$\bar{x}=\hat{\mu} \qquad p=\hat{P} \qquad \hat{\sigma}^2=S^2 \qquad \text{(公式 5-12)}$$

(二)点估计优良的标准

对总体参数作点估计的时候,总是希望估计是合理的或优良的。那么,什么是优良估计量呢?

优良估计量应满足三个方面的条件:

1. 无偏性

设 $\hat{\theta}$ 为未知参数 θ 的估计量,若估计量 $\hat{\theta}$ 的期望等于未知参数的真值,即:

$$E(\hat{\theta})=\theta$$

则称 $\hat{\theta}$ 为 θ 的无偏估计量。

无偏性就是要求所有可能样本指标的平均数(样本指标的数学期望)与被估计的总体参数之间没有偏差。虽然每一次的样本指标值和总体指标值之间都可能有误差,但在多次反复的估计中,各个抽样指标值的平均数应该等于所估计的总体指标值本身。这说明,无偏估计要求估计量没有系统偏差。

不难证明,样本平均数的平均数等于总体平均数,样本成数的平均数等于总体成数,按自由度 $n-1$ 来计算的样本修正方差 $S_{n-1}^2=\dfrac{\sum_{i=1}^{n}(X_i-X)^2}{n-1}$ 即等于总体方差,即:

$$E(\bar{x})=\mu$$
$$E(p)=P$$
$$E(S_{n-1}^2)=\sigma^2 \qquad \text{(公式 5-13)}$$

这说明以样本平均数和样本成数,按自由度 $n-1$ 来计算的样本方差分别为总体平均数和总体成数、总体方差的无偏估计量。

2. 有效性

无偏性只考虑估计值的平均结果是否等于待估计的参数真值,而不考虑每个估计值与待估参数真值之间偏差的大小。我们在解决实际问题时,不仅希望这些估计值是无偏的,更希望这些估计值的偏差尽可能小。

设 $\hat{\theta}_1$、$\hat{\theta}_2$ 为 θ 的两个无偏估计量，$\hat{\theta}_1$ 的方差小于 $\hat{\theta}_2$ 的方差，即

$$V(\hat{\theta}_1)<V(\hat{\theta}_2)$$

则称 $\hat{\theta}_1$ 是较 $\hat{\theta}_2$ 有效的估计量。

有效性说明，优良估计量的方差应该比其他估计量的方差小。例如，用样本平均数或总体某一变量值来估计总体平均数，虽然两者都是无偏的，而且在每一次估计中，两种估计量和总体平均数都可能有离差，但样本平均数更靠近于总体平均数的周围，平均说来其离差比较小。所以对比说来，抽样平均数是更为有效的估计量。

3. 一致性

一致性是指随着样本量的不断增大，作为总体参数点估计的样本统计量与总体参数真值 θ 的任意接近的概率就越来越大，并且当样本量趋向于无穷大时，其概率就趋向于1。即对于任意给定的 $\varepsilon>0$，有：

$$\lim P\{|\hat{\theta}-\theta|<\varepsilon\}-1$$

对于这种极限，我们称估计量 $\hat{\theta}$ 依概率收敛于 θ。

我们知道，样本平均数和样本成数的抽样平均误差和样本单位数的平方根成反比例变化，样本单位数愈多则抽样平均误差便愈小，当样本单位数接近于总体单位数时，抽样平均误差也就接近于零。也就是说，抽样平均数和抽样成数作为总体平均数和总体成数的估计量是符合一致性原则的。

二、参数的区间估计

（一）参数估计的精度与抽样平均误差计算

参数估计的精度通常用抽样误差的大小来衡量。抽样误差越大，参数估计的精度就越低；抽样误差越小，参数估计的精度就越高。参数估计的精度必须通过计算抽样误差才能反映。由于在抽样过程中总体参数总是一个未知的常数，所以，样本估计值与总体参数的真实值之间究竟有多大的差距，实际上是无法得知的；同时，由于样本估计值是一个随机变量，它随着每次抽出的样本不同而不同，某一次抽样结果的误差，仅仅是反映抽样中一系列抽样结果可能出现的误差数值中的一个，直观上看，显然不能用它来概括一系列抽样结果可能所产生的所有实际误差。所以，在抽样调查理论中，我们采用抽样平均误差，即所有抽样估计值的标准差作为参数估计的抽样误差大小的尺度。

1. 抽样平均数的抽样平均误差

由于抽样平均数 $\bar{x}$ 是个随机变量，由抽样平均误差的定义可知，抽样平均数的平均误差就是 $\bar{x}$ 的标准差。设以 $\mu_{\bar{x}}$ 表示抽样平均数的平均误差，n 表示样本的可能数目。如采取重复抽样，用数理统计知识可以证明，抽样平均数的抽样平均误差公式为：

$$\mu_{\bar{x}}=\sqrt{\frac{\sigma^2}{n}}=\frac{\sigma}{\sqrt{n}} \qquad \text{（公式 5-14）}$$

式中，σ 为总体的标准差；n 为样本单位数。当总体标准差 σ 未知时，一般可用样本标准差 s 来代替。

从公式 5-14 可以看出，在重复抽样的情况下，抽样平均数的抽样平均误差仅为总体标准差的$\frac{1}{\sqrt{n}}$，即样本平均数的标准差比总体的标准差大大缩小。例如，当样本的单位数为 100 时，则抽样平均数的标准差仅为总体标准差的 1/10。

如采用不重复抽样，用数理统计知识可以证明，抽样平均数的抽样平均误差公式为：

$$\mu_{\bar{x}}=\sqrt{\frac{\sigma^2}{n}\left(\frac{N-n}{N-1}\right)} \qquad \text{（公式 5-15）}$$

式中，N 为总体单位数。

当 N 很大时，上面的公式可以近似的表示为：

$$\mu_{\bar{x}}=\sqrt{\frac{\sigma^2}{n}\left(1-\frac{n}{N}\right)} \qquad \text{（公式 5-16）}$$

同理，当总体标准差未知时，我们也可以用样本标准差来代替总体的标准差。

上面不重复抽样平均误差的近似公式与重复抽样平均误差公式的区别是公式中多了一个$(1-\frac{n}{N})$。这是一个修正系数，也称为校正因子。由于修正系数$(1-\frac{n}{N})$是一个大于 0 而小于 1 的系数，因此，在同样情况下，不重复抽样的抽样平均误差也总是小于重复抽样的抽样平均误差。如果总体的单位数很大而样本的单位数相对很小时，则$(1-\frac{n}{N})$接近于 1，这时修正系数也就作用不大了。因此，实际工作中，按不重复抽样方法进行抽样时，也往往用重复抽样的公式来计算抽样平均误差。

[例 5-2]从某校 8 000 名学生中随机抽取 400 人，称得其平均体重为 58 公斤，标准差为 10 公斤，计算抽样平均误差。

解：

在重复抽样条件下为：$\mu_{\bar{x}}=\sqrt{\frac{\sigma^2}{n}}=\sqrt{\frac{s^2}{n}}=\sqrt{\frac{10^2}{400}}=0.5$（公斤）

在不重复抽样条件下为：$\mu_{\bar{x}}=\sqrt{\frac{\sigma^2}{n}(1-\frac{n}{N})}=\sqrt{\frac{10^2}{400}(1-\frac{400}{8\ 000})}=0.49$（公斤）

2. 抽样成数的抽样平均误差

抽样成数的抽样平均误差表明各样本成数的绝对离差的平均水平。对于属性总体我们可以把它化为变量总体。例如，在 N 个产品中，有 N_1 件合格品，$N-N_1$ 件不合格品，对合格品将其标志值记为 1，不合格品标志值记为 0，这时总体平均数为：

$$\bar{x}_p=\frac{1\times N_1+0\times(N-N_1)}{N}=\frac{N_1}{N}=P$$

可见，总体的成数表现为总体是(0、1)标志的平均数，同理，样本的成数也就转化为样本的平均数。因而，抽样成数的抽样平均误差也就成了抽样平均数的抽样平均误差，只是这时总体的标准差是 $\sigma=\sqrt{P(1-P)}$，因此，当我们用 $P(1-P)$ 来代替抽样平均数的抽样平均误差公式中 σ^2 时，即可得相应的抽样成数的抽样平均误差计算公式。在重复抽样条件下：

$$\mu_p=\sqrt{\frac{P(1-P)}{n}} \qquad (公式 5\text{-}17)$$

式中，P 表示总体成数。在不重复抽样的条件下：

$$\mu_p=\sqrt{\frac{P(1-P)}{n}\left(\frac{N-n}{N-1}\right)} \qquad (公式 5\text{-}18)$$

当总体单位数 N 很大时，μ_p 可近似表示为：

$$\mu_p=\sqrt{\frac{P(1-P)}{n}\left(1-\frac{n}{N}\right)} \qquad (公式 5\text{-}19)$$

一般总体的成数是未知的，通常是用样本的成数 p 来代替公式中的总体成数 P。

[**例 5-3**]有一批食品罐头共 60 000 瓶，从中随机抽取 300 瓶，发现有 6 瓶不合格，求合格率的抽样平均误差。

解：$N=60\ 000$，$n=300$，合格率 $p=\frac{300-6}{300}=0.98=98\%$

在重复抽样条件下为：

$$\mu_p=\sqrt{\frac{p(1-p)}{n}}=\sqrt{\frac{0.98\times(1-0.98)}{300}}=0.00808\approx0.81\%$$

在不重复抽样条件下：

$$\mu_p=\sqrt{\frac{p(1-p)}{n}\left(1-\frac{n}{N}\right)}=\sqrt{\frac{0.98\times(1-0.98)}{300}\left(1-\frac{300}{60\ 000}\right)}=0.00806\approx0.81\%$$

三、参数估计的误差范围与概率度

抽样平均误差只是衡量误差可能范围的一种尺度。它并不等同于抽样指标与总体指标之间的真实误差。由于总体参数是一个确定的常数，而样本估计量会随抽取的样本不同而围绕总体参数上下随机取值。因此，样本估计量与总体参数之间存在一个误差范围。

所谓抽样误差范围就是指变动的样本估计值与确定的总体参数之间离差的可能范围，它可用样本估计值与总体参数的最大绝对误差限 Δ 来表达。统计上称这一误差限 Δ 为抽样极限误差或抽样允许误差。

设 $\Delta_{\bar{x}}$ 和 Δ_p 分别表示样本平均数 $\bar{x}$ 和样本成数 p 的抽样极限误差，则有：

$$\Delta_{\bar{x}}\geqslant|\bar{x}-\mu|,\Delta_p\geqslant|p-P| \qquad (公式 5\text{-}20)$$

上式表明，抽样平均数或抽样成数在 $\mu\pm\Delta_{\bar{x}}$ 或 $P\pm\Delta_P$ 之间变动。将上面的绝对值不等式展开可得：

$$\mu-\Delta_{\bar{x}}\leqslant\bar{x}\leqslant\mu+\Delta_{\bar{x}}$$

$$P-\Delta_p\leqslant p\leqslant P+\Delta_p \qquad (公式 5\text{-}21)$$

这些不等式表明，样本平均数 $\bar{x}$ 是以总体平均数 μ 为中心，在 $\mu\pm\Delta_{\bar{x}}$ 之间变动的；样

本成数 p 是以总体成数 P 为中心，在 $P\pm\Delta_P$ 之间变动的。抽样误差范围是以 μ 或 P 为中心的两个 Δ 的距离。这是抽样极限误差的原意。但是，由于总体参数是未知的常数，而样本估计值是可以通过抽样调查求得的，因此，我们也可以把上面的两个不等式改写成等价的另一种形式，即：

$$\bar{x}-\Delta_{\bar{x}}\leqslant\mu\leqslant\bar{x}+\Delta_{\bar{x}}$$

$$p-\Delta_p\leqslant P\leqslant p+\Delta_p \qquad \text{（公式 5-22）}$$

可见，抽样极限误差的实际意义就是希望总体平均数落在抽样平均数 $\bar{x}\pm\Delta_{\bar{x}}$ 的范围之内；总体成数落在抽样成数 $p\pm\Delta_p$ 的范围之内。

基于概率估计的要求，抽样极限误差常常以抽样平均误差 $\mu_{\bar{x}}$（或 μ_p）为单位来衡量，并且把抽样极限误差 $\Delta_{\bar{x}}$（或 Δ_p）除以抽样平均误差 $\mu_{\bar{x}}$（或 μ_p）所得的数值叫做概率度。若以 z 表示概率度，则有：

$$z=\frac{\Delta_{\bar{x}}}{\mu_{\bar{x}}},\quad z=\frac{\Delta_p}{\mu_p} \qquad \text{（公式 5-23）}$$

若事先确定概率度 z 的大小，则可以得到抽样极限误差为：

$$\Delta_{\bar{x}}=z\mu_{\bar{x}},\qquad \Delta_p=z\mu_p \qquad \text{（公式 5-24）}$$

由于抽样平均数是一个随机变量，由中心极限定理可知：当 n 充分大（$n\geqslant30$）时，$\bar{x}$ 就服从正态分布，从而 $\frac{\bar{x}-\mu}{\mu_{\bar{x}}}$ 服从标准正态分布。这样，我们就可以在确定的误差范围下，求出相应的概率大小，而抽样极限误差的大小又可确定相应概率度的大小，这样，如先确定概率度为 z，则可求得相应的概率为：

$$P(|\bar{x}-\mu|\ z\mu_{\bar{x}})=P\left(\frac{|\bar{x}-\mu|}{\mu_{\bar{x}}}\leqslant z\right)=\frac{1}{\sqrt{2\pi}}\int_0^z e^{-\frac{z^2}{2}}dz \qquad \text{（公式 5-25）}$$

上式就是抽样平均数 $\bar{x}$ 落在 $\mu\pm z\mu_{\bar{x}}$ 之间的概率，如总体平均数 μ 未知，则上式也可以看作是 μ 落在 $\bar{x}\pm z\mu_{\bar{x}}$ 之间的概率。

从前面的式子可以明显地看到这样的关系：当确定的抽样极限误差愈大，则概率度 z 也就愈大，相应的概率也愈大，即抽样平均数（或抽样成数）落在指定范围的可能性也愈大；反之，则相应的概率就减少。现将常用的概率度 z 与相应的概率 $F(z)$ 的几个数值对应列表，见表 5-1 所示。

表 5-1　常用的概率度与概率对照表

概率度 z	1	1.65	1.96	2	2.58	3
概率 $F(z)$	0.6827	0.9000	0.9500	0.9545	0.9900	0.9973

详细请查附录的附表 1——正态分布概率表。

四、总体参数的区间估计

总体参数的区间估计就是依照一定的概率保证程度，用样本估计值估计总体参数取值范围的方法。

设总体参数为 θ，θ_L、θ_V 是由样本确定的两个统计量，对于给定的 $\alpha(0<\alpha<1)$，有：

$$p(\theta_L \leqslant \theta \leqslant \theta_V)=1-\alpha$$

则称$(\theta_L、\theta_V)$为参数 θ 的置信度为 $1-\alpha$ 的置信区间。该区间的两个端点 θ_L、θ_V 分别称为置信下限和置信上限。置信区间的直观意义：若作为多次同样的抽样，将得到多个置信区间，其中，有的区间包含了总体参数的真值，有的区间没有包含总体参数的真值。

$1-\alpha$ 为置信度，亦称为置信水平或置信概率，置信度表达了参数区间估计的可靠性。

置信区间越小，说明估计的精确性越高。置信度越大，估计可靠性就越大。一般说来，在样本容量一定的前提下，精确度与置信度往往是相互矛盾的：若置信度增加，则区间必然增大，降低了精确度；若精确度提高，则区间缩小，置信度必然减小。要同时提高估计的置信度和精确度，就要增加样本容量。

如果对总体的平均数与成数进行区间估计，依据的计算公式就是公式 5-22。以平均数为例，这里的 θ_L 就等于 $\bar{x}-\Delta_{\bar{x}}$；θ_V 就等于 $\bar{x}+\Delta_{\bar{x}}$。

[**例 5-4**]某公司有职工 3 000 人，从中随机抽取 60 人调查其工资收入情况。调查结果表明，职工的月平均工资为 2 350 元，标准差为 193 元，月收入在 2 000 元及以上职工 40 人。试以 95.45%的置信水平推断该公司职工月平均工资所在的范围和月收入在 2 000元及以上职工在全部职工中所占的比重。

解：依题意计算如下：

$$\mu_{\bar{x}}=\sqrt{\frac{\sigma^2}{n}\left(1-\frac{n}{N}\right)}=\sqrt{\frac{193^2}{60}\left(1-\frac{60}{3\ 000}\right)}=24.67(\text{元})$$

$$\because F(z)=95.45\%,\therefore z=2$$

$$\Delta_{\bar{x}}=z\mu_{\bar{x}}=2\times 24.67=49.34(\text{元})$$

$$\bar{x}-\Delta_{\bar{x}}\leqslant\mu\leqslant\bar{x}+\Delta_{\bar{x}}$$

$$2\ 350-49.34\leqslant\mu\leqslant 2\ 350+49.34$$

$$2\ 300.66\leqslant\mu\leqslant 2\ 399.34$$

计算结果表明，有 95.45%的把握该公司职工月平均工资在 2 300.66 元到 2 399.34 元之间。

月收入在 2 000 元及以上职工在全部职工中所占的比重为：

$$p=\frac{40}{60}=66.67\%$$

$$\mu_p=\sqrt{\frac{p(1-p)}{n}\left(1-\frac{n}{N}\right)}=\sqrt{\frac{0.6667(1-0.6667)}{60}\left(1-\frac{60}{3\ 000}\right)}=6.02\%$$

$$\Delta_p=z\mu_p=2\times 6.02\%=12.04\%$$

$$p-\Delta_p\leqslant P\leqslant p+\Delta_p$$

$$66.67\%-12.04\%\leqslant P\leqslant 66.67\%+12.04\%$$

$$54.63\%\leqslant P\leqslant 78.71\%$$

计算结果表明，有 95.45%的把握该公司月收入在 2 000 元及以上职工占全部职工的比重在 54.63%到 78.71%之间。

任务三 抽样组织方式及其参数估计

抽样有多种组织方式，不同的组织方式，计算抽样平均误差的公式也有所不同。本任务介绍常用的四种抽样组织方式，并举例说明部分抽样组织方式的参数估计。

一、简单随机抽样

简单随机抽样又称为纯随机抽样，是最简单、最普遍的抽样组织方式。它是按照随机原则直接从总体的全部单位中，抽取若干个单位作为样本单位，保证总体中每个单位在抽选中都有同等被抽中的机会。简单随机抽样的具体实施方法主要有抽签法、随机数字表法等。

（一）抽签法

根据抽样框，每个单位都编有 1 至 N 的唯一的编号。我们可以做 N 个完全一样的分别标上 1 至 N 的标签，充分地拌匀后逐个地抽出 n 个标签，然后，根据抽样框找到相应的抽样单位进行现场调查，从而得到一个简单随机样本。

如果总体比较大，抽签法就显得比较笨重，实施起来不太方便，甚至根本无法实施，此时可利用随机数字表法。

（二）随机数字表法

随机数字表是供抽样使用的，由 0 到 9 这十个数码随机排列组成的多位数字表。在使用前，先将总体的全部单位编号，并根据编号的位数确定使用表中数字的列数；然后，从任意一行、任意一列、任意方向开始数，遇到编号范围内的数字就作为样本单位，超过编号范围内的数字就跳过去，直到抽够样本单位数目为止。

二、类型抽样

类型抽样又称分层抽样。它是实际工作中最常用的抽样技术之一。分层抽样是在抽样之前，先将总体 N 个单位按某一标志划分为 k 层（类），然后，在各层内分别独立地进行随机抽样，由此所抽得的样本称为分层样本。各层的抽样可以采取同一抽样方法，也可采取不同的抽样方法。例如，在职工家庭生活调查中，可先将全部职工按部门分为工业、商业、文教、卫生等部门，然后，再从这些部门中按一定比例抽选基本单位和职工户。采用这种抽样方法可以提高样本的代表性，减少抽样误差。对于那些总体情况复杂、各单位之间差异较大、单位数量较多的抽样调查问题，一般都可以采用分层抽样的方式进行抽样调查。

例如，设总体由 N 个单位组成，把总体分成为 k 组，使：$N=N_1+N_2+\cdots+N_k$，若样本的总容量为 n，则从第 i 组抽取的样本单位数 n_i 应满足：

$$\frac{n_i}{n}=\frac{N_i}{N} \qquad \text{（公式 5-26）}$$

所以，各组抽取的样本单位数应为：

$$n_i=\frac{N_i}{N}\cdot n \qquad \text{(公式 5-27)}$$

并且有：

$$\sum_{i=1}^{k} n_i = \sum_{n=1}^{k} \frac{nN_i}{N} = \frac{n}{N}\sum_{i=1}^{k} N_i = n \qquad \text{(公式 5-28)}$$

即各组抽取的样本单位数之和等于样本总容量。

在类型比例的条件下，可以给出抽样平均数（或抽样成数）和抽样误差的计算公式。设从第 i 组的抽取的样本是：$x_{i1},x_{i2},\cdots,x_{in}$，于是，第 i 组的抽样平均数是：

$$\overline{x_i} = \frac{1}{n_i}\sum_{i=1}^{n} x_{ij} \qquad \text{(公式 5-29)}$$

样本总体的平均数为：

$$\overline{x} = \frac{1}{n}\sum_{i=1}^{k} n_i \overline{x}_i \qquad \text{(公式 5-30)}$$

同理，样本总体方差的平均数为：

$$\overline{s^2} = \frac{1}{n}\sum_{i=1}^{k} n_i s_i^2 \qquad \text{(公式 5-31)}$$

重复抽样误差公式为：

$$\mu_{\overline{x}}=\sqrt{\frac{\overline{s^2}}{n}} \qquad \text{(公式 5-32)}$$

不重复抽样误差公式为：

$$\mu_{\overline{x}}=\sqrt{\frac{\overline{s^2}}{n}(1-\frac{n}{N})} \qquad \text{(公式 5-33)}$$

[例 5-5]某厂有甲乙两个车间都生产保温瓶胆，乙车间技术先进，产量是甲车间的 2 倍，为了调查该厂保温瓶胆的保温时间，按两车间的产量比例共抽查 60 支瓶胆，取得的资料如表 5-2 所示，试以 95％的置信水平推断该厂生产的全部保温瓶胆的平均保温时间的可能范围。

表 5-2　甲乙车间生产保温瓶胆相关资料

车间	车间代码	平均保温时间(小时)	保温时间的标准差
甲	1	25	1.2
乙	2	28	0.8

解：已知 $k=2,n=60,n_1=20,n_2=40,z=1.96$

$\overline{x}_1=25,\overline{x}_2=28,s_1^2=1.2^2=1.44,s_2^2=0.8^2=0.64$

$\overline{x}=\frac{25\times20+28\times40}{60}=27$(小时)

$$\overline{s_i^2}=\frac{1.44\times20+0.64\times40}{60}=0.9067$$

$$\mu_{\bar{x}}=\sqrt{\frac{0.9067}{60}}=0.12$$

$$\Delta_{\bar{x}}=0.12\times1.96=0.24$$

$$\bar{x}-\Delta_{\bar{x}}\leqslant\mu\leqslant\bar{x}+\Delta_{\bar{x}}$$

$$27-0.24\leqslant\mu\leqslant27+0.24$$

$$26.76\leqslant\mu\leqslant27.24$$

故有 95%的把握推断该厂全部保温品保温时间在 26.76 到 27.24 小时之间。

同简单随机抽样相比，分层抽样具有以下特点：

第一，分层抽样能够充分地利用关于总体的各种已知信息进行分层，因此，抽样的效果一般比简单随机抽样要好。但当对总体缺乏较多的了解时，则无法分层或不能保证分层的效果。

第二，在分层抽样中，总体的方差一般可以分解为层间方差和层内方差两部分。由于分层抽样的误差只与层内差异有关，而与层间差异无关，因此，分层抽样可以提高估计量的精度。

第三，由于分层抽样是在每层内独立地进行抽样，因此，使得分层样本能够比简单随机样本更加均匀地分布于总体之内，所以其代表性也更好些。

第四，分层抽样的随机性具体体现在层内各单位的抽取过程之中，即在各层内部的每一个单位都有相同的机会被抽中，而在层与层之间则是相互独立的。

第五，分层抽样适合于调查标志在各单位的数量分布差异较大的总体。因为对这样的总体进行合理的分层后可将其差异较多地转化为层间差异，从而使层内差异大大减弱。

第六，分层抽样中除了可以推断总体参数外，还可以推断各不同层的数量特征，并进一步作对比分析，从而满足不同方面的需要，也能帮助人们对总体作更全面、更深入的了解。但对各层的估计缺乏精度保证。

第七，分层抽样中，由于各层的抽样相互独立、互不影响，且各层间可能有显著的不同，因此，对不同层可以按照具体情况和条件分别采用不同的抽样和估计方法进行处理，从而提高估计的精确度。

第八，分层抽样在进行分层时，需收集可用于分层的必要的各种资料，因此可能会增加一定的额外费用。同时，分层抽样中，总体参数的估计以及各层间样本量的分配、总样本量的确定等都更为复杂化。

三、等距抽样

等距抽样也称机械抽样或系统抽样。它是将总体中各单位按一定顺序排列，根据样本容量要求确定抽选间隔，然后，随机确定起点，每隔一定的间隔抽取一个单位的一种抽样方式。是简单随机抽样的变种。具体方法是：在系统抽样中，先将总体从 $1\sim N$ 相继编号，并计算抽样距离 $k=\frac{N}{n}$。式中，N 为总体单位总数；n 为样本容量。然后，在 $1\sim k$ 中抽一随机数 k_1，作为样本的第一个单位，接着取 k_1+k，k_1+2k，…，直至抽够 n 个单位为止。

作为总体各单位顺序排列的标志，可以是无关标志，也可以是有关标志。所谓无关标志是指与调查标志无关的或不起主要影响作用的标志。例如，工业产品质量抽查按时间顺序取样；农产量抽样调查按田间的地理顺序取样；居民家计调查按街道的门牌号码抽取调查户等等。所谓有关标志是指用于排序的标志与调查的内容有关。例如，对耕地农产量调查，把地块按往年平均亩产的高低进行排序；对职工家庭生活水平进行调查，把职工按工资水平的高低进行排序等等。

在等距抽样中，最简单最基本的方法是随机起点等距抽样。但在实际实施等距抽样时，考虑到排序标志的不同，以及总体单元数是否能被某一数值整除等因素，具体的抽样实施方法又可以有一系列不同的变化。常见的等距抽样其他实施方法有：循环等距抽样、中点等距抽样、对称等距抽样等。

四、整群抽样

整群抽样也称集团抽样。它是将总体各单位划分成许多群，然后，从其中随机抽取部分群，对中选群的所有单位进行全面调查的抽样组织形式。确切地说，这种抽样组织形式应称为单级整群抽样。

如果总体中的单位可以分成多级，则可以对前几级单位采用多阶抽样，而在最后一阶中对该阶抽样单位所包含的全部个体（最基本单元）进行调查，这种抽样称作多级整群抽样。

我们把整群抽样与简单随机抽样相比较，把群看作总体单位，则整群抽样就成了简单随机抽样，故整群抽样的误差公式可以通过简单随机抽样的误差公式导出。把一个总体分成 R 个群，然后，在 R 个群中随机抽取 r 个群，设群间方差为 δ^2，由于整群抽样都是采用不重复抽样的方法，故抽样平均误差公式为：

$$\mu_{\bar{x}}=\sqrt{\frac{\delta^2}{r}\left(1-\frac{r}{R}\right)} \qquad \text{（公式 5-34）}$$

[**例 5-6**]某连续生产企业为掌握某月份某种产品的一等品率，确定抽出 5%的产品，即在全月连续生产的 720 小时中，每隔 20 小时抽取 1 小时的全部产品进行调查。调查结果一等品率为 80%，群间方差为 7%，请以 95.45%的置信度对一等品率进行区间推断。

解：已知　$R=720, r=720\times5\%=36, \delta^2=7\%$

$$\mu_p=\sqrt{\frac{\delta^2}{r}\left(1-\frac{r}{R}\right)}=\sqrt{\frac{0.07}{36}\left(1-\frac{36}{720}\right)}=4.3\%$$

$\because F(z)=95.45\%, \therefore z=2$

$\Delta_p=2\times4.3\%=8.6\%$

$p-\Delta_p\leqslant P\leqslant p+\Delta_p$

$80\%-8.6\%\leqslant P\leqslant 80+8.6\%$

$71.4\%\leqslant P\leqslant 88.6\%$

即有 95.45%的把握推断该企业某产品一等品率的置信区间为 71.4%到 88.6%之间。

整群抽样的最大优点是实施方便，从而节省了大量调查费用。但整群抽样的单位比较集中，影响了抽样单位在全及总体中分布的均匀性，因而其抽样误差比简单随机抽样来得大。在实践中,整群抽样一般比其他方法要多抽一些单位,以便降低抽样误差。

任务四 必要抽样单位数的确定

一、影响必要抽样单位数大小的因素

确定必要抽样单位数也是抽样设计中的一个重要问题。为了避免抽取单位数过大或过小,必须恰当地确定样本容量。为此需要首先分析影响必要抽样单位数的因素。

第一,用户对抽样推断可靠程度和精确度的要求。如果要求抽样的可靠程度和精确度较高,那么,抽样单位数就要多些;反之,则可少些。

第二,不同的抽样组织方式。一般来说,类型抽样和等距抽样比简单随机抽样需要的抽样单位数少;单个抽样比整群抽样需要的单位数少;不重复抽样比重复抽样需要的抽样单位数少。

第三,总体变量值的差异程度。总体变量值的差异程度越大,需要抽取的样本单位数就越多。

第四,按上述依据确定的抽样单位数,还要结合调查人力、物力和财力的许可情况加以适当调整,然后作出最后的决定。

上面影响抽样单位数的四个因素之间的联系,可以由抽样极限误差公式来反映。从抽样极限误差公式,可以推导出必要抽样单位数的计算公式。

二、不同抽样组织方式下抽样单位数的确定

(一)简单随机抽样的抽样单位数

重复抽样时:

$$\Delta_{\bar{x}}=z\mu_{\bar{x}}=z\sqrt{\frac{\sigma^2}{n}}$$

$$n=\frac{z^2\sigma^2}{\Delta_{\bar{x}}^2} \quad 或 \quad n=\frac{z^2p(1-p)}{\Delta_p^2} \qquad (公式 5\text{-}35)$$

不重复抽样时:

$$n=\frac{z^2\sigma^2N}{N\Delta_{\bar{x}}^2+z^2\sigma^2} \quad 或 \quad n=\frac{z^2p(1-p)N}{N\Delta_p^2+z^2p(1-p)} \qquad (公式 5\text{-}36)$$

[例 5-7]某批发站欲估算零售商贩的平均每次进货额,根据历史资料进货额的标准差为 1 000 元,假定到批发站进货的商贩有 2 000 人,若要求置信水平为 99.73%,抽样极限误差不超过 250 元,应该抽取多大的样本?

解:已知 $\sigma=1\,000,\Delta_{\bar{x}}=250,N=2\,000$

这里没有说明采用的抽样方法,故我们可按上述两个公式分别计算其必要样本容量。

$\because F(z)=99.73\%,\therefore z=3$

重复抽样条件下的必要样本容量：

$$n=\frac{z^2\sigma^2}{\Delta_{\bar{x}}^2}=\frac{3^2\times 1\ 000^2}{250^2}=144(人)$$

不重复抽样条件下的必要样本容量：

$$n=\frac{z^2\sigma^2 N}{N\Delta_{\bar{x}}^2+z^2\sigma^2}=\frac{3^2\times 1\ 000^2\times 2\ 000}{2\ 000\times 250^2+3^2\times 1\ 000^2}\approx 135(人)$$

[例 5-8]某企业对 40 000 只灯泡进行调查，从中抽取 500 只，发现不合格灯泡 10 只。若要求有 95.45%的概率保证程度，不合格率估计的最大允许误差为 1.4%，至少应抽取多少样本单位。

解：已知 $N=40\ 000$，$n=500$，$p=\frac{10}{500}=2\%$，$\Delta_p=1.4\%$

$\because F(z)=95.45\%\quad \therefore z=2$

在重复抽样条件下：

$$n=\frac{z^2p(1-p)}{\Delta_p^2}=\frac{2^2\times 0.02\times 0.98}{0.014^2}\approx 400(只)$$

在不重复抽样条件下：

$$n=\frac{z^2p(1-p)N}{N\Delta_p^2+z^2p(1-p)}=\frac{2^2\times 0.02\times 0.98\times 40\ 000}{40\ 000\times 0.014^2+2^2\times 0.0196}\approx 397(只)$$

(二)类型抽样的抽样单位数

重复抽样时：

$$n=\frac{z^2\overline{\sigma^2}}{\Delta_{\bar{x}}^2}\quad 或\quad n=\frac{z^2\ \overline{p(1-p)}}{\Delta_p^2}\qquad (公式\ 5\text{-}37)$$

不重复抽样时：

$$n=\frac{z^2\overline{\sigma^2}N}{N\Delta_{\bar{x}}^2+z^2\overline{\sigma^2}}\quad 或\quad n=\frac{z^2\ \overline{p(1-p)}N}{\Delta_p^2N+z^2\ \overline{p(1-p)}}\qquad (公式\ 5\text{-}38)$$

(三)整群抽样的抽取群数

由于整群抽样是不重复抽样，则：

$$n=\frac{z^2\sigma_x^2R}{\Delta_{\bar{x}}^2R+z^2\sigma_x^2}\quad 或\quad n=\frac{z^2\sigma_p^2R}{\Delta_p^2R+z^2\sigma_p^2}\qquad (公式\ 5\text{-}39)$$

任务五　Excel 在抽样分析中的应用

任务导入

陈先生是香港某集团的企划部经理，在今年的规划中，集团准备在某地新建一家新的零售商店。陈先生目前正在做这方面的准备工作。其中,有一项便是进行市场调查。在众多信息中,经过该地的行人数量是一个很重要的信息。陈先生委托他人进行了一个月的观察,得到每天经过该地的行人数如下:

367　402　515　633　302　421　317　544　468　399　759　526　212　256　456　553　259　469　366　197　178　531　419　450　511　257　609　412　503　364

将此数据作为样本资料,样本均值为 421 人。在 95%的置信度下,能否推断每天经过此地的人数区间值?如果设立零售商店要求行人数不低于 520 人,该地是否能符合要求?

任务处理

根据本次调查数据,可以对经过此地的行人数作出区间估计。处理方法有两种:(1)可以使用 Excel 中有关函数或输入计算公式计算;(2)使用 Excel“描述统计”分析工具。显然,使用第二种方法要简便得多。因为使用该工具可以直接得到估计总体平均数的区间所需的样本平均数、样本标准差、抽样平均误差和抽样极限误差。

一、使用函数功能计算

操作步骤如下:

1. 打开“行人数.xls”工作簿,选择“行人数”工作表,如图 5-1 所示。

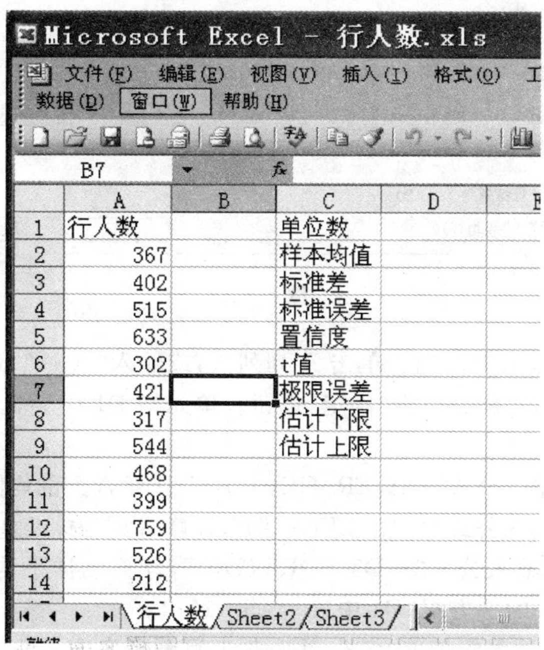

图 5-1

2. 选择单元格 D1,选择“插入”—“函数”命令,打开“插入函数”对话框,如图 5-2 所示。

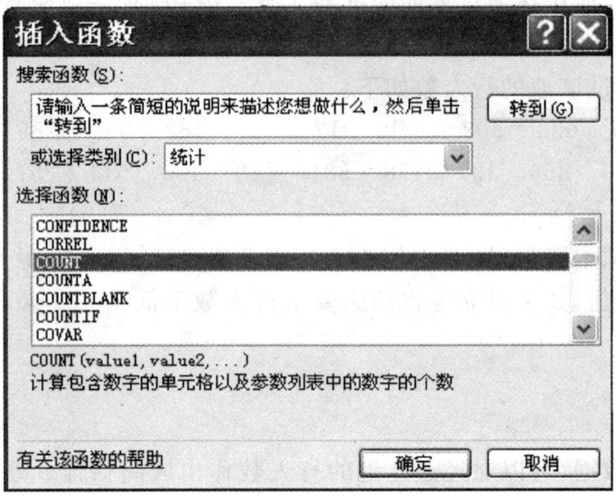

图 5-2

3. 在“或选择类别”列表中选择“统计”，在“选择函数”列表中选择计数函数“COUNT”。单击“确定”按钮，打开“函数参数”对话框，如图 5-3 所示。

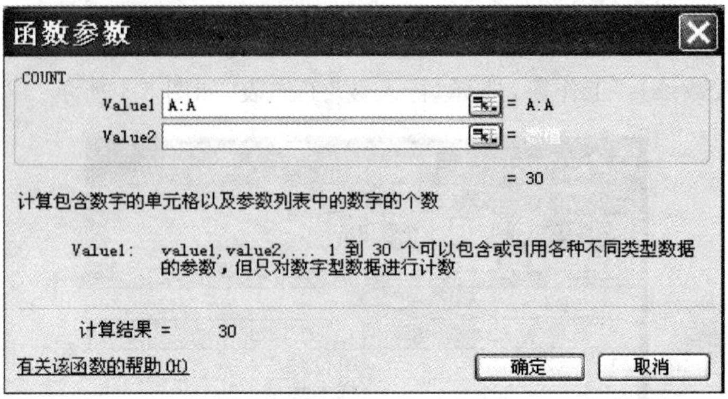

图 5-3

4. 在 value1 中输入数据范围。单击 A 列列头，或输入“A:A”，这相当于选择整个列，包括标题和所有的空单元格。单击“确定”按钮。单元格 D1 中会显示结果为 30，即 A 列中数据的个数。

5. 在单元格 D2 中输入公式“=AVERAGE(A:A)”，计算 A 列的均值，显示值为 421.8333。

6. 在单元格 D3 中输入公式“=STDEV(A:A)”，计算 A 列的标准差，显示值为137.5646。

7. 在单元格 D4 中输入公式“=D3/SQRT(D1)”，计算抽样平均误差 $u_{\bar{x}}$(标准误差)，即标准差除以样本容量的平方根，D4 中显示 25.11574。

8. 在单元格 D5 中输入置信度 95%，注意加上百分号。

9. 在单元格 D6 中使用 TINV 函数计算在 95%置信度和自由度下的概率度 z 值。

10. 选择单元格 D6，选择“插入”—“函数”命令，打开“插入函数”对话框。在“或选择类别”列表中选择“统计”，在“选择函数”列表中选择“TINV”函数。单击“确定”按钮，打开 TINV 函数对话框，如图 5-4 所示。

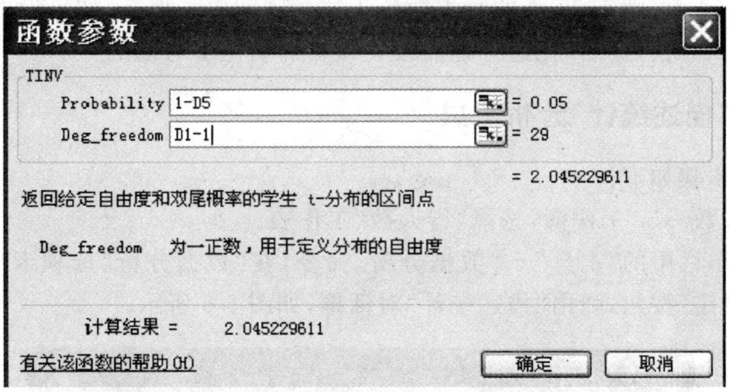

图 5-4

11. 在“Probability”中输入“1－D5”，所显示的值是 0.05；在“Deg_freedom”文本框中输入自由度的表达式，即“D1－1”，所显示值是 29，单击“确定”按钮，单元格 D6 中概率度 z 的显示值为 2.04523。

12. 在单元格 D7 中输入计算抽样极限误差 $\Delta_{\bar{x}}$ 的公式，极限误差是 z 值和抽样平均误差 $\mu_{\bar{x}}$（标准误差）的乘积，公式为“＝D6 * D4”，显示值为 51.36745。

13. 在单元格 D8 和 D9 中输入计算平均数的置信区间上限和下限的公式，下限为样本均值减抽样极限误差，上限为样本均值加抽样极限误差。其公式分别为“＝D2－D7”和“＝D2＋D7”，显示值为 370.4659 和 473.2008。

操作结果如图 5-5 所示。

图 5-5

从图中可以看出，在95%的置信度下，行人数位于371～474人之间。这个结论意味着，如要观察100天，则有95天的行人数位于这一区间内。那么，如果设立零售商店要求行人数不低于520人，显然，在这一地点设立零售商店是不可取的。

二、使用“描述统计”分析工具

具体操作步骤如下：

1. 在“行人数.xls”工作簿，选择“行人数”工作表。

2. 选择菜单栏中的“工具”－“数据分析”命令，在“数据分析”选项卡中选择“描述统计”后，单击“确定”按钮，弹出“描述统计“对话框，如图5-6所示。

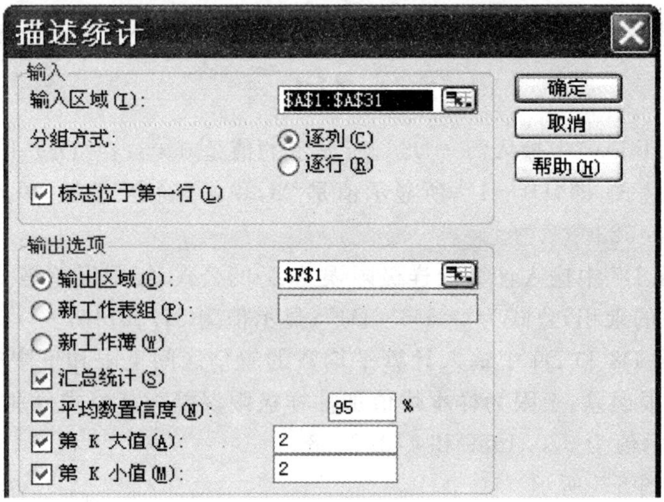

图 5-6

3. 在对话框中的“输入区域”数值框中输入“A1:A31”，在“分组方式”下选择“逐列”，选中“标志位于第一行(L)”复选框，在“输出区域”选项中输入F1，选中“汇总统计”复选框，选中“平均数置信度”复选框，在“平均数置信度”的编辑框中指定置信度(默认值95%)，单击“确定”按钮，输出结果如图5-7所示。

图5-7中，平均就是样本平均数，“标准误差”就是“抽样平均误差”，“观测数”就是样本容量，最后一栏“置信度(95.0%)”的数值就是给定置信度所对应的抽样极限误差$\Delta_{\bar{x}}$。

则在95%的置信度下，不难看出：

总体平均数的估计区间下限＝421.8333－51.36745＝370.4659≈371(人)

总体平均数的估计区间下限＝421.8333＋51.36745＝473.2008≈474(人)

F	G
行人数	
平均	421.8333
标准误差	25.11574
中位数	420
众数	#N/A
标准差	137.5646
方差	18924.01
峰度	-0.05685
偏度	0.15963
区域	581
最小值	178
最大值	759
求和	12655
观测数	30
最大(2)	633
最小(2)	197
置信度(95.0%)	51.36745

图 5-7

技能训练

一、填空题

1. 抽样的基本方法有______和______两种。

2. 抽选样本单位时要遵守______原则，使样本单位被抽中的机会______。

3. 抽样估计的方法有______和______两种。

4. 全及总体标志变异程度越大，抽样误差就______；全及总体标志变异程度越小，抽样误差______。

5. 在抽样估计中，样本指标又称为______量，总体指标又称为______。

6. 常用的总体指标有______、______、______。

7. 简单随机抽样的成数抽样平均误差计算公式是：重复抽样条件下：______；不重复抽样条件下：______。

8. 区间估计就是用一个______去估计未知参数。

9. 误差范围△，概率度 z 和抽样平均误差 μ 之间的关系表达式为______。

10. ______是根据样本各单位标志值或标志属性计算的综合指标。

11. 在其他条件不变的情况下，如果允许误差缩小为原来的 1/2，则样本容量将增加为原来的______。

12. 整群抽样是对被抽中群内的____________进行____________的抽样组织方式。

二、单项选择题

1. 从总体 N 个单位中，用不重复抽样的方法，抽取 n 个单位的样本，可能出现的样本种数为(　　)。

A. N　　B. n　　C. $N(N-1)$　　D. C_N^n

2. 总体平均数和样本平均数之间的关系是(　　)。

A. 总体平均数是确定值，样本平均数是随机变量

B. 总体平均数是随机变量，样本平均数是确定值

C. 两者都是随机变量

D. 两者都是确定值

3. 成数方差的计算公式为(　　)。

A. $p(1-p)$　　B. $p(1-p)^2$　　C. $\sqrt{p(1-p)}$　　D. $p^2(1-p)$

4. 抽样平均误差说明抽样指标与总体指标之间的(　　)。

A. 实际误差　　B. 平均误差

C. 实际误差的平方　　D. 允许误差

5. 抽样指标与总体指标之间抽样误差的可能范围是(　　)。

A. 抽样平均误差　　B. 抽样极限误差　　C. 区间估计范围　　D. 置信区间

6. 所谓大样本是指样本单位数在(　　)。

A. 30 个以上　　B. 50 个以上　　C. 80 个以上　　D. 100 个以上

7. 在用样本指标推断总体指标时，把握程度越高则(　　)。

A. 误差范围越小　　B. 误差范围越大

C. 抽样平均误差越小　　D. 抽样平均误差越大

8. 除抽样误差 $u_{\bar{x}}$ 外，影响允许误差 $\Delta_{\bar{x}}$ 大小的因素还有(　　)。

A. 总体标准差　　B. 样本标准差

C. 推断估计的把握程度　　D. 随机因素。

9. 在简单随机重复抽样情况下，若要求允许误差为原来的 2/3，则样本容量(　　)。

A. 扩大为原来的 3 倍　　B. 扩大为原来的 2/3 倍

C. 扩大为原来的 4/9 倍　　D. 扩大为原来的 2.25 倍

10. 用简单随机重复抽样方法抽样，如果要使抽样误差降低 50%，则样本容量需要扩大到原来的(　　)。

A. 2 倍　　B. 3 倍　　C. 4 倍　　D. 5 倍

三、多项选择题

1. 参数估计方法有(　　)。

A. 点估计　　B. 区间估计　　C. 统计估计　　D. 抽样估计

E. 假设检验

2. 衡量点估计量好坏的标准有(　　)。

A. 无偏性　　B. 一致性　　C. 有效性　　D. 可靠性

E. 随机性

3. 影响样本容量大小的因素有（ ）。

A. 总体标准差大小　　B. 允许误差的大小

C. 置信度　　D. 抽样方法

E. 抽样方式

4. 在其他条件不变的情况下，抽样极限误差的大小与置信度的关系是（ ）。

A. 抽样极限误差范围越大，置信度越大　　B. 成正比关系

C. 抽样极限误差范围越小，置信度越小　　D. 成反比关系

E. 抽样极限误差范围越大，置信度越小

5. 影响抽样误差大小的因素有（ ）。

A. 抽样组织方式和抽样方法不同　　B. 全及总体的标志变动度的大小

C. 样本单位数的多少　　D. 抽样总体标志变动度的大小

E. 抽样的随机性

6. 常用的样本指标有（ ）。

A. 样本平均数　　B. 样本成数　　C. 抽样误差　　D. 样本方差

E. 样本标准差

7. 在简单随机重复抽样条件下，抽样单位数 n 的计算公式为（ ）。

A. $n=\dfrac{z^2\sigma^2}{\Delta_x^2}$　　B. $n=\dfrac{z^2N\sigma^2}{N\Delta_x^2+z^2\sigma^2}$

C. $n=\dfrac{z^2p(1-p)}{\Delta_p^2}$　　D. $n=\dfrac{zt^2Np(1-p)}{N\Delta p^2+z^2p(1-p)}$

E. $n=\dfrac{z^2p^2(1-p)^2}{Np^2}$

8. 在总体 2 000 个单位中，抽取 20 个单位进行调查，则（ ）。

A. 样本单位数是 20 个　　B. 样本个数是 20 个

C. 一个样本有 20 个单位　　D. 样本容量是 20 个

E. 是一个小样本

9. 若进行区间估计，应掌握的指标数值是（ ）。

A. 样本指标　　B. 概率度　　C. 总体单位数　　D. 抽样平均误差

E. 样本单位数

10. 基本的抽样方式有（ ）。

A. 简单随机抽样　　B. 类型抽样　　C. 等距抽样　　D. 整群抽样

E. 不重复抽样

四、判断题

1. 相同条件下，不重复抽样的抽样误差一定小于重复抽样的抽样误差。（ ）

2. 在不重复抽样的情况下，若调查的单位数为全及总体的 10%，则所计算的抽样平均误差比重复抽样计算的抽样误差少 10%。（ ）

3. 就参数估计而言，在精确性和可靠性两因素之中，精确性是矛盾的主要方面。（ ）

4. 进行区间估计，置信水平总是预先给定的。(　　)

5. 可以对置信水平作如下解释："总体参数落在置信区间的概率是$(1-\alpha)$"。(　　)

6. 抽样调查就是凭主观意识，从总体中抽取部分单位进行调查。(　　)

7. 所有可能的样本平均数的平均数，等于总体平均数。(　　)

8. 抽样误差是不可避免的，但人们可以调整总体方差的大小来控制抽样误差的大小。(　　)

9. 样本单位数的多少可以影响抽样误差的大小，而总体标志变异程度的大小和抽样误差无关。(　　)

10. 抽样估计中的点估计就是被估计的总体指标直接等于样本指标。(　　)

五、简答题

1. 简述在参数估计中精确性和可靠性的辨正统一的关系。

2. 什么是随机原则？在抽样调查中为什么要遵循随机原则？

3. 确定样本单位数要考虑哪些因素？

4. 影响抽样误差的因素有哪些？

5. 抽样平均误差、抽样极限误差和概率度三者之间有何关系？

六、计算题

1. 简单随机重复抽样中，若抽样单位数增加 3 倍，则抽样平均误差如何变化？若抽样允许误差扩大为原来的 2 倍，则抽样单位数如何变化？若抽样允许误差缩小为原来的 1/2 倍时，抽样单位数如何变化？

2. 在某社区随机抽取 40 名男子的身高进行调查，得其平均身高为 168 厘米，已知该社区全体男子身高的标准差为 8 厘米，试以 95%的置信度求该社区全体男子平均身高的置信区间。

3. 某工厂根据对 200 名青年职工的抽样调查得知，其中有 60%的青年职工参加各种形式的继续教育学习，试以 90%的置信度推断该厂青年职工参加继续教育学习成数的置信区间。

4. 工商部门对某超市经销的小包装休闲食品进行重量合格抽查，规定每包重量不低于 30 克，在 1 000 包食品中抽 1%进行检验，结果如下表：

按重量分组(克)	包数(包)
26～27	1
27～28	3
28～29	3
29～30	2
30～31	1
合　计	10

试以 95.45%概率推算：

(1)这批食品的平均每包重量是否符合规定要求；

(2)若每包食品重量低于 30 克为不合格，求合格率的范围。

5. 对某厂日产 10 000 个灯泡的使用寿命进行抽样调查，抽取 100 个灯泡，测得其平均寿命为 1 800 小时，标准差为 6 小时。

要求：

(1)按 68.27%概率计算抽样平均数的极限误差；

(2)按以上条件，若极限误差不超过 0.4 小时，应抽取多少只灯泡进行测试；

(3)按以上条件，若概率提高到 95.45%，应抽取多少灯泡进行测试?

(4)若极限误差为 0.6 小时，概率为 95.45%，应抽取多少灯泡进行测试?

(5)通过以上计算，说明允许误差、抽样单位数和概率之间的关系。

6. 对某区 30 户家庭的月收支情况进行抽样调查，发现平均每户每月用于书报费支出为 45 元，抽样平均误差为 2 元，试问应以多少概率才能保证每户每月书报费支出在41.08 元至 48.92 元之间。

7. 从某校随机抽取 81 名女学生，测得平均身高为 163 厘米，标准差为 6.0 厘米，试以 95%的概率保证程度推断该校女生平均身高的置信区间。

8. 如果认为该市农民工参保率是 35%，若要求在 95%的置信水平上保证这一比例的估计误差不超过 6%，试问调查的样本容量应该要多大?

项目6

相关与回归分析

学习目标：

1. 知识目标

了解相关关系的含义与种类，明确相关分析的内容与特点；了解回归分析的概念与特点；掌握相关分析与回归分析的方法；掌握一元线性回归方程的建立及估计标准误差的计算；了解多元线性回归模型、非线性回归模型建立的思路。

2. 能力目标

能正确运用相关分析法与回归分析法分析社会经济现象之间的联系；能独立运用Excel计算相关系数、建立相应的回归方程。

【案例导读】

西方国家餐饮等服务行业有一条不成文的规定，即发生餐饮等服务项目消费时，必须给服务员一定数额的小费。虽然不是正式规定，但许多人都听说过小费应该是账单的16%左右，是否真的如此呢？让我们来考察表6-1，表中的数据是经过调查所得的样本数据，通过对这几组数据的分析与观察，我们能发现两者之间的数量具有一定的关系，即较大数额的账单对应较多的小费数额（若样本更大，可能对两者关系的判断更准确）。

表6-1　账单与小费的成对数据

账单（美元）	33.5	50.7	87.9	98.8	63.6	107.3	120.7	78.5	102.3	140.6
小费（美元）	5.5	5.0	8.1	17.0	12.0	16.0	18.6	9.4	15.4	22.4

问题是：(1)是否有足够的证据断定，在账单与小费数额之间存在某种联系？(2)如果存在某种联系，怎样使用这种联系来确定应该留下多少小费？你如果作为消费者，应该如何判断与处理？

通过本项目学习应能够对社会现象之间的相关关系进行深入分析与研究。

相关分析与回归分析是现代统计学中的一个非常重要的分支，它在自然科学、管理科学和社会经济学领域有着十分广泛的应用。本项目充分结合实际例子介绍变量间的相关关系、一元线性回归模型、多元线性回归模型等相关与回归分析内容。

任务一 相关分析概述

一、函数关系与相关关系

现象之间的相互联系和制约是事物发展的普遍规律。事物发展总是与一定变量的数量变化紧密联系的,现象不仅同与它有关的现象构成一个普遍联系的整体,而且在它的内部也存在着许多彼此关联的因素。在一定的社会环境、地理条件、政府决策影响下,一些因素推动或制约另外一些与之联系的因素发生变化。这种状况表明在现象的内部和外部联系中存在着一定的相互关系,人们往往利用这种关系来制定有关的政策,以指导、控制事物的发展。要认识和掌握客观事物规律就必须探求现象间变量的变化规律,而变量间的统计关系是变量变化规律的重要特征。变量间的统计关系一般可分为两种不同的类型:一种是函数关系;另一种是相关关系。

(一)函数关系

互有联系的现象及其变量间关系的紧密程度各不一样。一种极端的情况是一个变量的变化能完全决定另一个变量的变化。例如,商品销售额=价格×销售量。当价格已知的条件下,给定一个销售量,则可以精确地计算商品销售额。再如,一个保险公司承保汽车5万辆,平均每辆保费收入为1 000元,则该保险公司汽车承保总收入5 000万元。如果把承保总收入记为y,承保汽车辆数记为x,则$y=1\ 000x$。x与y两变量之间完全表现为一种确定性关系,即函数关系。我们可将变量y与n个变量$x_1,x_2,x_3,\cdots,x_n$之间存在着的某种函数关系用下面的形式表示:

$$y=f(x_1,x_2,\cdots,x_n)$$

函数关系具有以下特点:

(1)变量之间存在着数量上的依存关系;

(2)变量之间数量上的依存关系的具体关系值是固定的,可以用数学公式表示。

(二)相关关系

现实世界中还有不少情况是事物之间有着密切的联系,但它们密切的程度并没有达到由一个变量可以完全确定另一个变量的程度。其主要特征是某一现象与另一现象之间在数量上存在着一定的依存关系,但这种依存关系不是确定的和严格的。在这种关系中,对于某一现象的每一个数值,另一现象可有若干数值与之相对应,这些数值带有随机性质,表现出一定的波动性,但又总是围绕着它的平均数并遵循一定的规律变动。例如,在市场营销中,广告费用支出与销售量之间,存在相关关系,如广告费用增加,在一定范围内,销售量会提高,但销售量不仅受广告费用一种因素的影响,还要受到商品价格、消费者收入等多种因素的影响,因而不能完全依据广告费用一个因素来精确地确定商品销售量。再如,储蓄额与居民的收入密切相关,但是居民收入并不能完全确定储蓄额,因为影响储蓄额的因素很多,如通货膨胀、股票价格指数、利率、消费观念、投资意识等。因此,尽管储蓄额与居民收入有密切关系,但它们之间并不存在一种确定性关系。其他如食物中的热量与人的体重、吸烟与患癌症比率、文化程度与收入之间都存在这类关系。通常变量之间不确定性的依存关系称为相关关系。

相关关系的特点:

(1)变量之间确实存在着数量上的依存关系。如果一个现象发生数量上的变化,则另一个现象也会相应发生数量上的变化。在互相依存的两个变量中,可以根据研究的目的,把其中一个变量确定为自变量,把另一个对应变化的变量确定为因变量。

(2)变量之间数量上的依存关系的具体关系值难以固定,难以用数学公式表示。相关关系属于变量之间的一种不完全确定的关系。这意味着一个变量虽然受另一个变量的影响,却并不由这一个变量完全决定。

(三)函数关系与相关关系的关系

函数关系是变量之间客观存在的确定性的对应关系。当一个变量发生变化,另一个变量有 个精确的值和它对应。它们表现为变量间确定的函数关系,和变量间的相关关系是有区别的。而相关关系是一种非确定性关系。由于被研究现象的复杂性,有许多因素因为我们的认识局限以及其他客观原因,并没有包括在内;或者由于试验误差、测量误差以及其他种种偶然因素的影响,使得另外一个或几个变量的取值带有一定的随机性。因而当一个或一些变量取确定值时,不能以确定值与之对应。但是不确定的变量关系还是有规律可循的,经过人们的大量观察,会发现许多现象变量之间确实存在某种规律性,这就是大数法则作用的结果,把那些次要、偶然的影响因素都抵消、抽象了,使相关关系通过平均值明显地表现出来。

函数关系和相关关系既有区别也有联系。由于有观察和测量误差等原因,函数关系在实际中往往通过相关关系表现出来;而在研究相关关系时,为了表达大量现象间相关关系一般性的数量关系,则常常需要通过函数关系的形式来表现。

必须指出的是,相关关系多数表现为因果关系,如学生成绩与智商水平、废品率与单位产品成本等等。但也包括互为因果的关系,如人的身高与体重、商品的生产量与销售量等等。同时还包括同受某一因素影响所产生的伴随关系,如物价上涨与工资增加都是受通货膨胀的影响。统计所研究的相关关系,既不是主观的想象,也不是偶然的巧合,必须是客观存在的真实关系。

二、相关关系的类型

现象间的相关关系可以按不同的标志分类,不同的相关关系往往要用不同方法进行研究。根据变量间的依存关系不同,相关关系可以按下列情况分类。

(一)按影响因素的多少不同,分为单相关、偏相关和复相关

两个变量的相关,即一个因变量对一个自变量的相关关系称为单相关或简相关。例如,在医学上,研究癌症犯病比率与人的吸烟时间长短之间的关系。三个或三个以上变量的相关,即一个因变量对两个或两个以上自变量的相关关系称为复相关,又称多元相关。例如,矿工工作班采煤量同岩层厚度和采煤工作面长度之间的相关。当两个变量同时与第三个变量相关时,将第三个变量的影响剔除,只分析另外两个变量之间相关程度的过

程，称为偏相关。例如，家具厂的产品总成本对生产用劳动量和木材用量的关系是复相关，如假定劳动量不变，只研究产品总成本和木材用量之间的关系是偏相关。在实际工作中，如果存在多个因素对现象的影响时，应该加以筛选，抓住其中最主要的因素，研究其相关关系。

（二）按相关的形式不同，分为线性相关和非线性相关

对于两个具有相关关系的现象进行实际调查，获得一系列成对的数据。当自变量与因变量的各对相应数值，在平面直角坐标系中所描出的若干个点，如果散布趋向于一条直线，称为线性相关。若散布趋向于某种曲线，则称为非线性相关或曲线相关。例如，人均消费水平与人均收入之间通常为线性相关，而施肥量和亩产量之间的关系，在一定数量界限内，施肥量增加，亩产量相应增加，但一旦施肥量超过一定数量，亩产量反而出现下降情况，这就是一种非线性相关。现象相关究竟取什么形式，必须根据实际经验，对事物的性质作理论分析才能恰当地解决。

（三）按变量变化的方向不同，分为正相关和负相关

当自变量的数值增加或减少时，因变量的数值也相应增加或减少，即二者呈现同方向的变化，称为正相关。例如，人均收入越高，人均消费水平也越高。当自变量的数值增加，因变量的数值反而减少，或自变量的数值减少，因变量的数值增加，即二者呈现反方向的变化，则称为负相关。例如，商品流转的规模愈大，而流通费用率则愈低。必须指出，许多现象正负相关的关系是限在一定的度内。如增加训练量在一定的限度内会提高运动成绩，是为正相关，但训练量超负荷就会使运动成绩反而下降，是为负相关；施肥量在一定的限度内影响收获率提高，是为正相关，但施放的肥料超过生物学上所允许的定额数量，收获率反而下降，这又是负相关。至于非线性相关的方向，一般不作区分。

（四）按相关程度不同，分为完全相关、不完全相关和不相关

两种依存关系的变量，其中一个变量的数量变化由另一个变量的数量变化所确定，则称这两个变量间的关系为完全相关。在这种情况下相关关系即成为函数关系，它可以用一定方程来准确地表示。例如，圆的面积决定于它的半径，即 $S=\pi R^2$。两个变量彼此互不影响，其数量变化各自独立，称为不相关。例如，棉花纤维的强度与工人出勤率分属于不同总体的现象，一般认为是不相关的。两个现象之间的关系，介乎于完全相关和不相关之间称为不完全相关，这是统计分析的主要研究对象。例如，前面所举的广告费用与销售量之间的关系。

现用散点图表示各种相关关系，如图 6-1 所示。

三、相关分析的内容及特点

（一）相关分析的内容

1. 确定现象之间有无相关关系。判断现象间是否存在着依存关系是相关分析的起始点。相关分析的首要任务，就是要判断现象之间是否存在必要的联系以及联系的形式。有存在互相依存关系，才有必要采用相关分析方法去研究。

2. 确定相关关系的表现形式。只有判明了现象相关关系的具体表现形式后，才能运用相应的相关分析方法去进一步研究相关的程度，并建立相应的相关关系表达式。如果

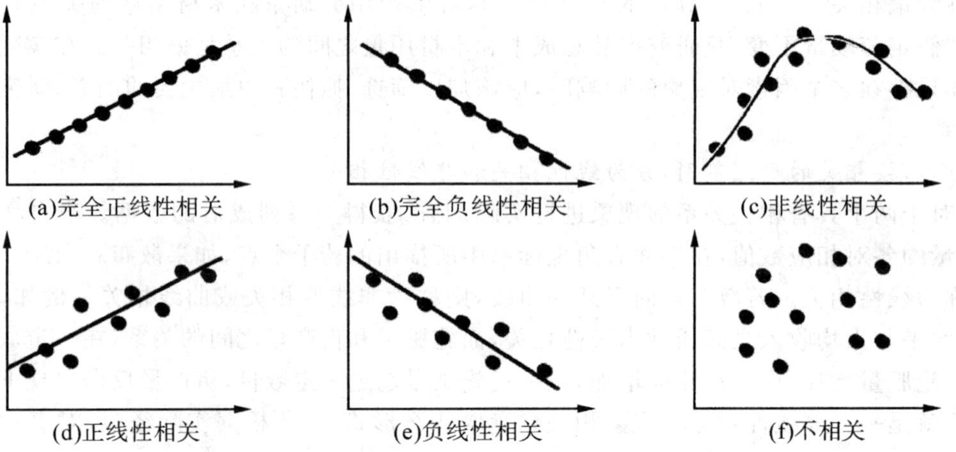

图 6-1　相关图

把曲线相关误认为是直线相关，按直线相关来分析，便会导致错误的结论。

3. 判定相关关系的密切程度和方向。现象之间的相关关系是一种不严格的数量关系，相关分析就是要从这种松散的数量关系中，判定其相关关系的密切程度和方向。

(二)相关分析的特点

在相关分析中，所涉及的变量关系对等，即在相关分析中，不必定出哪个变量是自变量 x，哪个变量是因变量 y，可以根据具体情况，进行统计函数的设定。

四、相关表与相关图

在对现象间数量上的依存关系进行分析之前，首先要对现象之间是否存在关系，存在何种关系，做出判断。这种判断必须以所研究现象的定性认识为基础，即以一定的科学理论为指导，结合实践经验，对现象进行分析研究，才能做出正确的判断。然后，根据所掌握的统计资料，编制相关图表，可使认识更为直观、具体，同定性分析结合起来，进一步判定相关关系的表现和类型。

(一)相关表

对现象总体两种相关变量作相关分析，研究其相互依存关系，首先要通过实际调查取得一系列成对的变量值资料，作为相关分析的原始数据。相关表是表现相关关系的一种表格。一般以 x 为自变量，y 为因变量，自变量每取一个值，都有相对应的因变量值，把它们在表格中一一对应地排列，就得到相关表。通过相关表可以粗略地看出相关关系的类型和相关的密切程度。根据资料是否分组，相关表可分为简单相关表和分组相关表。

1. 简单相关表

简单相关表是资料未经分组的相关表，它是把自变量的取值按照从小到大的顺序并配合因变量的取值一一对应而平行排列起来的统计表。简单相关表是现象变量之间相关研究初步结果的表现。

[**例 6-1**]为研究商品销量与广告费用之间的关系，现对某地最大的 30 家饮料厂家的销量与广告费用进行调查，所得样本资料按广告费用的大小排列。如表 6-2 所示。

表 6-2　30 个样本点广告费用与销量的对应资料

序号	广告费用（万元）	销售数量（百万箱）	序号	广告费用（万元）	销售数量（百万箱）
1	8	6	16	12	12
2	8	8	17	12	14
3	8	10	18	14	10
4	10	8	19	14	10
5	10	10	20	14	12
6	10	10	21	14	12
7	10	12	22	14	12
8	10	12	23	14	14
9	12	8	24	14	14
10	12	8	25	14	16
11	12	10	26	16	14
12	12	10	27	16	14
13	12	10	28	16	16
14	12	12	29	16	16
15	12	12	30	16	16

从表 6-2 中可以直观地发现，广告费用相同的样本点，其饮料销量有所不同。但从变动的趋势看，两者之间存在一定的依存关系。随着广告费用投放量的增加，饮料销售量也呈上升趋势。因此，可以认为广告费用与饮料销售量之间存在着一定的相关关系，而且是正相关。

2. 分组相关表

当原始资料比较多时，按简单相关表来研究对象的相关关系比较困难，这时应编制分组相关表。分组相关表是在简单相关表基础上，将原始数据进行分组而形成的统计表。由于相关表中有两个变量，因此，分组相关表可分为单变量分组相关表和双变量分组相关表。

(1)单变量分组相关表

单变量分组相关表是指对具有相关关系的两个变量中的自变量进行分组，计算出各组的次数，而与之对应的因变量不分组，只计算其组平均值而形成的统计表。

例 6-1 中按广告费用分组而形成的单变量分组相关表，如表 6-3 所示。

表 6-3　30 个样本点广告费用与销量的对应资料

按广告费用分组(万元)	厂家数(家)	平均销售量(百万箱)
8～10	3	8.0
10～12	5	10.4
12～14	9	10.7
14～16	8	12.5
16 以上	5	15.2

将单变量分组相关表与简单相关表相比较,可以发现单变量分组相关表使冗长的资料变得简明、直观,能够清晰地反映出两变量之间的相关关系。

(2)双变量分组相关表

双变量分组相关表是指对具有相关关系的两个变量都进行分组而编制的一种相关表。由于这种表的表形像棋盘,故又称为棋盘式相关表。编制方法如下:首先,分别确定自变量和因变量的组数;其次,按两个变量的组数设计棋盘型表格;最后,将计算出的各组次数置于相对应的方格中。在制表时注意将自变量放在纵栏,按变量值从小到大顺序从左到右排列;将因变量放在横行,按因变量值从小到大顺序自下而上排列。

用例 6-1 的数据编制的双变量分组相关表如表 6-4 所示。

表 6-4　30 个样本点广告费用与销量的对应资料

销售数量(百万箱)	广告费用(万元)					合计
	8～10	10～12	12～14	14～16	16 以上	
14～16				1	3	4
12～14		2	4	2	2	10
10～12	1	2	3	3		9
8～10	1	1	2	2		6
6～8	1					1
合计	3	5	9	8	5	30

从表 6-4 我们可以明显看出,饮料销售数量与广告费用之间的关系集中在左下角到右上角的斜线上,表示二者之间存在正相关关系。

(二)相关图

实际中以图描述现象之间的相互依存关系通常用散点图表示。所以相关图又称散点图。散点图是指由变量数值在直角坐标系中的分布点构成的二维数据分布图。散点图的绘制是采用直角坐标的横轴和纵轴分别代表两个变量 x 和 y,将两个变量任一数据(x_i,y_i)描绘为直角坐标上的一个点,两个变量 x 和 y 的 n 项数据则在直角坐标中形成 n 个数值点,由直角坐标和这 n 个数值点就构成了一个散点图。

相关图可以按未经分组的原始资料来编制,也可以按分组的资料来编制。通过相关图将会发现，当 y 与 x 是函数关系时，所有的相关点都会分布在某一条线上；在相关的情况下，由于受其他因素的影响，这些相关点并非处在一条线上，但所有相关点的分布也会显示出某种趋势。所以，相关图相当直观地显示出现象之间相关的方向和密切程度。

以例 6-1 的资料为例：

1. 根据未分组资料(简单相关表)绘制的相关图，如图 6-2 所示。

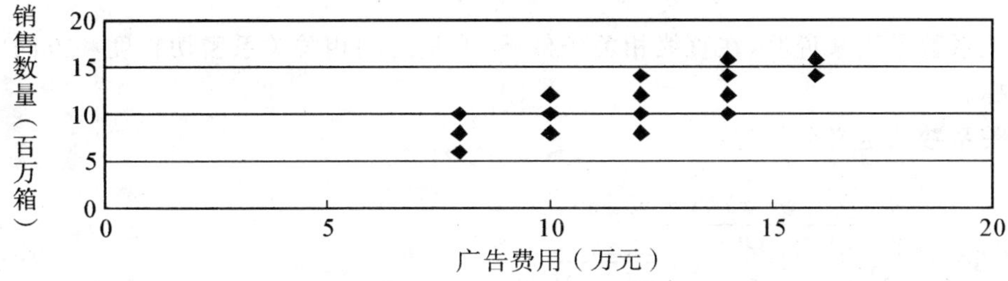

图 6-2　广告费用与饮料销售数量相关图

2. 根据单变量分组相关表绘制的相关图，如图 6-3 所示。

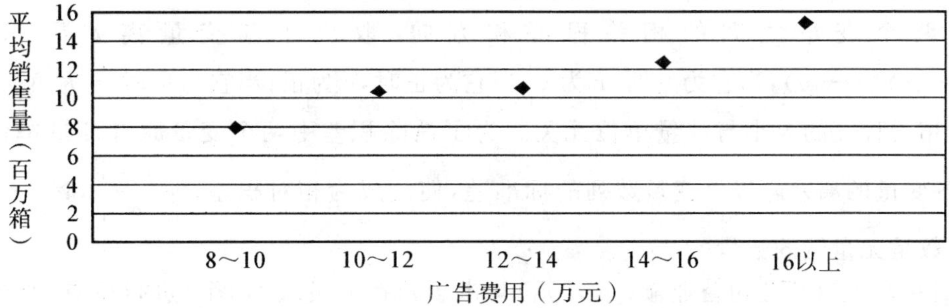

图 6-3　广告费用与饮料销售数量相关图

3. 根据双变量分组相关表绘制的相关图，如图 6-4 所示。

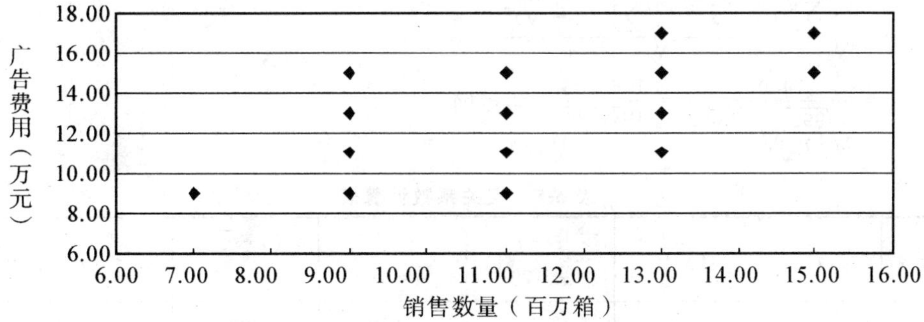

图 6-4　广告费用与饮料销售数量相关图

从相关图上可直观地看出变量之间存在相关关系的大体情况。即广告费用与销售数量之间大致存在着直线相关的趋势。

五、相关系数

(一)相关系数的概念

通过编制相关表，绘制相关图只能初步判断现象之间有无相关关系以及相关关系是什么形式。为了准确地测定两个现象之间相关关系的密切程度和方向，则需要计算相关系数 r。

相关系数是用来说明，在直线相关条件下，变量之间相关关系密切程度和方向的统计分析指标。

相关系数的定义公式为：

$$r=\frac{\frac{\sum(x-\bar{x})(y-\bar{y})}{n}}{\sqrt{\frac{\sum(x-\bar{x})^2}{n}}\sqrt{\frac{\sum(y-\bar{y})^2}{n}}} \quad \text{（公式 6-1）}$$

式中，n 表示数据项数；$\bar{x}$ 为自变量 x 的算术平均数；$\bar{y}$ 为因变量 y 的算术平均数。

从相关系数的定义公式可知相关系数的涵义如下：

1. 两个变量之间的相关程度和方向，取决于两变量离差乘积之和 $\sum(x-\bar{x})(y-\bar{y})$，当它为 0 时，$r$ 为 0；当它为正时，r 为正；当它为负时，r 为负。

2. 相关程度的大小与计量单位无关。为了消除积差中两个变量原有计量单位的影响，将各变量的离差除以该变量数列的标准差，使之成为相对积差，即$\frac{x-\bar{x}}{\sigma_x}$和$\frac{y-\bar{y}}{\sigma_y}$，所以相关系数是无量纲的数量。

[例 6-2]现对某公司营业额(y，万元)与市场营销人员数(x，个)进行调查，得到资料见表 6-5 所示，按相关系数的定义公式直接计算相关系数。

$$r=\frac{\frac{\sum(x-\bar{x})(y-\bar{y})}{n}}{\sqrt{\frac{\sum(x-\bar{x})^2}{n}}\sqrt{\frac{\sum(y-\bar{y})^2}{n}}}$$

$$=\frac{7440/7}{\sqrt{\frac{998}{7}}\sqrt{\frac{57\ 000}{7}}}=\frac{1062.86}{1077.47}=0.9864$$

表 6-5 相关系数计算表

年份	x	y	$x-\bar{x}$ $\bar{x}=79$	$y-\bar{y}$ $\bar{y}=680$	$(x-\bar{x})$ $(y-\bar{y})$	$(x-\bar{x})^2$	$(y-\bar{y})^2$
2006	63	550	−16	−130	2 080	256	16 900
2007	66	590	−13	−90	1 170	169	8 100
2008	73	630	−6	−50	300	36	2 500
2009	79	690	0	10	0	0	100

续表

年份	x	y	$x-\bar{x}$ $\bar{x}=79$	$y-\bar{y}$ $\bar{y}=680$	$(x-\bar{x})$ $(y-\bar{y})$	$(x-\bar{x})^2$	$(y-\bar{y})^2$
2010	83	700	4	20	80	16	400
2011	90	790	11	110	1 210	121	12 100
2012	99	810	20	130	2 600	400	16 900
合计	553	4 760	—	—	7 440	998	57 000

由于以上是通过变量离差乘积之和的平均数来计算相关系数，所以该公式称为积差法公式。

(二)相关系数计算公式

按照定义公式计算相关系数 r 的运算量较大，特别是 x、y 的平均数为非整数时，计算过程相当繁琐，实践中常采用依据定义公式推导的简捷公式，直接利用原始变量的数值计算相关系数：

$$r=\frac{n\sum xy-\sum x\sum y}{\sqrt{n\sum x^2-\left(\sum x\right)^2}\sqrt{n\sum y^2-\left(\sum y\right)^2}} \qquad \text{(公式 6-2)}$$

按照这一公式计算系数，只需列 3 个计算栏：x^2、y^2、xy，且避免了平均数、标准差的直接计算，大大简化了运算过程。

[**例 6-3**]以表 6-5 中的数据，运用简捷公式计算相关系数，如表 6-6 所示。

表 6-6　相关系数计算表

年份	x	y	x^2	y^2	xy
2006	63	550	3 969	302 500	34 650
2007	66	590	4 356	348 100	38 940
2008	73	630	5 329	396 900	45 990
2009	79	690	6 241	476 100	54 510
2010	83	700	6 889	490 000	58 100
2011	90	790	8 100	624 100	71 100
2012	99	810	9 801	656 100	80 190
合计	553	4 760	44 685	3 293 800	383 480

根据表 6-6 计算所得数据代入简捷公式

$$\begin{aligned}r&=\frac{n\sum xy-\sum x\sum y}{\sqrt{n\sum x^2-\left(\sum x\right)^2}\sqrt{n\sum y^2-\left(\sum y\right)^2}}\\&=\frac{7\times 383\ 480-553\times 4760}{\sqrt{7\times 44\ 685-553^2}\sqrt{7\times 3293\ 800-4760^2}}\\&=\frac{52\ 080}{52\ 795.41}\\&=0.9864\end{aligned}$$

此外，相关系数还可用以下公式计算：

$$r=\frac{\frac{\sum xy}{n}-\bar{x}\cdot\bar{y}}{\sigma_x\sigma_y} \qquad \text{（公式 6-3）}$$

$$r=\frac{\frac{383\ 480}{7}-79\times680}{11.94\times90.24}=0.9864$$

（三）相关系数计算结果的分析及应用

相关系数由两部分组成：正负符号、绝对数值的大小。正负说明现象之间是正相关还是负相关。绝对数值的大小说明两现象之间线性相关的密切程度。

1. r 的取值范围为：$-1\leqslant r\leqslant1$。

2. r 的绝对值越接近于 1，表明线性相关关系越密切；r 越接近于 0，表明线性相关关系越不密切。

3. $r=+1$ 或 $r=-1$，表明两现象完全线性相关，即函数关系。

4. $r=0$，表明两变量无线性相关关系。

5. $r>0$，表明现象呈正线性相关；$r<0$，表明现象呈负线性相关。

6. 通过 r 的绝对值，即 $|r|$ 的大小可以判断线性相关的密切程度。

$|r|<0.3$，为微弱线性相关；

$0.3\leqslant|r|<0.5$，为低度线性相关；

$0.5\leqslant|r|<0.8$，为一般线性相关；

$0.8\leqslant|r|<1$，为高度线性相关。

在例 6-3 中，该公司 2006—2012 年市场营销人员和营业额的相关系数为 0.9864，说明该公司市场营销人员和营业额存在着高度的正线性相关关系。

任务二　一元线性回归分析

一、回归分析的内容和类型

（一）回归分析的内容

通过相关分析，可以确定变量之间是否存在相关关系，以及相关关系的类型。但这还不够，还应当将这种相关关系用一定的函数关系式近似地表现出来，这就需要借助于回归分析。所谓回归分析，就是对具有相关关系的变量之间变化的关系进行测定与描述，确立一个数学表达式，以便进行估计与预测的方法。

回归分析具有以下特点：

1. 在两个变量之间，必须根据研究目的具体确定哪个是自变量，哪个是因变量。

2. 回归方程的作用在于，在给定自变量的数值情况下来估计因变量的可能值。一个回归方程只能作一种推算。推算的结果表明变量之间具体的变动关系。

3.直线回归方程中,自变量的系数为回归系数。回归系数的符号为正时,表示正相关;回归系数符号为负时,表示负相关。

4.确定回归方程时,只要求因变量是随机的,而自变量是给定的数值。

回归分析的具体内容包括以下三个方面:

(1)确定现象之间相关关系的数学表达模型;

(2)进行回归方程的显著性检验和测定估计标准误差;

(3)运用回归方程进行预测。

(二)相关分析与回归分析的区别与联系

1.相关分析与回归分析的区别

相关分析所研究的两个变量是对等关系,回归分析所研究的两个变量不是对等关系,必须根据研究目的,先确定其中一个是自变量,另一个是因变量。

对两个变量 x 和 y 来说,相关分析只能计算出一个反映两个变量间相关密切程度的相关系数,计算中改变 x 和 y 的位置不影响相关系数的数值。回归分析中,对互有因果关系的变量,有时可以根据研究目的的不同分别建立两个不同的回归方程。以 x 为自变量,y 为因变量,可以得出 x 对 y 的回归方程;以 y 为自变量,x 为因变量,可得出 y 对 x 的回归方程。

相关分析对资料的要求是:两个变量都必须是随机变量。而回归分析对资料的要求是:自变量是可以控制的变量或给定的变量,而因变量是随机变量。

2.相关分析与回归分析的联系

相关分析是回归分析的基础和前提。如果缺少相关分析,没有从定性上说明现象间是否具有相关关系,没有对相关关系的密切程度做出判断,就不能进行回归分析,即便进行了回归分析,其回归方程的代表性也是值得质疑的。

回归分析是相关分析的深入和继续。对现象间相关分析仅仅说明其具有密切的相关关系是不够的,只有进行了回归分析,拟合了回归方程,才可能进行有关分析的回归预测,相关分析才有实际的意义。因此,如果仅有回归分析而缺少相关分析,将会因为缺乏必要的基础和前提而影响回归分析的可靠性;如果仅有相关分析而缺少回归分析,就会降低相关分析的意义。只有把两者结合起来,才能达到分析研究的目的。

(三)回归分析的类型

回归分析可以从不同的角度划分为不同的类型:

1.按回归变量的个数不同,分为一元回归和多元回归。

一元回归是指只有一个自变量的回归。多元回归包含了两个或两个以上的自变量。

2.按回归的形式不同,分为线性回归和非线性回归。

线性回归是指变量之间的变化趋势大体呈直线的回归分析。非线性回归是指变量的变化趋势不是呈直线状态,而是表现为一定的曲线形式。

二、一元线性回归模型的确定

当两个变量存在高度密切的线性相关关系时,就能进行一元线性回归分析。

进行回归分析通常要设定一定的数学模型,最简单的模型是只有一个因变量和一个自变量的线性回归模型。这一类模型就是一元线性回归模型。该类模型假定因变量 y 主要受自变量 x 的影响，它们之间存在着近似的线性函数关系，即：

$$y_c = a + bx \tag{公式 6-4}$$

在上述一元线性回归模型中，y_c 为回归估计值；a 和 b 表示确定回归直线模型的两个待定参数，通常用最小平方法来求得。a、b 的几何意义是：a 为直线方程的截距，b 为斜率。其经济意义是：a 为当 x 为 0 时 y 的估计值，b 是当 x 每增加一个单位时 y 的平均变化量，b 也称 y 对 x 的回归系数。

三、参数 a、b 的最小二乘估计

参数 a、b 的最小二乘估计的基本原理是：要使配合的方程 $y_c = a + bx$ 最能概括反映观察值的变化规律。所配合的直线模型，可以使实际值与理论值离差的代数和等于零，即 $\sum(y - y_c) = 0$，使离差的平方和为最小，即 $\sum(y - y_c)^2 =$ 最小值。就是说，这条直线使散点到该直线的距离比任何其他直线与散点的距离都要小，因而最有代表性，是最优的线性回归模型。

要使 $\sum(y - y_c)^2 =$ 最小值

即 $\sum(y - a - bx)^2 =$ 最小值

令 $Q(a、b) = \sum(y - a - bx)^2$

要使函数 $Q(a、b)$ 有极小值，则必须满足函数对参数 a、b 的一阶偏导等于零。即：

$$\begin{cases} \dfrac{\partial Q}{\partial a} = 0 \\ \dfrac{\partial Q}{\partial b} = 0 \end{cases}$$

$$\begin{cases} \sum 2(y - a - bx)(-1) = 0 \\ \sum 2(y - a - bx)(-x) = 0 \end{cases}$$

经整理可得以下两个规范方程式。

$$\begin{cases} \sum y = na + b\sum x \\ \sum xy = a\sum x + b\sum x^2 \end{cases}$$

解之即得 a、b。

上述的公式也可以按下列方程式表达：

$$\begin{cases} b = \dfrac{n\sum xy - \sum x \sum y}{n\sum x^2 - (\sum x)^2} \\ a = \dfrac{\sum y}{n} - b\dfrac{\sum x}{n} \end{cases} \tag{公式 6-5}$$

这里 b 为回归系数，它表示自变量 x 每增加一个单位时，因变量 y 的平均增减量，$b>$

0 为增量，$b<0$，则为减量。

[**例 6-4**]根据例 6-3 资料，建立一元线性回归方程。根据表 6-6 的计算数据代入公式 6-5，求解未知参数 a、b。

$$解：b=\frac{n\sum xy-\sum x\sum y}{n\sum x^2-(\sum x)^2}=\frac{7\times 383\ 480-553\times 4\ 760}{7\times 44\ 685-553^2}=7.455$$

$$a=\bar{y}-b\bar{x}=680-7.455\times 79=91.055$$

故一元线性回归方程为：$y_c=91.055+7.455x$

该模型表明，市场营销人员数每增加 1 人，则该公司营业额平均将增加 7.455 万元。

四、回归系数与相关系数的关系

回归系数 b 与相关系数 r 有着非常密切的数量关系，二者之间可互相推算。b 与 r 同号，且 b 正比于 r，这是一个很重要的结论，它为在某场合下依据 r 来推算 y 随 x 的变动情况提供了理论依据。

相关系数与回归系数存在着下列的数量关系：

$$r=\frac{\sum(x-\bar{x})(y-\bar{y})}{\sqrt{\sum(x-\bar{x})^2\sum(y-\bar{y})^2}}=\frac{\sum(x-\bar{x})(y-\bar{y})}{n\sigma_x\sigma_y}$$

$$=\frac{\sum(x-\bar{x})(y-\bar{y})}{n\sigma_x^2}\times\frac{\sigma_x}{\sigma_y}=b\times\frac{\sigma_x}{\sigma_y} \qquad （公式 6-6）$$

反之，如已知 r，也可以利用 r 来计算回归系数。即：

$$b=r\times\frac{\sigma_y}{\sigma_x} \qquad （公式 6-7）$$

以上两式也是相关系数和回归系数的一种简捷计算法。

五、回归方程的显著性检验

回归参数的估计和回归方程的建立并不是终结，我们必须对其进行检验，通过检验，如果发现模型有缺陷，则必须回到模型的设定阶段或参数的估计阶段，重新选择自变量、因变量和函数形式，并重新进行模型建立和参数估计。下面，我们主要介绍显著性 F 检验。

回归系数 b 与 0 是否具有显著差异，表明着母体回归系数 β 是否为 0。若 $\beta=0$，母体回归直线就是一条水平线，x 的变动对 y 没有影响，x 与 y 之间无线性相关关系；如果 $\beta\neq 0$，即 x 与 y 之间存在着线性相关关系，符合假设条件，所建立的一元回归方程可以认为符合变量间的变化规律。回归方程的显著性检验就是要验证变量 x 与 y 之间是否真正存在线性关系。

其检验步骤如下：

1. 提出假设 $H_0:\beta=0$　$H_1:\beta\neq 0$。

式中，H_0 表示原假设，即母体回归系数为 0；H_1 表示备择假设或称拒绝假设，即母体回归系数不为 0。

2. 确定检验统计量 F

$$F=\frac{\sum(y_c-\overline{y})^2/1}{\sum(y-y_c)^2/n-2} \quad \text{（公式 6-8）}$$

式中，$\sum(y_c-\overline{y})^2$ 称为回归平方和；$\sum(y-y_c)^2$ 称为误差平方和；1 与 $n-2$ 称为自由度，回归平方和的自由度为 1，误差平方和的自由度为 $n-2$ 。

3. 确定显著性水平 α。

4. 确定临界值。F 检验的临界值是由显著性水平（通常 $\alpha=0.05$）和自由度 f 决定的，依据 α、f_1、f_2 查 F 分布表可得 F 检验的临界值 F_α。具体可查附录中附表 3《F 分布临界值表》。

5. 做出判断。如果 $F \geqslant F_\alpha$，则拒绝原假设，接受备择假设，回归系数不为 0，即表明回归效果显著；反之，则接受原假设，回归系数为 0，即表明线性回归方程的回归效果不显著。

[**例 6-5**]根据例 6-3 的资料，对其回归模型作 F 检验如下：

表 6-7　一元线性回归模型显著性检验计算表

年份	x	y	y_c	$y_c-\overline{y}$	$(y_c-\overline{y})^2$	$y-y_c$	$(y-y_c)^2$
2006	63	550	560.720	−119.280	14 227.720	−10.720	114.918
2007	66	590	583.085	−96.915	9 392.517	6.915	47.817
2008	73	630	635.270	−44.730	2 000.773	−5.270	27.773
2009	79	690	680.000	0.000	0.000	10.000	100.000
2010	83	700	709.820	29.820	889.232	−9.820	96.432
2011	90	790	762.005	82.005	6 724.820	27.995	783.720
2012	99	810	829.100	149.100	22 230.810	−19.100	364.810
合计	553	4 760	4 760.000	—	55 465.872	—	1 535.470

1. 提出假设

即：$H_0:\beta=0 \quad H_1:\beta\neq 0$。

2. 确定检验统计量

$$F=\frac{\sum(y_c-\overline{y})^2/1}{\sum(y-y_c)^2/n-2}$$

3. 设定显著性水平 α

设本例显著性水平 $\alpha=0.05$。

4. 确定临界值 F_α

由显著性水平 $\alpha=0.05$ 和自由度 $f_1=1$、$f_2=5$，查 F 分布表得临界值 $F_{0.05}(1,5)=6.61$。

5. 做出判断

$$F=\frac{\sum(y_c-\overline{y})^2/1}{\sum(y-y_c)^2/n-2}=\frac{55\ 465.872}{307.09}=180.6176$$

由于 $F=180.6176>F_{0.05}(1,5)=6.61$，则拒绝原假设 H_0，接受备择假设 H_1，回归系数不为0，表明该一元线性回归方程的 F 检验通过，回归方程的回归效果显著。

六、一元线性回归预测

建立回归模型的重要目的之一是进行预测。如果一元线性回归模型检验是显著的，就可以利用其进行预测。所谓预测，就是当自变量 x 取一个值 x_0 时，估计 y 的取值。

（一）点预测

在不考虑估计误差的条件下，进行一元线性回归预测，显得比较简单。根据一元线性回归模型 $y_c=a+bx$ 进行预测，其预测值为 $y_{c0}=a+bx_0$。x_0 表示给定 x 具体数值，y_{c0} 是 $x=x_0$ 时 y 的预测值，通常也称点估计或点预测。

［例 6-6］根据例 6-2 的资料，当某公司市场营销人员数为 110 人时，预测该公司营业额。

解：根据一元线性回归方程 $y_c=91.055+7.455x$，当 $x_0=110$，y_{c0} 的预测值为：

$$y_c=91.055+7.455x=91.055+7.455\times110=911.105(\text{万元})$$

（二）区间预测

当 $x=x_0$ 时，对应的预测对象 y 的点预测值为 $y_{c0}=a+bx_0$。但是，由于各种因素的影响，在 $x=x_0$ 时，实际上观察到的数值 y_0 一般不会恰好是 y_{c0}，它们之间总存在着一定的偏差，即预测误差。我们通常用估计标准误差来说明 y_c 与 y 的差异程度。估计标准误差也可以用来说明回归方程代表性的大小，其计算原理与标准差基本相同。标准差说明平均数的代表性，估计标准误差说明回归线的代表性。估计标准误差用 s_{yx} 表示，其计算公式为：

$$s_{yx}=\sqrt{\frac{\sum(y-y_c)^2}{n-2}}\qquad\text{（公式 6-9）}$$

式中，s_{yx} 为估计标准误差；y 为因变量实际值；y_c 为因变量估计值；n 为观测值的项数。

按照上面的定义公式计算估计标准误差运算量较大，因为它需要计算 y 所有的估计值。实践中，在已知直线回归方程的情况下，通常可采用下列简便公式计算估计标准误差：

$$S_{yx}=\sqrt{\frac{\sum y^2-a\sum y-b\sum xy}{n-2}}\qquad\text{（公式 6-10）}$$

一般来说，在大样本时（即 $n>30$ 时），且 x_0 不远离 $\overline{x}$ 时，则可以根据正态分布确定预测区间为：

$$P(y_{c0}-Z_{\frac{\alpha}{2}}s_{yx}\leqslant y_0\leqslant y_{c0}+Z_{\frac{\alpha}{2}}s_{yx})=2\Phi(Z_{\frac{\alpha}{2}})-1$$

如当 $Z_{\frac{\alpha}{2}}=2$ 时 y_0 的预测区间为：

$$y_{c0}-2s_{yx}\leqslant y_0\leqslant y_{c0}+2s_{yx}$$

并且其概率保证程度为 95.45%。

当 n 较少，通常 $n<30$ 时，采用 t 分布进行预测。当给定置信概率（即可靠度）$1-a$ 时，y_0 预测区间为：

$$y_{c0}-t_{\frac{\alpha}{2}}(n-2)s_{yx}\sqrt{1+\frac{1}{n}+\frac{(x_0-\bar{x})^2}{\sum(x_i-\bar{x})^2}}\leqslant y_0\leqslant y_{c0}+t_{\frac{\alpha}{2}}(n-2)s_{yx}\sqrt{1+\frac{1}{n}+\frac{(x_0-\bar{x})^2}{\sum(x_i-\bar{x})^2}}$$

其中，$t_{a/2}(n-2)$ 可通过查 t 分布表得到。具体可查附录中附表 4“t 分布表”。

[例 6-7]根据例 6-2 的资料，进行一元线性回归的区间预测。如预计 2013 年某公司营销人员数为 110 人时，要求以 95%的概率保证预测某公司营业额。

解：依据最小二乘法原理，配合得到以下一元线性回归方程：

$$y_c=91.055+7.455x$$

故当某公司营销人员数为 110 人时，即 $x_0=110$ 时，某公司营业额的点估计值为：

$$y_c=91.055+7.455x=91.055+7.455\times110=911.105\text{(万元)}$$

运用表 6-6 的计算数据，代入估计标准误差的计算公式：

$$S_{yx}=\sqrt{\frac{\sum y^2-a\sum y-b\sum xy}{n-2}}$$

$$=\sqrt{\frac{3\ 293\ 800-91.055\times4\ 760-7.455\times383\ 480}{7-2}}=17.52$$

由于 $n=7$，即 $n<30$，应采用 t 预测法。

先求

$$\sqrt{1+\frac{1}{n}+\frac{(x_0-\bar{x})^2}{\sum(x_i-\bar{x})^2}}=\sqrt{1+\frac{1}{7}+\frac{441}{998}}=1.2589$$

根据 $1-\alpha=95\%$ 和 $n=7$，查 t 分布表，得：

$$t_{\frac{\alpha}{2}}(n-2)=t_{0.025}(5)=2.571$$

$$t_{\frac{\alpha}{2}}(n-2)s_{yx}\sqrt{1+\frac{1}{n}+\frac{(x_0-\bar{x})^2}{\sum(x_i-\bar{x})^2}}=2.571\times17.52\times1.2589=56.706\text{(万元)}$$

所以，$911.105-56.706\leqslant y_0\leqslant911.105+56.706$

即　$854.399\leqslant y_0\leqslant967.811$（万元）

所以，y_0 将以 95%的置信水平落在[854.399，967.811]万元的区间，即公司营业额在 854.399 万～967.811 万元之间。

任务三 多元线性回归分析

一元线性回归分析所反映的是一个自变量与一个因变量之间的关系。但是，在现实生活中，某一现象的变动常常受多种现象变动的影响。例如，销售量的变动要受销售价格和广告费的影响；农产品产量的变动要受原料、气候、土质指数及播种技术的影响；生育水平要受经济水平和教育水平的影响等等。这种一个因变量同多个自变量的回归问题就是多元回归，当因变量与自变量之间为线性关系时，称为多元线性回归。与一元线性回归分析相比，多元线性回归分析所涉及的自变量更多，计算工作量更大、更复杂，但两者考虑问题的思路、方法基本相同。

一、二元线性回归模型

分析两个自变量同一个因变量的线性相关关系的方法，称为二元线性回归分析。二元线性回归方程模型可表述为：

$$y=a+b_1x_1+b_2x_2$$

式中，a 表示与 y 轴相交的平面在 y 轴上的截距；b_1、b_2 称为偏回归系数：b_1 表示 x_2 固定时 x_1 每变化一个单位引起的 y 的平均变动；b_2 表示 x_1 固定时 x_2 每变化一个单位引起的 y 的平均变动。

为了求得参数 a、b_1、b_2，同一元线性回归同样的道理，可以用最小平方法来求解参数，使 $\sum(y-y_c)^2=$ 最小值，分别对 a、b_1、b_2 求偏导数并令其为零，可得下列规范方程：

$$\begin{cases}\sum y=na+b_1\sum x_1+b_2\sum x_2\\ \sum x_1y=a\sum x_1+b_1\sum x_1^{\ 2}+b_2\sum x_1x_2\\ \sum x_2y=a\sum x_2+b_1\sum x_1x_2+b_2\sum x_2^2\end{cases} \qquad \text{（公式 6-11）}$$

解该方程组得到的 a、b_1、b_2，就是所求的二元线性回归方程参数。

[例 6-8]现有 2004—2012 年某地消费品零售额、居民货币收入及居民人数资料如表 6-8，应用多元线性回归分析它们之间的关系。

表 6-8 2004—2012 年某地消费品零售额与居民收入、人数回归计算表

年份	居民货币收入（亿元）（x_1）	x_1^2	居民人数（千人）（x_2）	x_2^2	消费品零售额（亿元）（y）	y^2	x_1x_2	x_1y	x_2y
2004	11.6	134.56	321	103 041	10.4	108.16	3 723.6	120.64	3 338.4
2005	12.9	166.41	322	103 684	11.5	132.25	4 153.8	148.35	3 703.0
2006	13.7	187.69	323	104 329	12.4	153.76	4 425.1	169.88	4 005.2

续表

年份	居民货币收入(亿元)(x_1)	x_1^2	居民人数(千人)(x_2)	x_2^2	消费品零售额(亿元)(y)	y^2	x_1x_2	x_1y	x_2y
2007	14.6	213.16	324	104 976	13.1	171.61	4 730.4	191.26	4 244.4
2008	14.4	207.36	326	106 276	13.1	171.61	4 694.4	188.64	4 270.6
2009	16.5	272.25	329	108 241	14.5	210.25	5 428.5	239.25	4 770.6
2010	22.0	484.00	340	115 600	18.3	334.89	7 480.0	702.60	6 222.0
2011	25.3	640.09	344	118 336	21.9	479.61	8 703.2	554.07	7 533.6
2012	26.5	702.25	349	121 801	23.8	566.44	9 248.5	630.70	8 306.2
合计	157.5	3 007.77	2 978	986 284	139.0	2 328.58	52 587.5	2 645.39	46 393.9

解:已知二元线性回归方程为:

$$y=a+b_1x_1+b_2x_2$$

为求得 a、b_1、b_2 三个参数值,须用下列三个标准方程式联立求解:

$$\begin{cases}\sum y = na + b_1\sum x_1 + b_2\sum x_2 \\ \sum x_1 y = a\sum x_1 + b_1\sum x_1^2 + b_2\sum x_1x_2 \\ \sum x_2 y = a\sum x_2 + b_1\sum x_1x_2 + b_2\sum x_2^2\end{cases}$$

将计算表中有关数据代入以上方程式:

$$\begin{cases}139=9a+157.5b_1+2\ 978b_2 \\ 2\ 645.39=157.5a+3\ 007.77b_1+52\ 587.5b_2 \\ 46\ 393.9=2\ 978a+52\ 587.5b_1+98\ 6284b_2\end{cases}$$

解方程组得:$a=-12.6883$,$b_1=0.7624$,$b_2=0.0447$

所配合的回归方程为:

$$y_c=-12.6883+0.7624x_1+0.0447x_2$$

通过所得回归方程,给定 x_1 和 x_2 的数值,可以估计或预测相关的 y_c(见表 6-9y_c 栏)。

二、多元线性回归模型

多元线性回归分析实质上是简单线性回归分析的扩充,用来解释因变量和多个自变量之间的相互关系,其回归方程为:

$$y=a+b_1x_1+b_2x_2+\cdots+b_nx_n$$

为了求得参数 $a,b_1,b_2,\cdots,b_n$,同一元线性回归同样的道理,用最小二乘法估计各参数,使 $\sum(y-y_c)^2=$最小值,可得下列方程:

$$\begin{cases}\sum y = na + b_1\sum x_1 + b_2\sum x_2 + b_3\sum x_3 + \cdots + b_n\sum x_n \\ \sum x_1 y = a\sum x_1 + b_1\sum x_1^2 + b_2\sum x_1 x_2 + b_3\sum x_1 x_3 + \cdots + b_n\sum x_1 x_n \\ \cdots \\ \sum x_n y = a\sum x_n + b_1\sum x_n x_1 + b_2\sum x_n x_2 + b_3\sum x_n x_3 + \cdots + b_n\sum x_n^2\end{cases}$$

解上述方程式，可求得 $a, b_1, b_2, \cdots, b_n$。

当自变量数目较大，求解上述方程组显得相当复杂，需运用电子计算机，因而通常将多元线性回归模型表述成矩阵形式。

三、复相关系数

复相关系数是反映一个因变量 y 与其他多个自变量 $x_1, x_2, x_3, \cdots, x_n$ 之间的线性相关程度的指标。复相关系数用 R 表示，其取值范围在 0～1 之间，R 恒为正值。相关系数越接近 1，说明 y 与所有 x 之间的关系越密切；反之，说明它们之间的关系越不密切。以某地消费品零售额、居民货币收入及居民人数二元线性回归分析为例，所求得的回归方程为：

$$y_c = -12.6883 + 0.7624x_1 + 0.0447x_2$$

这个回归方程是否合适，可以用复相关系数 R 来衡量。复相关系数的计算公式为：

$$R = \sqrt{\frac{\sum (y_c - \bar{y})^2}{\sum (y - \bar{y})^2}} = \sqrt{1 - \frac{\sum (y - y_c)^2}{\sum (y - \bar{y})^2}} \quad \text{（公式 6-12）}$$

[例 6-9]根据例 6-8 资料，计算变量之间的复相关系数。

由表 6-9 计算所得的数据，代入复相关系数的计算公式。

$$R = \sqrt{\frac{\sum (y_c - \bar{y})^2}{\sum (y - \bar{y})^2}} = \sqrt{1 - \frac{\sum (y - y_c)^2}{\sum (y - \bar{y})^2}} = \sqrt{1 - \frac{1.589074}{2328.58 - \frac{139^2}{9}}} = 0.9956$$

表 6-9 复相关系数计算表

年份	x_1	x_2	y	y^2	y_c	$y-y_c$	$(y-y_c)^2$
2004	11.6	321	10.4	108.16	10.504	−0.104	0.010816
2005	12.9	322	11.5	132.25	11.540	−0.040	0.001600
2006	13.7	323	12.4	153.76	12.195	0.205	0.042025
2007	14.6	324	13.1	171.61	12.926	0.174	0.030276
2008	14.4	326	13.1	171.61	12.862	0.238	0.056644
2009	16.5	329	14.5	210.25	14.598	−0.098	0.009604
2010	22.0	340	18.3	324.89	19.282	−0.982	0.964324
2011	25.3	344	21.9	479.61	21.977	−0.077	0.005929
2012	26.5	349	23.8	566.44	23.116	0.684	0.467856
合计	157.5	2978	139.0	2328.58	139.00	0	1.589074

说明消费品零售额和居民收入及居民人数之间存在高度相关。

任务四　非线性回归分析

一、非线性回归模型

（一）非线性回归分析的提出

在前面分析中，我们探讨自变量和因变量之间的相关关系可以用线性方程来近似地反映。但是，在现实生活中，非线性关系是大量存在的。在许多场合，非线性的回归方程比线性回归方程更能够准确地反映客观现象之间的相关关系。如施肥量与亩产量的关系，在一定范围内，施肥量增加，亩产量会增加，但是并非无限制，在超过一定的数量界限后，随着施肥量的增加，亩产量反而下降。两变量的变化不是线性状态，而更适合用抛物线曲线来描述两变量的变化规律。所以选择正确的模型进行回归分析显得十分重要。

非线性回归分析必须着重解决两个问题。第一，如何确定非线性回归的具体形式。与线性回归分析的场合不同，非线性回归函数有多种多样的具体形式，需要根据所研究问题的性质并结合实际的观测值作出恰当的选择；第二，如何估计未知参数。非线性回归参数估计最常见的方法仍然是最小二乘法。

（二）常见的非线性回归方程

在统计研究和分析中较常见的非线性回归模型主要有以下几种：

1. 二次抛物线：　$y=a+bx+cx^2$　（公式 6-13）

2. 指数曲线：　$y=ae^{bx}$　（公式 6-14）

3. 双曲线：　$\frac{1}{y}=a+\frac{b}{x}$　（公式 6-15）

4. 幂函数曲线：　$y=ax^b$　（公式 6-16）

5. 对数曲线：　$y=a+b\log x$　（公式 6-17）

6. S 型曲线：　$y=\frac{1}{a+be^{-x}}$　（公式 6-18）

确定非线性回归模型，可以根据观察值绘制散点图，也可进行数量分析后确定。

例如，判断某种现象是否适合应用二次抛物线模型，可以利用“差分法”。其步骤如下：首先，将观察值按照 x 的大小顺序排列，然后，按以下两式计算 x 和 y 的一阶差分 Δx_t、Δy_t 以及 y 的二阶差分 Δy_{2t}。

$$\Delta x_t=x_t-x_{t-1}$$

$$\Delta y_t=y_t-y_{t-1}$$

$$\Delta y_{2t}=\Delta y_t-\Delta y_{t-1}$$

当 Δx_t 接近于一常数，而 Δy_{2t} 的绝对值接近于常数时，y 与 x 之间的关系可以用二次抛物线方程近似反映。

又如，随 y 着 x 的增加而增加（或减少），最初增加（或减少）很快，以后逐渐放慢并趋于稳定，则可以选用双曲线来拟合。

二、非线性回归模型的线性化及参数的确定

在多数情况下，非线性回归问题可以通过变量的变换，将其化成线性回归问题，然后应用前面介绍的线性回归分析方法。

（一）非线性回归模型的线性化

1. 指数曲线：$y=ae^{bx}$

$$\ln y=\ln a+bx$$

令 $y'=\ln y, a'=\ln a$

则有 $y'=a'+bx$

2. 双曲线：$\frac{1}{y}=a+\frac{b}{x}$

令 $y'=1/y, x'=1/x$

则有 $y'=a+bx'$

3. 幂函数曲线：$y=ax^b$

$$\log y=\log a+b\log x$$

令 $y'=\log y, a'=\log a, x'=\log x$

则有 $y'=a'+bx'$

4. 对数曲线：$y=a+b\cdot\log x$

令 $y'=y, x'=\log x$

则有 $y'=a+bx'$

5. S 型曲线：$y=\frac{1}{a+be^{-x}}$

令 $y'=1/y, x'=e^{-x}$

则有 $y'=a+bx'$

（二）非线性回归参数的确定

以二次抛物线曲线回归模型为例说明非线性回归参数确定的方法。二次抛物线曲线回归模型为：

$$y=a+bx+cx^2$$

［**例 6-10**］设某农场对七块地的施肥量与农产量进行调查，资料如表 6-10 所示。

表 6-10　七块土地的施肥量与农产量的资料

地块	施肥量(担/亩)	农产量(公担/亩)
1	1	4
2	2	6
3	3	7

续表

地块	施肥量(担/亩)	农产量(公担/亩)
4	4	8
5	5	8
6	6	6
7	7	3

从表 6-10 可以看出，在一定的条件下，施肥量增加，农作物产量增加。但并非无限制。在超过一定的数量界限下，施肥量增加，农作物的产量反而下降。由此可见，施肥量与亩产量并非单纯的正相关或负相关。在此，不妨对具体资料绘制一张相关关系的散点图。具体见图 6-5。

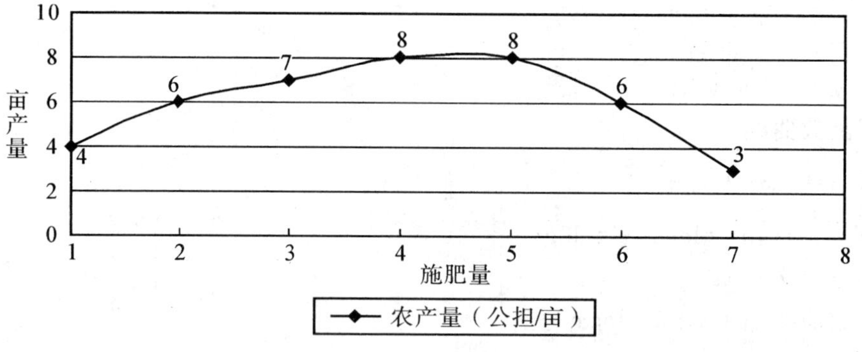

图 6-5　施肥量与农产量相关关系散点图

从图 6-5，可以清楚地看出施肥量与农产量之间存在着抛物线状的曲线相关，根据抛物线曲线模型 $y=a+bx+cx^2$，利用调查所得的资料，运用最小二乘法原理，确定 a、b、c，必须使 $\sum(y-y_c)^2$ 为最小。

要使 $\sum(y-y_c)^2=$ 最小值，即：

$$\sum(y-a-bx-cx^2)^2=\text{最小值}$$

令 $Q(a、b)=\sum(y-a-bx-cx^2)^2$

要使函数 $Q(a、b)$ 有极小值，则必须满足函数对参数 a、b、c 的一阶偏导等于 0。即：

$$\begin{cases}\dfrac{\partial\theta}{\partial a}=0\\ \dfrac{\partial\theta}{\partial b}=0\\ \dfrac{\partial\theta}{\partial c}=0\end{cases}$$

可得下列规范方程式：

$$\begin{cases}\sum y = na + b\sum x + c\sum x^2 \\ \sum xy = a\sum x + b\sum x^2 + c\sum x^3 \\ \sum x^2 y = a\sum x^2 + b\sum x^3 + c\sum x^4\end{cases}$$ （公式 6-19）

列计算表如表 6-11 所示。

表 6-11 求解二次抛物线回归方程计算表

地块	x	y	xy	x^2	x^3	x^4	x^2y
1	1	4	4	1	1	1	4
2	2	6	12	4	8	16	24
3	3	7	21	9	27	81	63
4	4	8	32	16	64	256	128
5	5	8	40	25	125	625	200
6	6	6	36	36	216	1 296	216
7	7	3	21	49	343	2 401	147
合计	28	42	166	140	784	4676	782

利用表 6-11 的资料代入下列的规范方程式：

$$\begin{cases}42 = 7a + 28b + 140c \\ 166 = 28a + 140b + 784c \\ 782 = 140a + 784b + 4676c\end{cases}$$

解此联立方程可得：

$a = 0.28 \quad b = 3.93 \quad c = -0.5$

故所求二次抛物线回归方程为 $y = 0.28 + 3.93x - 0.5x^2$

如要进行施肥量为 $x=5$ 时，亩产 y 的点估计，则：

$y_{x=5} = 0.28 + 3.93x - 0.5x^2 = 7.43$（公担/亩）

【超级链接】

"回归"名称的由来——高尔顿的父子身高试验

高尔顿早年在剑桥大学学习医学，但医生的职业对他并无吸引力，后来他接受了一笔遗产，这使他可以放弃医生的生涯，并于 1850—1852 年期间去非洲考察，他所取得的成就使其在 1853 年获得英国皇家地理学会的金质奖章。此后他研究过多种学科（气象学、心理学、社会学、教育学和指纹学等），在 1865 年后他的主要兴趣转向遗传学，这也许是受他表兄达尔文的影响。

从 19 世纪 80 年代高尔顿就开始思考父代和子代相似，如身高、性格及其他种种特制的相似性问题。于是他选择了父母平均身高 X 与其一子身高 Y 的关系作为研究对象。他观察了 1 074 对父母及每对父母的一个儿子，将结果描成散点图，发现趋势近乎一条直线。总的来说是父母平均身高 X 增加时，其子的身高 Y 也倾向于增加，这是意料中的结果。但有意思的是高尔顿发现这 1 074 对父母平均身高的平均值为 68 英寸（英国计量单位，1 英寸＝2.54cm）时，1 074 个儿子的平均身高为 69 英寸，比父母平均身高大 1 英寸，于是他推想，当父母平均身高为 64 英寸时，1 074 个儿子的平均身高应为 64＋1＝65 英寸；若父母的身高为 72 英寸时，他们儿子的平均身高应为 72＋1＝73 英寸，但观察结果却与此不符。高尔顿发现前一种情况是儿子的平均身高为 67 英寸，高于父母平均值达 3 英寸，后者儿子的平均身高为 71 英寸，比父母的平均身高低 1 英寸。

高尔顿对此研究后得出的解释是自然界有一种约束力，使人类身高在一定时期是相对稳定的。如果父母身高（或矮了），其子女比他们更高（矮），则人类身材将向高、矮两个极端分化。自然界不这样做，它让身高有一种回归到中心的作用。例如，父母平均身高 72 英寸，这超过了平均值 68 英寸，表明这些父母属于高的一类，其儿子也倾向属于高的一类（其平均身高 71 英寸，大于子代 69 英寸），但不像父母离子代那么远（71－69＜72－68）。反之，父母平均身高 64 英寸，属于矮的一类，其儿子也倾向属于矮的一类（其平均 67 英寸，小于子代的平均数 69 英寸），但不像父母离中心那么远（69－67＜68－64）。

因此，身高有回归于中心的趋势，由于这个性质，高尔顿就把“回归”这个词引进到问题的讨论中，这就是“回归”名称的由来，逐渐被后人沿用成习了。

（资料来源：汪荣伟主编：《经济应用数学》，高等教育出版社，2006 年。）

任务五　Excel 在相关分析与回归分析中的应用

任务导入

统计局定期公布各类价格指数。其中，消费者比较关心的主要是消费者价格指数（CPI），我国称之为居民消费价格指数。CPI 是根据与居民生活有关的产品及劳务价格统计出来的物价变动指标，通常作为观察通货膨胀水平的重要指标，是政府用来衡量通货膨胀的其中一个数据。通俗的讲，CPI 就是市场上的货物价格增长百分比，它对普通家庭的支出来说，表示购买具有代表性的一组商品，在今天要比过去某一时间多花费或少花费多少。而生产者比较关心生产者价格指数（PPI），我国称之为工业品出厂价格指数。PPI 是反映一定时期全部工业产品出产价格总水平的变动趋势和程度的相对数，包括工业企业售给本企业以外所有单位的各种产品和直接售给居民用于生活消费的产品。该指数可以观察出厂价格对工业总产值及增加值的影响。

合理预测 CPI 和 PPI 未来的走势，无论对消费者还是生产者来说都具有重要的参考价值。表 6-12 是 1992—2010 年福建省的居民消费价格指数（CPI）和工业品出厂价格指数（PPI）。

表 6-12 1992—2010 年福建省的 CPI 和 PPI 数据

年份	居民消费价格指数	工业品出厂价格指数	年份	居民消费价格指数	工业品出厂价格指数
1992	105.9	102.7	2002	99.5	97.6
1993	115.41	117.1	2003	100.8	100.7
1994	125.3	116.9	2004	104.0	102.6
1995	115.2	115.7	2005	102.2	100.2
1996	105.9	101.8	2006	100.8	99.2
1997	101.7	100.3	2007	105.2	100.8
1998	99.7	95.7	2008	104.6	102.7
1999	99.1	96.6	2009	98.2	95.5
2000	102.1	100.5	2010	103.2	103.2
2001	98.7	98.1			

需要分析的问题：

对 CPI 和 PPI 之间的关系进行分析，并建立回归模型。

任务处理

回归分析是一种经典的统计分析方法，主要用于对所关注变量(因变量)的预测，尤其适合截面数据。运用回归分析进行预测时，首先应对变量之间的关系进行分析，并根据这种关系建立一定的预测模型。再根据样本数据对所建立的模型进行检验后，确定模型是否恰当，如果恰当的话，再进行预测。

描述变量之间关系的方法就是散点图，而测定变量之间关系强度的方法则是相关系数。

一、相关图的绘制

1. 打开“居民消费价格指数. xls”工作簿，选择“指数”工作表。

2. 选择 B1:C20 区域，选择“插入”—“图表”命令，弹出“图表向导－4 步骤之 1－图表类型”对话框窗。在“图表类型”列表中选择“*XY* 散点图”，在“子图表类型”列表中选择第一种“散点图”，具体见图 6-6。单击“下一步”按钮。

3. 弹出的“图表向导－4 步骤之 2－图表源数据”对话框，图形如图 6-7 所示，单击“下一步”按钮。

4. 弹出“图表向导－4 步骤之 3－图表选项”对话框，单击“标题”标签，切换到“标题”选项卡，在图表“标题”文本框中输入“CPI 与 PPI 的散点图”，在“数值(X)轴(A)”文本框中输入“居民消费价格指数”，在“数值(Y)轴(V)”文本框中输入“工业品出厂价格指数”；然后单击“图例”标签，切换到“图例”选项卡，取消选中“显示图例”复选框。单击“完成”按钮，得出图 6-8 所示散点图。

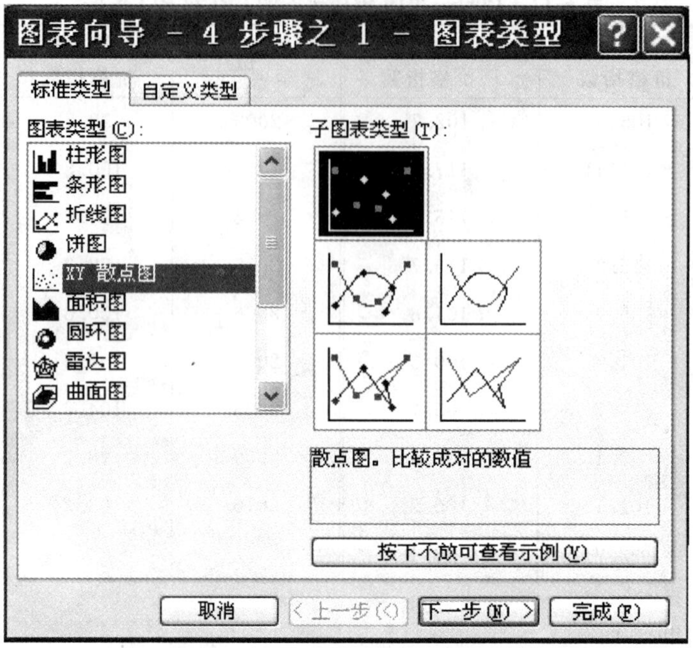
图表向导 - 4 步骤之 1 - 图表类型
标准类型
自定义类型
图表类型(C):
柱形图
条形图
折线图
饼图
XY 散点图
面积图
圆环图
雷达图
曲面图
子图表类型(T):
散点图。比较成对的数值
按下不放可查看示例(V)
取消
< 上一步(<)
下一步(N) >
完成(F)

图 6-6

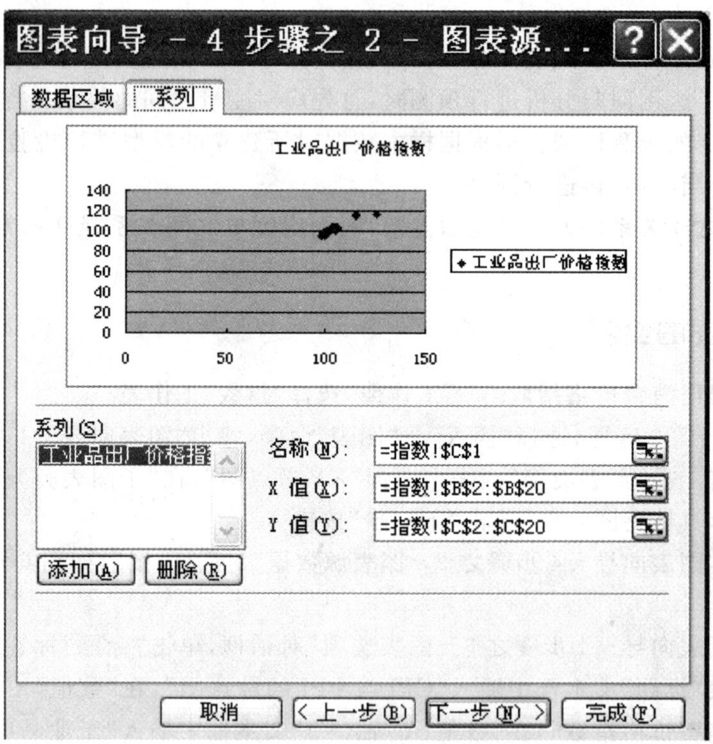
图表向导 - 4 步骤之 2 - 图表源...
数据区域
系列
工业品出厂价格指数
140
120
100
80
60
40
20
0
0
50
100
150
◆ 工业品出厂价格指数
系列(S)
名称(N):
=指数!$C$1
X 值(X):
=指数!$B$2:$B$20
Y 值(Y):
=指数!$C$2:$C$20
添加(A)
删除(R)
取消
< 上一步(B)
下一步(N) >
完成(F)

图 6-7

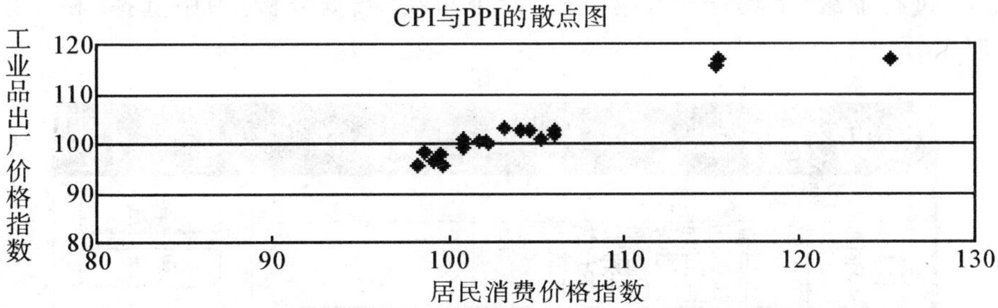

图 6-8

从散点图可以看出，CPI 与 PPI 之间具有一定的线性相关关系，随着 PPI 的上涨，CPI 也随之上涨。

二、相关系数的计算

用 Excel 计算相关系数分析变量之间的相关性，可以利用相关系数函数获取，也可以使用相关分析工具计算。

(一)利用函数计算相关系数

1. 选择单元格 E2，确定相关系数的输出位置；

2. 单击“插入”—“函数”命令，打开“插入函数”对话框，在“或选择类别”中选择“统计”；在“选择函数””中选择“CORREL”，单击“确定”后，出现 CORREL 对话框，如图 6-9 所示。

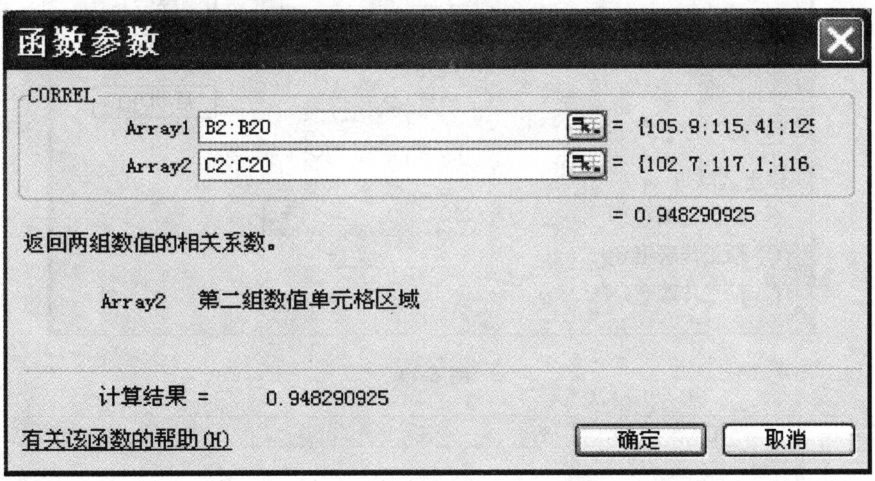

图 6-9

3. 在 Array1、Array2 里分别输入两列数据所在区域“B2:B20”和“C2:C20”，单击“确定”，得出相关系数 r 为 0.948291，说明 CPI 与 PPI 之间具有显著的线性关系。

(二)利用相关分析工具计算

1. 选择“工具”—“数据分析”命令(如果“工具”菜单中没有“数据分析”命令，需要单击

“加载宏”先进行加载“工具”—“数据分析”命令)，在“数据分析”项中选择“相关系数”，如图 6-10 所示。

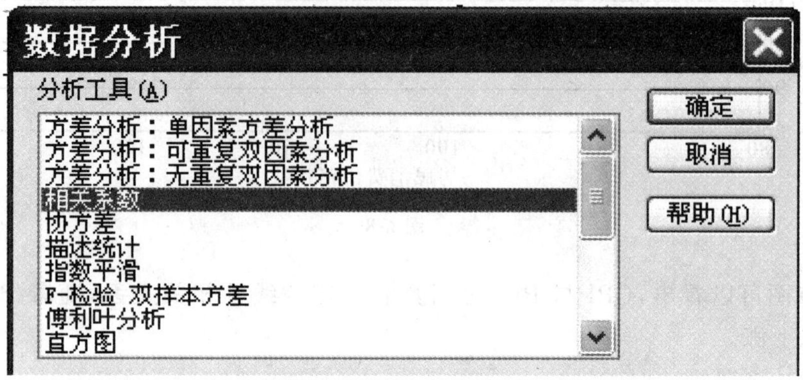

图 6-10

2.单击“确定”，弹出“相关系数”对话框，如图 6-11 所示。在“输入区域”选择进行相关分析的数据“B1:C20”，“分组方式”中选择“逐列”，因数据区域的第一行为变量名，所以选择“标志位于第一行”；在“输出区域”中选择相关系数的存放位置单元格 G2，单击“确定”。得到输出结果如图 6-12 所示。

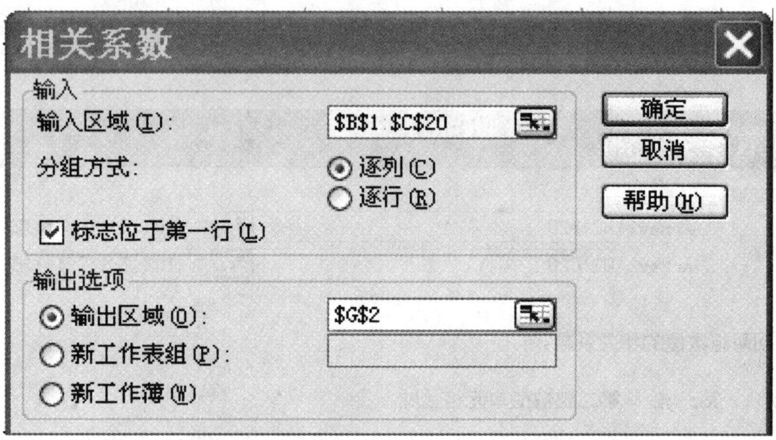

图 6-11

G	H	I
	居民消费价格指数	工业品出厂价格指数
居民消费价格指数	1	
工业品出厂价格指数	0.948290925	1

图 6-12

由图 6-12 得出，CPI 和 PPI 之间相关系数为 0.948290925，它们之间具有显著的线性关系。

三、回归分析

由于 CPI 和 PPI 之间具有显著的线性关系。因此，可建立一元线性回归模型，用 PPI 来预测 CPI，将 CPI 作为因变量，PPI 作为自变量。具体操作过程如下：

1. 选择“工具”—“数据分析”命令，打开“数据分析”对话框，在“分析工具”列表中选择“回归”选项，如图 6-13 所示。

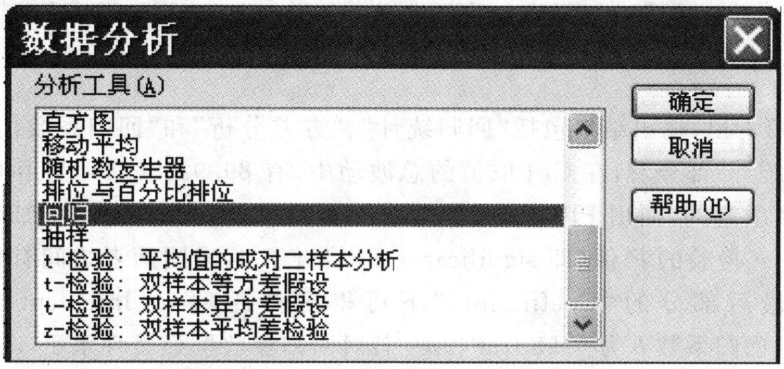

图 6-13

2. 单击“确定”按钮，弹出“回归”对话框，如图 6-14 所示。在该对话框中，在“Y 值输入区域”中选择因变量数据的起止单元格“B1:B20”；在“X 值输入区域”中选择自变量数据的起止单元格“C1:C20”。因输入区域的第一行是变量名，则选中“标志”复选框；选择“置信度”复选框，在文本框中输入“95%”；在“输出区域”数值框中指定输出结果的单元格为“G8”。

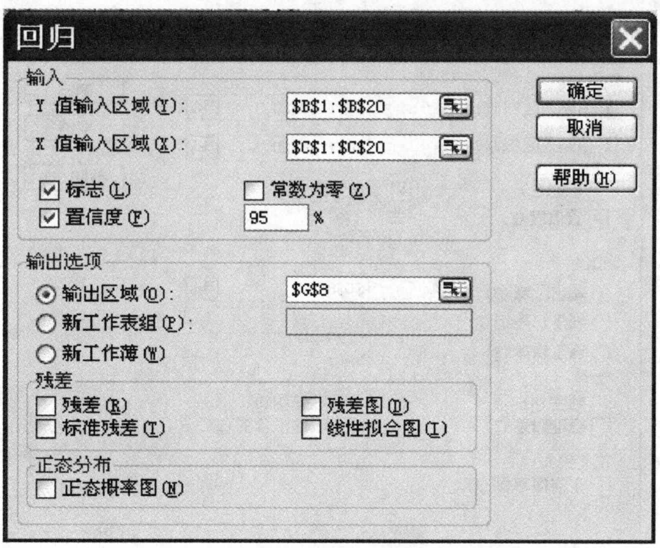

图 6-14

3. 单击“确定”按钮，得到回归估计结果，如图 6-15 所示。

SUMMARY OUTPUT								
回归统计								
Multiple R	0.948290925							
R Square	0.899255678							
Adjusted R Square	0.893329542							
标准误差	2.269457573							
观测值	19							
方差分析								
	df	SS	MS	F	Significance F			
回归分析	1	781.5480226	781.548	151.744	6.73345E-10			
残差	17	87.55744051	5.150438					
总计	18	869.1054632						
	Coefficients	标准误差	t Stat	P-value	Lower 95%	Upper 95%	下限 95.0%	上限 95.0%
Intercept	3.298747297	8.240478798	0.40031	0.693914	-14.08714308	20.68464	-14.0871	20.68464
工业品出厂价格指数	0.988158428	0.080217812	12.31844	6.73E-10	0.81891364	1.157403	0.818914	1.157403

图 6-15

图 6-15 可看出，输出结果包括“回归统计”、“方差分析”和“回归系数估计”等三个部分。从“回归统计”部分看，在 CPI 取值的总波动中，有 89.9255678% 是由 CPI 与 PPI 之间的线性关系引起的，而用 PPI 来预测 CPI 的平均预测误差为 2.269457573%；从“方差分析”部分看，F 检验的 P 值(即 significance F)接近于 0，表明两者之间有显著的线性相关系数。从最后部分的“Coefficients”下可得到截距项 a (Intercept) 的估计值为 3.298747297，回归系数 b 为 0.988158428。若对回归参数按显著性水平 $a=0.05$ 进行检验，仅回归系数的 P 值(P Value)为 $6.73\times10^{-10}<0.05$，回归系数是显著的，而常数项检验的 P 值(P Value)为 $0.693914>0.05$，没有通过检验，说明常数显著为零。需将常数项剔除，重新进行回归分析。

剔除常数项的回归分析：

1. 重复上述 1、2、3 步。于第 2 步中，各选项选择中，将“常数为零(Z)”复选框选中，其余选项选择情况同上第 2 步，如图 6-16 所示。

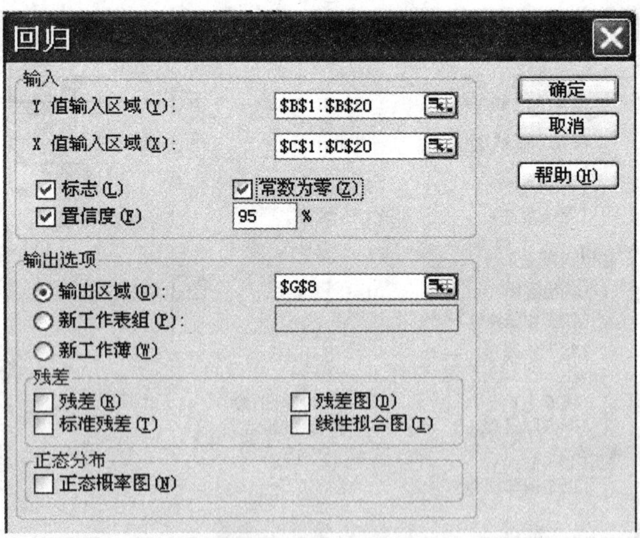

图 6-16

2. 单击“确定”按钮，得到回归估计结果，如图 6-17 所示。

SUMMARY OUTPUT								
回归统计								
Multiple R	0.999788307							
R Square	0.999576658							
Adjusted R Square	0.944021103							
标准误差	2.215886943							
观测值	19							
方差分析								
	df	SS	MS	F	Significance F			
回归分析	1	208685.7753	208685.8	42500.85	2.49098E-30			
残差	18	88.38278896	4.910155					
总计	19	208774.1581						
	Coefficients	标准误差	t Stat	P-value	Lower 95%	Upper 95%	下限 95.0%	上限 95.0%
Intercept	0	#N/A	#N/A	#N/A	#N/A	#N/A	#N/A	#N/A
工业品出厂价格指数	1.020206273	0.004948678	206.1574	8.1E-32	1.009809487	1.030603	1.009809	1.030603

图 6-17

从图 6-17“回归统计”部分看，在 CPI 取值的总波动中，有 99.9576658％是由 CPI 与 PPI 之间的线性关系引起的，而用 PPI 来预测 CPI 的平均预测误差为 2.215886943％；从“方差分析”部分看，F 检验的 P 值(即 significance F)接近于 0，表明两者之间有显著的线性相关系数，回归方程有意义。从最后部分的“Coefficients”下可得到回归系数 b 为 1.020206273。若对回归参数按显著性水平 $a=0.05$ 进行检验，回归系数的 P 值(P Value)接近于 0，回归系数是显著的。由此可得到所求的回归方程模型为：

$$y_c = bx = 1.020206273x$$

技能训练

一、填空题

1. 相关关系依相关方向不同分为__________和__________；依相关的表现形式不同分为__________和__________。

2. 在判定现象相关关系密切程度时，主要用__________进行一般性判断，用__________进行数量上的说明。

3. 两个变量之间的相关关系称为__________；在具有相关关系的两个变量中，当一个变量的数值由小变大，而另一个变量的数值却由大变小时，这两个变量之间的关系称为__________。

4. 进行__________分析时，首先要确定哪个是自变量，哪个是因变量，在这一点上与__________分析不同。

5. 估计标准误差是__________与__________之间的标准差，它是说明__________的综合指标。

6. 相关系数的取值范围是__________。

7. 完全相关即是__________关系，其相关系数为__________。

8. 相关系数是用于反映____________条件下，两变量相关关系的密切程度和方向的统计指标。

9. 直线相关系数等于零，说明两变量之间____________；直线相关系数等于1，说明两变量之间____________；直线相关系数等于−1，说明两变量之间____________。

10. 回归方程 $y=a+bx$ 中的参数 a 是____________，b 是____________。在统计中估计待定参数的常用方法是____________。

二、单项选择题

1. 相关分析研究的是(　　)。

A. 变量间的相互依存关系　　B. 变量间的因果关系

C. 变量间严格的一一对应关系　　D. 变量间的线性关系

2. 下列情况中称为正相关的是(　　)。

A. 随一个变量增加，另一个变量减少　　B. 随一个变量减少，另一个变量增加

C. 随一个变量增加，另一个变量相应增加　　D. 随一个变量增加，另一个变量不变

3. 相关系数的取值范围是(　　)。

A. $-1<r<1$　　B. $0<r<1$　　C. $-1\leqslant r\leqslant 1$　　D. $r>1$

4. 相关系数等于零表明两个变量(　　)。

A. 是严格的函数关系　　B. 不存在相关关系

C. 不存在线性相关关系　　D. 存在曲线相关关系

5. 相关分析对资料的要求是(　　)。

A. 两个变量均为随机的　　B. 两个变量均不是随机的

C. 自变量是随机的，因变量不是随机的　　D. 自变量不是随机的，因变量是随机的

6. 估计标准误差是反映(　　)。

A. 平均数代表性的指标　　B. 现象之间相关关系的指标

C. 回归直线代表性的指标　　D. 平均误差程度的指标

7. 在计算相关系数之前，必须对两个现象进行(　　)。

A. 定性分析　　B. 定量分析　　C. 回归分析　　D. 可比分析

8. 现象之间相互依存关系的程度越低，则相关系数(　　)。

A. 越小于0　　B. 越接近于−1　　C. 超接近于1　　D. 越接近于0

9. 现象之间相互关系的类型有(　　)。

A. 函数关系和因果关系　　B. 相关关系和函数关系

C. 相关关系和因果关系　　D. 相关关系和回归关系

10. 产品产量与单件成本的相关系数是−0.88，单位成本与利润率的相关系数是−0.94，产量与利润率之间的相关系数是0.81，因此(　　)。

A. 产量与利润率的相关程度最高　　B. 单位成本与利润率的相关程度最高

C. 产量与单位成本的相关程度最高　　D. 反映不出哪对变量的相关程度高

11. 年劳动生产率 z(千元)和工人工资 y(元)之间的回归方程为 $y=10+70z$，意味着劳动生产率每提高1千元时，工人工资平均(　　)。

A. 增加80元　　B. 增加70元　　C. 减少70元　　D. 减少80元

12. 下面属于函数关系的是(　　)。

A. 销售人员测验成绩与销售额大小的关系

B. 圆的面积决定于它的半径

C. 家庭的收入和消费的关系

D. 数学成绩与统计学成绩的关系

13. 回归系数和相关系数的符号是一致的，其符号均可用来判断现象(　　)。

A. 线性相关还是非线性相关　　B. 正相关还是负相关

C. 完全相关还是不完全相关　　D. 单相关还是复相关

14. 下列关系中，属于正相关关系的有(　　)。

A. 合理限度内，施肥量和平均单产量之间的关系

B. 产品产量与单位产品成本之间的关系

C. 商品的流通费用与销售利润之间的关系

D. 流通费用率与商品销售量之间的关系

15. 在回归直线 $y_c=a+bx$，$b<0$，则 x 与 y 之间的相关系数(　　)。

A. $r=0$　　B. $r=1$　　C. $0<r<1$　　D. $-1<r<0$

三、多项选择题

1. 现象之间相互联系的类型有(　　)。

A. 函数关系　　B. 相关关系　　C. 回归关系　　D. 随机关系

E. 结构关系

2. 判断现象之间有无相关关系的方法有(　　)。

A. 对客观现象作定性分析　　B. 对客观现象作回归分析

C. 编制相关表　　D. 绘制相关图

E. 计算相关系数

3. 下列现象中，属于负相关关系的有(　　)。

A. 商品流转的规模越大，流通费用率则越低

B. 播种面积增加，施肥量增加适当，总产量随之增加

C. 产量增加，产品单位成本随之降低

D. 煤层厚度增加，工人劳动生产率随之增加

4. 相关分析中的正相关是指(　　)。

A. 随一个变量增加，另一个变量相应增加

B. 随一个变量增加，另一个变量反而减少

C. 随一个变量减少，另一个变量相应减少

D. 随一个变量减少，另一个变量反而增加

E. 随一个变量变动，另一个变量保持不变

5. 依据相关散点图可判定现象之间是(　　)。

A. 正负相关　　B. 完全相关　　C. 线性相关　　D. 曲线相关

E. 零相关

6. 相关散点图(　　)。

A. 适合于描绘各种现象之间的联系
B. 能判定现象之间有无相关关系
C. 能大体判定现象之间的相关程度
D. 能准确反映现象之间相关程度的大小
E. 能判定可采用的最佳数学模型

7. 两个变量相关关系的种类有（　　）。
A. 单相关　　B. 复相关　　C. 直线相关　　D. 曲线相关
E. 正负相关

8. 三个及以上变量相关关系的种类有（　　）。
A. 单相关　　B. 复相关　　C. 直线相关　　D. 曲线相关
E. 正负相关

9. 下列属于相关关系的有（　　）。
A. 农作物产量与施肥量之间
B. 家庭收入与生活费用支出之间
C. 圆面积与圆的半径之间
D. 人的身高和体重之间
E. 劳动生产率与机械化程度之间

10. 相关系数 r（　　）。
A. 适合于计算各种现象之间的相关关系
B. 能准确反映现象之间相关程度的大小
C. 与估计标准误差成反比
D. 其正负完全取决于协方差
E. r 越大，说明相关程度越高

11. 直线相关分析的特点有（　　）。
A. 两个变量是对等关系
B. 两个变量都是随机变量
C. 只能算出一个相关系数
D. 相关系数可正可负
E. r 介于 0～1 之间

12. 直线回归分析的特点有（　　）。
A. 两个变量不是对等关系
B. 两变量都是随机变量
C. 利用最小平方法，可配合直线回归方程
D. 自变量是给定的，因变量是随机的

13. 回归直线方程中的两个变量 x 和 y（　　）。
A. 一个是自变量，一个是因变量
B. 一个是给定的变量，另一个是随机变量
C. 两个都是给定的变量
D. 两个都是随机变量
E. 要根据研究目的来确定哪个是自变量，哪个是因变量

14. 下列哪些现象之间的关系为相关关系（　　）。
A. 家庭收入与消费支出关系
B. 圆的面积与它的半径关系
C. 广告支出与商品销售额关系
D. 单位产品成本与利润关系
E. 在价格固定情况下，销售量与商品销售额关系

15. 相关系数表明两个变量之间的（　　）。
A. 线性关系　　B. 因果关系　　C. 变异程度　　D. 相关方向
E 相关的密切程度

16. 对于一元线性回归分析来说（　　）。

A. 两变量之间必须明确哪个是自变量,哪个是因变量

B. 回归方程是据以利用自变量的给定值来估计和预测因变量的平均可能值

C. 可能存在着 y 依 x 和 x 依 y 的两个回归方程

D. 回归系数只有正号

17. 可用来判断现象相关方向的指标有( )。

A. 相关系数 B. 回归系数 C. 回归方程参数 a D. 估计标准误

E. x、y 的平均数

18. 单位成本(元)依产量(千件)变化的回归方程为 $y_c=78-2x$,这表示( )。

A. 产量为 1 000 件时,单位成本 76 元

B. 产量为 1 000 件时,单位成本 78 元

C. 产量每增加 1 000 件时,单位成本下降 2 元

D. 产量每增加 1 000 件时,单位成本下降 78 元

E. 当单位成本为 72 元时,产量为 3 000 件

19. 估计标准误的作用是表明( )。

A. 回归方程的代表性 B. 样本的变异程度

C. 估计值与实际值的平均误差 D. 样本指标的代表性

E. 总体的变异程度

20. 销售额与流通费用率,在一定条件下,存在相关关系,这种相关关系属于( )。

A. 正相关 B. 单相关 C. 负相关 D. 复相关

E. 完全相关

21. 配合直线回归方程是为了( )。

A. 确定两个变量之间的变动关系 B. 用因变量推算自变量

C. 用自变量推算因变量 D. 两个变量相互推算

E. 确定两个变量间的相关程度

22. 相关系数 r 的数值( )。

A. 可为正值 B. 可为负值 C. 可大于 1 D. 可等于 -1

E. 可等于 1

23. 从变量之间相互关系的表现形式看,相关关系可分为( )。

A. 正相关 B. 负相关 C. 直线相关 D. 曲线相关

E. 不相关和完全相关

24. 确定直线回归方程必须满足的条件是( )。

A. 现象间确实存在数量上的相互依存关系

B. 相关系数 r 必须等于 1

C. y 与 x 必须同方向变化

D. 现象间存在着较密切的直线相关关系

E. 相关系数 r 必须大于 0

25. 相关系数与回归系数( )。

A. 回归系数大于零则相关系数大于零 B. 回归系数小于零则相关系数小于零

C. 回归系数大于零则相关系数小于零　　D. 回归系数小于零则相关系数大于零

E. 回归系数等于零则相关系数等于零

四、判断题

1. 根据结果标志对因素标志的不同反映，可以把现象总体数量上的依存关系划分为函数关系和相关关系。(　　)

2. 相关系数是测定变量之间相关关系的唯一方法。(　　)

3. 回归系数 b 和相关系数 r 都可用以判断现象之间相关的密切程度。(　　)

4. 回归系数可用来判断现象之间的相关方向。(　　)

5. 计算相关系数的两个变量都是随机变量。(　　)

6. 对于一个没有确定因果关系的两变量，可以求得两个回归方程。(　　)

7. 由变量 y 倚变量 x 回归和由变量 x 倚变量 y 回归所得到的回归方程之所以不同，主要是因为方程中参数表示的意义不同。(　　)

8. 利用一个回归方程，两个变量可以互相推算。(　　)

9. 估计标准误的数值越小，说明回归直线的实用价值越小。(　　)

10. 只有在两变量之间确实存在线性相关关系，而且相关的密切程度显著时，才能拟合回归方程 $y_c=a+bx$。(　　)

五、简答题

1. 简述相关关系和函数关系的区别和联系。

2. 简述相关分析和回归分析的区别和联系。

3. 判定现象是否存在相关关系的方法有哪些？

4. 相关系数 r 的意义是什么？怎样用相关系数 r 来判别现象的相关程度？

5. 如何确定相关关系中的自变量和因变量？

6、举例说明什么是正相关，负相关和零相关？

7. 简述相关系数 r 与回归系数 b 的关系。

8. 直线回归方程中 $y_c=a+bx$，参数 a、b 是怎样求得的？它们代表什么意义？

9. 构造直线回归模型应具备哪些条件？

10. 什么是估计标准误差？其作用如何？

六、计算分析题

1. 有 10 个同类企业的生产性固定资产年平均价值和工业总产值资料如下：

企业编号	生产性固定资产价值(万元)	工业总产值(万元)
1	318	524
2	910	1 019
3	200	638
4	409	815
5	415	913
6	502	928

续表

企业编号	生产性固定资产价值(万元)	工业总产值(万元)
7	314	605
8	1 210	1 516
9	1 022	1 219
10	1 225	1 624
合计	6 525	9 801

要求：

(1)说明两变量之间的相关方向；

(2)建立直线回归方程；

(3)计算估计标准误差；

(4)估计生产性固定资产(自变量)为 1 100 万元时总产值(因变量)的可能值。

2. 检查 5 位同学统计学的学习时间与成绩分数如下表：

每周学习时数	学习成绩
4	40
6	60
7	50
10	70
13	90

要求：

(1)由此计算出学习时数与学习成绩之间的相关系数；

(2)建立直线回归方程；

(3)计算估计标准误差。

3. 某种产品的产量与单位成本的资料如下：

产量(千件)x	单位成本(元/件)y
2	73
3	72
4	71
3	73
4	69
5	68

要求：

(1)计算相关系数 r,判断其相关程度；

(2)建立直线回归方程；

(3)指出产量每增加 1 000 件时,单位成本平均下降了多少元?

4.设某公司下属十个门市部有关资料如下：

门市部编号	职工平均销售额(万元)	流通费用水平(%)	销售利润率(%)
1	6	2.8	12.6
2	5	3.3	10.4
3	8	1.8	18.5
4	1	7.0	3.0
5	4	3.9	8.1
6	7	2.1	16.3
7	6	2.9	12.3
8	3	4.1	6.2
9	3	4.2	6.6
10	7	2.5	16.8

要求：

(1)建立合适的回归模型；

(2)计算有关指标,判断这三种经济现象之间的相关紧密程度。

项目7 动态数列分析与预测

学习目标：

1. 知识目标

了解动态数列的概念、种类及编制原则；掌握动态数列水平指标和速度指标分析的基本方法；了解动态数列的四种影响因素；掌握长期趋势和季节变动的测定方法；理解季节指数法的基本原理。

2. 能力目标

能正确运用动态数列水平指标和速度指标对动态现象进行量化描述，并分析社会经济现象的发展现状及趋势；能运用Excel绘制动态数列图，计算动态数列分析指标，并能对社会经济现象进行对比分析和预测。

【超级链接①】

“十一五”经济社会发展成就系列报告之十七：国际地位稳步提高　国际影响持续扩大

“十一五”时期，我国经济社会发展又迈上了一个新台阶，国际地位稳步提高，国际影响持续扩大。5年间，我国经济总量从世界第5位跃居世界第2位；货物出口额从世界第3位跃居第1位；外商直接投资从世界第4位跃居第2位，其他许多经济指标在国际上的排位也有显著进步。在这不平凡的5年里，我国有效应对国际金融危机的巨大冲击，保持了经济平稳较快发展，并积极开展国际合作，对推动世界经济复苏作出了重要贡献，产生了广泛而积极的影响。

“十一五”期间，中国经济年均增长11.2%，远高于同期3.5%的世界平均水平。“十一五”前两年，中国经济分别增长12.7%和14.2%，增长势头强劲；2008年和2009年，受国际金融危机冲击，世界主要发达国家和地区经济深度衰退，中国经济虽然受到了较大冲击，但仍然保持了9%以上的增长率，2010年中国经济增长率达到10.3%。中国经济平稳较快增长，有力地带动了世界经济复苏。

“十一五”期间，我国经济总量的国际地位实现“三连跳”。国内生产总值(GDP)居世界的位次从2005年的第5位提升到2006的第4位、2007年的第3位，2010年首次超过日本，成为世界第二大经济体。中国GDP占世界的比重逐年上升，从2005年的5%提高

① 本案例节选自国家统计局对我国“十一五”时期经济社会发展所取得重大成就的总结报告——《“十一五”经济社会发展成就系列报告之十七：国际地位稳步提高　国际影响持续扩大》。报告中利用各种动态分析指标，阐述了我国“十一五”时期国际地位提高及国际影响力进一步扩大。

到 2010 年的 9.5%。同时,中国与美国的差距逐步缩小,相当于美国 GDP 的比例从 2005 年的 17.9%上升至 2010 年的 40.2%。

"十一五"期间,我国人均国民总收入(GNI)大幅提高。据世界银行计算,2009 年我国人均 GNI 达到 3 650 美元,比 2005 年增加了 1.1 倍,居世界第 125 位,比 2005 年前进了 3 位。

"十一五"期间,我国主要工业产品产量稳居世界前列,其中粗钢、硬煤、水泥和化肥产量居世界第 1 位;发电量保持世界第 2 位,仅次于美国;原油产量居世界第 4 位,提高了 1 位。

"十一五"期间,在国际金融危机冲击下,尽管我国货物进出口受到一定影响,但占国际市场份额持续扩大。2010 年,我国货物进出口总额 29 728 亿美元,比 2005 年增加了 1.1倍。2009 年,我国货物进出口总额超过了德国,跃居世界第 2 位,占世界的比重从 2005 年的 6.7%提高到 8.8%。其中,货物出口额从世界第 3 位上升至世界第 1 位,占世界比重从 2005 年的 7.3%提高到 2009 年的 9.6%;货物进口额从世界第 3 位上升至第 2 位,占世界的比重从 2005 年的 6.1%提高到 2009 年的 7.9%。

"十一五"期间,我国服务贸易飞速发展,在世界的排位不断提高。2009 年,受金融危机的影响,我国服务贸易增速有所减缓,但服务贸易总额仍达 2 868 亿美元,比 2005 年增加 82.6%,居世界的位次从 2005 年第 8 位上升到第 4 位。

2010 年,中国出境旅游人数为 5 739 万人次,比 2005 年增长 85%,入境(过夜)旅游人数为 5 566 万人次,比 2005 年增长 18.9%。据世界银行统计,2008 年中国出境旅游人数居世界第 5 位,比 2005 年提高 1 位,占世界总量的比重从 2005 年的 3.4%提高到 4.5%;2008 年入境(过夜)旅游人数居世界第 4 位,占世界总量的 5.7%。

(资料来源:国家统计局国际统计信息中心。)

本案例中涉及很多动态分析指标。如"十一五"期间,中国经济年均增长 11.2%,远高于同期 3.5%的世界平均水平;2010 年,我国货物进出口总额 29 728 亿美元,比 2005 年增加了 1.1 倍;2009 年服务贸易总额达 2 868 亿美元,比 2005 年增加 82.6%等。以上这些指标各自代表什么样的经济意义?实际中如何正确地加以计算?除此以外,还有哪些动态分析指标?

任务一　动态数列概述

一、动态数列的概念及作用

(一)动态数列的概念

社会经济现象总是随着时间的推移而变动的。任何一个企业管理部门或研究机构或国家机关,要掌握社会活动或经济活动的变化过程及其发展趋势,就必须及时掌握和分析有关的动态数列资料。

所谓动态数列，亦称时间数列或时间序列，是社会经济现象的指标数值按时间顺序排列而形成的一种数列。如将我国 2004—2011 年的国内生产总值按照时间顺序排列，就形成了表 7-1 的动态数列。

表 7-1　我国 2004—2011 年国内生产总值资料

单位：亿元

年份	2004	2005	2006	2007	2008	2009	2010	2011
国内生产总值	159 878	184 937	216 314	265 810	314045	340 903	401 513	472 882

资料来源：《2012 中国统计年鉴》。

一个完整的动态数列由两个最基本的要素构成：一是反映时间变化的数列；二是反映指标数值变化的数列。

（二）动态数列的作用

1. 通过动态数列，可以描述现象的发展状况和结果。

2. 通过动态数列，可以进行各种动态对比分析，研究现象发展变化的方向和程度。

3. 通过动态数列，可以分析现象的发展变化趋势及其规律。

4. 利用动态数列，根据对现象发展变化趋势与规律的分析，可以进行动态预测。

二、动态数列的种类

根据动态数列中指标数值的表现形式不同，可以把动态数列分为绝对数动态数列、相对数动态数列和平均数动态数列三种，其中，绝对数动态数列是最基本的数列，相对数动态数列和平均数动态数列则是派生数列。

（一）绝对数动态数列

绝对数动态数列是将统计绝对数按照时间先后顺序排列起来而形成的动态数列。由于统计绝对数有时期数和时点数之分，所以，绝对数动态数列又分为时期数列和时点数列两种。

1. 时期数列

时期数列中的统计数据都是时期数，是现象在各个时期发展过程的累计总量。如表 7-1 就是一个时期数列。

时期数列具有以下三个特点：

(1)数列中每个指标数值可以相加，其和表示现象在更长时期内的发展总量。

(2)数列中每个指标数值的大小与其时期长短有直接的关系。“时期”指每一个统计数值所涉及的时间长度，即它的计算期。如表 7-1 中的时期都是一年。一般来说，时期越长，数值越大。

(3)数列中每个指标数值都是通过连续不断的登记而得到的。

2. 时点数列

时点数列中的统计数据都是时点数，是现象在某个时点（瞬间）所表现的发展水平。如表 7-2 我国 2005—2011 年年末人口数就是一个时点数列。

表 7-2 2005—2011 年末我国人口数

单位:万人

年份(年末)	2005	2006	2007	2008	2009	2010	2011
人口数	130 756	131 448	132 129	132 802	133 450	134 091	134 735

资料来源:《2012 中国统计年鉴》。

时点数列具有以下三个特点:

(1)数列中每个指标数值不能相加,相加后的数据没有任何实际意义。

(2)数列中每个指标数值的大小与其间隔长短没有直接关系。在时点数列中,“间隔”是指相邻两个时点之间的时间长度。数据的大小受事物本身增减变化的影响,而不受时点间隔长短的影响。

(3)数列中每个指标数值是通过间隔一段时间登记一次取得的。

(二)相对数动态数列

相对数动态数列是将统计相对数按照时间的先后顺序排列所形成的动态数列,用以反映现象之间相互联系的发展过程。该相对数是两个有关变量的比值。具体地说,它可以是两个时期数、两个时点数、两个相对数、两个平均数或者一个时期数与一个时点数对比而成。如表 7-3 中 2004—2011 年我国第三产业占国内生产总值的比重就是相对数动态数列。第三产业占国内生产总值的比重就是由第三产业的总增加值与国内生产总值这两个时期数对比而形成的。

表 7-3 2004—2011 年我国第三产业占国内生产总值的比重

单位:%

年份	2004	2005	2006	2007	2008	2009	2010	2011
第三产业占国内生产总值比重	40.4	40.5	40.9	41.9	41.8	43.4	43.2	43.4

资料来源:《2012 中国统计年鉴》。

(三)平均数动态数列

平均数动态数列是将统计平均数按时间的先后顺序排列而形成的动态数列,用以反映事物一般水平的变化过程和发展趋势。如表 7-4 中的 2004—2011 年我国城镇国有单位职工年平均工资就是平均数动态数列。

表 7-4 2004—2011 年我国城镇国有单位职工年平均工资

单位:元

年份	2004	2005	2006	2007	2008	2009	2010	2011
平均工资	16 445	18 978	21 706	26 100	30 287	34 130	38 359	43 483

资料来源:《2012 中国统计年鉴》。

三、动态数列的编制原则

对事物的动态分析是从动态数列的一系列指标值中观察事物的发展变化,为使动态数列能够正确反映现象变化过程的基本趋势和规律,编制动态数列时必须遵守指标值的可比性原则，即数列中前后各项指标值应是可以相互比较的。具体地说，编制动态数列应遵守下列原则：

(一)总体范围应该一致

在一个动态数列中，统计指标的总体范围应保持前后一致。如果统计总体范围有变动，应按照整理历史资料的原则，将统计指标数值进行适当的调整，使统计总体范围前后一致。这样，才能确切说明所要研究的问题。如行政区域的变更，就会引起总体范围不一致，要使指标数值前后具有可比性，必须先调整总体的范围再对比。

(二)统计指标的经济内容应该一致

指标名称相同，而前后时期的经济内容不一致的指标值不能直接进行对比，应将不同经济内容的指标调整为按统一口径统计的指标，才具有可比性。

(三)统计指标的计算方法、计算价格和计量单位应保持前后一致

一个统计指标往往有多种不同的计算方法，如国内生产总值就有生产法、分配法和收入法三种不同的计算方法。而价值量指标也有不变价格和现行价格的计算。实物量指标有各种不同的计量单位。所以，在一个动态数列中，要注意统计指标的计算方法、计算价格和计量单位的前后一致。

(四)动态数列的时间跨度力求一致

对于时期数列，时期长短应该一致；而对于时点数列，也应该寻求时点间隔尽可能一致，以便更准确地反映现象的发展变化规律。

任务二　动态数列的水平指标分析

动态数列的水平，也就是发展水平。反映现象发展水平的指标有发展水平、平均发展水平、增长量、平均增长量。

一、发展水平

发展水平是动态数列中各具体时间、空间条件下的指标数值，反映事物的发展变化在一定时期内或时点上所达到的水平。

发展水平是计算其他所有动态分析指标的基础，用符号 a 表示。发展水平既可以表现为统计绝对数，如国内生产总值、商品销售额、人口数；也可以表现为统计相对数，如人口出生率、三次产业占比、商品流转次数；还可以表现为统计平均数，如职工平均工资、工人劳动生产率等。

根据发展水平在动态数列中的位置不同，发展水平有最初水平、中间水平和最末水平三种。在同一个动态数列中，第一项指标值称为最初水平，用符号 a_0 表示；最后一项指标值称为最末水平，用符号 a_n 表示；除最初、最末水平外的其余所有中间时间的发展水平称为中间水平，用符号 $a_1, a_2, \cdots, a_{n-1}$ 表示。在对动态数列中的发展水平进行比较分析时，通常将要分析研究的那个时期的发展水平称为报告期水平，将作为比较基础时期的发展水平称为基期水平。值得注意的是：第一，当研究目的和内容发生改变时，基期和报告期

的确定会有所改变,发展水平的名称也会相应改变;第二,在对发展水平进行文字表述时,常用“增加了”、“增加到”、“降低了”、“降低到”等词语表述。例如,我国国内生产总值2010年为401 513亿元,2011年增加到472 882亿元,增加了71 369亿元;2005年福建省单位地区生产总值能耗为0.937吨标准煤/万元,2010年降低到0.783吨标准煤/万元,降低了0.154吨标准煤/万元。

二、平均发展水平

将动态数列中各期发展水平加以平均而得到的平均数称为平均发展水平,用以反映现象在一段时间内发展变化所达到的一般水平。平均发展水平又称序时平均数,也叫动态平均数。

动态平均数与“项目四”中所提到的一般平均数(静态平均数)相比,既有共同之处,也有区别。共同之处表现在:二者都抽象了现象的个别差异,用某一数值代表现象的一般水平。如2011年我国城镇单位就业人员平均工资为41 799元,就是把城镇各经济成分的就业人员工资差异抽象化了,以反映城镇单位就业人员工资的一般水平;又如,第五次人口普查到第六次人口普查的十年,我国大陆人口增加7 390万人,平均每年增加739万人,它是把人口增加数在不同年份上的差异抽象化了,以反映人口增长的一般水平。区别表现为:第一,二者的计算依据不同。动态平均数是依据动态数列计算的,而一般平均数是依据变量数列计算的。第二,二者的平均对象不同。动态平均数是对不同时间上的同一指标数值进行的平均,而一般平均数是对同一时间上不同变量值进行的平均。第三,二者的作用不同。动态平均数表明了动态一般水平,而一般平均数则表明了静态一般水平。

平均发展水平可以根据任何一种动态数列计算,但从计算方法上讲,由绝对数动态数列计算的平均发展水平是最基本的方法,它是计算相对数动态数列平均发展水平和平均数动态数列平均发展水平的基础。

(一)根据绝对数动态数列计算平均发展水平

绝对数动态数列有时期数列和时点数列之分,其平均发展水平的计算方法是不同的。

1.由时期数列计算平均发展水平

根据时期数列计算平均发展水平,一般直接采用简单算术平均法计算,即将观察期内的各时期数据相加,再除以相应的时期数。用公式表示为:

$$\bar{a}=\frac{a_1+a_2+\cdots+a_n}{n}=\frac{\sum a_i}{n} \quad (公式7\text{-}1)$$

式中,$\bar{a}$表示平均发展水平;$a_1,a_2,\cdots,a_n$表示各时期的发展水平;$\sum a_i$表示一段时间总的发展水平;n表示时期项数(发展水平的总个数)。

[例7-1]根据表7-1中的我国国内生产总值时期数列,计算2004—2011年的平均国内生产总值。

$$\bar{a}=\frac{159\ 878+184\ 937+216\ 314+265\ 810+314\ 045+340\ 903+401\ 513+472\ 882}{8}$$

$$=\frac{2\ 356\ 282}{8}=294\ 535.25(亿元)$$

2.由时点数列计算平均发展水平

时点数列中有的指标数值是逐日登记取得的，但大多数的指标数值却是通过间隔很长一段时间登记一次取得的，如在月末、季末、年末进行登记。统计上通常将逐日登记指标值形成的时点数列称之为连续时点数列，而将间隔很长一段时间登记一次指标值形成的时点数列称之为间断时点数列。两种不同的时点数列计算平均发展水平的方法是不相同的。

(1)由连续时点数列计算平均发展水平

连续时点数列有间隔相等的连续时点数列和间隔不等的连续时点数列之分，其计算平均发展水平的方法是不相同的。

①由间隔相等的连续时点数列计算平均发展水平。如果连续时点数列的指标值是逐日登记，逐日排列，称之为间隔相等的连续时点数列。此时可用简单算术平均法计算平均发展水平，即以各个时点指标值之和除以时点指标的项数。其计算公式为：

$$\bar{a}=\frac{a_1+a_2+\cdots+a_n}{n}=\frac{\sum a_i}{n}$$

[**例 7-2**]某企业职工资料，如表 7-5 所示。

表 7-5 某企业 1 月 1—6 日职工资料

日期	1	2	3	4	5	6
职工人数(人)	98	100	99	101	108	106

则该企业 1 月 1—6 日平均职工人数为：

$$\bar{a}=\frac{98+100+99+101+108+106}{6}=102(\text{人})$$

②由间隔不等的连续时点数列计算平均发展水平。如果连续时点数列的指标值时间间隔不同(持续时间不同)，这样的连续时点数列一般称之为间隔不等的连续时点数列。这时以指标值的持续天数作为计算的权数。其计算公式为：

$$\bar{a}=\frac{a_1f_1+a_2f_2+\cdots+a_nf_n}{f_1+f_2+\cdots+f_n}=\frac{\sum a_if_i}{\sum f_i} \qquad (\text{公式 7-2})$$

式中，$\bar{a}$ 表示平均发展水平；f_i 表示各时点指标值持续天数；$a_1,a_2,\cdots,a_n$ 表示各时点的发展水平。

[**例 7-3**]某企业 2013 年 4 月份职工资料，如表 7-6 所示。

表 7-6 某企业 2013 年 4 月份职工资料

日期	1—8	9—15	16—30
职工人数(人)	102	105	108

则该企业平均每天的职工人数为：

$$\bar{a}=\frac{a_1f_1+a_2f_2+\cdots+a_nf_n}{f_1+f_2+\cdots+f_n}=\frac{102\times8+105\times7+108\times15}{30}\approx106(\text{人})$$

(2)由间断时点数列计算平均发展水平

间断时点数列指的是间隔一段时间对现象在某一时点上所表现的状态进行一次性登记,并将登记的数据按照时间先后顺序排列所形成的动态数列。实际工作中,登记日常常是在期初或期末,如月初或月末、季初或季末、年初或年末等。

由于间断时点数列只有期初或期末的数据,其他时点没有数据,所以,计算间断时点数列平均发展水平一般要采用两个假设条件:一个条件是假设上期末水平等于本期初水平,另一个条件是假设现象在间隔期内的数量变化是均匀的。

根据上述两个假设条件,对间断时点数列计算平均发展水平的一般步骤是:

第一步,计算相邻两个时点数值的简单算术平均数。

第二步,以间隔期的长度为权数,对各间隔期的平均水平再进行平均计算,得到动态数列的平均发展水平。

由于间断时点数列的间隔期有的相等,有的不相等,所以,计算平均发展水平的具体处理方法也不相同。

①由间隔相等的间断时点数列计算平均发展水平

由于间隔相等的间断时点数列的间隔期是相等的,所以,权数的作用就没有了,因而,在不考虑权数的前提下,只需将各相邻期的平均水平再进行简单平均计算即可,公式为:

$$\bar{a}=\frac{\frac{a_1+a_2}{2}+\frac{a_2+a_3}{2}+\frac{a_3+a_4}{2}+\cdots+\frac{a_{n-1}+a_n}{2}}{n-1}$$

即 $$\bar{a}=\frac{\frac{a_1}{2}+a_2+\cdots+a_{n-1}+\frac{a_n}{2}}{n-1} \qquad (\text{公式 7-3})$$

上述公式通常称为“首末折半法”。

式中,$\bar{a}$ 表示平均发展水平;$a_1,a_2,\cdots,a_n$ 表示各时点的发展水平。

[**例 7-4**]根据表 7-2 资料,试求我国 2005—2011 年间的平均人口数。

解:

$$\bar{a}=\frac{\frac{a_1}{2}+a_2+\cdots+a_{n-1}+\frac{a_n}{2}}{n-1}$$

$$=\frac{\frac{130\ 756}{2}+131\ 448+132\ 129+132\ 802+133\ 450+134\ 091+\frac{134\ 735}{2}}{6}$$

$$=\frac{796\ 665.5}{6}\approx132\ 778(\text{万人})$$

即我国 2005—2011 年期间的平均人口数为 132 778 万人。

②由间隔不等的间断时点数列计算平均发展水平

由于间隔不等的间断时点数列的间隔期是不相等的,所以,权数的作用就显现出来了,因而,需要以间隔期长度为权数,对各相邻期的平均水平再进行加权平均计算,才能得到动态数列的平均发展水平。其计算公式为：

$$\bar{a}=\frac{\frac{(a_1+a_2)}{2}\cdot f_1+\frac{(a_2+a_3)}{2}\cdot f_2+\frac{(a_3+a_4)}{2}\cdot f_3+\cdots+\frac{(a_{n-1}+a_n)}{2}\cdot f_{n-1}}{f_1+f_2+\cdots+f_{n-1}}$$

即 $$\bar{a}=\frac{\sum_{i=1}^{n-1}\frac{(a_i+a_{i+1})}{2}f_i}{\sum_{i=1}^{n-1}f_i}$$ （公式 7-4）

式中，$\bar{a}$ 表示平均发展水平；$f_1,f_2,\cdots,f_{n-1}$ 表示各时点间隔期；$a_1,a_2,\cdots,a_n$ 表示各时点的发展水平。

[**例 7-5**]已知某市 2012 年人口数资料，见表 7-7 所示，试计算该市 2012 年的平均人口数。

表 7-7 某市 2012 年各统计时点的人口数

单位：万人

时　间	1 月 1 日	3 月 1 日	7 月 1 日	11 月 1 日	12 月 31 日
人口数	532.0	532.8	533.9	535.3	536.0

解：

$$\bar{a}=\frac{\sum_{i=1}^{n-1}\frac{(a_i+a_{i+1})}{2}f_i}{\sum_{i=1}^{n-1}f_i}$$

$$=\frac{\frac{532.0+532.8}{2}\times 2+\frac{532.8+533.9}{2}\times 4+\frac{533.9+535.3}{2}\times 4+\frac{535.3+536.0}{2}\times 2}{2+4+4+2}$$

$$=\frac{6407.9}{12}\approx 534\text{（万人）}$$

即该市 2012 年的平均人口数约为 534 万人。

这里需要注意，由于我们的两个假设条件与实际情况有差异，所以，根据间断时点数列计算的各相邻期平均数只是个近似值，它与实际平均数之间是有差距的。而且，从上面的例子可以看出，间隔期越长，权数就越大，其平均数对动态数列的总平均水平的影响就越大。因此，为了使计算结果尽量反映实际情况，间断时点数列的间隔期不宜过长。

（二）根据相对数动态数列计算平均发展水平

相对数动态数列是派生数列，大多数是由相互有联系的两个绝对数动态数列对比构成的，所以，绝对数动态数列就成为其计算的基础。用来对比的两个绝对数动态数列可以均为时期数列，也可以均为时点数列，还可以是一个是时期数列，另一个是时点数列。因此，由相对数动态数列计算平均发展水平的一般计算步骤是：

第一步，计算作为相对数分子的动态数列的平均发展水平；

第二步，计算作为相对数分母的动态数列的平均发展水平；

第三步，再将分子和分母的平均发展水平加以对比，即计算出相对数动态数列的平均发展水平。

设有相对数 $c=\frac{a}{b}$，则相对数动态数列平均发展水平的计算公式为：

$$\bar{c}=\frac{\bar{a}}{\bar{b}} \quad \text{(公式 7-5)}$$

式中，$\bar{c}$ 表示相对数动态数列的平均发展水平；$\bar{a}$ 表示分子数列的平均发展水平；$\bar{b}$ 表示分母数列的平均发展水平。

下面根据分子分母项数列的性质，讨论以下几种情形。

1. 由两个时期数列对比所组成的相对数动态数列计算平均发展水平

(1)相对数比值的子项和母项资料都齐备。其计算公式为：

$$\bar{c}=\frac{\bar{a}}{\bar{b}}=\frac{\frac{\sum a}{n}}{\frac{\sum b}{n}}=\frac{\sum a}{\sum b} \quad \text{(公式 7-6)}$$

(2)缺子项资料用加权算术平均法计算。其计算公式为：

$$\bar{c}=\frac{\bar{a}}{\bar{b}}=\frac{\frac{\sum a}{n}}{\frac{\sum b}{n}}=\frac{\frac{\sum bc}{n}}{\frac{\sum b}{n}}=\frac{\sum bc}{\sum b} \quad \text{(公式 7-7)}$$

(3)缺母项资料用加权调和平均法计算。其计算公式为：

$$\bar{c}=\frac{\bar{a}}{\bar{b}}=\frac{\frac{\sum a}{n}}{\frac{\sum b}{n}}=\frac{\frac{\sum a}{n}}{\frac{\sum \frac{a}{c}}{n}}=\frac{\sum a}{\sum \frac{a}{c}} \quad \text{(公式 7-8)}$$

[例 7-6]步云集团公司所属甲、乙、丙三个企业 2012 年度的生产情况如表 7-8 所示，现计算该公司 2012 年度平均产量计划完成程度。

表 7-8　步云集团公司 2012 年度生产情况表

企业	甲	乙	丙
实际产量(件)(a)	500	618	872
计划产量(件)(b)	500	600	800
计划完成(%)($c=a/b$)	100	103	109

解：(1)相对数比值的子项和母项资料都齐备时，平均计划完成程度为：

$$\bar{c}=\frac{\bar{a}}{\bar{b}}=\frac{\sum a}{\sum b}=\frac{500+618+872}{500+600+800}=\frac{1\ 990}{1\ 900}=104.74\%$$

(2)缺子项资料时，平均计划完成程度为：

$$\bar{c}=\frac{\bar{a}}{\bar{b}}=\frac{\sum bc}{\sum b}=\frac{500\times100\%+600\times103\%+800\times109\%}{500+600+800}=\frac{1\ 990}{1\ 900}=104.74\%$$

(2)缺母项资料时,平均计划完成程度为:

$$\bar{c}=\frac{\bar{a}}{\bar{b}}=\frac{\sum a}{\sum \frac{a}{c}}=\frac{500+618+872}{\frac{500}{100\%}+\frac{618}{103\%}+\frac{872}{109\%}}=\frac{1990}{1900}=104.74\%$$

结论:针对同一资料应用这三种方法计算的结果是相同的。只是在所掌握的资料不同的情况下,应有针对性地选择计算公式。

2.由两个时点数列对比所组成的相对数动态数列计算平均发展水平

现以两个间隔相等的间断时点数列对比形成的相对数动态数列计算平均发展水平的方法为例加以说明。

[**例 7-7**]我国 2005—2011 年年末人口数及男性构成资料见表 7-9,试求我国 2005—2011 期间平均男性所占比重。

表 7-9　我国 2005—2011 年年末人口数及男性构成基本情况

年份	2005	2006	2007	2008	2009	2010	2011
人口总数(万人)(b)	130 756	131 448	132 129	132 802	133 450	134 091	134 735
男性人口数(万人)(a)	67 375	67 728	68 048	68 357	6 8647	68 748	69 068
男性人口数所占比重(%)($c=a/b$)	51.53	51.52	51.50	51.47	51.44	51.27	51.26

由于年末人口总数和年末男性人口数都是间隔相等的间断时点数列,所以都应采用“首末折半法”计算其平均人数。

解:2005—2011 年期间的平均男性人口数:

$$\bar{a}=\frac{\frac{a_1}{2}+a_2+\cdots+a_{n-1}+\frac{a_n}{2}}{n-1}$$

$$=\frac{\frac{67\ 375}{2}+67\ 728+68\ 048+68\ 357+68\ 647+68\ 748+\frac{69\ 068}{2}}{6}$$

$$=\frac{409\ 749.5}{6}\approx68\ 292(\text{万人})$$

2005—2011 年期间的平均人口总数:

$$\bar{b}=\frac{\frac{b_1}{2}+b_2+\cdots+b_{n-1}+\frac{b_n}{2}}{n-1}$$

$$=\frac{\frac{130\ 756}{2}+131\ 448+132\ 129+132\ 802+133\ 450+134\ 091+\frac{134\ 735}{2}}{6}$$

$$=\frac{796\ 665.5}{6}\approx132\ 778(\text{万人})$$

2005—2011 年期间我国平均男性所占比重为：

$$\bar{c}=\frac{\bar{a}}{\bar{b}}=\frac{68\ 292}{132\ 778}\approx 51.43\%$$

即我国 2005—2011 年期间的平均男性所占比重为 51.43%。

3. 由时期数列和时点数列对比所组成的相对数动态数列计算平均发展水平

[**例 7-8**]某商业企业 2012 年第二季度商品销售额、库存额和商品流转次数资料如表 7-10 所示，试计算 2012 年第二季度平均商品流转次数。

表 7-10　某商业企业 2012 年第二季度商品流转次数计算表

月份	4 月	5 月	6 月	7 月
商品销售额(万元)(a)	150	180	240	150
月初库存额(万元)(b)	55	45	45	75
商品流转次数(次)($c=a/b$)	3	4	4	—

解：2012 年第二季度平均商品流转次数为：

$$\bar{c}=\frac{\bar{a}}{\bar{b}}=\frac{\dfrac{\sum a}{n}}{\dfrac{\dfrac{b_1}{2}+b_2+b_3+\cdots+\dfrac{b_n}{2}}{n-1}}=\frac{\dfrac{150+180+240}{3}}{\dfrac{\dfrac{55}{2}+45+45+\dfrac{75}{2}}{4-1}}=\frac{570}{150}=3.8(\text{次})$$

（三）根据平均数动态数列计算平均发展水平

平均数动态数列有静态平均数动态数列和动态平均数动态数列两种，计算平均发展水平方法也有不同。

1. 根据静态平均数动态数列计算平均发展水平

静态平均数动态数列是由总体标志总量动态数列和总体单位总数动态数列的对应项相对比而形成的动态数列。其计算平均发展水平的方法与相对数动态数列平均发展水平的计算方法一样，先分别对分子数列和分母数列计算平均数，再将两个动态平均数对比计算平均数动态数列的平均发展水平。

[**例 7-9**]已知某工业企业 2012 年下半年各月工业总产值与月末工人数资料如表 7-11 所示，计算该工业企业 2012 年下半年工人平均月劳动生产率。

表 7-11　某工业企业 2012 年下半年各月工业总产值与月末工人数统计表

月份	6 月	7 月	8 月	9 月	10 月	11 月	12 月
工业总产值(万元)	55.6	57.3	59.1	58.1	60.3	61.8	62.7
月末工人数(人)	205	230	225	210	220	225	230

解：根据上述资料，计算劳动生产率的过程为：

$$\text{月平均劳动生产率}=\frac{\text{月平均工业总产值}}{\text{月平均工人数}}$$

$$月平均职工人数=\frac{\frac{205}{2}+230+225+210+220+225+\frac{230}{2}}{6}=221.25(人)$$

$$月平均工业总产值=\frac{57.3+59.1+58.1+60.3+61.8+62.7}{6}\approx 59.88(万元)$$

$$月平均劳动生产率=\frac{59.88万元}{221.25人}\approx 0.27064(万元/人)=2\ 706.4(元/人)$$

即该工业企业 2012 年下半年工人平均月劳动生产率为 2 706.4 元/人。

注意，当相对数动态数列的分子数列或分母数列是时期数列时，一定要注意需要平均的时间长度。例如，计算职工的月平均劳动生产率需要将分子的年产值除以 12，而计算职工的季度平均劳动生产率则需要将分子的年产值除以 4。

2.根据动态平均数动态数列计算平均发展水平

动态平均数动态数列是由各时期的平均发展水平按时间顺序排列而形成的动态数列。

(1)若间隔期相等，采用简单算术平均数方法计算动态平均数动态数列的平均发展水平，其计算公式为：

$$\bar{a}=\frac{\sum a}{n}$$

[例 7-10]某冰箱生产企业 2012 年各季度平均月产量资料如表 7-12 所示。

表 7-12　某冰箱生产企业 2012 年各季度平均月产量统计表

季度	1 季度	2 季度	3 季度	4 季度
平均月产量(台)	2 300	2 700	2 800	3 000

解：全年平均月产量 $\bar{a}=\frac{\sum a}{n}=\frac{2\ 300+2\ 700+2\ 800+3\ 000}{4}=2\ 700(台)$

(2)若间隔期不等，则要以间隔期长度为权数，采用加权算术平均数方法计算动态平均数动态数列的平均发展水平，其计算公式为：

$$\bar{a}=\frac{\sum a_i f_i}{\sum f_i}$$

[例 7-11]某旅游景区 2012 年平均接待游客量资料如表 7-13 所示。

表 7-13　某旅游景区 2012 年平均接待游客量统计表

月份	1 月	2—4 月	5—8 月	9—12 月
平均月接待游客量(万人次)	100	120	160	150

解：全年月平均接待游客量

$$\bar{a}=\frac{\sum a_i f_i}{\sum f_i}=\frac{100\times 1+120\times 3+160\times 4+150\times 4}{1+3+4+4}$$

$$=\frac{1\ 700}{12}\approx 142(万人次)$$

三、增长量

增长量(或增长水平)是动态数列中两个不同时期的发展水平之差,用以说明社会经济现象在一定时期内增加或减少的变动总量。其计算公式为:

增长量=报告期发展水平-基期发展水平　　(公式 7-9)

若报告期水平与基期水平之差为正数,则表明现象发展呈增长(正增长)状态;若报告期水平与基期水平之差为负数,则表明现象发展呈下降(负增长)状态。

由于基期的选择不同,增长量有逐期增长量和累计增长量两种。

(一)逐期增长量

逐期增长量是报告期水平与前一期水平之差,表明现象相邻时期增长的绝对数量。用符号表示为:

$$a_1-a_0, a_2-a_1, \cdots, a_n-a_{n-1}$$

(二)累计增长量

累计增长量是各期水平与某一固定基期水平(通常选择最初水平)之差,表明现象较长一段时间增长的总绝对数量。用符号表示为:

$$a_1-a_0, a_2-a_0, \cdots, a_n-a_0$$

(三)逐期增长量与累计增长量的换算关系

1. 各逐期增长量之和等于相应时期的累计增长量,即:

$$a_n-a_0=(a_1-a_0)+(a_2-a_1)+\cdots+(a_n-a_{n-1}) \quad \text{(公式 7-10)}$$

2. 相邻时期的累计增长量之差等于后期的逐期增长量,即:

$$(a_{i+1}-a_0)-(a_i-a_0)=a_{i+1}-a_i \quad \text{(公式 7-11)}$$

此外,对于受季节因素影响较为明显的社会经济指标,为表明其增长变化的状况,还可计算年距增长量,即报告期某月(季)水平与上年同月(季)水平之差。

四、平均增长量

平均增长量用来说明现象在一段时期内平均每期增加或减少的数量。从广义上说,它也是动态平均数,即逐期增长量动态数列的动态平均数,用于反映现象平均增长水平。它可以根据逐期增长量求得,也可以通过累计增长量求得。计算公式为:

$$\text{平均增长量}\ \bar{\Delta}=\frac{\sum_{i=1}^{n}(a_i-a_{i-1})}{n}(i=1,2,3,\cdots,n) \quad \text{(公式 7-12)}$$

或

$$\text{平均增长量}\ \bar{\Delta}=\frac{a_n-a_0}{n} \quad \text{(公式 7-13)}$$

式中，$\overline{\Delta}$ 表示平均增长量；n 表示逐期增长量项数(动态数列项数减去 1)。

［例 7-12］根据表 7-1 资料，计算增长量和平均增长量。见表 7-14 所示。

表 7-14　我国 2004—2011 年国内生产总值增长量表

单位：亿元

年份	2004	2005	2006	2007	2008	2009	2010	2011
国内生产总值	159 878	184 937	216 314	265 810	314 045	340 903	401 513	472 882
逐期增长量	—	25 059	31 377	49 496	48 235	26 858	60 610	71 369
累计增长量	—	25 059	56 436	105 932	154 167	181 025	241 635	313 004

解：

$$平均增长量\ \overline{\Delta}=\frac{25\ 059+31\ 377+49\ 496+48\ 235+26\ 858+60\ 610+71\ 369}{7}\approx 44\ 715(亿元)$$

或

$$平均增长量\ \overline{\Delta}=\frac{472\ 882-159\ 878}{7}\approx 44\ 715(亿元)$$

任务三　动态数列的速度指标分析

动态数列的速度分析指标有发展速度、增长速度、平均发展速度和平均增长速度，这四个指标具有密切的联系，其中，发展速度是基本的速度分析指标。

一、发展速度和增长速度

(一)发展速度

发展速度是动态数列中两个时期发展水平对比的结果，是一个说明现象发展程度的相对指标，其计算公式为：

$$发展速度(\%)=\frac{报告期水平}{基期水平}\times 100\% \qquad (公式\ 7\text{-}14)$$

显然，发展速度就是“项目四”中介绍的动态相对数，它通常用百分数表示，也有用倍数或系数表示。发展速度的取值可以大于 1，或小于 1，但不应是负值。

由于基期的选择不同，发展速度分为环比发展速度和定基发展速度。

1. 环比发展速度：是报告期水平与前一期水平之比，用以反映现象逐期发展的相对程度。用公式表示为：

$$环比发展速度=\frac{报告期水平}{报告期前一期水平}=\frac{a_i}{a_{i-1}}(i=1,2,\cdots,n) \qquad (公式\ 7\text{-}15)$$

式中，a_i 为报告期水平；a_{i-1} 为报告期前一期水平。

2. 定基发展速度：是报告期水平与某一固定时期水平(通常是最初水平)之比，用以反映现象在较长一段时期内总的发展速度，又称“总速度”，用符号 R 表示。其计算公式为：

$$定基发展速度(R)=\frac{报告期水平}{固定基期水平}=\frac{a_i}{a_0}(i=1,2,\cdots,n) \quad （公式 7-16）$$

式中，a_i 为报告期水平；a_0 为固定基期水平，一般以最初水平为固定基期水平。

[例 7-13]根据表 7-1 资料，计算各年的环比发展速度和定基发展速度，计算结果见表 7-15。

表 7-15　我国 2004—2011 年的国内生产总值及其发展速度指标

年份	2004	2005	2006	2007	2008	2009	2010	2011
国内生产总值（亿元）	159 878	184 937	216 314	265 810	314 045	340 903	401 513	472 882
环比发展速度（%）	—	115.7	116.9	122.9	118.1	108.6	117.8	117.8
定基发展速度（%）	100.0	115.7	135.3	166.2	196.3	213.2	251.1	295.8

3.环比发展速度和定基发展速度的换算关系

(1)环比发展速度的连乘积等于相应时期的定基发展速度（总速度）。可用公式表示：

$$\frac{a_n}{a_0}=\frac{a_1}{a_0}\times\frac{a_2}{a_1}\times\cdots\times\frac{a_n}{a_{n-1}} \quad （公式 7-17）$$

(2)相邻两期定基发展速度之商等于后期的环比发展速度。可用公式表示：

$$\frac{a_n}{a_{n-1}}=\frac{a_n}{a_0}\div\frac{a_{n-1}}{a_0} \quad （公式 7-18）$$

根据上述换算关系，环比发展速度和定基发展速度可以相互推算。

4.年距发展速度

对于具有季节性变化的一些社会经济现象，为了消除季节性变动的影响，可以计算年距发展速度，用来说明本年发展水平相对于上年同期发展水平变化的方向与程度。它是实际统计分析中经常使用的指标。其计算公式为：

$$年距发展速度=\frac{本年某月（季）发展水平}{上年同月（季）发展水平}\times 100\% \quad （公式 7-19）$$

（二）增长速度

增长速度是增长量与基期水平的比值，用以反映现象报告期水平比基期水平的增长程度。其基本计算公式为：

$$增长速度=\frac{增长量}{基期水平}\times 100\% \quad （公式 7-20）$$

将“增长量＝报告期水平－基期水平”代入上式，可得增长速度与发展速度的关系式：

$$增长速度=\frac{报告期水平-基期水平}{基期水平}\times100\%$$
$$=发展速度-1(或100\%) \quad (公式7\text{-}21)$$

增长速度一般用百分数表示，也有用倍数表示。当增长速度大于1(或100%)，表明现象的发展是上涨的(正增长)，也称增长率；当增长速度小于1(或100%)，表明现象的发展是下降的(负增长)，也称降低率。

由于基期的选择不同，增长速度有环比增长速度和定基增长速度之分。

1.环比增长速度：是报告期逐期增长量与前一期水平之比，用以反映现象逐期相对增长的程度。用公式表示为：

$$环比增长速度=\frac{逐期增长量}{前一期水平}\times100\%$$
$$=环比发展速度-1(或100\%) \quad (公式7\text{-}22)$$

2.定基增长速度：是报告期累计增长量与固定基期水平之比，用以反映现象在较长一段时期内总的相对增长程度。用公式表示为：

$$定基增长速度=\frac{累计增长量}{固定基期水平}\times100\%$$
$$=定基发展速度-1(或100\%) \quad (公式7\text{-}23)$$

[例7-14]根据表7-1资料，计算各年的环比增长速度和定基增长速度，计算结果见表7-16。

表7-16　我国2004—2011年的国内生产总值及其增长速度指标

年份	2004	2005	2006	2007	2008	2009	2010	2011
国内生产总值(亿元)	159 878	184 937	216 314	265 810	314 045	340 903	401 513	472 882
环比增长速度(%)	—	15.7	16.9	22.9	18.1	8.6	17.8	17.8
定基增长速度(%)	—	15.7	35.3	66.2	96.3	113.2	151.1	195.8

计算和应用增长速度时要注意两个问题：

第一，环比增长速度和定基增长速度之间没有直接的换算关系，如果两者之间要换算，需要通过发展速度作为中间桥梁，再利用发展速度的换算关系进行间接计算。即把环比增长速度全部加1变成环比发展速度，将所有环比发展速度连乘得到定基发展速度，再将定基发展速度减去1就得到了定基增长速度。

第二，当报告期水平和基期水平表明的是不同方向的数据时，不宜计算增长速度。如某公司基期利润为－10万元(亏损)，报告期利润为20万元(盈利)，若套用上述公式计算增长速度，则计算结果为：$增长速度=\frac{20-(-10)}{-10}=-3(倍)$

这显然与实际情况不相符。对这种情况一般只用文字表述，而不计算增长速度。

3. 年距增长速度

为了消除季节性变动的影响，需要计算年距增长速度。年距增长速度用于说明年距增长量与上年同期发展水平对比达到的相对增长程度。其计算公式为：

$$年距增长速度=\frac{年距增长量}{上年同月(季)发展水平}\times 100\%$$

$$=年距发展速度-1(或 100\%) \quad (公式 7\text{-}24)$$

二、平均发展速度和平均增长速度

(一)平均发展速度

平均发展速度是各个时期环比发展速度的平均数。它说明现象在较长时期内逐年平均发展变化的相对程度。由于社会经济现象在各个时期所处的条件以及影响其变化的因素不同，因而各时期的发展速度也存在着差异，而平均发展速度通过对各个不同时期环比发展速度的平均，消除了这种差异，便于对不同时期社会经济现象的发展变化情况进行对比。它是进行统计分析和预测的依据。

由于定基发展速度是各环比发展速度的连乘积，所以，平均发展速度不能用前述计算平均发展水平的方法来计算，而通常采用几何平均法或高次方程法来计算。

1. 几何平均法

几何平均法亦称水平法，就是求各环比发展速度的几何平均数。其计算公式为：

$$\overline{x}=\sqrt[n]{x_1\times x_2\times\cdots\times x_n}=\sqrt[n]{\prod_{i=1}^{n}x_i} \quad (公式 7\text{-}25)$$

式中，$\overline{x}$ 代表平均发展速度；x_i 代表各期环比发展速度($i=1,2,3,\cdots,n$)；n 为环比发展速度的个数；$\prod$ 为连乘符号。

由于定基发展速度等于各期环比发展速度的连乘积，故计算平均发展速度的公式也可表示为：

$$\overline{x}=\sqrt[n]{\frac{a_1}{a_0}\times\frac{a_2}{a_1}\times\cdots\times\frac{a_n}{a_{n-1}}}=\sqrt[n]{\frac{a_n}{a_0}} \quad (公式 7\text{-}26)$$

从公式 7-26 中可以看出，在最初水平 a_0 作为比较基础的情况下，平均发展速度的大小仅仅取决于最末水平 a_n，并且最初水平 a_0 以平均发展速度发展 n 期后，正好等于最末水平 a_n，即 $a_n=a_0\overline{x}^n$。所以，这种计算平均发展速度的方法亦称为水平法。

[**例 7-15**]某地区 2007 年国民可支配收入为 14 300 万元，2012 年增长到 18 250 万元，求五年间平均每年的发展速度。

解：

$$\overline{x}=\sqrt[n]{\frac{a_n}{a_0}}=\sqrt[5]{\frac{18\ 250}{14\ 300}}=105\%$$

[**例 7-16**]某地区 2010 年国内生产总值为 7 382 万元，若按每年 107.5%的平均发展速度发展，求 2015 年该地区国内生产总值将达到什么水平。

解：

$$a_n = a_0 \overline{x}^n = 7\ 382 \times 1.075^5 = 10\ 597.82\text{(万元)}$$

[**例 7-17**]某地区进出口贸易总额 2008—2010 年的平均发展速度为 107%，2011—2012 年的平均发展速度为 108.2%，求 2008—2012 年该地区进出口贸易总额的平均发展速度。

解：

$$\overline{x} = \sqrt[n]{\prod x} = \sqrt[5]{1.07^3 \times 1.082^2} = 107.5\%$$

由于环比发展速度的连乘积等于定基发展速度，也称总速度，用符号 R 表示。所以，平均发展速度还可表示为：

$$\overline{x} = \sqrt[n]{R} \qquad \text{（公式 7-27）}$$

由此可见，用水平法计算平均发展速度，侧重于考察中长期计划的期末发展水平，这种方法比较适宜用来对钢产量、粮食产量、国内生产总值等水平指标平均发展速度的计算。水平法可以直接用期末水平与期初水平资料计算，其优点是简便易算，但未考虑中间各期水平，当中间各期水平波动较大时，各环比发展速度的差异也较大，此时，用水平法计算的平均发展速度就不能确切反映实际的发展过程。

2.高次方程法

高次方程法又称为累计法，其基本思路是通过求解高次方程的正根来计算平均发展速度。这种方法的出发点是：从现象的最初水平出发，各期均按平均发展速度发展，并令各期的理论水平之和与各期的实际水平之和相等，即：

$$a_0\overline{x} + a_0\overline{x}^2 + \cdots + a_0\overline{x}^n = a_1 + a_2 + \cdots + a_n$$

整理得：$a_0(\overline{x} + \overline{x}^2 + \cdots + \overline{x}^n) = \sum_{i=1}^{n} a_i$

$$\overline{x} + \overline{x}^2 + \cdots + \overline{x}^n = \sum_{i=1}^{n} a_i / a_0 \qquad \text{（公式 7-28）}$$

解此方程，求出 $\overline{x}$ 的正根，即为高次方程法求得的平均发展速度。这种计算过程不胜其烦，实际工作中，已编制了《平均发展速度查对表》，详细可查附录的附表 5。

用高次方程法计算平均发展速度，侧重于考察中长期计划各期水平总和，即计划期间的累计总量。这种方法适宜用来对基本建设投资总额、居民住宅建设总面积等存量指标的平均发展速度计算。高次方程法考虑的是总体各期发展水平的总和，并未考虑到每期水平的分布状况，所以，只要 $\sum_{i=1}^{n} a_i / a_0$ 的数值确定了，$\overline{x}$ 也就随之确定，这是利用高次方程法求解平均发展速度时应注意的问题。

应用几何平均法和高次方程法两种方法求解平均发展速度的出发点是不同的，前者着重于考察现象的末期水平，而后者着重于考察现象各期发展水平的累计总和。因此，对于同一资料，采用两种不同的方法计算平均发展速度，一般来说其结果是不相同的，只有当各期环比发展速度相等时，这两种方法计算的结果才会相等。

（二）平均增长速度

平均增长速度是环比增长速度的平均数，说明现象在一段较长的时期内逐期相对增长的一般水平。平均增长速度不能根据各环比增长速度直接求得，但是它与平均发展速度有内在联系，可以根据平均发展速度计算，其计算公式为：

$$平均增长速度=平均发展速度-1(100\%) \qquad (公式 7\text{-}29)$$

[例 7-18]设某市地区生产总值 2017 年要比 2012 年增长 37.1%，问平均每年应递增多少？

解：令 R 为发展总速度，则

$$R=100\%+37.1\%=137.1\%$$

$\because$ 平均发展速度 $\bar{x}=\sqrt[n]{R}=\sqrt[5]{1.371}=106.5\%$

$\therefore$ 平均增长速度 $=106.5\%-100\%=6.5\%$

即该市地区生产总值平均每年应递增 6.5%。

三、增长 1%的绝对值

增长量虽能反映现象增长的绝对数量，增长速度也能说明现象增长的相对程度，但都不能真正反映现象增长的实际效果。为更全面地对现象的发展实力进行分析，在比较现象的速度指标之外，还要分析现象每增长 1%的绝对值。增长 1%的绝对值是逐期增长量与环比增长速度的 100 倍之比，用以说明现象报告期比基期每增长 1%所增加的绝对数量，真实反映现象的实际经济效果。即：

$$增长\ 1\%的绝对值=\frac{逐期增长量}{环比增长速度\times 100}=\frac{前一期水平}{100} \qquad (公式 7\text{-}30)$$

[例 7-19]我国国内旅游收入 2003 年为 3 442.27 亿元，2004 年为 4 710.71 亿元，2005 年为 5 285.86 亿元，2006 年为 6 229.74 亿元。则：

$$2004\ 年环比发展速度=\frac{4\ 710.71}{3\ 442.27}=136.85\%$$

$$2004\ 年增长\ 1\%的绝对值=\frac{3\ 442.27}{100}=34.4227(亿元)$$

$$2006\ 年环比发展速度=\frac{6\ 229.74}{5\ 285.86}=117.86\%$$

$$2006\ 年增长\ 1\%的绝对值=\frac{5\ 285.86}{100}=52.8586(亿元)$$

上述计算可以看出，虽然 2004 年旅游收入的环比发展速度为 136.85%，远大于 2006 年的环比发展速度 117.86%，但其增长 1%的绝对值 34.4227 亿元却比 2006 年增长 1%的绝对值 52.8586 亿元小得多，这说明我国国内旅游事业的发展水平是提高了，而不是降低了。

【超级链接】

"番"与"倍"

增加一倍，就是增加100%；翻一番，也是增加100%。除了一倍与一番相当外，两倍与两番以上的数字含义就不同了。而且数字越大，差距越大。如增加两倍，就指增加200%；翻两番，就是400%（一番是二，二番是四，三番就是八），所以说翻两番就是增加了300%，翻三番就是增加了700%。"番"是按几何级数计算的，"倍"是按算术级数计算的。

计算翻番公式为：

$$n=[\lg(\text{报告期数}\div\text{基数})]\div\lg 2$$

n表示翻番数；lg是常用对数符号。

（资料来源：http://www.stats.gov.cn/tjzs/tjcd/t20020523_20343.htm。）

任务四　趋势外推预测

动态数列是由许多因素共同作用的结果。由于各类因素的作用方向和影响程度不同，形成了各种不同变动形态的动态数列。统计分析就是要正确地判断动态数列的性质，对构成动态数列的各种因素进行分解和测定，以便对现象发展的未来状况做出准确的判断和预测。

一、动态数列的影响因素

（一）长期趋势（T）

长期趋势是指动态数列在长期发展变化过程中朝着一定的方向持续上升或下降的变动趋势，它是构成动态数列的主要因素。通过对现象发展的长期趋势的测定和分析，可以掌握其变动的主要规律性，并且还可以对未来的发展趋势做出判断。例如，人口的自然增长、资源的开发、科学技术的进步以及管理科学的发展等因素导致社会经济呈增长态势的长期变动。

（二）季节变动（S）

季节变动是指动态数列由于受季节变换因素的影响而出现的有规律的周期性变动。在日常生活中，按日、周、月、季记录的动态数列常常体现季节的波动。例如，铁路、航空等客运量一般在春秋旅游旺季呈现出高峰态势；城市公交车一般在上下班时段出现乘客骤增现象等等。在按年记录的动态数列中，季节变动不会出现。

（三）循环变动（C）

循环变动是指动态数列中所出现的周期在一年以上的周期性波动。循环变动的周期和波动的幅度在一年以上，长短不一。如经济循环、商业循环，周期可能在3～5年或8～

10年之间。

(四)不规则变动(I)

不规则变动也称剩余变动或不规则波动,它是动态数列中除去长期趋势、季节变动以及循环变动之后所剩余的一种变动,是各种偶然(或突发性的)因素,如政治动荡、大的自然灾害以及无法预料或确切解释的随机性因素影响的结果。不规则变动与时间无关,与那些经常起作用的严格意义上的随机变动也是不同的。

二、动态数列的分解模型

动态数列是上述四种变动的叠加组合,动态数列的分析对这四种变动构成提出了两种假设模型:加法模型和乘法模型。

(一)加法模型

假设四种变动因素是完全独立的,动态数列就是各因素相加的总和,表现为:

$$Y=T+S+C+I \quad \text{(公式 7-31)}$$

式中,Y 代表动态数列的实际发展水平;T 代表长期趋势的趋势值;S 代表季节变动;C 代表循环变动;I 代表不规则变动。

(二)乘法模型

假设四种变动因素是呈相互交错影响的关系,动态数列表现为各因素的乘积:

$$Y=T\times S\times C\times I \quad \text{(公式 7-32)}$$

式中,T 的度量单位与 Y 相同,而 C、S、I 均以百分比表示。

事实上,这两种模型只是形式不同,因为如果对乘法模型取对数,则转化为加法模型,即:

$$\lg Y=\lg T+\lg S+\lg C+\lg I \quad \text{(公式 7-33)}$$

这表明四种变动因素也是可以相加的,实际应用中,无论哪种模型,如果用年度数据时,季节影响因素就被掩盖了。因此,有些现象的动态数列并非四种变动因素均存在。在社会经济统计中,主要采用乘法模型。

三、长期趋势的测定方法

对长期趋势进行测定,主要是为了将其从动态数列中予以消除,以便观察与测定其他影响因素。现象发展的长期趋势根据其表现形态的不同,可分为直线趋势和曲线趋势。测定的方法大致上可以分为修匀法和趋势方程法。

(一)修匀法

修匀法是对原动态数列以一定方法消除偶然因素影响,呈现出现象的长期趋势。这些方法包括:

1. 时距扩大法

时距扩大法是测定长期趋势最简便的一种方法。它是将原来时距较短的动态数列加工整理成时距较长的动态数列,以便消除现象因时距较短而受偶然因素影响所引起的不均匀波动。通过扩大时距,可以整理出能呈现事物变动总趋势的新的动态数列。

[**例 7-20**]某商店某年各月销售额资料如表 7-17 所示。

表 7-17　某商店某年销售额资料

单位:万元

月份	1	2	3	4	5	6	7	8	9	10	11	12
销售额	36	38	34	36	41	40	38	46	51	40	46	55

从表 7-17 中可以看出,销售额有波动,长期趋势不明显。为消除各月销售额的波动,可把时距扩大为一季,编制成表 7-18。

表 7-18　　某商店某年销售额资料

单位:万元

季　度	一季度	二季度	三季度	四季度
销售总额	108	117	135	141
销售额平均	36	39	45	47

从表 7-18 不难看出,该商店销售总额和平均数均呈现出逐季增加的变化趋势。

2. 移动平均法

移动平均法实质上是时距扩大法的改良。它是对原有的动态数列,按照事先规定的移动时期长度来扩大时距,采用逐项向后递移的方法,计算出一系列的序时平均数,形成由序时平均数组成的新的动态数列。这种移动平均数形成的动态数列,消除了短期偶然因素的影响,使长期趋势更加明显。

[**例 7-21**]某企业 2012 年各月销售额资料如表 7-19 所示,采用移动平均法来反映原动态数列的长期趋势。

表 7-19　某企业 2012 年各月销售额资料及移动平均计算表

单位:万元

月份	销售额	三项移动平均 ($N=3$)	四项移动平均 ($N=4$)	四项移动平均后的 二次移动平均($N=2$)
(甲)	(1)	(2)	(3)	(4)
1	450	—	—	—
			—	
2	470	460		—
			465.00	
3	460	470		471.250
			477.50	
4	480	480		483.750
			490.00	
5	500	500		496.250
			502.50	
6	520	510		506.875
			511.25	
7	510	515		515.625
			520.00	
8	515	520		522.500
			525.00	
9	535	530		527.500
			530.00	
10	540	535		534.375
			538.75	
11	530	540		—
			—	
12	550	—	—	—

从表 7-19 原动态数列中虽然可以看出某企业 2012 年各月的销售额总体呈递增趋势，但整个趋势特征不明显，中间有一定程度的波动，而通过移动平均法计算后得到的新动态数列则明显呈现出逐月增加的趋势。

应用移动平均法测定长期趋势时，应注意以下问题：

(1)如果采用奇数项(3,5,7…)移动平均，则计算的移动平均数都置于与正中间时间所对应的位置上，如上例中的第(2)栏三项移动。如果采用偶数项(2,4,6…)移动平均，则计算的移动平均数应放在中间两个时期的中间的位置上(如上例中的第 3 栏)，然后在此基础上再采用二项移动平均数，以便将移动平均数对正中间位置(如上例中的第 4 栏)，这样才能得出对正原动态数列各时期的趋势值。所以，偶数项的移动平均法都需要经过两次平均的过程。

(2)经过移动平均后的新派生数列的项数比原动态数列的项数要少，因此可利用的信息也就少了，移动时期的长度越大，新数列的项数就越少，丧失的信息就越多。同时，如果移动时期的长度太大，则不利于分析现象具体的发展趋势，而移动时期的长度过小，又可能使新数列出现起伏波动的情况，难以呈现出现象发展的长期趋势。因此，要根据资料的特点来确定时距扩大的倍数。

(3)对于存在季节变动或循环变动的动态数列，为消除季节变动或循环变动的影响，应采用与一个循环相应的时间长度来进行移动平均。如存在季节变动的动态数列一般采用 12 月移动平均或 4 季移动平均。

(4)时距扩大法和移动平均法的主要作用是把长期趋势以外的变动消除掉，以呈现出现象变动的长期趋势，但不能根据移动平均后的派生数列进行动态预测。

(二)趋势方程法

趋势方程法是根据动态数列的发展趋势类型，运用数学方法配合一个合适的方程式，然后依据此方程式求趋势值来分析长期趋势的方法。它的优点是不仅可以运用趋势方程严格地计算各期指标的理论值，比较贴近地拟合原动态数列，而且可以进行外推预测。

最小平方法是测定长期趋势最常用的方法，其基本原理是要求趋势值 $\hat{y}$ 与实际值 y 的离差平方和为最小，以实现趋势方程对动态数列发展水平的最佳拟合。趋势方程拟合过程中须满足以下两个条件：

(1) $\sum(y-\hat{y})^2=\min$

(2) $\sum(y-\hat{y})=0$

式中，y 代表实际值；$\hat{y}$ 代表趋势值。

最小平方法既可用于配合直线趋势，也可配合曲线趋势。

应用最小平方法的步骤是：第一，确定数学模型，即根据被研究现象确定其长期趋势的数学模式为直线型或曲线型的标准方程；第二，根据标准方程式和原有数列的资料求出方程式的参数，确定趋势方程；第三，根据趋势方程计算各个时期的长期趋势值；第四，绘制长期趋势的直线或曲线，并进行预测。

1、直线趋势

若动态数列的逐期增长量大致相同，那么，它的发展趋势就是直线型的。对于直线趋势，其直线方程式的一般形式为 $\hat{y}=a+bt$；将其代入 $\sum(y-\hat{y})^2=\min$ 这一数学约束中，通过求极值的方法可求得 a、b 两个待定参数。利用 a、b 两个参数的求解通式：

$$b=\frac{n\sum ty-\sum t\sum y}{n\sum t^2-(\sum t)^2} \quad \text{（公式 7-34）}$$

$$a=\frac{\sum y}{n}-b\frac{\sum t}{n} \quad \text{（公式 7-35）}$$

就可求出 a、b，并进而建立直线趋势方程。

用最小平方法拟合的直线趋势方程从理论上说是唯一确定的，拟合的结果较为精确，但计算过程颇繁。为简化计算，可采用简捷法，用坐标移位的方法可求得 a,b 两参数。首先令 $\sum t=0$（若动态数列为偶数项，则将原点定在其中间位置，将对称的时间序号分别设为…，−5，−3，−1，+1，+3，+5，…；若动态数列为奇数项，则将原点定在其正中一项，对称序号分别设为…，−3，−2，−1，0，+1，+2，+3，…），则公式就可简化为：

$$b=\frac{\sum ty}{\sum t^2} \quad \text{（公式 7-36）}$$

$$a=\frac{\sum y}{n} \quad \text{（公式 7-37）}$$

［**例 7-22**］假设甲企业商品销售额资料如表 7-20 所示。应用最小平方法对该动态数列进行修匀，分析其发展趋势，并预测 2013 年的商品销售额将会是多少？

表 7-20　2005—2012 年甲企业商品销售额资料及计算表

年份	商品销售额（万元）y	逐期增长量	t	t^2	ty
2005	250	—	−7	49	−1 750
2006	320	70	−5	25	−1 600
2007	390	70	−3	9	−1 170
2008	465	75	−1	1	−465
2009	538	73	1	1	538
2010	610	72	3	9	1 830
2011	684	74	5	25	3 420
2012	756	72	7	49	5 292
合计	4 013	—	0	168	6 095

解：根据逐期增长量的计算结果，商品销售额逐期增长量大致相等，因此，该现象的发展是接近于直线趋势的。根据最小平方法对直线趋势方程未知参数的计算公式求解 a、b。

$$a=\frac{\sum y}{n}=\frac{4\ 013}{8}=501.63$$

$$b=\frac{\sum ty}{\sum t^2}=\frac{6\ 095}{168}=36.28$$

建立的直线方程为：$\hat{y}=a+bt=501.63+36.28t$

预测 2013 年的商品销售额：

$$\hat{y}_{2013}=a+bt=501.63+36.28t=501.63+36.28\times 9=828.15(\text{万元})$$

值得注意的是，这里的直线方程 $\hat{y}=a+bt$，其中，变量 t 与变量 $\hat{y}$ 之间没有任何因果关系，也没有考虑误差的性质，它只是一个直线拟合公式，不是回归模型。同时利用趋势方程进行长期趋势预测时，必须假定趋势变化的因素到预测年份仍在起作用。比如上例中预测 2013 年的商品销售额，就是假设 2013 年的商品销售额仍按原来的增量直线上升的。

2. 曲线趋势

长期趋势除了呈逐期等量增加或减少的直线趋势外，还有多种形式的曲线趋势，这时就需要配合曲线方程来拟合长期趋势。曲线方程的种类很多，主要有二次曲线、三次曲线、多次曲线、指数曲线等。

(1)二次曲线和多次曲线

二次趋势曲线的一般表达式为：$\hat{y}=a+bt+ct^2$，仍采用最小平方法求出 a、b、c 三个参数。使 $\sum(y-\hat{y})^2=\sum[y-(a+bt+ct^2)]^2=\min$，通过对 t 求偏导数，取极值得：

$$\sum y=na+b\sum t+c\sum t^2$$
$$\sum ty=a\sum t+b\sum t^2+c\sum t^3$$
$$\sum t^2y=a\sum t^2+b\sum t^3+c\sum t^4$$

与直线方程相同，a、b、c 三个参数可直接求得，也可用简捷法求得。用简捷法求解时，令 $\sum t=0$，则 $\sum t^3=0$，此时，可解方程组得：

$$a=\frac{\sum y}{n}-c\frac{\sum t^2}{n} \qquad (\text{公式 } 7\text{-}38)$$

$$b=\frac{\sum ty}{\sum t^2} \qquad (\text{公式 } 7\text{-}39)$$

$$c=\frac{n\sum t^2y-\sum t^2\sum y}{n\sum t^4-(\sum t^2)^2} \qquad (\text{公式 } 7\text{-}40)$$

类似地，还有三次曲线的一般表达式为：$\hat{y}=a+bt+ct^2+dt^3$；多次曲线的一般表达式为：$\hat{y}=c_0+c_1t+c_2t^2+\cdots+c_kt^k$。

其参数的求解仍用最小平方法，多次曲线求解参数的方程组为：

$$\sum y=nc_0+c_1\sum t+\cdots+c_k\sum t^k$$

$$\sum ty = c_0 \sum t + c_1 \sum t^2 + \cdots + c_k \sum t^{k+1}$$

$$\cdots$$

$$\sum t^k y = c_0 \sum t^k + c_1 \sum t^{k+1} \cdots + c_k \sum t^{2k}$$

二次曲线适合于原动态数列呈一个转弯的趋势；三次曲线适合于原动态数列呈两个转弯的趋势；k 次曲线适合于原动态数列呈 $k-1$ 个转弯的趋势。

(2)指数曲线

若动态数列各期指标数值的环比发展速度大致相同，以指数曲线反映现象发展变化的趋势为宜。指数趋势曲线方程为：

$$\hat{y}=ab^t$$

对指数曲线一般表达式取对数，使之线性化，得：

$$\lg\hat{y}=\lg a+t\times\lg b \qquad \text{(公式 7-41)}$$

设 $\hat{y}'=\lg\hat{y}$，$A=\lg a$，$B=\lg b$，于是公式(7-41)可写成：

$$\hat{y}'=A+Bt \qquad \text{(公式 7-42)}$$

对于公式 7-42，可用最小平方法求 A、B 值，再查反对数表求得 a、b，最后，求出原指数曲线方程。

无论是直线趋势方程或曲线趋势方程，都可用适当的时间变量 t 做短期预测。需要注意的是，不宜运用动态数列资料做长期预测，因为随时间变化，实际趋势线的形状可能发生变化，做长期预测数值误差较大。

任务五　季节变动测定

季节变动是指客观现象由于受自然因素和生产或生活条件的影响，在一年内随着季节的变换而引起的有规律性的变动。

季节变动是影响动态数列变动的一个主要因素，进行季节变动分析的目的在于：第一，通过分析了解季节因素的影响作用大小，掌握季节变动的规律；第二，通过季节变动分析，消除动态数列中的季节变动，使动态数列更明显地反映长期趋势及其他因素的影响。例如，研究某个公司的销售活动规律，可以分析销售额的变动是由于季节因素所致，还是由于经营或其他偶然因素的影响，从而制定出有效的经营策略。

分析季节变动的影响和规律，主要方法是测定季节比率。常用的测定季节比率的方法，有按月(季)平均法和长期趋势剔除法两种。

一、按月(季)平均法

这种方法不考虑长期趋势的影响，直接用原始动态数列来计算。利用按月(季)平均法测定季节变动，需要根据若干年(至少为连续三年)的分月(季)资料，计算出同月(季)平均数和所有月(季)的总平均数,然后,用各年同月(季)的平均数与所有月(季)的总平均数相对比,求得季节比率。其计算公式为:

$$季节比率(\%)=\frac{同月(季)平均数}{月(季)总平均水平}\times 100\% \quad (公式7\text{-}43)$$

可以看出,季节比率的计算步骤如下:

(1)根据各年按月(季)的动态数列资料计算出各年同月(季)的平均水平;

(2)计算各年所有月(季)的总平均水平;

(3)将各年同月(季)的平均水平除以总平均水平,即得出季节比率。

[**例 7-23**]某商场 2008—2012 年 4 个季度的衬衣销售量变化情况如表 7-21 所示,试计算其季节比率。

表 7-21 某商场 4 个季度的衬衣销售量情况及按月(季)平均法计算表

单位:千件

季度 / 年份	1 季	2 季	3 季	4 季	历年各季平均
2008	3.0	12.0	5.8	1.2	5.5
2009	3.5	13.2	7.0	1.5	6.3
2010	4.1	15.0	8.8	2.1	7.5
2011	4.5	17.8	9.2	2.5	8.5
2012	4.9	19.0	10.2	2.7	9.2
各年同季平均	4.0	15.4	8.2	2.0	7.4
季节比率(%)	54.1	208.1	110.8	27.0	400.00

从表 7-21 中可以看出,该商场二、三两季为衬衣销售的"旺季",季节比率分别高达 208.1%和 110.8%;而一、四两季明显为"淡季",季节比率分别才 54.1%和 27%。

二、趋势剔除法

按月(季)平均法的优点是简单易懂,其缺点是没有考虑到现象本身存在的长期趋势的影响,从上述计算结果中不难发现,同样是第一季的销售量,2012 年比 2008 年就要高出 60%多,这意味着在整个动态数列中,除了存在季节变动的影响之外,还存在长期趋势的影响,为了更精确地测定季节变动,就应把趋势变动的差异剔除掉。

趋势剔除法的核心在于充分考虑了长期趋势对于动态数列的影响,在计算各季(月)的理论数值时,使用当季(月)的趋势值代替年平均值。其计算的具体步骤如下:

(1)利用移动平均法,求出对应各季的趋势值;

(2)以各季的实际值与趋势值相除,获得各季的季节变化情况;

(3)将各年的同一季节情况进行平均,得各季未修正的季节比率;

(4)进行季节比率的修正。

[**例 7-24**]根据表 7-21 的资料,用趋势剔除法计算季节比率。计算过程见表 7-22。

表 7-22 趋势剔除法计算季节比率计算表

年份	季节	销售量（千件）	第一次移动平均（N=4）	第二次修正移动平均（N=2）	季节比率（%）
（甲）	（乙）	（1）	（2）	（3）	（4）
2008	1季	3.0	—	—	—
	2季	12.0	—	—	—
			5.500		
	3季	5.8		5.5625	104.27
			5.625		
	4季	1.2		5.7750	20.78
			5.925		
2009	1季	3.5		6.0750	57.61
			6.225		
	2季	13.2		6.2625	210.78
			6.300		
	3季	7.0		6.3750	109.80
			6.450		
	4季	1.5		6.6750	22.47
			6.900		
2010	1季	4.1		7.1250	57.54
			7.350		
	2季	15.0		7.4250	202.02
			7.500		
	3季	8.8		7.5500	116.56
			7.600		
	4季	2.1		7.9500	26.42
			8.300		
2011	1季	4.5		8.3500	53.89
			8.400		
	2季	17.8		8.4500	210.65
			8.500		
	3季	9.2		8.5500	107.60
			8.600		
	4季	2.5		8.7500	28.57
			8.900		
2012	1季	4.9		9.0250	54.29
			9.150		
	2季	19.0		9.1750	207.08
			9.200		
	3季	10.2	—	—	—
	4季	2.7	—	—	—

说明：首先使用移动平均法，计算各季度的趋势值，为了不使计算结果中残留季节变动的影响，在选择移动平均周期 N 时，应当使周期长度与季节变动的实际周期长度一致。在本例中，应使用 4 个季度作为移动平均周期（如果使用的是月度数据资料，则应当使用 12 个月作为移动平均周期），如前面所述，当移动平均周期为偶数时，需要再进行二次移动平均。

为了消除个别年份的特殊情况对季节比率的影响，需使用若干年份同季度的季节比率的平均值作为最终的计算结果，理论上各季节比率之和应当等于 400%，如大于或小于 400%，均应计算调整系数进行修正。调整系数的计算公式如下：

$$\text{调整系数}=\frac{1200\%（\text{或 }400\%）}{\text{各月（或各季）平均季节比率之和}} \qquad \text{（公式 7-44）}$$

则修正后各月（或各季）的季节比率＝各月（或各季）平均季节比率×调整系数。具体计算结果见表 7-23。

$$\text{调整系数}=\frac{400}{397.58}\approx 1.0061$$

表 7-23　调整系数及修正后的季节比率计算表

单位:%

年份＼季度	第一季度	第二季度	第三季度	第四季度	合计
2008	—	—	104.27	20.78	—
2009	57.61	210.78	109.80	22.47	—
2010	57.54	202.02	116.56	26.42	—
2011	53.89	210.65	107.60	28.57	—
2012	54.29	207.08	—	—	—
各年同季平均	55.83	207.63	109.56	24.56	397.58
修正后的季节比率	56.17	208.89	110.23	24.71	400.00

任务六　Excel 在动态数列分析中的应用

任务导入

GDP 是宏观经济中最受关注的经济统计数字,它是衡量国民经济发展情况最重要的一个指标。在全球进入知识化、信息化和网络化的 21 世纪,在经济发展中,不管是发达国家还是发展中国家,财政科技投入都是全社会科技投入的重要组成部分,而其中地方财政科技投入更是对区域经济发展起着非常重要的作用。合理预测财政科技投入和 GDP,具有相当重要的意义。

表 7-24 是福建省统计局公布的 1978—2010 年福建省财政科技投入、全社会从业人数和 GDP 的相关数据。

表 7-24　1978—2010 年福建省财政科技投入、全社会从业人数及 GDP 数据

年份	财政科技投入(亿元)	GDP(亿元)	全社会从业人数(万人)	年份	财政科技投入(亿元)	GDP(亿元)	全社会从业人数(万人)
1978	0.1695	66.37	924.41	1995	3.157	2 094.90	1 567.1
1979	0.157	74.11	954.24	1996	4.1756	2 484.25	1 594.36
1980	0.2169	87.06	963.72	1997	5.1035	2 870.90	1 613.41
1981	0.2373	105.62	1 001.74	1998	5.73	3 159.91	1 621.88
1982	0.2488	117.81	1 027.96	1999	7.4562	3 414.19	1 630.85
1983	0.3271	127.76	1 056.72	2000	8.1919	3 764.54	1 660.19
1984	0.4139	157.06	1 101.82	2001	8.5795	4 072.85	1 677.79
1985	0.5433	200.48	1 152.09	2002	8.7188	4 467.55	1 711.32

续表

年份	财政科技投入(亿元)	GDP(亿元)	全社会从业人数(万人)	年份	财政科技投入(亿元)	GDP(亿元)	全社会从业人数(万人)
1986	0.8431	222.54	1 188.93	2003	10.0655	4 983.67	1 756.71
1987	0.9878	279.24	1 237.74	2004	11.1221	5 763.35	1 814.03
1988	1.1467	383.21	1 281.07	2005	12.9966	6 568.93	1 868.49
1989	1.2863	458.40	1 301.81	2006	14.8449	7 584.36	1 949.58
1990	1.3791	522.28	1 348.38	2007	21.2670	9 249.13	2 015.33
1991	1.6978	619.87	1 436.5	2008	25.6281	10 823.11	2 079.78
1992	1.9766	784.68	1 489.61	2009	27.8900	12 236.53	2 168.86
1993	2.3716	1 114.20	1 531.42	2010	32.3100	14 737.12	2 181.33
1994	2.5239	1 644.39	1 553.57				

需要分析的问题：

1. 用移动平均法对福建省财政科技投入和GDP进行分析和预测(用三项移动平均)；

2. 对全社会从业人数变量测定相应的水平指标和速度指标，包括增长量、平均增长量、发展速度和平均发展速度；

3. 选择适当的预测方法，对未来三年全社会从业人数进行预测。

任务处理

一、利用移动平均分析工具

(一)财政科技投入移动平均法

1. 打开“财政科技投入.xls”工作簿，选择“财政科技投入”工作表。

2. 选择“工具”—“数据分析”命令，在弹出的“数据分析”对话框中选中“移动平均”选项，单击“确定”按钮。

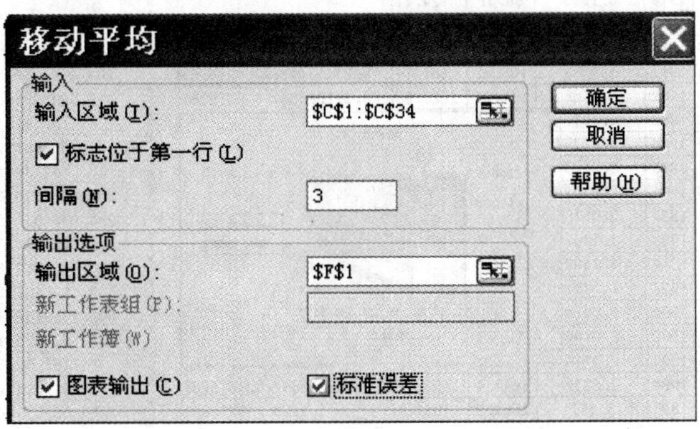

图 7-1

3. 弹出"移动平均"对话框，如图 7-1 所示。在"输入区域"中输入 C1:C34，选中"标志位于第一行"复选框，"间隔"文本框中输入 3，在"输出区域"中选择 F1。选中"图表输出"复选框和"标准误差"复选框。单击"确定"按钮，所得结果如图 7-2 所示。

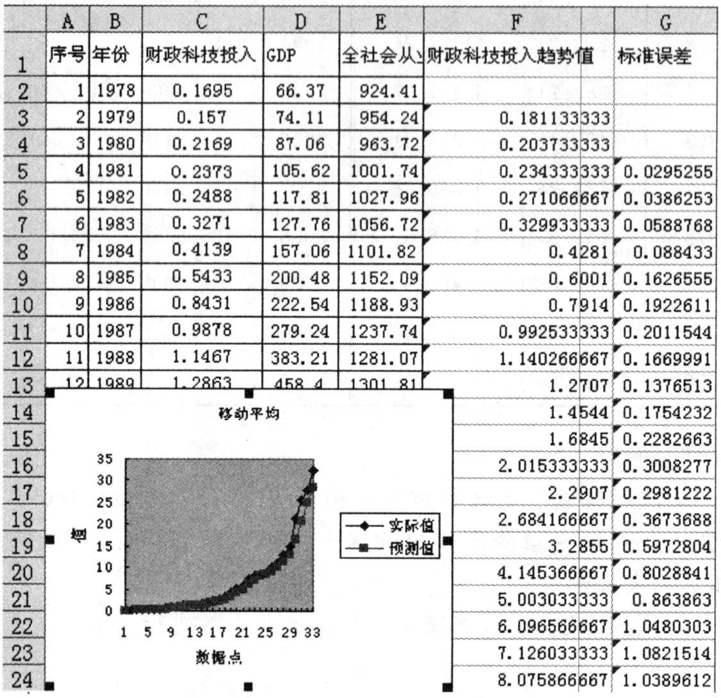

	A	B	C	D	E	F	G
1	序号	年份	财政科技投入	GDP	全社会从	财政科技投入趋势值	标准误差
2	1	1978	0.1695	66.37	924.41		
3	2	1979	0.157	74.11	954.24	0.181133333	
4	3	1980	0.2169	87.06	963.72	0.203733333	
5	4	1981	0.2373	105.62	1001.74	0.234333333	0.0295255
6	5	1982	0.2488	117.81	1027.96	0.271066667	0.0386253
7	6	1983	0.3271	127.76	1056.72	0.329933333	0.0588768
8	7	1984	0.4139	157.06	1101.82	0.4281	0.088433
9	8	1985	0.5433	200.48	1152.09	0.6001	0.1626555
10	9	1986	0.8431	222.54	1188.93	0.7914	0.1922611
11	10	1987	0.9878	279.24	1237.74	0.992533333	0.2011544
12	11	1988	1.1467	383.21	1281.07	1.140266667	0.1669991
13	12	1989	1.2863	458.4	1301.81	1.2707	0.1376513
14						1.4544	0.1754232
15						1.6845	0.2282663
16						2.015333333	0.3008277
17						2.2907	0.2981222
18						2.684166667	0.3673688
19						3.2855	0.5972804
20						4.145366667	0.8028841
21						5.003033333	0.863863
22						6.096566667	1.0480303
23						7.126033333	1.0821514
24						8.075866667	1.0389612

图 7-2

(二)GDP 移动平均法

重复上述 1、2、3 步。于第 3 步中，各选项选择中，在"输入区域"中输入 D1:D34，在"输出区域"中选择 I1。其余选项选择情况同上第 3 步，操作结果如图 7-3 所示。

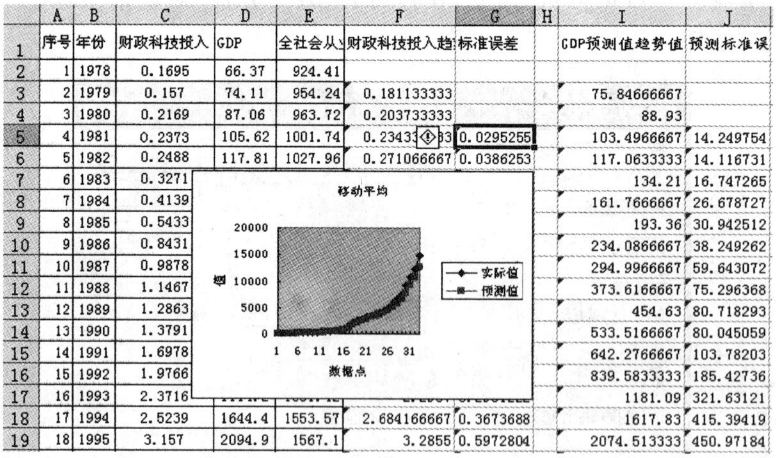

	A	B	C	D	E	F	G	H	I	J
1	序号	年份	财政科技投入	GDP	全社会从	财政科技投入趋	标准误差		GDP预测值趋势值	预测标准误
2	1	1978	0.1695	66.37	924.41					
3	2	1979	0.157	74.11	954.24	0.181133333			75.84666667	
4	3	1980	0.2169	87.06	963.72	0.203733333			88.93	
5	4	1981	0.2373	105.62	1001.74	0.23433[illegible]33	0.0295255		103.4966667	14.249754
6	5	1982	0.2488	117.81	1027.96	0.271066667	0.0386253		117.0633333	14.116731
7	6	1983	0.3271						134.21	16.747265
8	7	1984	0.4139						161.7666667	26.678727
9	8	1985	0.5433						193.36	30.942512
10	9	1986	0.8431						234.0866667	38.249262
11	10	1987	0.9878						294.9966667	59.643072
12	11	1988	1.1467						373.6166667	75.296368
13	12	1989	1.2863						454.63	80.718293
14	13	1990	1.3791						533.5166667	80.045059
15	14	1991	1.6978						642.2766667	103.78203
16	15	1992	1.9766						839.5833333	185.42736
17	16	1993	2.3716	[illegible]	[illegible]	[illegible]	[illegible]		1181.09	321.63121
18	17	1994	2.5239	1644.4	1553.57	2.684166667	0.3673688		1617.83	415.39419
19	18	1995	3.157	2094.9	1567.1	3.2855	0.5972804		2074.513333	450.97184

图 7-3

二、水平指标和速度指标的测定

（一）水平指标

1. 计算逐期增长量。在 K3 中输入公式：＝E3－E2，并用鼠标拖曳将公式复制到 K3：K34 区域，计算结果如图 7-4 所示。

2. 计算累计增长量。在 L3 中输入公式：＝E3－＄E＄2，并用鼠标拖曳将公式复制到 L3：L34 区域，计算结果如图 7-4 所示。

3. 计算平均增长量（水平法）。在 L36 中输入公式：＝(E34－E2)/32，按回车键，即可得到平均增长量，计算结果如图 7-4 所示。

（二）速度指标

1. 计算定基发展速度。在 M3 中输入公式：＝E3/＄E＄2，并用鼠标拖曳将公式复制到 M3：M34 区域，计算结果如图 7-4 所示。

2. 计算环比发展速度。在 N3 中输入公式：＝E3/E2，并用鼠标拖曳将公式复制到 N3：N34 区域，计算结果如图 7-4 所示。

I	J	K	L	M	N
GDP预测值趋势值	预测标准误	逐期增长量	累计增长量	定基发展速	环比发展速度
75.84666667		29.83	29.83	1.0322692	1.0322692
88.93		9.48	39.31	1.0425244	1.0099346
103.4966667	14.249754	38.02	77.33	1.0836534	1.0394513
117.0633333	14.116731	26.22	103.55	1.1120174	1.0261745
134.21	16.747265	28.76	132.31	1.1431291	1.0279777
161.7666667	26.678727	45.1	177.41	1.191917	1.0426792
193.36	30.942512	50.27	227.68	1.2462976	1.0456245
234.0866667	38.249262	36.84	264.52	1.2861501	1.0319767
294.9966667	59.643072	48.81	313.33	1.3389513	1.0410537
373.6166667	75.296368	43.33	356.66	1.3858245	1.0350074
454.63	80.718293	20.74	377.4	1.4082604	1.0161896
533.5166667	80.045059	46.57	423.97	1.4586385	1.0357733
642.2766667	103.78203	88.12	512.09	1.5539642	1.0653525
839.5833333	185.42736	53.11	565.2	1.611417	1.0369718
1181.09	321.63121	41.81	607.01	1.6566459	1.0280677
1617.83	415.39419	22.15	629.16	1.6806071	1.0144637
2074.513333	450.97184	13.53	642.69	1.6952435	1.008709
2483.35	426.48756	27.26	669.95	1.7247325	1.0173952
2838.353333	374.82344	19.05	689	1.7453403	1.0119484
3148.333333	328.77219	8.47	697.47	1.7545029	1.0052498
3446.213333	302.99083	8.97	706.44	1.7642064	1.0055306
3750.526667	303.26224	29.34	735.78	1.7959455	1.0179906
4101.646667	336.20899	17.6	753.38	1.8149847	1.0106012
4508.023333	393.28418	33.53	786.91	1.8512565	1.0199846
5071.523333	528.75613	45.39	832.3	1.9003581	1.0265234
5771.983333	668.32823	57.32	889.62	1.9623652	1.0326292
6638.88	818.06287	54.46	944.08	2.0212784	1.0300216
7800.806667	1099.4994	81.09	1025.17	2.1089993	1.0433987
9218.866667	1362.0046	65.75	1090.92	2.1801257	1.0337252
10769.59	1508.1059	64.45	1155.37	2.2498458	1.0319799
12598.92	1760.4364	89.08	1244.45	2.34621	1.0428315
		12.47	1256.92	2.3596997	1.0057496
		平均增长量	39.27875		
		平均发展速度	1.0271923		

图 7-4

3. 计算平均发展速度（水平法）。选中 L37 单元格，选择“插入”—“函数”命令，出现“插入函数”对话框，在“或选择类别”中选择统计，在“选择函数”框中选择“GEOMEAN”（返回几何平均值）函数，单击“确定”，弹出“函数参数”对话框，在数值区域“Number1”中选择 N3:N34 即可,计算结果如图 7-4 所示。

三、全社会从业人数预测

选择预测方法时,最好对动态数列作图,然后,根据图形初步判断数据随时间变化的模式以及变化趋势,以帮助选择适当的方法。

(一)动态数列图

1. 在"财政科技投入.xls"工作簿"财政科技投入"工作表中,选择"插入"—"图表"命令,弹出"图表向导—4 步骤之 1—图表类型"对话框窗。在"图表类型"列表中选择"折线图",在"子图表类型"列表中选择"数据点折线图",单击"下一步"按钮。

2. 弹出"图表向导—4 步骤之 2—图表源数据"对话框,在"数据区域"文本框选择 E2:E34 单元格,再选择"系列"选项卡,确定 B2:B34 单元格作为此图"分类(X)轴标志(T)"分类轴的数据,单击"完成"按钮,得到折线图。如图所 7-5 所示。

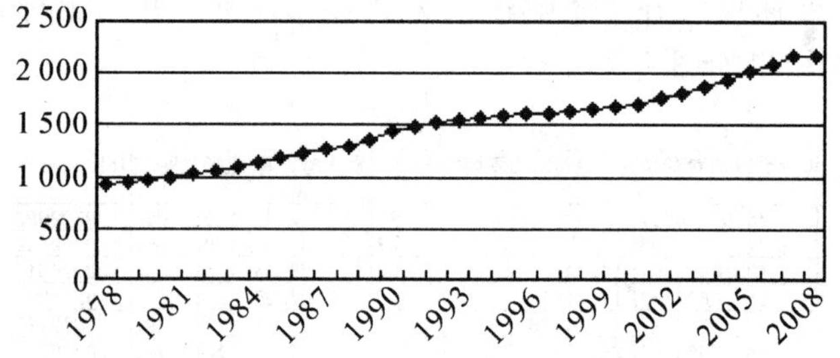

图 7-5

(二)线性趋势分析预测

从图 7-5 的走势图来看,动态数列具有明显的线性上升的趋势,可以对全社会从业人数序列拟合直线方程进行分析预测。

1. 选择"插入"—"函数"命令,弹出"插入函数"对话框,在"或选择类别"中选择"统计",在"选择函数"中选择"TREND"函数,单击"确定",打开 TREND 函数对话框,如图 7-6 所示。

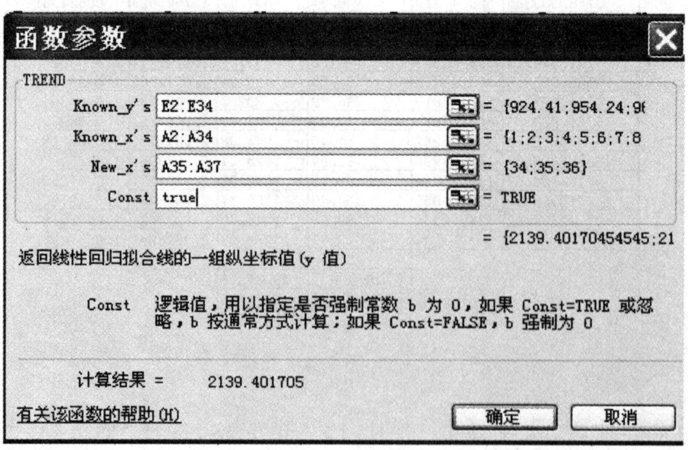

图 7-6

2.在 Known_y's 文本框中输入已知的 Y 值，选择数据区域“E2:E34”；在 Known_x's 文本框中输入已知的 X 值，选择数据区域“A2:A34”或“B2:B34”；在 New_x's 文本框中输入要预测的 Y 值对应的新 X 值，选择数据区域“A35:A37”(注：需在 A35、A36、A37 中分别输入 34、35、36，或在 B35、B36、B37 中分别输入 2011、2012、2013)；在 Const 文本框中输入 ture，单击“确定”。

3.此时只有一个预测值，其他年份仍处于选定状态，选中“E35:E37”区域，按下 F2，再按住 Ctrl+Shift+Enter 键，此时选定状态区域就填充了预测值。得计算结果如图 7-7 所示。

35	34	2011			2139.4
36	35	2012			2177.08
37	36	2013			2214.76

图 7-7

技能训练

一、填空题

1.动态数列按指标性质不同可以分为________、________和________三种。其中，________动态数列是最基本的动态数列，其他两种是它的________数列。

2.动态数列有两个组成要素：一是________，二是________。

3.增长量由于基期采用不同，可以分为________增长量和________增长量。

4.绝对数动态数列可以分为________和________两种，其中，数列中不同时间的数值相加有实际意义的是________数列，不同时间的数值相加没有实际意义的是________数列。

5.平均发展水平是对________求平均数，统计学上又称________。

6.发展速度由于选用的基期不同，分为________和________两种，它们之间的关系可以表达为________。

7.设 $i=0,1,2,3,\cdots,n$，a_i 为第 i 个时期经济水平，则$\frac{a_i}{a_0}$是________发展速度，$\frac{a_i}{a_{i-1}}$是________发展速度。

8.已知某油田 2005 年的原油总产量为 200 万吨，2010 年的原油总产量是 459 万吨，则“十一五”计划期间该油田原油总产量年平均增长速度的算式为________。

9.某产品产量 2012 年比 2009 年增长了 105%，2009 年比 2004 年增长了 306.8%，则该产品 2012 年比 2004 增长速度的算式是________。

10. 动态数列的波动可分解为长期趋势变动、________、循环变动和不规则变动。

二、单项选择题

1. 下列属于时点数列的是（　　）。

A. 第一季度产值　　B. 第一季度各月末职工人数

C. 第一季度各月产值　　D. 第一季度末职工人数

2. 动态数列中，数值大小与时间长短有直接关系的是（　　）。

A. 平均数动态数列　　B. 时期数列　　C. 时点数列　　D. 相对数动态数列

3. 下列数列中哪一个属于动态数列？（　　）。

A. 学生按成绩分组形成的数列

B. 企业按地区分组形成的数列

C. 职工按工资水平高低顺序排列形成的数列

D. 职工人数按时间先后顺序排列形成的数列

4. 间隔不等间断时点数列计算序时平均数，应采用（　　）。

A. 以每次变动持续的时间长度对各时点水平加权平均

B. 用各间隔长度对各间隔的平均水平加权平均

C. 对各时点水平简单算术平均

D. 按几何平均法计算

5. 计算发展速度的分母是（　　）。

A. 报告期水平　　B. 基期水平　　C. 实际水平　　D. 计划水平

6. 某车间月初工人人数资料如下：

月份	1	2	3	4	5	6	7
月初人数(人)	280	284	280	300	302	304	320

则该车间上半年的平均人数约为（　　）。

A. 296 人　　B. 292 人　　C. 295 人　　D. 300 人

7. 某地区某年 9 月末的人口数为 150 万人，10 月末的人口数为 150.2 万人，该地区 10 月的人口平均数为（　　）。

A. 150 万人　　B. 150.2 万人　　C. 150.1 万人　　D. 无法确定

8. 根据牧区每个月初的牲畜存栏数计算全牧区半年的牲畜平均存栏数，采用的公式是（　　）。

A. 简单平均法　　B. 几何平均法

C. 加权序时平均法　　D. 首末折半法

9. 某企业生产某种产品，其产量每年增加 5 万吨，则该产量的环比增长速度（　　）。

A. 年年下降　　B. 年年增长　　C. 年年不变　　D. 无法确定

10. 由一个 9 项的动态数列可以计算的环比发展速度（　　）。

A. 有 8 个　　B. 有 9 个　　C. 有 10 个　　D. 有 7 个

11. 采用几何平均法计算平均发展速度的依据是(　　)。

A. 各年环比发展速度之积等于总速度　　B. 各年环比发展速度之和等于总速度

C. 各年环比增长速度之积等于总速度　　D. 各年环比增长速度之和等于总速度

12. 某企业的科技投入 2012 年比 2007 年增长了 58.6%，则该企业 2007—2012 年间科技投入的平均发展速度为(　　)。

A. $\sqrt[5]{58.6\%}$　　B. $\sqrt[5]{158.6\%}$　　C. $\sqrt[6]{58.6\%}$　　D. $\sqrt[6]{158.6\%}$

13. 若已知前五年的平均增长速度为 10%，后五年的平均增长速度为 8%，则这 10 年的平均增长速度为(　　)。

A. $\sqrt[10]{0.1\times0.08}$　　B. $\sqrt[10]{0.1^5\times0.08^5}-1$

C. $\sqrt[10]{1.1^5\times1.08^5}$　　D. $\sqrt[10]{1.1^5\times1.08^5}-1$

14. 增长 1% 的绝对值是(　　)。

A. 报告期水平除以 100　　B. 前期水平除以 100

C. 逐期增长量除以 100　　D. 累计增长量除以 100

15. 在测定长期趋势的方法中，可以形成数学模型的是(　　)。

A. 时距扩大法　　B. 移动平均法　　C. 最小平方法　　D. 季节指数法

三、多项选择题

1. 下面哪几项是时期数列(　　)。

A. 我国近几年来的耕地总面积　　B. 我国历年新增人口数

C. 我国历年图书出版量　　D. 我国历年黄金储备

E. 某地区国有企业历年资金利税率

2. 某企业某种产品原材料月末库存资料如下：

月份	1月	2月	3月	4月	5月
原材料库存量(吨)	8	10	13	11	9

则该动态数列(　　)。

A. 各项指标数值是连续统计的结果

B. 各项指标数值是不连续统计的结果

C. 各项指标数值反映的是现象在一段时期内发展的总量

D. 各项指标数值反映的是现象在某一时点上的总量

E. 各项指标数值可以相加得到 5 个月原材料库存总量

3. 定基发展速度和环比发展速度的关系是(　　)。

A. 两者都属于速度指标

B. 环比发展速度的连乘积等于定基发展速度

C. 定基发展速度的连乘积等于环比发展速度

D. 相邻两个定基发展速度之商等于相应的环比发展速度

E. 相邻两个环比发展速度之商等于相应的定基发展速度

4. 累计增长量与逐期增长量(　　)。

A. 前者基期水平不变，后者基期水平总在变动
B. 二者存在关系式：逐期增长量之和＝累计增长量
C. 相邻的两个逐期增长量之差等于相应的累计增长量
D. 根据这两个增长量都可以计算较长时期内的平均每期增长量
E. 这两个增长量都属于水平分析指标

5. 下列哪些属于序时平均数（　　）。
A. 一季度平均每月的职工人数　　B. 某产品产量某年各月的平均增长量
C. 某企业职工第四季度人均产值　　D. 某商场职工某年月平均人均销售额
E. 某地区近几年出口商品贸易额平均增长速度

6. 下列数列哪些属于由两个时期数列对比构成的相对数或平均数动态数列（　　）。
A. 工业企业全员劳动生产率数列　　B. 百元产值利润率动态数列
C. 产品产量计划完成程度动态数列　　D. 某单位人员构成动态数列
E. 各种商品销售额所占比重动态数列

7. 增长1%的绝对值（　　）。
A. 等于前期水平除以100　　B. 等于逐期增长量除以环比增长速度
C. 等于逐期增长量除以环比发展速度　　D. 表示增加一个百分点所增加的绝对量
E. 表示增加一个百分点所增加的相对量

8. 用水平法计算的平均发展速度，就是（　　）。
A. 各环比发展速度的几何平均数　　B. 各定基发展速度的几何平均数
C. n个环比发展速度连乘积的n次方根　　D. 最末水平与基期水平之比的n次方根
E. 各定基发展速度之和的n次方根

9. 编制动态数列应遵循的原则有（　　）。
A. 时间长短应该相等
B. 总体范围应该一致
C. 指标经济内容应该相同
D. 指标的计算方法、计算价格和计量单位应该一致
E. 指标数值的变化幅度应该一致

10. 时期数列的特点有（　　）。
A. 数列中各个指标数值不能相加
B. 数列中各个指标数值可以相加
C. 数列中每一个指标数值大小与其时间长短无直接关系
D. 数列中每一个指标数值的大小与其时间长短有直接关系
E. 数列中每个指标数值，通常是通过连续不断登记而取得的

四、判断题

1. 在各种动态数列中，指标值的大小都受到指标所反映的时期长短的制约。（　　）
2. 发展水平就是动态数列中的每一项具体指标数值，它只能表现为绝对数。（　　）
3. 若将2000—2010年末国有企业固定资产净值按时间先后顺序排列，此种动态数列称为时点数列。（　　）

4.序时平均数与一般平均数完全相同,因为它们都是将各个变量值的差异抽象化了。(　　)

5.定基发展速度等于相应各个环比发展速度的连乘积,所以定基增长速度也等于相应各个环比增长速度的连乘积。(　　)

6.定基发展速度和环比发展速度之间的关系是两个相邻时期的定基发展速度之积等于相应的环比发展速度。(　　)

7.增长百分之一的绝对值表示的是:速度指标增长百分之一而增加的水平值。(　　)

8.若逐期增长量每年相等,则其各年的环比发展速度是年年下降的。(　　)

9.若环比增长速度每年相等,则其逐期增长量也是年年相等。(　　)

10.季节变动指的就是现象受自然因素的影响而发生的一种有规律的变动。(　　)

11.某产品产量在一段时期内发展变化的速度,平均来说是增长的,因此该产品产量的环比增长速度也是年年上升的。(　　)

12.各环比增长速度的连乘积加1等于定基增长速度加1。(　　)

13.已知某市工业总产值2008年至2012年年增长速度分别为4%,5%,9%,11%和6%,则这五年的平均增长速度为6.97%。(　　)

14.现象若无季节变动,则季节比率为零。(　　)

15.可以用累计增长量除以动态数列的项数来计算平均增长量。(　　)

16.用水平法计算的平均发展速度只取决于最初发展水平和最末发展水平,与中间各期发展水平无关。(　　)

17.平均增长速度不是根据各个增长速度直接来求得,而是根据平均发展速度间接计算的。(　　)

18.呈直线趋势的动态数列,其各期环比发展速度大致相同。(　　)

19.呈指数曲线趋势的动态数列,其逐期增长量大致相等。(　　)

20.各期的环比发展速度连乘积等于最末期的定基发展速度,因此定基发展速度必大于各期的环比发展速度。(　　)

五、简答题

1.何谓动态数列?它包括哪些构成要素?

2.比较时期数列与时点数列的不同。

3.为什么计算平均发展速度不用算术平均而用几何平均?

4.简述动态平均数和静态平均数的关系。

六、计算题

1.某地区2012年底人口数为2 000万人,假定以后每年以9‰的增长率增长;又假定该地区2012年粮食产量为120亿斤,要求到2017年平均每人粮食达到800斤,试计算2017年粮食产量应该达到多少?粮食产量每年平均增长速度如何?

2.某企业有关资料如下表:

年份		2002	2003	2004	2005	2006	2007	2008	2009	2010	2011	2012
销售产值(百万元)		6.0	6.2	6.5	6.6	6.9	7.0	6.9	7.2	7.5	7.8	8.2
增长量(百万元)	逐期											
	累计											
发展速度(%)	环比											
	定基											
增长速度(%)	环比											
	定基											
增长1%的绝对值												
年初职工人数(人)		90	98	108	106	110	116	114	118	120	122	120
其中:工人数(人)		64	60	66	70	72	74	75	80	82	86	80
平均职工人数(人)												
工人人数比重(%)												
全员劳动生产率(万元)												

假定2013年年初职工人数和工人数分别为:122人和83人。

要求:

(1)将表中空格数据填齐;

(2)计算2002—2012年的平均年销售产值、销售产值的平均增长量、平均发展速度、平均增长速度;

(3)计算职工人数的序时平均数和工人人数的年平均比重;

(4)计算全员劳动生产率的序时平均数;

(5)配合直线模型预测该企业2013—2015年的销售产值。

3.某企业2013年上半年的产量和单位成本资料如下:

月份	1	2	3	4	5	6
产量(件)	2 000	3 000	4 000	3 000	4 000	5 000
单位成本(元)	73	72	71	73	69	68

试计算该企业2013年上半年的产品平均单位成本。

4.某企业1—4月产值及职工人数资料如下:

月份	1月	2月	3月	4月
产值(万元)	42	43	45	49
月初职工人数(人)	300	310	326	330

要求：

(1)求该企业第一季度各月平均全员劳动生产率；

(2)求该企业第一季度全员劳动生产率。

5.某企业各个季度计划产值及产值计划完成程度资料如下：

季度	一季度	二季度	三季度	四季度
计划产值(万元)	420	450	460	480
计划完成(%)	110	105	128	130

试计算该厂本年度平均每季计划完成程度。

6.某地区粮食产量2005年比1998年增长了50%，2005—2009年期间年平均增长率为5%，2012年粮食产量为2009年的1.2倍。试求该地1998—2012年间粮食产量的年平均增长率。

7.某地区2008—2012年水稻产量资料如下：

年份	2008	2009	2010	2011	2012
水稻产量(万吨)	320	332	340	356	380

试用最小平方法配合趋势直线并预测2013年水稻产量。

8.某产品专卖店2010—2012年各季节销售额资料如下表所示：

年份	一季度	二季度	三季度	四季度
2010	51	75	87	54
2011	55	76	98	62
2012	56	80	108	73

要求：采用同季平均法和移动平均趋势剔除法计算季节指数。

项目8 统计指数分析

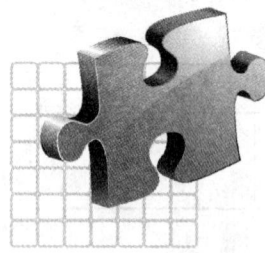

学习目标：

1. 知识目标

理解统计指数、指数体系和因素分析的概念；掌握综合指数、平均指数的编制方法和因素分析技术；了解常用的统计指数。

2. 能力目标

能应用统计指数测定社会经济现象的变动，并分析变动的具体原因；能应用 Excel 进行综合指数的测定和因素分析。

【超级链接[①]】

2013 年 2 月份全国居民消费价格变动情况

2013 年 2 月份，全国居民消费价格总水平同比上涨 3.2%。其中，城市上涨 3.2%，农村上涨 3.3%；食品价格上涨 6.0%，非食品价格上涨 1.9%；消费品价格上涨 3.3%，服务价格上涨 3.1%。

2 月份，全国居民消费价格总水平环比上涨 1.1%。其中，城市上涨 1.1%，农村上涨 1.0%；食品价格上涨 2.7%，非食品价格上涨 0.2%；消费品价格上涨 1.2%，服务价格上涨 0.8%。

食品价格同比上涨 6.0%。其中，肉禽及其制品价格上涨 5.3%；鲜菜价格上涨 10.0%；水产品价格上涨 7.7%；粮食价格上涨 5.1%；鲜果价格上涨 3.7%；油脂价格上涨 4.7%。

烟酒及用品价格同比上涨 1.1%。其中，酒类价格上涨 1.8%，烟草价格上涨 0.6%。

衣着价格同比上涨 2.1%。其中，服装价格上涨 2.4%，鞋类价格上涨 1.2%。

家庭设备用品及维修服务价格同比上涨 1.6%。其中，家庭服务及加工维修服务价格上涨 10.9%，耐用消费品价格上涨 0.1%。

医疗保健和个人用品价格同比上涨 1.8%。其中，中药材及中成药价格上涨 2.4%，医疗保健服务价格上涨 1.4%，医疗器具及用品价格上涨 1.3%，西药价格上涨 0.2%。

交通和通信价格同比上涨 0.2%。其中，车辆使用及维修价格上涨 7.1%，车用燃料

① 本案例是国家统计局公布的我国 2013 年 2 月份全国居民消费价格变动情况的相关数据（节选）。居民消费价格指数（简称 CPI）是度量居民生活消费品和服务价格水平随着时间变动的相对数，综合反映居民购买的生活消费品和服务价格水平的变动情况。按年度计算的居民消费价格指数，通常是用来作为反映通货膨胀或紧缩程度的指标。

及零配件价格上涨1.1%，通信工具价格下降10.1%，交通工具价格下降1.0%。

娱乐教育文化用品及服务价格同比上涨2.0%。其中，旅游价格上涨7.0%，文娱费价格上涨2.8%，教育服务价格上涨2.5%，文娱用耐用消费品及服务价格下降4.6%。

居住价格同比上涨2.8%。其中，水、电、燃料价格上涨3.2%，住房租金价格上涨2.7%，建房及装修材料价格上涨0.8%。

据测算，在2月份3.2%的居民消费价格总水平同比涨幅中，去年价格上涨的翘尾因素约为1.1个百分点，新涨价因素约为2.1个百分点。

（资料来源：国家统计局。）

以上内容涉及居民消费价格指数的变动情况以及该指数构成的8大类商品与服务的价格变动情况。那么实际中，包括居民消费价格指数在内的各种常用的指数都有哪些？这些指数是用什么方法测算出来的？本项目将介绍统计指数的基本理论及测定方法。

任务一　统计指数概述

一、统计指数的概念

统计指数简称指数，它是一种特殊的相对指标，是动态分析的进一步深入和发展。1650年英国人沃汉首创物价指数，用于度量物价的变化状况。其后指数的应用范围不断扩大，其含义和内容也随之发生了变化。从内容上看，指数由单纯反映一种现象的相对变动到反映多种现象的综合变动；从对比的场合上看，指数由单纯的不同时间的对比分析到不同空间的对比分析等等。统计指数有广义和狭义之分。广义的指数是指反映社会经济现象变动与差异程度的相对数。本项目要研究的是狭义指数。狭义指数也是反映事物变动与差异的程度，但它所反映的对象是一种特殊的复杂现象总体的变动相对数。例如，不同产品的总产量、市场上所流通的商品的价格总水平变动等。不同的产品和商品，有不同的使用价值和计量单位，不同商品的价格也以不同的使用价值和计量单位为基础，都是不同度量的事物，是不能直接相加的，但我们却要把它们当作一个总体来反映它们的变动或差异的程度。因此，狭义的指数就是指反映由不同度量的事物所构成的特殊总体（这一总体统计上称为复杂现象总体）变动或差异程度的相对数。如产量总指数、价格总指数、成本总指数等。狭义的指数概念及编制方法是统计指数理论的核心。我们举个简单的例子进行说明。

［**例8-1**］假定某市场上三种商品的销售价格和销售量资料如表8-1。表中，记商品价格为p，销售量为q；下标“0”表示基期，下标“1”表示计算期或报告期。为了反映市场物价的动态和商品销售量的变动情况，我们可以根据这些资料编制有关的指数。

表 8-1　三种商品价格和销售量资料

商品类别	计量单位	商品价格(元)		销售量		个体指数(%)	
		基期 p_0	报告期 p_1	基期 q_0	报告期 q_1	$\frac{p_1}{p_0}$	$\frac{q_1}{q_0}$
甲	台	1 250.0	1 300.0	600	540	104.00	90.00
乙	件	20.0	25.0	800	910	125.00	113.75
丙	公斤	6.0	5.6	750	800	93.33	106.67
合计	—	—	—	—	—	—	—

如果我们需要考察的是个别商品的价格和销售量的变动情况，那么问题非常简单，只需将每种商品报告期与基期的价格或销售量资料直接对比，即可得到反映每种商品价格或销售量变动程度的相对数(个体指数)。由表中最后两栏可知，甲商品的个体价格指数是 104%，表示其价格报告期比基期上涨了 4%，同理，乙商品的价格上涨了 25%，丙商品的价格下降了 6.67%；另一方面，甲商品的个体销售量指数是 90%，表示其销售量报告期比基期下降了 10%，同理，乙和丙的销售量分别增长了 13.75%和 6.67%。上述这些个体指数就是一般的相对数，属广义指数的范围。

如果我们所要考察的不是个别商品，而是全部商品的价格和销售量的变动情况，问题就没那么简单了。由于甲、乙、丙的使用价值和计量单位不同，是不同度量的事物，它们的价格和销售量都不能直接相加，我们把这样的总体称为特殊总体(复杂现象总体)，要反映该特殊总体价格和销售量的变动状况，则要编制全部三种商品的价格总指数和销售量总指数，它们都属于狭义指数。

从狭义指数的概念可知，指数具有以下性质：

1. 相对性

指数是总体各变量综合对比形成的相对数，通常以百分数来表示。

2. 综合性

指数对比的是总体各单位受各种因素影响的总的数量表现，而不是总体中某一个体的数量表现。

3. 平均性

两个综合数量对比产生的指数能够反映个别量的平均变动水平。

4. 代表性

指数是通过比较来反映总体在不同场合下综合的、平均的数量变化，但是要将总体中所有个体数量特征全部包括在对比数值中，有时很困难，甚至不可能。如计算零售物价指数，按理应考虑所有零售商品的价格水平，但零售商品成千上万，没有办法将其全部包括在内进行对比，因此，必须从中选择出若干种代表商品来计算。从这个意义上说，指数具有代表性的性质。

二、统计指数的种类

指数可以从不同的角度进行分类，一般有以下几种：

(一)按指数反映的对象范围不同,分为个体指数和总指数

个体指数是说明单个事物或现象在不同时期的变动程度。例如,一种商品的价格指数、一种产品的产量指数和一种产品的成本指数等,它包括在广义指数范围内。用符号 k 表示。如表 8-1 中各种商品的销售量指数和销售价格指数,其计算非常简单,只需将报告期与基期的价格或销售量资料直接对比即可,如:

$$\text{个体价格指数 } k_p=\frac{p_1}{p_0} \quad \text{个体销售量指数 } k_q=\frac{q_1}{q_0}$$

总指数是说明多种事物或现象在不同时期的综合变动程度。例如,几种产品综合的产量指数、全部商品的物价指数等等都是总指数。用符号 $\overline{K}$ 表示。

此外,介于个体指数与总指数之间的指数,叫组指数或类指数,它是说明总体中某一组或某一类现象变动的相对数。总指数和组指数都属于狭义指数,它们编制的方法相同,只是计算范围不同。

(二)按指数说明的现象性质不同,分为数量指标指数和质量指标指数

数量指标指数,简称数量指数,它是反映现象的总规模、水平或工作总量变动的相对数。例如,销售量指数、产量指数、职工人数指数等。

质量指标指数,简称质量指数,它是反映现象相对水平或平均水平变动的相对数。例如,价格指数、劳动生产率指数、成本指数等。

(三)按计算指数时采用的基期不同,分为定基指数和环比指数

指数通常是间隔一段时间就编制一次,如果将一系列性质相同的统计指数按时间顺序排列起来,就形成了一个指数数列。在一个指数数列中,如果各期指数是以它前一期作为基期的,称为环比指数;如果各期指数都是以某一固定时期作为基期的,称为定基指数。定基指数的基期是固定不变的,环比指数的基期是随报告期的变化而变化的。

(四)总指数按其编制时所采用的指标和计算方法不同,分为综合指数和平均指数

综合指数是指利用复杂现象总体两个时期可比的现象总量进行对比而得到的相对数。它是总指数的基本形式,因为总指数计算分析的其他方法,都是以综合指数的编制原理为依据的。

平均指数是利用个体指数或类指数,通过加权算术平均或加权调和平均的方法计算的相对数。它也可以反映复杂现象总体综合变动程度和方向。平均指数是总指数计算的另一种形式,也可以说是个体指数的平均数。平均指数在一定条件下是综合指数的变形,但仍具有相对独立的意义。

三、统计指数的作用

(一)综合反映复杂现象总体变动的方向和程度

通过指数可以解决现象的量不能直接相加和对比的问题,并且可以反映数量综合变动的方向和程度,以及总体数量变动所带来的绝对效果。

例如,由 100 种商品计算出的零售物价指数是 110%,它表明这 100 种商品的价格综合上涨,或说平均上涨了 10%,110%就反映了这 100 种商品价格的变动方向(上涨)和程度(10%)。

（二）分析社会经济现象总变动中各个因素的影响

根据总体内各影响因素之间的数量联系，利用指数体系，可以分析各因素对总体变动的影响。例如，商品销售额的变动受商品销售量和销售价格变动的影响，或者说销售额的变动是销售量和销售价格变动共同作用的结果。指数可以分析这两者变动的影响方向、程度以及两者变动所带来的绝对效果。

（三）对多指标复杂社会经济现象进行综合测评

对于社会经济现象的数量变动关系，很多方面可以运用指数来进行综合测评。例如，用综合经济动态指数评价一个地区、企业经济效益的高低；根据指数理论建立社会发展和国民经济运行的评价和预警系统等。

任务二　统计指数的编制

一、综合指数的编制

综合指数是总指数的基本形式，它是由两个统计绝对数对比得到的指数。在所研究的统计绝对数中，包含两个或两个以上的因素，将其中一个或一个以上的因素固定下来，只考察其中一个因素的变动，这样编制出来的指数叫综合指数。

编制综合指数的基本方法是："先综合，后对比。"首先，根据客观现象之间的内在联系引入同度量因素，把不能直接相加的指标转化为可以加总的价值形态的统计绝对数，从而解决特殊总体中所要研究的指标不能直接综合的问题；其次，为了消除同度量因素变动所带来的影响，将同度量因素固定起来；最后，将两个时期的统计绝对数对比，以测定被研究指标的数量变动程度。

下面分别通过数量指标指数和质量指标指数的编制阐明综合指数编制的具体方法。

（一）数量指标综合指数的编制

数量指标综合指数是反映数量指标变动程度的指数。例如，产品产量总指数、商品销售量总指数、进出口商品数量总指数等。它们编制方法和原理是相同的，可分为两步。现以商品销售量总指数为例说明数量指标综合指数的编制方法。

第一步，根据现象之间的内在联系，确定同度量因素，将使用价值形态下的实物量转化成价值形态下的价值量。

根据表 8-1 的资料，我们得知三种商品的个体销售量指数分别是 90%、113.75%和 106.67%，分别反映了每一种商品销售量变化的相对程度和方向。但我们还要研究三种商品销售量综合变化的相对程度，即要计算销售量总指数。

由于三种商品的使用价值不同，其销售量不能相加，无法求其总量进行对比，所以，编制销售量总指数关键是把不能相加的现象（销售量）转化成同度量现象（销售额）。具体做法是：根据现象之间的内在联系，确定同度量因素，将使用价值形态下的实物量转化为价值形态下价值量。因为，销售量×销售价格＝销售额，也就是说，借助价格可以把不能直接相加的商品销售量转化为销售额，而各种商品的销售额是可以相加并对比的，所以，我们确定价格为同度量因素。在已知三种商品基期和报告期价格的情况下，将三种商品的基期的销售量和基期的价格、报告期的销售量和报告期的价格分别对应相乘，得到三种商品基期、报告期的销售额。各种商品的销售额是同度量现象，它就是我们要找的价值量。利用同度量因素价格，将不同度量的销售量转化为可同度量的销售额，实现了实物量与价值量之间的转化，如表 8-2 所示。

表 8-2　商品价格和销售量资料

商品类别	计量单位	商品价格（元）p		销售量 q		销售额（元）pq		
		基期 p_0	报告期 p_1	基期 q_0	报告期 q_1	p_0q_1	p_0q_0	p_1q_1
甲	台	1 250.0	1 300.0	600	540	675 000	750 000	702 000
乙	件	20.0	25.0	800	910	18 200	16 000	22 750
丙	公斤	6.0	5.6	750	800	4 800	4 500	4 480
合计	—	—	—	—	—	698 000	770 500	729 230

第二步，固定同度量因素，测定指数化因素综合变化的相对程度。

在指数分析中，把要研究其综合变动相对程度的现象称为指数化因素。研究销售量综合变化的相对程度，销售量就是指数化因素。根据现象之间的内在联系，利用同度量因素将实物量转化为价值量，但价值量的相加对比还不能单纯地反映指数化因素综合变化的相对程度，必须固定同度量因素，才能测定指数化因素综合变化的相对程度。

例如，公式 8-1 中，$\sum p_1q_1$ 是代表三种商品报告期的销售总额，即报告期价值量之和；$\sum p_0q_0$ 是代表三种商品基期的销售总额，即基期价值量之和；其比值$\overline{K}_{pq}$ 是代表三种商品销售额变化的相对程度，其中，既有指数化因素销售量变化对销售额的影响，也有同度量因素销售价格变化对销售额的影响。利用公式 8-1 可以计算销售额总指数。

$$\overline{K}_{pq}=\frac{\sum q_1p_1}{\sum q_0p_0} \qquad \text{（公式 8-1）}$$

式中，$\overline{K}_{pq}$ 表示销售额总指数；q_0、q_1 表示各种商品基期、报告期的销售量；p_0、p_1 表示各种商品基期、报告期的销售价格。

表 8-2 所示的三种商品销售额总指数为：

$$\overline{K}_{pq}=\frac{\sum q_1p_1}{\sum q_0p_0}=\frac{729\ 230}{770\ 500}=94.64\%$$

$$\sum p_1q_1-\sum p_0q_0=729\ 230-770\ 500=-41\ 270\text{（元）}$$

计算结果表明，三种商品报告期的销售额是基期销售额的 94.64%，下降了 5.36%，销售额绝对值减少了 41 270 元。

要反映指数化因素销售量综合变化的相对程度，必须将公式 8-1 中同度量因素价格固定，排除价格因素变动对销售额的影响。但价格这个同度量因素有报告期价格 p_1 和基

期价格 p_0，究竟把作为同度量因素的价格固定在基期还是报告期呢？对于这个问题，统计学界一向有不同的看法和主张，因为用这两个价格计算出来的销售量指数的结果是不同的，并具有不同的经济内容。下面分别加以介绍。

1. 以基期价格作为同度量因素的计算公式为：

$$\overline{K}_q = \frac{\sum q_1 p_0}{\sum q_0 p_0} \qquad \text{（公式 8-2）}$$

式中，$\overline{K}_q$ 表示商品的销售量总指数；$q_1 p_0$ 表示按基期价格计算的报告期假定销售额；$q_0 p_0$ 表示基期销售额。

这个公式是德国的经济学家拉斯贝尔（E. Laspeyres）提出来的，称为拉氏数量指标指数公式。

［例 8-2］用拉氏公式根据表 8-2 的资料计算的销售量总指数为：

$$\overline{K}_q = \frac{\sum q_1 p_0}{\sum q_0 p_0} = \frac{540\times1\,250.0+910\times20.0+800\times6.0}{600\times1250.0+800\times20.0+750\times6.0}$$

$$=\frac{698\,000}{770\,500}=90.59\%$$

销售量下降所引起的销售额的变动数额为：

$$\sum q_1 p_0 - \sum q_0 p_0 = 698\,000 - 770\,500 = -72\,500\text{（元）}$$

计算结果表明：当价格固定在基期时，三种商品的销售量报告期比基期综合下降了 9.41%，由于销售量的下降，三种商品的销售额报告期比基期减少了 72 500 元。

2. 以报告期价格作为同度量因素的计算公式为：

$$\overline{K}_q = \frac{\sum q_1 p_1}{\sum q_0 p_1} \qquad \text{（公式 8-3）}$$

式中，$q_1 p_1$ 表示报告期销售额；$q_0 p_1$ 表示按报告期价格计算的基期假定销售额。

这个公式是德国的另一经济学家派许（H. paasche）提出来的，称为派氏数量指标指数公式。

［例 8-3］用派氏公式根据表 8-3 的资料计算销售量总指数为：

表 8-3　商品价格和销售量资料

商品类别	计量单位	商品价格（元）p		销售量 q		销售额（元）pq	
		基期 p_0	报告期 p_1	基期 q_0	报告期 q_1	$q_1 p_1$	$q_0 p_1$
甲	台	1 250.0	1 300.0	600	540	702 000	780 000
乙	件	20.0	25.0	800	910	22 750	20 000
丙	公斤	6.0	5.6	750	800	4 480	4 200
合计	—	—	—	—	—	729 230	804 200

$$\overline{K}_q=\frac{\sum q_1p_1}{\sum q_0p_1}=\frac{702\ 000+22\ 750+4\ 480}{780\ 000+20\ 000+4\ 200}=\frac{729\ 230}{804\ 200}$$
$$=90.68\%$$

销售量下降所引起的销售额的变动数额为：

$$\sum q_1p_1-\sum q_0p_1=729\ 230-804\ 200=-74\ 970(\text{元})$$

计算结果表明：当价格固定在报告期时，三种商品的销售量综合下降了 9.32%，并且由于销售量的下降使销售额减少了 74 970 元。

现在我们来比较公式 8-2 和公式 8-3。从理论上讲，两个公式各有一定的经济意义。但是，即使利用同样的资料，两式编制的指数的结果一般也会存在差异(如上面两个例子)，这表明它们具有不完全相同的经济意义。公式 8-2 以基期价格作为同度量因素，可以纯粹反映销售量的变动，并没有包含价格变动的影响；而公式 8-3 以报告期价格作为同度量因素，把价格由 p_0 到 p_1 的变动影响带进销售量的变动之中，使销售量总指数不能纯粹反映销售量的变动。所以，相对而言，编制数量指标综合指数时，公式 8-2 更合理。

(二)质量指标综合指数的编制

质量指标指数是反映质量指标变动程度的指数。例如，产品单位成本总指数、价格总指数等，其编制方法和原理也是相同的。下面以商品价格总指数为例说明质量指标综合指数的编制方法。

根据表 8-1 的资料，我们得知三种商品的个体价格指数分别是 104%、125%和 93.33%，分别反映了每一种商品销售价格变化的相对程度和方向。但我们还要研究三种商品销售价格综合变化的相对程度，即要计算销售价格总指数。

编制价格总指数的目的是为了反映价格的综合变动情况，如上所述，如果把各种商品的价格进行简单加总而后对比，是不合理、不科学的。因此，第一步，也是要引入同度量因素，解决不同使用价值商品的价格不可加的问题；第二步，将同度量因素固定下来。由于销售量与价格相乘等于销售额，所以可以选择销售量作为同度量因素，而销售量有两个不同的时期，究竟将作为同度量因素的销售量固定在哪一个时期比较合适呢？统计学界也有不同的看法，因而产生了不同的指数公式。

1. 以基期销售量作为同度量因素的计算公式为：

$$\overline{K}_p=\frac{\sum q_0p_1}{\sum q_0p_0} \qquad \text{(公式 8-4)}$$

式中，$\overline{K}_p$ 为价格总指数。

这个公式也是拉斯贝尔提出来的，称为拉氏价格指数。

[例 8-4]利用表 8-2、表 8-3 的资料，说明拉氏价格指数的运用：

$$\overline{K}_p=\frac{\sum q_0p_1}{\sum q_0p_0}=\frac{780\ 000+20\ 000+4\ 200}{750\ 000+16\ 000+4\ 500}$$
$$=\frac{804\ 200}{770\ 500}=104.37\%$$

价格上升而引起的销售额的增加数额为：

$$\sum q_0 p_1 - \sum q_0 p_0 = 804\ 200 - 770\ 500 = 33\ 700(\text{元})$$

计算结果说明，当商品销售量固定在基期时，三种商品的综合价格报告期比基期上升了 4.37%，由于价格的上涨使商品的销售额增加了 33 700 元。

2. 以报告期销售量作为同度量因素的计算公式为：

$$\overline{K}_p = \frac{\sum q_1 p_1}{\sum q_1 p_0} \qquad (\text{公式 8-5})$$

这个公式也是派许提出来的，称为派氏价格指数。

[**例 8-5**]仍以表 8-2、表 8－3 的资料，说明派氏价格总指数的运用：

$$\overline{K}_p = \frac{\sum q_1 p_1}{\sum q_1 p_0} = \frac{702\ 000+22\ 750+4\ 480}{675\ 000+18\ 200+4\ 800} = \frac{729\ 230}{698\ 000} = 104.47\%$$

价格上升而引起的销售额的增加数额为：

$$\sum q_1 p_1 - \sum q_1 p_0 = 729\ 230 - 698\ 000 = 31\ 230(\text{元})$$

计算结果说明，当商品销售量固定在报告期时，三种商品的销售价格总的变动方向是上升的，报告期的价格比基期上升了 4.47%，由于价格的上涨使商品的销售额增加了31 230元。

现在我们再来比较公式 8-4 和公式 8-5。

公式 8-4 以基期的销售量作为同度量因素，它是在基期销售量和销售结构的基础上分析商品价格的综合变动，一般认为它现实的经济意义不大。但从另一个角度看，该指数的分子分母之差能够说明，消费者为了维持基期的消费水平或购买同样多的商品，由于价格的变化将会增减多少实际开支，从这一点上看，它仍然是有意义的。

公式 8-5 以报告期的销售量作为同度量因素，说明它是在报告期销售量和销售额的基础上分析商品价格的综合变动的，该公式的分子分母之差能够表明报告期实际销售的商品由于价格变化而增减了多少销售额，因而较之(公式 8-4)具有更强的现实意义，使价格变动对社会经济生活的影响具有实际的，而不是假定的社会经济内容。所以，相对而言，编制质量指标综合指数时，公式 8-5 更合理。

(三)综合指数同度量因素的选择

用综合指数法编制的总指数，无论是数量指标指数还是质量指标指数都是由两个因素构成的。一个是我们需要研究其变动的，并通过计算指数去反映其变化或差异程度的指数化因素，如上例商品销售价格总指数中的价格，销售量总指数中的销售量。另一个因素就是同度量因素，即把不同度量的事物转化为同度量事物的媒介因素，如上例中价格总指数以销售量作为同度量因素，而销售量总指数则以价格作为同度量因素。同度量因素在起同度量作用的同时，也起了权数的作用。

从前面综合指数的编制中我们可以看到，不同的经济学家在选择同度量因素的固定时期上是有不同的主张。拉氏主张把同度量因素固定在基期，而派氏则主张把同度量因素固定在报告期。那么，把同度量因素固定在哪个时期才是合理的呢？从上面有关销售量总指数的编制以及价格总指数编制的例子中，我们都分别进行了比较，从比较中可以总结出综合指数同度量因素选择的一般原则，就是：编制质量指标总指数应以报告期的数量指标作为同度量因素，而编制数量指标总指数应以基期的质量指标作为同度量因素。需要说明的是，上述原则只是具有一般的意义，从经济分析的角度看，同度量因素的固定时期并无绝对的判别标准，关键是我们要根据研究目的、计算条件和指数的经济内容去选择合适的计算公式。

综合指数计算方法简便，意义明确，但它的计算必须具备两个前提条件：

第一，要有全面的原始资料；

第二，要有对应的不同时期不同指标属性的资料。

只有这样，才能把不同度量的变量转化为可相加的价值总量指标。如果研究的范围很大，包括的产品种类很多时，要取得这些资料是不容易的，因此，这就为实际应用带来了困难。

二、平均指数

平均指数是个体指数的平均数。在平均指数的编制过程中，按照平均数的原理，当总体中的不同个体具有不同的重要程度时，需要对个体指数进行适当加权，采用加权平均法计算，这样得到的指数就是平均指数。编制平均指数的基本方法是“先对比，后平均”，即首先通过对比计算个别现象的个体指数，然后将个体指数加以平均得到总指数。

平均指数可分为加权算术平均指数和加权调和平均指数。

（一）加权算术平均指数

利用加权算术平均法的原理可以将数量指标综合指数的公式变形为加权算术平均的形式。

设个体物量指数是 $k_q=\dfrac{q_1}{q_0}$，则：

$$\overline{K}_q=\frac{\sum p_0q_1}{\sum p_0q_0}=\frac{\sum \frac{q_1}{q_0}p_0q_0}{\sum p_0q_0}=\frac{\sum k_qp_0q_0}{\sum p_0q_0} \qquad \text{（公式 8-6）}$$

（综合指数公式）　　　　（加权算术平均公式）

式中，p_0q_0 表示基期总值，是权数。

[例 8-6]某商场有关资料如表 8-4 所示，计算销售量总指数。

表 8-4 某商场商品销售资料

商品类别	计量单位	销售量 q		个体销售量指数	基期销售额（元）
		基期 q_0	报告期 q_1	$k_q=q_1/q_0$	p_0q_0
甲	台	60	72	1.20	600
乙	件	500	520	1.04	5 000
合计	—	—	—	—	5 600

解：

$$\overline{K}_q=\frac{\sum k_q p_0 q_0}{\sum p_0 q_0}=\frac{1.20\times600+1.04\times5\ 000}{5\ 600}=\frac{5\ 920}{5\ 600}=105.71\%$$

$$\sum k_q p_0 q_0-\sum p_0 q_0=5\ 920-5\ 600=320\text{（元）}$$

计算结果表明，三种产品的销售量报告期比基期平均增长了5.71%，由于销售量增长而增加的销售额为320元。

在实际工作中，加权算术平均指数还有以固定权数对个体指数进行加权的形式，称为“固定权数加权算术平均指数”。例如，我国现行零售物价指数、居民消费价格指数都是采用固定权数加权算术平均指数的形式编制的。该指数形式应用起来比较方便，权数资料一经取得，便可在相对较长的时间（五年甚至十年）内使用，这就大大减少了工作量；同时，在不同时期内采用同样的权数，可比性强，有利于指数数列的分析。

固定权数加权算术平均指数的编制公式如下：

$$\overline{K}=\frac{\sum kw}{\sum w} \qquad \text{（公式 8-7）}$$

式中：k 表示个体指数或类指数；w 表示固定的相对权数。用该公式编制的指数，只能反映现象变动的方向和程度，分子分母之差已不具有绝对数的内容。

（二）加权调和平均指数

利用加权调和平均法的原理，可将质量指标综合指数的公式改为加权调和平均的形式。

设个体物价指数 $k_p=\frac{p_1}{p_0}$，$\frac{1}{k_p}=\frac{p_0}{p_1}$，则：

$$\overline{K}_p=\frac{\sum q_1 p_1}{\sum q_1 p_0}=\frac{\sum q_1 p_1}{\sum \frac{p_0}{p_1}q_1 p_1}=\frac{\sum q_1 p_1}{\sum \frac{1}{k_p}q_1 p_1} \qquad \text{（公式 8-8）}$$

（综合指数公式）　　（加权调和平均公式）

式中，p_1q_1 是报告期总值，称为权数。

[例 8-7]某商店甲、乙两种商品的销售资料如表8-5所示，试编制商品价格总指数。

表 8-5　某商店商品销售资料

商品	单位	价格（元）		个体价格指数	报告期销售额
		基期 p_0	报告期 p_1	$k_p=p_1/p_0$	p_1q_1
甲	米	10	8	0.8	6 800
乙	双	20	22	1.1	11 000
合计	—	—	—	—	17 800

解：

$$\overline{K}_p=\frac{\sum q_1p_1}{\sum \frac{1}{k_p}q_1p_1}=\frac{17\ 800}{\frac{6\ 800}{0.8}+\frac{11\ 000}{1.1}}=\frac{17\ 800}{18\ 500}=96.22\%$$

$$\sum q_1p_1-\sum \frac{1}{k_p}q_1p_1=17\ 800-18\ 500=-700(\text{元})$$

计算结果表明，甲、乙两种商品报告期的价格比基期的价格平均下降了 3.78%，由于价格下降而减少的商品销售额为 700 元。

编制和运用平均指数时，应注意以下两点：

1. 当权数为 p_0q_0 或 p_1q_1 时，平均指数和综合指数有变形关系，也只有在这时，这种变形才有实用意义。

2. 数量指标指数一般宜变形为算术平均指数，质量指标指数宜变形为调和平均指数。

任务三　指数体系与因素分析

一、指数体系的意义

(一)指数体系的概念

在经济分析中，一个指数通常只能说明某一现象数量变动的状况，而实践中往往需要将多个指数结合起来加以运用，这就要求建立相应的指数体系。

指数体系有广义指数体系和狭义指数体系之分。广义的指数体系类似于指标体系的概念，泛指由若干个内容上互相关联的统计指数所构成的体系。根据考察问题的需要，构成这种体系的指数可多可少。例如，工业品批发价格(或出厂价格)指数、农产品收购价格指数、消费品零售价格指数等构成了市场物价指数体系；而国民经济运行的生产、流通和使用各个环节以及国民经济各部门的多种经济指数则构成了国民经济核算指数体系，其中，除了上面列举的有关价格指数之外，还包括诸如国内总产出价格指数和物量指数、国内生产总值(GDP)价格指数和物量指数、投资价格指数和物量指数、以及资产负债存量价格指数等等，其内容构成十分复杂。

狭义的指数体系仅指几个指数之间在一定的经济联系基础之上所结成的较为严密的数量关系式。其中，最为典型的表现形式就是：一个总值指数等于若干个(两个或两个以上)因素指数的乘积。我们下面专门讨论这种形式的指数体系。例如：

商品销售额指数＝商品销售量指数×商品销售价格指数

农作物总产量指数＝收获面积指数×平均亩产指数

原材料费用总额指数＝产量指数×单位原材料消耗量指数×单位原材料价格指数

总平均工资指数＝各组工资水平指数×各组结构影响指数

指数体系不仅可以表现为积商关系，而且还可以表现为数量上的和差关系。例如：

商品销售额的实际增减额＝商品销售量增减的变动影响额＋商品销售价格增减的变动影响额

(二)指数体系的作用

第一,根据指数体系,可以进行指数之间的相互推算。如上面所举的例子:

$$\overline{K}_{pq}=\overline{K}_q\times\overline{K}_p$$

在这个指数体系中,若已知任何两个指数,都可直接根据上面的关系式推算第三个指数。

第二,指数体系是计算总指数时选择和确定同度量因素指标属性和时期的重要依据。根据指数体系的要求,指数化因素和同度量因素的指标属性应该是不同的。例如,在由商品销售额、销售量、销售价格变动构成的指数体系中,销售量和销售价格的指数属性不同,而且在同一指数体系中,它们的同度量因素指标属性也不同,所选择的时期也不一样,只有这样,才能保证指数体系的完整。

第三,指数体系是因素分析的基础。借助于指数体系,可以分析现象发展变化过程中受各因素影响的情况。

二、因素分析

因素分析是以综合指数的编制原理为依据,以指数体系为基础,分析在受多因素影响的总体某一数量特征总的变动中,各个因素变动的影响方向、程度和效果的方法。因素分析具有以下特点:

第一,因素分析测定的是各影响因素变动对总体某一数量特征变动的影响方向、程度和影响效果。

第二,在分析过程中,假定只有一个指数化因素,在测定指数化因素影响时,其余因素均视为同度量因素,并根据综合指数的编制原理来确定同度量因素所属时期。

第三,指数体系分析的各个影响因素指数的乘积,必须等于受其影响的总体某一数量特征的总变动指数;各因素影响差额之和,必须等于总体某一数量特征的总变动差额。

第四,对因素分析的结果都需做出文字说明。

(一)总量指标变动的因素分析

1. 总量指标变动的两因素分析

两因素分析是指在一个现象总变动受两个因素影响时,分析其中每个因素的变动对总变动影响的方向和程度。

以商品销售额为例,商品销售额是总量指标,它包含价格和销售量两个影响因素。对销售额的变动进行因素分析就是要测定价格、销售量这两个因素各自对销售额变动影响的相对程度和影响的绝对量。下面举例说明。

[**例 8-8**]某商场三种商品的资料如表 8-6 所示,试分析商品价格、销售量的变动对销售额的影响。

表 8-6　商品价格和销售量资料

商品名称	计量单位	销售量		价格(元)		销售额(元)		
		基期	报告期	基期	报告期	基期	报告期	假定期
		q_0	q_1	p_0	p_1	p_0q_0	p_1q_1	p_0q_1
甲	件	200	190	250.0	275.0	50 000	52 250	47 500
乙	米	600	660	72.0	75.6	43 200	49 896	47 520
丙	台	500	600	140.0	168.0	70 000	100 800	84 000
合计	—	—	—	—	—	163 200	202 946	179 020

解:商品价格、销售量、销售额之间的变动关系表现为:

销售额指数=商品价格指数×销售量指数

$$\frac{\sum q_1 p_1}{\sum q_0 p_0} = \frac{\sum q_1 p_1}{\sum q_1 p_0} \times \frac{\sum q_1 p_0}{\sum q_0 p_0} \qquad (公式 8\text{-}9)$$

$$\sum q_1 p_1 - \sum q_0 p_0 = (\sum q_1 p_1 - \sum q_1 p_0) + (\sum q_1 p_0 - \sum q_0 p_0) \qquad (公式 8\text{-}10)$$

利用该指数体系进行分析的步骤为:

第一步,计算三个总指数及其绝对数的增减额。

销售额总指数及其增减额:

$$\overline{K}_{pq} = \frac{\sum q_1 p_1}{\sum q_0 p_0} = \frac{202\,946}{163\,200} = 124.35\%$$

$$\sum q_1 p_1 - \sum q_0 p_0 = 202\,946 - 163\,200 = 39\,746(元)$$

商品销售价格总指数及其影响的增减额:

$$\overline{K}_p = \frac{\sum q_1 p_1}{\sum q_1 p_0} = \frac{202\,946}{179\,020} = 113.36\%$$

$$\sum q_1 p_1 - \sum q_1 p_0 = 202\,946 - 179\,020 = 23\,926(元)$$

商品销售量总指数及其影响的增减额:

$$\overline{K}_q = \frac{\sum q_1 p_0}{\sum q_0 p_0} = \frac{179\,020}{163\,200} = 109.69\%$$

$$\sum q_1 p_0 - \sum q_0 p_0 = 179\,020 - 163\,200 = 15\,820(元)$$

第二步,建立两个指数体系。

124.35%=113.36%×109.69%

39 746 元=23 926 元+15 820 元

第三步,从两个方面进行文字分析说明。

计算结果表明，三种商品销售额报告期比基期总的增长了 24.35%，绝对额增加了 39 746元，其中，三种商品销售量平均增长了 9.69%，使销售额增加了 15 820 元；商品销售价格平均上涨了 13.36%，使销售额增加了 23 926 元。

2. 总量指标变动的多因素分析

当一个总量指标指数可以表示为三个或三个以上因素指数的连乘积时，利用指数体系分析各因素变动对总量指标变动的影响，这种分析就是总量指标的多因素分析。

总量指标的多因素分析与总量指标的两因素分析基本原理是一致的，但在分析问题时它又有其自身的特点，因此，在分析计算中需解决以下问题：指数化因素的指标属性、同度量因素的时期选择；各影响因素分析的先后顺序。

为了解决上述问题，必须规定以下几个原则：

第一，测定一个因素变动时，应将其他因素固定。

第二，分析时，各指数的因素排列应当有个统一顺序，一般是数量指标在前，质量指标在后，前后因素的衔接要合乎逻辑。

第三，同度量因素时期确定应根据指标的属性。当指数化因素是数量指标时，作为同度量因素的质量指标，应当固定在基期；当指数化因素是质量指标时，作为同度量因素的数量指标应当固定在报告期。

例如，分析某公司月产值的变动，可以首先将月产值指数分解为人数指数、日数指数、时数指数和时劳动生产率指数。这样，当分析人数变动影响时，人数是数量指标，日数、时数和时劳动生产率合起来应该是月劳动生产率，是质量指标，固定在基期；分析日数变动时，则时数、时劳动生产率合起来是日劳动生产率，是质量指标，固定在基期，而人数是数量指标，应固定在报告期；分析时数变动时，时劳动生产率是质量指标，固定在基期，而人数与日数合起来是人日数，是数量指标，固定在报告期；分析时劳动生产率变动时，人数、日数、时数合起来是人日时数，是数量指标，固定在报告期。因此，指数体系为：

月产值指数=人数指数×日数指数×时数指数×时劳动生产率指数

如果用 t 表示人数，m 表示日数，n 表示时数，p 表示时劳动生产率，则月产值指数体系可表示为：

$$\frac{\sum t_1 m_1 n_1 p_1}{\sum t_0 m_0 n_0 p_0} = \frac{\sum t_1 m_0 n_0 p_0}{\sum t_0 m_0 n_0 p_0} \times \frac{\sum t_1 m_1 n_0 p_0}{\sum t_1 m_0 n_0 p_0} \times \frac{\sum t_1 m_1 n_1 p_0}{\sum t_1 m_1 n_0 p_0} \times \frac{\sum t_1 m_1 n_1 p_1}{\sum t_1 m_1 n_1 p_0} \quad \text{（公式 8-11）}$$

从变动的绝对量上看，则存在如下关系：

$$\sum t_1 m_1 n_1 p_1 - \sum t_0 m_0 n_0 p_0 = (\sum t_1 m_0 n_0 p_0 - \sum t_0 m_0 n_0 p_0) + (\sum t_1 m_1 n_0 p_0 - \sum t_1 m_0 n_0 p_0) + (\sum t_1 m_1 n_1 p_0 - \sum t_1 m_1 n_0 p_0) + (\sum t_1 m_1 n_1 p_1 - \sum t_1 m_1 n_1 p_0)$$

（公式 8-12）

[**例 8-9**]某地区三种产品产量及原材料资料如表 8-7，试对原材料费用总额变动原因进行分析。

表 8-7　三种产品产量及原材料统计表

产品名称	产品产量(箱)		单位原材料消耗量(百公斤)		单位原材料价格(元)	
	基期 q_0	报告期 q_1	基期 m_0	报告期 m_1	基期 p_0	报告期 p_1
甲	200	190	0.35	0.35	400	432
乙	600	660	0.40	0.36	60	66
丙	500	600	12.00	11.00	10	12

解：首先建立指数体系：

原材料费用总指数＝产量总指数×单位产品原材料消耗量总指数×单位原材料价格总指数

$$\frac{\sum q_1 m_1 p_1}{\sum q_0 m_0 p_0}=\frac{\sum q_1 m_0 p_0}{\sum q_0 m_0 p_0}\times\frac{\sum q_1 m_1 p_0}{\sum q_1 m_0 p_0}\times\frac{\sum q_1 m_1 p_1}{\sum q_1 m_1 p_0}$$

根据表 8-7 资料计算指数体系公式中所需数据，计算结果见表 8-8。

表 8-8　三种产品原材料费用额计算表

产品名称	$q_0 m_0 p_0$	$q_1 m_1 p_1$	$q_1 m_0 p_0$	$q_1 m_1 p_0$
甲	28 000.0	28 728.0	26 600.0	26 600.0
乙	14 400.0	15 681.6	15 840.0	14 256.0
丙	60 000.0	79 200.0	72 000.0	66 000.0
合计	102 400.0	123 609.6	114 440.0	106 856.0

根据表 8-8 资料，可以得到：

原材料费用总指数　$\overline{K}_{qmp}=\frac{\sum q_1 m_1 p_1}{\sum q_0 m_0 p_0}=\frac{123\ 609.6}{102\ 400.0}=120.71\%$

原材料费用增加的绝对额：

$$\sum q_1 m_1 p_1-\sum q_0 m_0 p_0=123\ 609.6-102\ 400.0=21\ 209.6(\text{元})$$

产量总指数　$\overline{K}_q=\frac{\sum q_1 m_0 p_0}{\sum q_0 m_0 p_0}=\frac{114\ 440.0}{102\ 400.0}=111.76\%$

产量增加引起的原材料费用增加额：

$$\sum q_1 m_0 p_0-\sum q_0 m_0 p_0=114\ 440.0-102\ 400.0=12\ 040(\text{元})$$

原材料消耗量总指数　$\overline{K}_m=\frac{\sum q_1 m_1 p_0}{\sum q_1 m_0 p_0}=\frac{106\ 856.0}{114\ 440.0}=93.37\%$

原材料消耗量减少引起的原材料费用减少额：

$$\sum q_1 m_1 p_0-\sum q_1 m_0 p_0=106\ 856.0-114\ 440.0=-7\ 584(\text{元})$$

原材料价格总指数 $\overline{K}_p=\frac{\sum q_1 m_1 p_1}{\sum q_1 m_1 p_0}=\frac{123\ 609.6}{106\ 856.0}=115.68\%$

原材料价格上升引起的原材料费用增加额：

$$\sum q_1 m_1 p_1-\sum q_1 m_1 p_0=123\ 609.6-106\ 856.0=16\ 753.6(\text{元})$$

原材料费用总额、产量、原材料消耗量、原材料价格之间数值的变动关系如下：

120.71%＝111.76%×93.37%×115.68%

21 209.6 元＝12 040 元＋(－7 584 元)＋16 753.6 元

计算结果表明，三种产品原材料费用总额报告期较基期增长 20.71%，绝对额增加 21 209.6元，这是由于三种产品产量平均提高 11.76%，使原材料费用总额多支出12 040 元；三种产品原材料消耗量平均下降 6.63%，使原材料费用总额少支出 7 584 元；原材料价格平均上涨了 15.68%，使原材料费用总额多支出 16 753.6 元的综合结果。

（二）平均指标变动的因素分析

平均数的大小受两个因素的影响：一是各组的变量值 x；二是总体结构即各组比重 $\frac{f}{\sum f}$。故亦可用因素分析法进行分析。这时，需分别计算报告期、基期和假定的平均数，然后，再计算可变构成指数、固定构成指数和结构影响指数，并利用这三个指数组成的指数体系进行分析。

可变构成指数 $\frac{\sum x_1 f_1}{\sum f_1}\Big/\frac{\sum x_0 f_0}{\sum f_0}$，反映总体平均数变动的方向和程度，其分子分母之差说明平均数的增减绝对额。

固定构成指数 $\frac{\sum x_1 f_1}{\sum f_1}\Big/\frac{\sum x_0 f_1}{\sum f_1}$，反映各组变量值水平 x 变动对平均数的影响，其分子分母之差说明各组变量值变动对平均数影响的绝对额。

结构影响指数 $\frac{\sum x_0 f_1}{\sum f_1}\Big/\frac{\sum x_0 f_0}{\sum f_0}$，反映总体结构 $\frac{f}{\sum f}$ 变动对平均数的影响，其分子分母之差说明结构变动对平均数影响的绝对额。

平均数两因素分析的指数体系为：

可变构成指数＝固定构成指数×结构影响指数

$$\frac{\frac{\sum x_1 f_1}{\sum f_1}}{\frac{\sum x_0 f_0}{\sum f_0}}=\frac{\frac{\sum x_1 f_1}{\sum f_1}}{\frac{\sum x_0 f_1}{\sum f_1}}\times\frac{\frac{\sum x_0 f_1}{\sum f_1}}{\frac{\sum x_0 f_0}{\sum f_0}} \qquad \text{（公式 8-13）}$$

$$\frac{\sum x_1 f_1}{\sum f_1}-\frac{\sum x_0 f_0}{\sum f_0}=\left(\frac{\sum x_1 f_1}{\sum f_1}-\frac{\sum x_0 f_1}{\sum f_1}\right)+\left(\frac{\sum x_0 f_1}{\sum f_1}-\frac{\sum x_0 f_0}{\sum f_0}\right) \qquad \text{（公式 8-14）}$$

[**例 8-10**]甲、乙两个企业工人劳动生产率资料如表 8-9 所示，要求：对两个企业工人劳动生产率总平均变动情况进行因素分析。

表 8-9 甲、乙两个企业工人劳动生产率资料

企业	工人人数(人)		劳动生产率(吨/人)	
	基期	报告期	基期	报告期
甲	650	1 500	400	440
乙	950	1 000	240	252
合计	1 600	2 500	—	—

解：根据计算需要，先计算相关数据，如表 8-10 所示。

表 8-10 甲、乙两个企业工人劳动生产率数据计算表

企业	工人人数(人)		劳动生产率(吨/人)		产量(万吨)		
	f_0	f_1	x_0	x_1	$x_0 f_0$	$x_1 f_1$	$x_0 f_1$
甲	650	1 500	400	440	26.0	66.0	60.0
乙	950	1 000	240	252	22.8	25.2	24.0
合计	1 600	2 500	—	—	48.8	91.2	84.0

根据上表资料计算：

1. 可变构成指数及平均数增减额：

$$\frac{\frac{\sum x_1 f_1}{\sum f_1}}{\frac{\sum x_0 f_0}{\sum f_0}}=\frac{\frac{912\ 000}{2\ 500}}{\frac{488\ 000}{1\ 600}}=\frac{364.8}{305}=119.61\%$$

$$\frac{\sum x_1 f_1}{\sum f_1}-\frac{\sum x_0 f_0}{\sum f_0}=364.8-305.0=59.8(\text{吨/人})$$

2. 固定构成指数及其影响的平均数增减额：

$$\frac{\frac{\sum x_1 f_1}{\sum f_1}}{\frac{\sum x_0 f_1}{\sum f_1}}=\frac{364.8}{\frac{840\ 000}{2\ 500}}=\frac{364.8}{336}=108.57\%$$

$$\frac{\sum x_1 f_1}{\sum f_1}-\frac{\sum x_0 f_1}{\sum f_1}=364.8-336=28.8(\text{吨/人})$$

3. 结构影响指数及其影响的平均数增减额：

$$\frac{\dfrac{\sum x_0 f_1}{\sum f_1}}{\dfrac{\sum x_0 f_0}{\sum f_0}} = \frac{336}{305} = 110.16\%$$

$$\frac{\sum x_0 f_1}{\sum f_1} - \frac{\sum x_0 f_0}{\sum f_0} = 336 - 305 = 31(\text{吨/人})$$

因此，有指数体系：

119.61％＝108.57％×110.16％

59.8(吨/人)＝28.8(吨/人)＋31(吨/人)

计算结果表明，两个企业工人劳动生产率报告期比基期总的提高了19.61％，人均产量增加了59.8吨。这一变动是由两个因素的变动引起的。其中，由于各企业劳动生产率的提高使总平均劳动生产率提高了8.57％，人均产量增加了28.8吨；由于各企业人员结构的变动，使总平均劳动生产率提高了10.16％，人均产量增加了31吨。

任务四　几种重要指数的编制方法

指数作为一种重要的经济分析方法，在实践中获得了广泛的应用。但在不同场合，往往需要运用不同的指数形式。一般而言，选择指数形式的主要标准应该是指数的经济分析意义，除此而外，有时还要求考虑实际编制工作的可行性，以及对指数分析性质的某些特殊要求。现以国内外常见的主要经济指数为例，对指数方法的具体应用加以介绍。

一、工业生产指数

工业生产指数概括反映一个国家或地区各种工业产品产量的综合变动程度，它是衡量经济增长水平的重要指标之一。世界各国都非常重视工业生产指数的编制，但采用的编制方法却不完全相同。

在我国，工业生产指数是通过计算各种工业产品的不变价格产值来加以编制的。其基本编制过程是：首先，对各种工业产品分别制定相应的不变价格标准（记为 p_c）；然后，逐项计算各种产品的不变价格产值，加总起来就得到全部工业产品的不变价格总值；将不同时期的不变价格总值加以对比，就得到相应时期的工业生产指数。

记 t 时期的不变价格总产值为 $\sum q_t p_c (t = 1, 2, \cdots)$，则该时期的工业生产指数就是固定加权综合指数的形式：

$$I_q = \frac{\sum q_1 p_c}{\sum q_0 p_c} \quad 或 \quad I_q = \frac{\sum q_t p_c}{\sum q_{t-1} p_c} \tag{公式 8-15}$$

采用不变价格法编制工业生产指数的特点是，只要具备了完整的不变价格产值资料，就能够很容易地计算出有关的生产指数；而且可以在不同层次上（如各地区、各部门、各企业等)进行编制,满足各方面的分析需要。

然而,不变价格的制定和不变价格产值的计算本身却是一项非常繁杂的工作,这项工作又必须连续不断地、全面地展开,其难度可想而知。尤其是在市场经济条件下,要在整个工业生产领域内运用不变价格计算完整的产值资料,面临着很多实际的问题。因此,我国工业生产指数编制方法的改革势在必行。

与我国的情况不同,在国外,较为普遍地采用平均指数形式来编制工业生产指数。计算公式为:

$$I_q = \frac{\sum k_q q_0 p_0}{\sum q_0 p_0} \qquad \text{(公式 8-16)}$$

式中,k_q 为各种工业品的个体产量指数,$q_0 p_0$ 则为相应产品的基期增加值。编制这种工业生产指数的目的是为了说明工业增加值中物量因素的综合变动程度,其分析意义与一般的工业总产量指数是有所不同的。

在实践中,为了简化指数的编制工作,常常以各种工业品的增加值比重作为权数,并且将这种比重权数相对固定起来,连续地编制各个时期的工业生产指数:

$$I_q = \frac{\sum k_q W}{\sum W} \qquad \text{(公式 8-17)}$$

这里运用了“固定加权算术平均指数”。

二、零售价格指数

零售价格指数是反映城乡商品零售价格变动趋势的一种经济指数。它的变动直接影响到城乡居民的生活支出和国家财政收入,影响居民购买力和市场供需平衡以及消费和积累的比例。因此,零售价格指数是观察和分析经济活动的重要工具之一。

根据不同需要,可以编制不同的零售价格指数。比如,可就城乡分别编制零售价格指数,也可以编制地区零售价格指数,以及零售商品分类价格指数。下面就我国零售商品价格指数编制中的一些主要问题说明如下。

(一)代表规格品的选择

全社会零售商品的种类繁多,要编制包括全部商品的零售价格指数显然是不可能的。因此,在编制价格指数时,只能选择部分具有代表性的商品。首先应对商品进行科学的分类,在此基础上分别选择能代表各类别的代表规格品。例如,我国目前对消费品分为食品类、饮料和烟酒类、服装和鞋帽类、纺织品类、中西药品类、化妆品类、书报杂志类、文化体育用品类、日用品类、家用电器类、首饰类、燃料类、建筑装潢类、机电产品类等 14 个大类。大类下又分小类,小类下分若干商品细目。

(二)典型地区的选择

全国零售价格总指数用于反映全社会零售商品价格的总体变动水平,但要包括所有的地区这是不可能的,一般选择部分具有代表性的地区编制价格指数。典型地区的选择既要考虑其代表性,也要注意类型上的多样性以及地区分布上的合理性和稳定性。

(三)商品价格的确定

全社会零售价格总指数包括了商品牌价、议价和市价等因素。对所选代表性商品使用的是全社会综合平均价。一种商品的综合平均价是该商品在一定时期内的牌价、议价、市价的加权平均,其权数是各种价格形式的商品零售量或零售额。根据每种代表品基期和报告期的综合平均价,计算每种商品的价格指数,以此作为计算类指数的依据。

(四)权数的确定

我国目前的零售价格总指数是采用加权算术平均形式计算的,其权数是根据上年商品零售额资料,并根据当年住户调查资料予以调整后确定的。在确定权数时,先确定各大类权数,然后确定小类权数,最后确定商品权数。权数均以百分比表示,各层权数之和等于100。为便于计算权数一律取整数。

(五)指数的计算

从1985年起,我国开始采用部分商品平均价格法计算全社会商品零售价格总指数。其计算公式为:

$$I_p=\frac{\sum k_p W}{\sum W} \quad (公式8\text{-}18)$$

式中,k_p 为个体指数或各层的类指数;W 为各层零售额比重权数。

具体计算过程是,先分别计算出各代表规格品基期和报告期的全社会综合平均价,并计算出相应的价格指数,然后分层逐级计算小类中类大类和总指数。

[**例 8-11**]现以部分资料(见表8-11)说明价格总指数的编制和计算过程。

解:

(1)计算出各代表规格品的个体价格指数。如面粉价格指数为:

$$k_p=\frac{p_1}{p_0}=\frac{2.52}{2.40}=105.0\%$$

(2)根据各代表规格品的个体价格指数及给出的相应权数,加权算术平均计算小类指数。如细粮类价格指数为:

$$I_p=\frac{\sum k_p W}{\sum W}=\frac{105\%\times 40+106\%\times 60}{100}=105.6\%$$

(3)根据各小类指数及相应的权数,加权算术平均计算中类指数。如粮食类价格指数为:

$$I_p=\frac{\sum k_p W}{\sum W}=\frac{105.6\%\times 65+104.8\%\times 35}{100}=105.3\%$$

(4)根据各中类指数及相应的权数,加权算术平均计算大类指数。如食品类价格指数为:

$$I_p=\frac{\sum k_p W}{\sum W}=\frac{105.3\%\times 35+125.4\%\times 45+126\%\times 11+114.8\%\times 9}{100}=117.5\%$$

(5)根据各大类指数及相应的权数,加权算术平均计算总指数。即:

$$I_p=\frac{\sum k_pW}{\sum W}=\frac{117.5\%\times51+115.2\%\times20+109.5\%\times11+110.4\%\times5+108.6\%\times2+116.4\%\times6+114.5\%\times2+105.6\%\times3}{100}=115.1\%$$

表 8-11　零售价格总指数计算表

商品类别及名称	代表规格品	计量单位	平均价格(元)		权数(w)(%)	指数(%)k	kw
			p_0	p_1			
总指数					100	115.1	1 151.4
一、食品类					51	117.5	5 992.5
1.粮食					35	105.3	3 685.5
细粮					65	105.6	6 864.0
面粉	标准	kg	2.40	2.52	40	105.0	4 200.0
大米	粳米标一	kg	3.50	3.71	60	106.0	6 360.0
粗粮					35	104.8	3 668.0
2.副食品					45	125.4	5 643.0
3.烟酒茶					11	126.0	1 368.0
4.其他食品					9	114.8	1 033.2
二、衣着类					20	115.2	2 304.0
三、日用品类					11	109.5	1 204.5
四、文化娱乐用					5	110.4	552.0
五、书报杂志类					2	108.6	217.2
六、药及医疗用品类					6	116.4	698.4
七、建筑装潢材料类					2	114.5	229.0
八、燃料类					3	105.6	316.8

三、居民消费价格指数(CPI)

居民消费价格指数是世界各国普遍编制的一种指数,但不同国家对这一指数赋予的名称又有不同。我国称之为居民消费价格指数。

居民消费价格指数是反映一定时期内城乡居民所购买的生活消费价格和服务项目价格的变动趋势和程度的一种相对数。通过这一指数,可以观察消费价格的变动水平及对消费者货币支出的影响,研究实际收入和实际消费水平的变动状况。通过城镇居民消费价格指数,可以分析生活消费品和服务项目价格变动对职工货币工资的影响,为研究职工生活和制定工资政策提供依据。

居民消费价格指数可就城乡分别编制城市居民消费价格指数和农村居民消费价格指数,也可就全社会编制全国居民消费价格总指数。城市居民消费价格指数是反映城市职工及其家庭所购买的生活消费品和服务项目价格变动趋势和程度的相对数,其编制过程与零售价格指数类似,但内容有所不同。消费价格指数包括消费品价格和服务项目价格两个部分。编制该指数时,首先要对消费品和服务项目进行分类,并选择消费品和服务项目的代表。目前的居民消费价格指数分为食品类、衣着类、家庭设备及用品类、医疗保健用品类、交通和通信工具类、娱乐教育文化用品类、居住类、服务项目类等。其中,服务项目分为房租、水电费、交通费、邮电费、医疗保健费、学杂保育费、文娱费、修理费及其他服务费等八大类。指数中的权数原则上应采用居民消费支出的构成资料，但由于数据来源的限制，目前仍根据社会商品零售额和服务行业的营业额来确定。最后，分别求出消费品价格指数和服务价格指数，并将二者进行加权平均汇总。其计算公式为：

$$I_p = \frac{\sum k_p W}{\sum W} \qquad \text{（公式 8-19）}$$

式中，k_p 为类指数，W 为权数，分别为消费品零售额和服务项目营业额占二者总和的比重。

居民消费价格指数除了能反映城乡居民所购买的生活消费品和服务项目价格的变动趋势和程度外，还有以下几个方面的作用：

第一，反映通货膨胀状况。通货膨胀的严重程度是用通货膨胀率来反映的，它说明了一定时期内商品价格持续上升的幅度。通货膨胀率一般以居民消费价格指数来计算。其计算公式为：

$$\text{通货膨胀率} = \frac{\text{报告期居民消费价格指数} - \text{基期居民消费价格指数}}{\text{基期居民消费价格指数}} \times 100\% \qquad \text{（公式 8-20）}$$

第二，反映货币购买力变动。货币购买力是指单位货币能够购买到的消费品和服务的数量。居民消费价格指数上涨，货币购买力则下降，反之则上升，因此，居民消费价格指数的倒数就是货币购买力指数，计算公式为：

$$\text{货币购买力指数} = \frac{1}{\text{居民消费价格指数}} \times 100\% \qquad \text{（公式 8-21）}$$

第三，反映对职工实际工资的影响。消费价格指数的提高意味着实际工资的减少，消费价格指数下降则意味着实际工资的提高。因此，利用消费价格指数可以将名义工资转化为实际工资。计算公式为：

$$\text{实际工资} = \frac{\text{名义工资}}{\text{居民消费价格指数}} \qquad \text{（公式 8-22）}$$

四、股票价格指数

股票在最初发行时，通常是按面值出售的。股票面值是指股票票面上所标明的金额。但股票在证券市场上交易时，却出现了与面值不一致的市场价格。股票价格一般是指股票在证券市场上交易时的市场价格。股票价格是一个时点值，有开盘价、收盘价、最高价、最低价等等，但通常以收盘价作为该种股票当天的价格。股票价格受多种因素的影响，但正常情况下通常与两个直接因素相关：一是预期股息；二是银行存款利息率。股票价格的高低与预期股息成正比，与银行利息率成反比。因此，股票价格的形成可以用下列公式表示：

$$\text{股票价格} = \frac{\text{票面价值} \times \text{预期股利}}{\text{存款利息率}} \qquad \text{（公式 8-23）}$$

股票市场上每时每刻都有多种股票进行交易，且价格各异，有跌有涨。用某一种股票的价格显然不能反映整个股票市场的价格变动，这就需要计算股价平均数和股票价格指数。

(一)股价平均数

股价平均数是股票市场上多种股票在某一时点上的算术平均值，一般以收盘价来计算。计算公式为：

$$\text{股价平均数}=\frac{1}{n}\sum_{i=1}^{n}p_i \qquad \text{(公式 8-24)}$$

式中，p_i 为第 i 种股票的收盘价；n 为样本股票数。

因股票市场上股票交易品种繁多，股价平均数(股票价格指数也是一样)只能就样本股票来计算。但所选择的样本股票必须具有代表性和敏感性。代表性是指在种类繁多的股票中，既要选择不同行业的股票，又要选择能代表该行业股价变动趋势的股票；敏感性是指样本股票价格的变动能敏感地反映出整个股市价格的升降变化趋势。

(二)股票价格指数

股票价格指数是反映某一股票市场上多种股票价格变动趋势的一种相对数，简称股价指数，其单位一般以"点"(point)表示，即将基期指数作为100，每上升或下降一个单位称为"1点"。

股票价格指数的计算方法很多，但一般以发行量为权数进行加权综合。计算公式为：

$$I_p=\frac{\sum p_{1i}q_i}{\sum p_{0i}q_i} \qquad \text{(公式 8-25)}$$

式中，p_{1i} 为第 i 种样本股票报告期价格；p_{0i} 为第 i 种样本股票基期价格；q_i 为第 i 种股票的发行量，可以确定为基期，也可以确定为报告期，但大多数股价指数是以报告期发行量为权数计算的。

[**例 8-12**]设有三种股票的价格和发行量资料如表 8-12 所示，试计算股票价格指数。

表 8-12　三种股票的价格和发行量资料

股票名称	基期价格(元)	本日收盘价(元)	报告期发行量(万股)
A	25	26.5	3 500
B	8	7.8	8 000
C	12	12.6	4 500

解：根据表 8-12 资料得股价指数为：

$$I_p=\frac{\sum p_{1i}q_i}{\sum p_{0i}q_i}=\frac{26.5\times3\,500+7.8\times8\,000+12.6\times4\,500}{25\times3\,500+8\times8\,000+12\times4\,500}=103.09\%$$

即股价指数上涨了 3.09 点。

目前，世界各国的主要证券交易所都有自己的股票价格指数，比如，美国的道琼斯股票价格指数和标准普尔股票价格指数、伦敦金融时报指数、法兰克福 DAX 指数、巴黎 CAC 指数、瑞士的苏黎世 SMI 指数、日本的日京指数、香港的恒生指数等等。我国的上海和深圳两个证券交易所也编制了自己的股票价格指数，如上交所的综合指数和 30 指数、深交所的成分股指数和综合指数等。

五、农副产品收购价格指数

农副产品收购价格指数旨在反映各种农副产品收购价格的综合变动程度，由此可以考察收购价格变化对农业生产者收入和商业部门支出的影响。

我国的农副产品收购价格指数的编制方法是，从十一类农副产品中选择 276 种主要产品，以它们各自的报告期收购额作为权数，加权调和平均得到各类别的农副产品收购价格指数和农副产品收购价格总指数，公式为：

$$I_p = \frac{\sum p_1 q_1}{\sum \frac{1}{k_p} p_1 q_1} \qquad \text{（公式 8-26）}$$

式中，k_p 为入编指数的各种农副产品的个体价格指数。

采用加权调和平均法的原因在于，农副产品的收购季节性强，时间比较集中，产品品种相对较少，在期末能够较迅速地取得各种农副产品收购额和代表规格品的价格资料。

六、产品成本指数

产品成本指数概括反映生产各种产品的单位成本水平的综合变动程度，它是企业或部门内部进行成本管理的一个有用工具。记各种产品的产量为 q，单位成本为 p，则全部可比产品（即基期实际生产过且计算期仍在生产的产品）的综合成本指数通常采用派氏指数来编制：

$$I_p = \frac{\sum p_1 q_1}{\sum p_0 q_1} \qquad \text{（公式 8-27）}$$

该指数的分子与分母之差可以表示，由于单位成本水平的降低（或提高），使得计算期所生产的那些产品的成本总额节约（或超支）了多少。

类似地，在对成本水平实施计划管理的场合，还可以编制相应的成本计划完成情况指数，用以检查有关成本计划的执行情况。其编制方法可以采用派氏公式：

$$I_p = \frac{\sum p_1 q_1}{\sum p_n q_1} \qquad \text{（公式 8-28）}$$

式中，p_n 为计划规定的单位成本水平。该分子与分母之差，可以说明计划执行过程中所节约或超支的成本总额。

不过，在同时制定了产量计划的条件下，则应该采用拉氏公式编制成本计划完成情况指数：

$$I_p = \frac{\sum p_1 q_n}{\sum p_n q_n} \qquad \text{（公式 8-29）}$$

其中，q_n 为计划规定的产量水平。该指数可以在兼顾产量计划的前提下来检查成本计划执行情况，即避免由于片面追求完成成本计划而破坏了产量计划。但在企业按照市场需求组织生产，没有制定产量计划，或不要求恪守产量计划指标的情况下，上面的拉氏指数就失效了。

七、空间价格指数

空间价格指数又称地域性价格指数，用于比较不同地区或国家各种商品价格的差异程度，是进行地区对比和国际对比的一种重要分析工具，但是与动态指数不同，空间指数的编制和分析有一些特殊的要求。

假如要对比 A、B 两个地区的价格水平，如果以 B 地区为对比的基准，采用拉氏指数编制价格指数为：

$$\bar{k}_p = \frac{\sum p_A q_B}{\sum p_B q_B} \qquad \text{（公式 8-30）}$$

反过来，如果以 A 地区为对比的基准，同样采用拉氏指数编制价格指数为：

$$\bar{k}_p = \frac{\sum p_B q_A}{\sum p_A q_A} \qquad \text{（公式 8-31）}$$

那么，这两个互换对比基准的地区价格指数彼此之间是否能够保持一致呢？答案一般是否定的。例如，假设 A 地区的价格水平比 B 地区高出 25%，即 $\bar{k}_p=125\%$，那么，反过来，B 地区的价格水平就应该比 A 地区低 20%，即 $\bar{k}_p=1/125\%=80\%$。但在实际上，互换对比基准之后的两个拉氏指数之间并不存在上面的联系，即：

$$\bar{k}_p = \frac{\sum p_A q_B}{\sum p_B q_B} \neq \frac{1}{\dfrac{\sum p_B q_A}{\sum p_A q_A}} = \frac{1}{\bar{k}_p} \qquad \text{（公式 8-32）}$$

派氏价格指数也存在类似的问题。这在空间对比中是非常不利的，因为空间对比的基准往往是人为确定的，如果一种指数公式给出的结果会随着基准地区的改变而改变，那就不适合用于空间对比了。因此，人们在编制空间价格指数时常常采用埃奇沃斯公式：

$$\bar{k}_p = \frac{\sum p_A (q_A + q_B)}{\sum p_B (q_A + q_B)} \qquad \text{（公式 8-33）}$$

这样得到的对比结论就不会受到对比基准变化的影响，而且其同度量因素反映了两个对比地区的平均商品结构，具有实际经济意义。在国际经济对比中，该指数获得了广泛的应用。

任务五　Excel 在指数分析中的应用

任务导入

目前，家电消费领域开始进入更新换代的高峰期，消费者购买高精端家电的需求增加，开始更多的关注环保、节能、低碳理念。3D 电视、智能电视、LED 背光源电视、变频空调、高效保鲜大容量冰箱、直驱运转滚筒洗衣机等高端家电产品正在走入普通消费者家庭，创导人们低碳生活，它们带给广大消费者全新的产品和全新的生活理念。

表 8-13 是某家用电器公司某品牌各类电视两个月的销售数据。

表 8-13　某公司电器销售情况表

类型	计量单位	销量		售价(单位:元)	
		1 月份	2 月份	1 月份	2 月份
LED 电视	台	43	45	3 499	3 588
3D LED 电视	台	5	4	6 876	6 898
液晶电视	台	51	56	3 488	3 468
3D 液晶电视	台	7	9	5 378	5 366
等离子电视	台	11	15	4 098	4 088

需要分析问题：

1. 以基期售价为同度量因素，计算销量的综合指数；
2. 以基期销售额为同度量因素，计算销量的平均指数；
3. 利用指数体系分析销售额的变动情况及原因。

任务处理

一、综合指数的计算

1. 打开“销售. xls”工作簿，选择“销售”工作表。

2. 计算各类电视的 P_0Q_0 和 P_0Q_1。在 G3 中输入“＝C3 * E3”，并用鼠标拖曳将公式复制到 G3:G7 区域；在 H3 中输入“＝D3 * E3”，并用鼠标拖曳将公式复制到 H3:H7 区域。

3. 计算 $\sum P_0Q_0$ 和 $\sum P_0Q_1$ 。选择 G8 单元格，在单元格中输入“＝SUM(G3:G7)”，并用鼠标拖曳将 G8 中的公式复制到 H8 中。

4. 计算销量的综合指数。在 A10 中输入指数名称“销量综合指数”，在 B10 中输入“＝H8/G8”，即可得到销量的综合指数。

以上四步的结果如图 8-1 所示。

二、平均指数的计算

1. 基期总销售额 $\sum P_0Q_0$ 在上述 G8 中已计算获取。

2. 计算销量的个体指数 K_q 。在 I3 中输入“＝D3/C3”，并用鼠标拖曳将公式复制到 I3:I7 区域。

3. 计算 $\sum K_q * P_0Q_0$ 的值。在 J3 中输入“＝G3 * I3”，并用鼠标拖曳将公式复制到 J3:J7 区域。再选择 J8 单元格，在单元格中输入“＝SUM(J3:J7)”。

4. 计算销量的平均指数。在 A11 中输入指数名称“销量平均指数”，在 B11 中输入“＝J8/G8”，即可得到销量的平均指数。

以上四步的结果如图 8-1 所示。

	A	B	C	D	E	F	G	H	I	J
1	类型	计量单位	销量		售价		P_0Q_0	P_0Q_1	Kq	$Kq*P_0Q_0$
2			1月份Q_0	2月份Q_1	1月份P_0	2月份P_1				
3	LED电视	台	43	45	3499	3521	150457	157455	1.046512	157455
4	3D LED电视	台	5	4	6876	6768	34380	27504	0.8	27504
5	液晶电视	台	51	56	3488	3468	177888	195328	1.098039	195328
6	3D液晶电视	台	7	9	5378	5366	37646	48402	1.285714	48402
7	等离子电视	台	11	15	4098	4088	45078	61470	1.363636	61470
8							445449	490159		490159
9										
10	销量综合指数	1.100371								
11	销量平均指数	1.100371								

图 8-1

三、因素分析

1. $\sum P_0Q_0$ 和 $\sum P_0Q_1$ 的值以上操作已计算获取。

2. 计算 $\sum P_1Q_1$ 。在 K3 中输入“＝D3 * F3”，并用鼠标拖曳将公式复制到 K3:K7 区域；然后选择 K8 单元格，在单元格中输入“＝SUM(K3:K7)”。

3. 计算销售额指数、销量指数和售价指数。在 A12、A13、A14 中分别输入指数名称“销售额指数”、“销量指数”和“售价指数”，在 B12 中输入“＝K8/G8”，在 B13 中输入“＝H8/G8”，在 B14 中输入“＝K8/H8”。

4. 计算销售额的变动额、销量的影响额和售价的影响额。

在 D12、D13、D14 中分别输入“销售额的变动额”、“销量的影响额”和“售价的影响额”，在 E12 中输入“＝K8－G8”，在 E13 中输入“＝H8－G8”，在 E14 中输入“＝K8－H8”。

以上四步的操作结果如图 8-2。

由图 8-2 中三个指数和绝对额的结果说明，报告期五种电视的总销售额比基期提高 9.853%，增加的销售额为 43 890 元。其中，由于销量提高 10.0371%，使销售额增加了 44 710 元；由于售价下降 0.1673%，使销售额减少了 820 元。

	A	B	C	D	E	F	G	H	I	J	K
1	类型	计量单位	销量		售价		P_0Q_0	P_0Q_1	Kq	$Kq*P_0Q_0$	P_1Q_1
2			1月份Q_0	2月份Q_1	1月份P_0	2月份P_1					
3	LED电视	台	43	45	3499	3521	150457	157455	1.046512	157455	158445
4	3D LED电视	台	5	4	6876	6768	34380	27504	0.8	27504	27072
5	液晶电视	台	51	56	3488	3468	177888	195328	1.098039	195328	194208
6	3D液晶电视	台	7	9	5378	5366	37646	48402	1.285714	48402	48294
7	等离子电视	台	11	15	4098	4088	45078	61470	1.363636	61470	61320
8							445449	490159		490159	489339
9											
10	销量综合指数	1.100371									
11	销量平均指数	1.100371									
12	销售额指数	1.09853		销售额的变动额	43890						
13	销量指数	1.100371		销量的影响额	44710						
14	售价指数	0.998327		售价的影响额	-820						

图 8-2

技能训练

一、填空题

1. ______是表明社会现象复杂经济总体的数量对比关系的相对数。

2. 指数按其指标的性质不同，可分为______和______。

3. 总指数的编制方法有两种：一是______，二是______。

4. 编制质量指标综合指数，一般是以______为同度量因素，并将其固定在______。

5. 编制数量指标综合指数，一般是以______为同度量因素，并将其固定在______。

6. 统计指数按照说明现象的范围不同，可分为______和______。

7. 按照在一个指数数列中所采用的基期不同，指数可分为______和______两种。

8. 平均数的变动同时受两个因素的影响：一是各组的变量值水平，二是______。

9. 已知某企业职工人数本月比上月增长了8%，总产值增长了15%，则该企业职工劳动生产率提高了______。

10. 统计中，将经济上有联系，数量上保持一定关系的若干指数形成的整体，称为______。

二、单项选择题

1. 综合指数包括（　　）。

A. 个体指数和总指数　　B. 质量指标指数和数量指标指数

C. 动态指数和静态指数　　D. 定基指数和环比指数

2. 广义上的指数是指（　　）。

A. 价格变动的相对数　　B. 物量变动的相对数

C. 动态的各种相对数　　D. 简单现象总体数量变动的相对数

3. 通常所说的指数是指(　　)。

A. 个体指数　　B. 动态相对数

C. 发展速度　　D. 复杂现象总体综合变动的相对数

4. 指数的分类，按指数化指标反映的对象范围可分为(　　)。

A. 定基指数和环比指数　　B. 数量指标指数和质量指标指数

C. 个体指数和总指数　　D. 综合指数和平均数指数

5. 指数的分类，按指数化指标的性质，可分为(　　)。

A. 总指数和个体指数　　B. 数量指标指数和质量指标指数

C. 平均数指数和平均指标指数　　D. 综合指数和平均数指数

6. 销售量指数中的指数化指标是(　　)。

A. 销售量　　B. 单位产品价格　　C. 单位产品成本　　D. 销售额

7. 销售价格综合指数 $\frac{\sum p_1 q_1}{\sum p_0 q_1}$ 表示(　　)。

A. 综合反映多种商品销售量变动程度

B. 综合反映多种商品销售额变动程度

C. 报告期销售的商品，其价格综合变动的程度

D. 基期销售的商品，其价格综合变动程度

8. 在销售量综合指数 $\frac{\sum q_1 p_0}{\sum q_0 p_0}$ 中，$\sum q_1 p_0 - \sum q_0 p_0$ 表示(　　)。

A. 商品价格变动引起销售额变动的绝对额

B. 价格不变的情况下，销售量变动引起销售额变动的绝对额

C. 价格不变的情况下，销售量变动的绝对额

D. 销售量和价格变动引起销售额变动的绝对额

9. 把综合指数变形为平均指数，是为了(　　)。

A. 计算简便　　B. 计算结果更准确

C. 适应实际资料的要求　　D. 适应实际工作部门的要求

10. 按照个体价格指数和报告期销售额计算的价格指数是(　　)。

A. 综合指数　　B. 平均指标指数

C. 加权算术平均指数　　D. 加权调和平均指数

11. 某工厂总生产费用，今年比上年上升 50%，产量增产 25%，那么产品单位成本平均提高了(　　)。

A. 2%　　B. 25%　　C. 75%　　D. 20%

12. 某市居民以相同的人民币在物价上涨后少购商品 15%，则物价指数为(　　)。

A. 17.6%　　B. 85%　　C. 115%　　D. 117.6%

13. 劳动生产率可变构成指数为 134.2%，职工人数结构影响指数为 96.3%。所以劳动生产率固定组成指数为(　　)。

A. 139.36%　　B. 129.23%　　C. 71.76%　　D. 39.36%

14.某商店商品销售额报告期与基期相同，报告期价格比基期提高了10%，那么报告期销售量比基期（　　）。

A.提高了10%　　B.减少了9%　　C.增长了5%　　D.上升了11%

15.若课税产品的销售额指数为108%，税率指数为102%，则税额指数为（　　）。

A.110%　　B.101.6%　　C.116%　　D.110.2%

三、多项选择题

1.某工厂所有产品出厂价格，今年是去年的115%，这个百分数是（　　）。

A.平均数　　B.总指数　　C.综合指数　　D.数量指标指数

E.质量指标指数

2.下列指数中，属于数量指标指数的有（　　）。

A.产品产量指数　　B.播种面积指数　　C.职工人数指数　　D.单位成本指数

E.物价指数

3.下列属于质量指标指数的有（　　）。

A.价格总指数　　B.个体价格指数　　C.销售量总指数　　D.销售总额指数

E.单位成本指数

4.指数的作用包括（　　）。

A.综合反映事物的变动方向　　B.综合反映事物的变动程度

C.利用指数可以进行因素分析　　D.研究事物在长时间内的变动趋势

E.反映社会经济现象的一般水平

5.某县粮食播种面积比上年减少6%，平均亩产比上年提高了6%，该县粮食总产量和上年对比（　　）。

A.持平　　B.上升0.36%　　C.下降0.36%　　D.相当于99.64%

E.下降3.6%

6.综合指数的特点是（　　）。

A.由两个总量指标对比形成

B.固定一个或一个以上因素，仅观察其中一个因素的变动

C.分子或分母中有一项假定指标

D.编制时可按范围逐步扩大

E.编制时需要全面资料

7.如果用综合指数的形式编制工业产品产量总指数，下列哪些项目可以作为同度量因素（　　）。

A.报告期价格　　B.基期价格　　C.报告期单位成本　　D.基期单位成本

E.工人劳动生产率

8.派氏的综合指数公式是（　　）。

A. $\dfrac{\sum q_1 p_1}{\sum q_0 p_1}$　　B. $\dfrac{\sum q_1 p_0}{\sum q_0 p_0}$　　C. $\dfrac{\sum p_1 q_1}{\sum p_0 q_1}$　　D. $\dfrac{\sum p_1 q_0}{\sum p_0 q_0}$

E. $\dfrac{\sum q_1 p_1}{\sum q_0 p_0}$

9.某企业为了分析本厂生产的两种产品产量的变动情况，已计算出产量总指数为112.5%，这一指数是(　　)。

A.综合指数　B.总指数　C.个体指数　D.数量指标指数

E.质量指标指数

10.如果用 p 表示商品价格，q 表示商品销售量，则公式 $\sum p_1q_1 - \sum p_0q_1$ 的意义是(　　)。

A.综合反映价格变动和销售量变动的绝对额

B.综合反映销售额变动的绝对额

C.综合反映多种商品价格变动而增减的销售额

D.综合反映由于价格变动而使消费者增减的货币支出额

E.综合反映多种商品销售量变动的绝对额

11.同度量因素的作用有(　　)。

A.平衡作用　B.权数作用　C.稳定作用　D.同度量作用

E.调和作用

12.某企业产品总成本报告期为183 150元，比基期增长10%，单位成本综合指数为104%，则(　　)。

A.总成本指数110%

B.产量增长了5.77%

C.基期总成本为166 500元

D.单位成本上升使总成本增加了7 044元

E.产量增产使总成本增加了9 606元

13.指数体系中(　　)。

A.一个总值指数等于两个(或两个以上)因素指数的代数和

B.一个总值指数等于两个(或两个以上)因素指数的乘积

C.存在相对数之间的数量对等关系

D.存在绝对变动额之间的数量对等关系

E.各指数都是综合指数

14.职工平均工资上调8%，职工人数减少了10%，则(　　)。

A.平均工资指数为108%　B.职工人数指数为90%

C.工资总额少支付2.8%　D.工资总额减少2%

E.工资总额指数=8%×10%=0.8%

15.某工业局所属企业报告期生产费用总额为50万元，比基期多8万元，单位成本报告期比基期上升7%，于是(　　)。

A.生产费用总额指数为119.05%

B.单位成本总指数为107%

C.产品产量总指数为111.26%

D.由于产量变动而增加的生产费用额为4.73万元

E.由于单位成本变动而增加的生产费用额为3.27万元

四、判断题

1. 反映现象总体数量变动的总指数都可称为数量指标指数。(　　)

2. 数量指标指数反映总体的总规模水平,质量指标指数反映总体的相对水平或平均水平。(　　)

3. 只有总指数可以分为数量指标指数和质量指标指数,个体指数不能这样划分。(　　)

4. 定基指数和环比指数是根据对比基期的选择不同而划分的。(　　)

5. 综合指数的编制方法是"先综合后对比"。(　　)

6. 同度量因素的加入,使得复杂现象总体的计量单位由实物量改为价值量,从而能够反映现象总体数量方面的变动。(　　)

7. 在编制数量指标指数时,同度量因素是与之相联系的另一数量指标。(　　)

8. 数量指标作为同度量因素,时期一般固定在基期。(　　)

9. 在编制单位成本指数时,一般以基期的产量作为同度量因素较合适。(　　)

10. 在特定的权数条件下,综合指数与平均数指数有变形关系。(　　)

11. 平均指数也是编制总指数的一种重要形式,有它的独立应用意义。(　　)

12. 平均数指数是个体指数的平均数,所以平均数指数是个体指数。(　　)

13. 一般情况下,数量指标平均指数多用报告期总值加权计算,质量指标平均指数多用基期总值加权计算。(　　)

14. 在平均指标变动的因素分析中,两个因素指数可分别称为固定构成指数和结构影响指数。(　　)

15. 结构影响指数分子减分母差额反映总体内部构成变化对平均数影响的绝对额。(　　)

五、简答题

1. 什么是统计指数?它有哪些作用?

2. 广义指数与狭义指数有何差异?

3. 与一般相对数比较,总指数所研究的现象总体有何特点?

4. 总指数有哪两种编制方式?它们各自又有何特点?

5. 什么是同度量因素?试述确定同度量因素的原则。

6. 简述综合指数与平均指数的内在关系?

7. 什么是指数体系?指数体系的作用有哪些?

六、计算题

1. 某市2012年第一季度社会商品零售额为78 900万元,第四季度为81 000万元,零售物价上涨2.8%,试计算该市社会商品零售额指数、零售价格指数和零售量指数,以及由于零售物价上涨居民多支出的金额。

2. 某企业生产情况如下表所示。

产品	价格(千元)		产量(台)	
	基期	报告期	基期	报告期
甲	5.2	5.6	100	120
乙	6.9	7.2	400	500

要求：

(1)计算个体产量指数和个体价格指数；

(2)计算产量总指数和价格总指数。

3.某企业产品成本情况如下表所示。

产品	计量单位	产量		单位成本(元)	
		报告期	基期	报告期	基期
甲	个	350	300	120	100
乙	件	800	720	100	80
丙	台	500	400	105	90

要求：

(1)计算个体成本指数和单位成本总指数；

(2)分析全厂产品总成本变动的原因。

4.某企业的资料如下：

工厂	单位成本(元)		产量(件)	
	基期	报告期	基期	报告期
A	25	24	1 500	1 500
B	24	24	1 000	1 000
C	22	21	1 000	2 500

要求：

(1)计算成本总额的变动并进行因素分析；

(2)计算总平均单位成本变动并进行因素分析。

5.某商店商品销售情况：

商品	销售额(万元)		2012 年价格比 2011 年提高(%)
	2012 年	2011 年	
甲	140	100	2.0
乙	180	150	10.5
合计	320	250	—

要求：

(1)计算销售价格总指数；

(2)计算商品销售量总指数；

(3)计算居民购买商品因商品零售价格上升而多支付的货币量。

附录　常用统计表

附表 1　正态分布概率表

Z	F(Z)	Z	F(Z)	Z	F(Z)	Z	F(Z)
0.00	0.0000	0.36	0.2812	0.72	0.5285	1.08	0.7199
0.01	0.0080	0.37	0.2886	0.73	0.5346	1.09	0.7243
0.02	0.0160	0.38	0.2961	0.74	0.5407	1.10	0.7287
0.03	0.0239	0.39	0.3035	0.75	0.5467	1.11	0.7330
0.04	0.0319	0.40	0.3108	0.76	0.5527	1.12	0.7373
0.05	0.0399	0.41	0.3182	0.77	0.5587	1.13	0.7415
0.06	0.0478	0.42	0.3255	0.78	0.5646	1.14	0.7457
0.07	0.0558	0.43	0.3328	0.79	0.5705	1.15	0.7499
0.08	0.0638	0.44	0.3401	0.80	0.5763	1.16	0.7540
0.09	0.0717	0.45	0.3473	0.81	0.5821	1.17	0.7580
0.10	0.0797	0.46	0.3545	0.82	0.5878	1.18	0.7620
0.11	0.0876	0.47	0.3616	0.83	0.5935	1.19	0.7660
0.12	0.0955	0.48	0.3688	0.84	0.5991	1.20	0.7699
0.13	0.1034	0.49	0.3759	0.85	0.6047	1.21	0.7737
0.14	0.1113	0.50	0.3829	0.86	0.6102	1.22	0.7775
0.15	0.1192	0.51	0.3899	0.87	0.6157	1.23	0.7813
0.16	0.1271	0.52	0.3969	0.88	0.6211	1.24	0.7850
0.17	0.1350	0.53	0.4039	0.89	0.6265	1.25	0.7887
0.18	0.1428	0.54	0.4108	0.90	0.6319	1.26	0.7923
0.19	0.1507	0.55	0.4177	0.91	0.6372	1.27	0.7959
0.20	0.1585	0.56	0.4245	0.92	0.6424	1.28	0.7995
0.21	0.1663	0.57	0.4313	0.93	0.6476	1.29	0.8030
0.22	0.1741	0.58	0.4381	0.94	0.6528	1.30	0.8064
0.23	0.1819	0.59	0.4448	0.95	0.6579	1.31	0.8098
0.24	0.1897	0.60	0.4515	0.96	0.6629	1.32	0.8132
0.25	0.1974	0.61	0.4581	0.97	0.6680	1.33	0.8165
0.26	0.2051	0.62	0.4647	0.98	0.6729	1.34	0.8198
0.27	0.2128	0.63	0.4713	0.99	0.6778	1.35	0.8230
0.28	0.2205	0.64	0.4778	1.00	0.6827	1.36	0.8262
0.29	0.2282	0.65	0.4843	1.01	0.6875	1.37	0.8293
0.30	0.2358	0.66	0.4907	1.02	0.6923	1.38	0.8324
0.31	0.2434	0.67	0.4971	1.03	0.6970	1.39	0.8355
0.32	0.2510	0.68	0.5035	1.04	0.7017	1.40	0.8385
0.33	0.2586	0.69	0.5098	1.05	0.7063	1.41	0.8415
0.34	0.2661	0.70	0.5161	1.06	0.7109	1.42	0.8444
0.35	0.2737	0.71	0.5223	1.07	0.7154	1.43	0.8473

续表

Z	$F(Z)$	Z	$F(Z)$	Z	$F(Z)$
1.44	0.8501	1.83	0.9328	2.44	0.9853
1.45	0.8529	1.84	0.9342	2.46	0.9861
1.46	0.8557	1.85	0.9357	2.48	0.9869
1.47	0.8584	1.86	0.9371	2.50	0.9876
1.48	0.8611	1.87	0.9385	2.52	0.9883
1.49	0.8638	1.88	0.9399	2.54	0.9889
1.50	0.8664	1.89	0.9412	2.56	0.9895
1.51	0.8690	1.90	0.9426	2.58	0.9901
1.52	0.8715	1.91	0.9439	2.60	0.9907
1.53	0.8740	1.92	0.9451	2.62	0.9912
1.54	0.8764	1.93	0.9464	2.64	0.9917
1.55	0.8789	1.94	0.9476	2.66	0.9922
1.56	0.8812	1.95	0.9488	2.68	0.9926
1.57	0.8836	1.96	0.9500	2.70	0.9931
1.58	0.8859	1.97	0.9512	2.72	0.9935
1.59	0.8882	1.98	0.9523	2.74	0.9939
1.60	0.8904	1.99	0.9534	2.76	0.9942
1.61	0.8926	2.00	0.9545	2.78	0.9946
1.62	0.8948	2.02	0.9566	2.80	0.9949
1.63	0.8969	2.04	0.9587	2.82	0.9952
1.64	0.8990	2.06	0.9606	2.84	0.9955
1.65	0.9011	2.08	0.9625	2.86	0.9958
1.66	0.9031	2.10	0.9643	2.88	0.9960
1.67	0.9051	2.12	0.9660	2.90	0.9962
1.68	0.9070	2.14	0.9676	2.92	0.9965
1.69	0.9099	2.16	0.9692	2.94	0.9967
1.70	0.9109	2.18	0.9707	2.96	0.9969
1.71	0.9127	2.20	0.9722	2.98	0.9971
1.72	0.9146	2.22	0.9736	3.00	0.9973
1.73	0.9164	2.24	0.9749	3.20	0.9986
1.74	0.9181	2.26	0.9762	3.40	0.9993
1.75	0.9199	2.28	0.9774	3.60	0.99968
1.76	0.9216	2.30	0.9786	3.80	0.99986
1.77	0.9233	2.32	0.9797	4.00	0.99994
1.78	0.9249	2.34	0.9807	4.50	0.999993
1.79	0.9265	2.36	0.9817	5.00	0.999999
1.80	0.9281	2.38	0.9827		
1.81	0.9297	2.40	0.9836		
1.82	0.9312	2.42	0.9845		

附表 2　随机数字表

编号	1～10					11～20					21～30					31～40					41～50				
1	22	17	68	65	81	68	95	23	92	35	87	02	22	57	51	61	09	43	95	06	58	24	82	03	47
2	19	36	27	59	46	13	79	93	37	55	39	77	32	77	09	85	52	05	30	62	47	83	51	62	74
3	16	77	23	02	77	09	61	84	25	21	28	06	24	25	93	16	71	13	59	78	23	05	47	47	25
4	78	43	76	71	61	20	44	90	32	64	97	67	63	99	61	46	38	03	93	22	69	81	21	99	21
5	03	28	28	26	08	73	37	32	04	05	69	30	16	09	05	88	69	58	28	99	35	07	44	75	47
6	93	22	53	64	39	07	10	63	76	35	84	03	04	79	88	08	13	13	85	51	55	34	57	72	69
7	78	76	58	54	74	92	38	70	96	92	52	06	79	79	45	82	63	18	27	44	69	66	92	19	09
8	23	68	35	26	00	99	53	93	61	28	52	70	05	48	34	56	65	05	61	86	90	92	10	70	80
9	15	39	25	70	99	93	86	52	77	65	15	33	59	05	28	22	87	26	07	47	86	96	98	29	06
10	58	71	96	30	24	18	46	23	34	27	85	13	99	24	44	49	18	09	79	49	74	16	32	23	02
11	57	35	27	33	72	24	53	63	94	09	41	10	76	47	91	44	04	95	49	66	39	60	04	59	81
12	48	50	86	54	48	22	06	34	72	52	82	21	15	65	20	33	29	94	71	11	15	91	29	12	03
13	61	96	48	95	03	07	16	39	33	66	98	56	10	56	79	77	21	30	27	12	90	49	22	23	62
14	36	93	89	41	26	29	70	83	63	51	99	74	20	52	36	87	09	41	15	09	98	60	16	03	03
15	18	87	00	42	31	57	90	12	02	07	23	47	37	17	31	54	08	01	88	63	39	41	88	92	10
16	88	56	53	27	59	33	35	72	67	47	77	34	55	45	70	08	18	27	38	90	16	95	86	70	75
17	09	72	95	84	29	49	41	31	06	70	42	38	06	45	18	64	84	73	31	65	52	53	37	97	15
18	12	96	88	17	31	65	19	69	02	83	60	75	86	90	68	24	64	19	35	51	56	61	87	39	12

续表

编号	1～10					11～20					21～30					31～40					41～50				
19	85	94	57	24	16	92	09	84	38	76	22	00	27	69	85	29	81	94	78	70	21	94	47	90	12
20	38	64	43	59	98	98	77	87	68	07	91	51	67	62	44	40	98	05	93	78	23	32	65	41	18
21	53	44	09	42	72	00	41	86	79	79	68	47	22	00	20	35	55	31	51	51	00	83	63	22	55
22	40	76	66	26	84	57	99	99	90	37	36	63	32	08	58	37	40	13	68	97	87	64	81	07	83
23	02	17	79	18	05	12	59	52	57	02	22	07	90	47	03	28	14	11	30	79	20	69	22	40	98
24	95	17	82	06	53	31	51	10	96	46	92	06	88	07	77	56	11	50	81	69	40	23	72	51	39
25	35	76	22	42	92	96	11	83	44	80	34	68	35	48	77	33	42	40	90	60	73	96	53	97	86
26	26	29	31	56	41	85	47	04	66	08	34	72	57	59	13	82	43	80	46	15	38	26	61	70	04
27	77	80	20	75	82	72	82	32	99	90	63	95	73	76	63	89	73	44	99	05	48	67	26	43	18
28	46	40	66	44	52	91	36	74	43	53	30	82	13	54	00	78	45	63	98	35	55	03	36	67	68
29	37	56	08	18	09	77	53	84	46	47	31	91	18	95	58	24	16	74	11	53	44	10	13	85	57
30	61	65	61	68	66	37	27	47	39	19	84	83	70	07	48	53	21	40	06	71	95	06	79	88	54
31	93	43	69	64	07	34	18	04	52	35	56	27	09	24	86	61	85	53	83	45	19	90	70	99	00
32	21	96	60	12	99	11	20	99	45	18	48	13	93	55	34	18	37	79	49	90	65	97	38	20	46
33	95	20	47	97	97	27	37	83	28	71	00	06	41	41	74	45	89	09	39	84	51	67	11	52	49
34	97	86	21	78	73	10	65	81	92	59	58	76	17	14	97	04	76	62	16	17	17	95	70	45	80
35	69	92	06	34	13	59	71	74	17	32	27	55	10	24	19	23	71	82	13	74	63	52	52	01	41
36	04	31	17	21	56	33	73	99	19	87	26	72	39	27	67	53	77	57	68	93	60	61	97	22	61

续表

编号	1～10					11～20					21～30					31～40					41～50				
37	61	06	98	03	91	87	14	77	43	96	43	00	65	98	50	45	60	33	01	07	98	99	46	50	47
38	85	93	85	86	88	72	87	08	62	40	16	06	10	89	20	23	21	34	74	97	76	38	03	29	63
39	21	74	32	47	45	73	96	07	94	52	09	65	90	77	47	25	76	16	19	33	53	05	70	53	30
40	15	69	53	82	80	79	96	23	53	10	65	39	07	16	29	45	33	02	43	70	02	87	40	41	45
41	02	89	08	04	49	20	21	14	68	86	87	63	93	95	17	11	29	01	95	80	35	14	97	35	33
42	87	18	15	89	79	85	43	01	72	73	08	61	74	51	69	89	74	39	82	15	94	51	33	41	67
43	98	83	71	94	22	59	97	50	99	52	08	52	85	08	40	87	80	61	65	31	91	51	80	32	44
44	10	08	58	21	66	72	68	49	29	31	89	85	84	46	06	89	73	19	85	23	65	09	29	75	63
45	47	90	56	10	08	88	02	84	27	83	42	29	72	23	19	66	56	46	65	79	20	71	53	20	25
46	22	85	61	68	90	49	64	92	85	44	16	40	12	89	88	50	14	49	81	06	01	82	77	45	12
47	67	80	43	79	33	12	83	11	41	16	25	58	19	68	70	77	02	54	00	52	53	43	37	15	26
48	27	62	50	96	72	79	44	61	40	15	14	53	40	65	39	27	31	58	50	28	11	39	03	34	25
49	33	78	80	87	15	38	30	06	38	21	14	47	47	07	26	54	96	87	53	32	40	36	40	96	76
50	13	13	92	66	99	47	24	49	57	74	32	25	43	62	17	10	97	11	69	84	99	63	22	32	98

附表 3　F 分布临界值表

——α(0.005—0.10)

α=0.10

f_2 \ f_1	1	2	3	4	5	6	7	8	9	10	12	15	20	24	30	40	60	120	∞
1	39.86	49.50	53.59	55.83	57.24	58.20	58.91	59.44	59.86	60.19	60.71	61.22	61.74	62.00	62.26	62.53	62.79	63.06	63.33
2	8.53	9.00	9.16	9.24	9.29	9.33	9.35	9.37	9.38	9.39	9.41	9.42	9.44	9.45	9.46	9.47	9.47	9.48	9.49
3	5.54	5.46	5.39	5.34	5.31	5.28	5.27	5.25	5.24	5.23	5.22	5.20	5.18	5.18	5.17	5.16	5.15	5.14	5.13
4	4.54	4.32	4.19	4.11	4.05	4.01	3.98	3.95	3.94	3.92	3.90	3.87	3.84	3.83	3.82	3.80	3.79	3.78	3.76
5	4.06	3.78	3.62	3.52	3.45	3.40	3.37	3.34	3.32	3.30	3.27	3.24	3.21	3.19	3.17	3.16	3.14	3.12	3.10
6	3.78	3.46	3.29	3.18	3.11	3.05	3.01	2.98	2.96	2.94	2.90	2.87	2.84	2.82	2.80	2.78	2.76	2.74	2.72
7	3.59	3.26	3.07	2.96	2.88	2.83	2.78	2.75	2.72	2.70	2.67	2.63	2.59	2.58	2.56	2.54	2.51	2.49	2.47
8	3.46	3.11	2.92	2.81	2.73	2.67	2.62	2.59	2.56	2.54	2.50	2.46	2.42	2.40	2.38	2.36	2.34	2.32	2.29
9	3.36	3.01	2.81	2.69	2.61	2.55	2.51	2.47	2.44	2.42	2.38	2.34	2.30	2.28	2.25	2.23	2.21	2.18	2.16
10	3.29	2.92	2.73	2.61	2.52	2.46	2.41	2.38	2.35	2.32	2.28	2.24	2.20	2.18	2.16	2.13	2.11	2.08	2.06
11	3.23	2.86	2.66	2.54	2.45	2.39	2.34	2.30	2.27	2.25	2.21	2.17	2.12	2.10	2.08	2.05	2.03	2.00	1.97
12	3.18	2.81	2.61	2.48	2.39	2.33	2.28	2.24	2.21	2.19	2.15	2.10	2.06	2.04	2.01	1.99	1.96	1.93	1.90
13	3.14	2.76	2.56	2.43	2.35	2.28	2.23	2.20	2.16	2.14	2.10	2.05	2.01	1.98	1.96	1.93	1.90	1.88	1.85
14	3.10	2.73	2.52	2.39	2.31	2.24	2.19	2.15	2.12	2.10	2.05	2.01	1.96	1.94	1.91	1.89	1.86	1.83	1.80
15	3.07	2.70	2.49	2.36	2.27	2.21	2.16	2.12	2.09	2.06	2.02	1.97	1.92	1.90	1.87	1.85	1.82	1.79	1.76
16	3.05	2.67	2.46	2.33	2.24	2.18	2.13	2.09	2.06	2.03	1.99	1.94	1.89	1.87	1.84	1.81	1.78	1.75	1.72
17	3.03	2.64	2.44	2.31	2.22	2.15	2.10	2.06	2.03	2.00	1.96	1.91	1.86	1.84	1.81	1.78	1.75	1.72	1.69
18	3.01	2.62	2.42	2.29	2.20	2.13	2.08	2.04	2.00	1.98	1.93	1.89	1.84	1.81	1.78	1.75	1.72	1.69	1.66
19	2.99	2.61	2.40	2.27	2.18	2.11	2.06	2.02	1.98	1.96	1.91	1.86	1.81	1.79	1.76	1.73	1.70	1.67	1.63
20	2.97	2.59	2.38	2.25	2.16	2.09	2.04	2.00	1.96	1.94	1.89	1.84	1.79	1.77	1.74	1.71	1.68	1.64	1.61
21	2.96	2.57	2.36	2.23	2.14	2.08	2.02	1.98	1.95	1.92	1.87	1.83	1.78	1.75	1.72	1.69	1.66	1.62	1.59
22	2.95	2.56	2.35	2.22	2.13	2.06	2.01	1.97	1.93	1.90	1.86	1.81	1.76	1.73	1.70	1.67	1.64	1.60	1.57
23	2.94	2.55	2.34	2.21	2.11	1.05	1.99	1.95	1.92	1.89	1.84	1.80	1.74	1.72	1.69	1.66	1.62	1.59	1.55
24	2.93	2.54	2.33	2.19	2.10	2.04	1.98	1.94	1.91	1.88	1.83	1.78	1.73	1.70	1.67	1.64	1.61	1.57	1.53
25	2.92	2.53	2.32	2.18	2.09	2.02	1.97	1.93	1.89	1.87	1.82	1.77	1.72	1.69	1.66	1.63	1.59	1.56	1.52
26	2.91	2.52	2.31	2.17	2.08	2.01	1.96	1.92	1.88	1.86	1.81	1.76	1.71	1.68	1.65	1.61	1.58	1.54	1.50
27	2.90	2.51	2.30	2.17	2.07	2.00	1.95	1.91	1.87	1.85	1.80	1.75	1.70	1.67	1.64	1.60	1.57	1.53	1.49
28	2.89	2.50	2.29	2.16	2.06	2.00	1.94	1.90	1.87	1.84	1.79	1.74	1.69	1.66	1.63	1.59	1.56	1.52	1.48
29	2.89	2.50	2.28	2.15	2.06	1.99	1.93	1.89	1.86	1.83	1.78	1.73	1.68	1.65	1.62	1.58	1.55	1.51	1.47
30	2.88	2.49	2.28	2.14	2.05	1.98	1.93	1.88	1.85	1.82	1.77	1.72	1.67	1.64	1.61	1.57	1.54	1.50	1.46
40	2.84	2.44	2.23	2.09	2.00	1.93	1.87	1.83	1.79	1.76	1.71	1.66	1.61	1.57	1.54	1.51	1.47	1.42	1.38
60	2.79	2.39	2.18	2.04	1.95	1.87	1.82	1.77	1.74	1.71	1.66	1.60	1.54	1.51	1.48	1.44	1.40	1.35	1.29
120	2.75	2.35	2.13	1.99	1.90	1.82	1.77	1.72	1.68	1.65	1.60	1.55	1.48	1.45	1.41	1.37	1.32	1.26	1.19
∞	2.71	2.30	2.08	1.94	1.85	1.77	1.72	1.67	1.63	1.60	1.55	1.49	1.42	1.38	1.34	1.30	1.24	1.17	1.00

续表

$\alpha=0.05$

f_2 \ f_1	1	2	3	4	5	6	7	8	9	10	12	15	20	24	30	40	60	120	∞
1	161.4	199.5	215.7	224.6	230.2	234.0	236.8	238.9	240.5	241.9	243.9	245.9	248.0	249.1	250.1	251.1	252.2	253.3	254.3
2	18.51	19.00	19.16	19.25	19.30	19.33	19.35	19.37	19.38	19.40	19.41	19.43	19.45	19.45	19.46	19.47	19.48	19.49	19.50
3	10.13	9.55	9.28	9.12	9.01	8.94	8.89	8.85	8.81	8.79	8.74	8.70	8.66	8.64	8.62	8.59	8.57	8.55	8.53
4	7.71	6.94	6.59	6.39	6.26	6.16	6.09	6.04	6.00	5.96	5.91	5.86	5.80	5.77	5.75	5.72	5.69	5.66	5.63
5	6.61	5.79	5.41	5.19	5.05	4.95	4.88	4.82	4.77	4.74	4.68	4.62	4.56	4.53	4.50	4.46	4.43	4.40	4.36
6	5.99	5.14	4.76	4.53	4.39	4.28	4.21	4.15	4.10	4.06	4.00	3.94	3.87	3.84	3.81	3.77	3.74	3.70	3.67
7	5.59	4.74	4.35	4.12	3.97	3.87	3.79	3.73	3.68	3.64	3.57	3.51	3.44	3.41	3.38	3.34	3.30	3.27	3.23
8	5.32	4.46	4.07	3.84	3.69	3.58	3.50	3.44	3.39	3.35	3.28	3.22	3.15	3.12	3.08	3.04	3.01	2.97	2.93
9	5.12	4.26	3.86	3.63	3.48	3.37	3.29	3.23	3.18	3.14	3.07	3.01	2.94	2.90	2.86	2.83	2.79	2.75	2.71
10	4.96	4.10	3.71	3.48	3.33	3.22	3.14	3.07	3.02	2.98	2.91	2.85	2.77	2.74	2.70	2.66	2.62	2.58	2.54
11	4.84	3.98	3.59	3.36	3.20	3.09	3.01	2.95	2.90	2.85	2.79	2.72	2.65	2.61	2.57	2.53	2.49	2.45	2.40
12	4.75	3.89	3.49	3.26	3.11	3.00	2.91	2.85	2.80	2.75	2.69	2.62	2.54	2.51	2.47	2.43	2.38	2.34	2.30
13	4.67	3.81	3.41	3.18	3.03	2.92	2.83	2.77	2.71	2.67	2.60	2.53	2.46	2.42	2.38	2.34	2.30	2.25	2.21
14	4.60	3.74	3.34	3.11	2.96	2.85	2.76	2.70	2.65	2.60	2.53	2.46	2.39	2.35	2.31	2.27	2.22	2.18	2.13
15	4.54	3.68	3.29	3.06	2.90	2.79	2.71	2.64	2.59	2.54	2.48	2.40	2.33	2.29	2.25	2.20	2.16	2.11	2.07
16	4.49	3.63	3.24	3.01	2.85	2.74	2.66	2.59	2.54	2.49	2.42	2.35	2.28	2.24	2.19	2.15	2.11	2.06	2.01
17	4.45	3.59	3.20	2.96	2.81	2.70	2.61	2.55	2.49	2.45	2.38	2.31	2.23	2.19	2.15	2.10	2.06	2.01	1.96
18	4.41	3.55	3.16	2.93	2.77	2.66	2.58	2.51	2.46	2.41	2.34	2.27	2.19	2.15	2.11	2.06	2.02	1.97	1.92
19	4.38	3.52	3.13	2.90	2.74	2.63	2.54	2.48	2.42	2.38	2.31	2.23	2.16	2.11	2.07	2.03	1.98	1.93	1.88
20	4.35	3.49	3.10	2.87	2.71	2.60	2.51	2.45	2.39	2.35	2.28	2.20	2.12	2.08	2.04	1.99	1.95	1.90	1.84
21	4.32	3.47	3.07	2.84	2.68	2.57	2.49	2.42	2.37	2.32	2.25	2.18	2.10	2.05	2.01	1.96	1.92	1.87	1.81
22	4.30	3.44	3.05	2.82	2.66	2.55	2.46	2.40	2.34	2.30	2.23	2.15	2.07	2.03	1.98	1.94	1.89	1.84	1.78
23	4.28	3.42	3.03	2.80	2.64	2.53	2.44	2.37	2.32	2.27	2.20	2.13	2.05	2.01	1.96	1.91	1.86	1.81	1.76
24	4.26	3.40	3.01	2.78	2.62	2.51	2.42	2.36	2.30	2.25	2.18	2.11	2.03	1.98	1.94	1.89	1.84	1.79	1.73
25	4.24	3.39	2.99	2.76	2.60	2.49	2.40	2.34	2.28	2.24	2.16	2.09	2.01	1.96	1.92	1.87	1.82	1.77	1.71
26	4.23	3.37	2.98	2.74	2.59	2.47	2.39	2.32	2.27	2.22	2.15	2.07	1.99	1.95	1.90	1.85	1.80	1.75	1.69
27	4.21	3.35	2.96	2.73	2.57	2.46	2.37	2.31	2.25	2.20	2.13	2.06	1.97	1.93	1.88	1.84	1.79	1.73	1.67
28	4.20	3.34	2.95	2.71	2.56	2.45	2.36	2.29	2.24	2.19	2.12	2.04	1.96	1.91	1.87	1.82	1.77	1.71	1.65
29	4.18	3.33	2.93	2.70	2.55	2.43	2.35	2.28	2.22	2.18	2.10	2.03	1.94	1.90	1.85	1.81	1.75	1.70	1.64
30	4.17	3.32	2.92	2.69	2.53	2.42	2.33	2.27	2.21	2.16	2.09	2.01	1.93	1.89	1.84	1.79	1.74	1.68	1.62
40	4.08	3.23	2.84	2.61	2.45	2.34	2.25	2.18	2.12	2.08	2.00	1.92	1.84	1.79	1.74	1.69	1.64	1.58	1.51
60	4.00	3.15	2.76	2.53	2.37	2.25	2.17	2.10	2.04	1.99	1.92	1.84	1.75	1.70	1.65	1.59	1.53	1.47	1.39
120	3.92	3.07	2.68	2.45	2.29	2.17	2.09	2.02	1.96	1.91	1.83	1.75	1.66	1.61	1.55	1.50	1.43	1.35	1.25
∞	3.84	3.00	2.60	2.37	2.21	2.10	2.01	1.94	1.88	1.83	1.75	1.67	1.57	1.52	1.46	1.39	1.32	1.22	1.00

续表

$\alpha=0.025$

f_2 \ f_1	1	2	3	4	5	6	7	8	9	10	12	15	20	24	30	40	60	120	∞
1	647.8	799.5	864.2	899.6	921.8	937.1	948.2	956.7	963.3	968.6	976.7	984.9	993.1	997.2	1001	1006	1010	1014	1018
2	38.51	39.00	39.17	39.25	39.30	39.33	39.36	39.37	39.39	39.40	39.41	39.43	39.45	39.46	39.46	39.47	39.48	39.40	39.50
3	17.44	16.04	15.44	15.10	14.88	14.73	14.62	14.54	14.47	14.42	14.34	14.25	14.17	14.12	14.08	14.04	13.99	13.95	13.90
4	12.22	10.65	9.98	9.60	9.36	9.20	9.07	8.98	8.90	8.84	8.75	8.66	8.56	8.51	8.46	8.41	8.36	8.31	8.26
5	10.01	8.43	7.76	7.39	7.15	6.98	6.85	6.76	6.68	6.62	6.52	6.43	6.33	6.28	6.23	6.18	6.12	6.07	6.02
6	8.81	7.26	6.60	6.23	5.99	5.82	5.70	5.60	5.52	5.46	5.37	5.27	5.17	5.12	5.07	5.01	4.96	4.90	4.85
7	8.07	6.54	5.89	5.52	5.29	5.12	4.99	4.90	4.82	4.76	4.67	4.57	4.47	4.42	4.36	4.31	4.25	4.20	4.14
8	7.57	6.06	5.42	5.05	4.82	4.65	4.53	4.43	4.36	4.30	4.20	4.10	4.00	3.95	3.89	3.84	3.78	3.73	3.67
9	7.21	5.71	5.08	4.72	4.48	4.23	4.20	4.10	4.03	3.96	3.87	3.77	3.67	3.61	3.56	3.51	3.45	3.39	3.33
10	6.94	5.46	4.83	4.47	4.24	4.07	3.95	3.85	3.78	3.72	3.62	3.52	3.42	3.37	3.31	3.26	3.20	3.14	3.08
11	6.72	5.26	4.63	4.28	4.04	3.88	3.76	3.66	3.59	3.53	3.43	3.33	3.23	3.17	3.12	3.06	3.00	2.94	2.88
12	6.55	5.10	4.47	4.12	3.89	3.73	3.61	3.51	3.44	3.37	3.28	3.18	3.07	3.02	2.96	2.91	2.85	2.79	2.72
13	6.41	4.97	4.35	4.00	3.77	3.60	3.48	3.39	3.31	3.25	3.15	3.05	2.95	2.89	2.84	2.78	2.72	2.66	2.60
14	6.30	4.86	4.24	3.89	3.66	3.50	3.38	3.29	3.21	3.15	3.05	2.95	2.84	2.79	2.73	2.67	2.61	2.55	2.49
15	6.20	4.77	4.15	3.80	3.58	3.41	3.29	3.20	3.12	3.06	2.96	2.86	2.76	2.70	2.64	2.59	2.52	2.46	2.40
16	6.12	4.69	4.08	3.73	3.50	3.34	3.22	3.12	3.05	2.99	2.89	2.79	2.68	2.63	2.57	2.51	2.45	2.38	2.32
17	6.04	4.62	4.01	3.66	3.44	3.28	3.26	3.06	2.98	2.92	2.82	2.72	2.62	2.56	2.50	2.44	2.38	2.32	2.25
18	5.98	4.56	3.95	3.61	3.38	3.22	3.10	3.01	2.93	2.87	2.77	2.67	2.56	2.50	2.44	2.38	2.32	2.26	2.19
19	5.92	4.51	3.90	3.56	3.33	3.17	3.05	2.96	2.88	2.82	2.72	2.62	2.51	2.45	2.39	2.33	2.27	2.20	2.13
20	5.87	4.46	3.86	3.51	3.29	3.13	3.01	2.91	2.84	2.77	2.68	2.57	2.46	2.41	2.35	2.29	2.22	2.16	2.09
21	5.83	4.42	3.82	3.48	3.25	3.09	2.97	2.87	2.80	2.73	2.64	2.53	2.42	2.37	2.31	2.25	2.18	2.11	2.04
22	5.79	4.38	3.78	3.44	3.22	3.05	2.73	2.84	2.76	2.70	2.60	2.50	2.39	2.33	2.27	2.21	2.14	2.08	2.00
23	5.75	4.35	3.75	3.41	3.18	3.02	2.90	2.81	2.73	2.67	2.57	2.47	2.36	2.30	2.24	2.18	2.11	2.04	1.97
24	5.72	4.32	3.72	3.38	3.15	2.99	2.87	2.78	2.70	2.64	2.54	2.44	2.33	2.27	2.21	2.15	2.08	2.01	1.94
25	5.69	4.29	3.69	3.35	3.13	2.97	2.85	2.75	2.68	2.61	2.51	2.41	2.30	2.24	2.18	2.12	2.05	1.98	1.91
26	5.66	4.27	3.67	3.33	3.10	2.94	2.82	2.73	2.65	2.59	2.49	2.39	2.28	2.22	2.16	2.09	2.03	1.95	1.88
27	5.63	4.24	3.65	3.31	3.08	2.92	2.80	2.71	2.63	2.57	2.47	2.36	2.25	2.19	2.13	2.07	2.00	1.93	1.85
28	5.61	4.22	3.63	3.29	3.06	2.90	2.78	2.69	2.61	2.55	2.45	2.34	2.23	2.17	2.11	2.05	1.98	1.91	1.83
29	5.59	4.20	3.61	3.27	3.04	2.88	2.76	2.67	2.59	2.53	2.43	2.32	2.21	2.15	2.09	2.03	1.96	1.89	1.81
30	5.57	4.18	3.59	3.25	3.03	2.87	2.75	2.65	2.57	2.51	2.41	2.31	2.20	2.14	2.07	2.01	1.94	1.87	1.79
40	5.42	4.05	3.46	3.13	3.90	2.74	2.62	2.53	2.45	2.39	2.29	2.18	2.07	2.01	1.94	1.88	1.80	1.72	1.64
60	5.29	3.93	3.34	3.01	2.79	2.63	2.51	2.41	2.33	2.27	3.17	2.06	1.94	1.88	1.82	1.74	1.67	1.58	1.48
120	5.15	3.80	3.23	2.89	2.67	2.52	2.39	2.30	2.22	2.16	2.05	1.94	1.82	1.76	1.69	1.61	1.53	1.43	1.31
∞	5.02	3.69	3.12	2.79	2.57	2.41	2.29	2.19	2.11	2.05	1.94	1.83	1.71	1.64	1.57	1.48	1.39	1.27	1.00

续表

$\alpha=0.01$

f_2 \ f_1	1	2	3	4	5	6	7	8	9	10	12	15	20	24	30	40	60	120	∞
1	4052	4999.5	5403	5625	5764	5859	5928	5982	6022	6056	6106	6157	6209	6235	6261	6287	6313	6339	6366
2	98.50	99.00	99.17	99.25	99.30	99.33	99.36	99.37	99.39	99.40	99.42	99.43	99.45	99.46	99.47	99.47	99.48	99.49	99.50
3	34.12	30.82	29.46	28.71	28.24	27.91	27.67	27.49	27.35	27.23	27.05	26.87	26.69	26.60	26.50	26.41	26.32	26.22	26.13
4	21.20	18.00	16.69	15.98	15.52	15.21	14.98	14.80	14.66	14.55	14.37	24.20	14.02	13.93	13.84	13.75	13.65	13.56	13.46
5	16.26	13.27	12.06	11.39	10.97	10.67	10.46	10.29	10.16	10.05	9.89	9.72	9.55	9.47	9.38	9.29	9.20	9.11	9.02
6	13.75	10.93	9.78	9.15	8.75	8.47	8.26	8.10	7.98	7.87	7.72	7.56	7.40	7.31	7.23	7.14	7.06	6.97	6.88
7	12.25	9.55	8.45	7.85	7.46	7.19	6.99	6.84	6.72	6.62	6.47	6.31	6.16	6.07	5.99	5.91	5.82	5.74	5.65
8	11.26	8.65	7.59	7.01	6.63	6.37	6.18	6.03	5.91	5.81	5.67	5.52	5.36	5.28	5.20	5.12	5.03	4.95	4.86
9	10.56	8.02	6.99	6.42	6.06	5.80	5.61	5.47	5.35	5.26	5.11	4.96	4.81	4.73	4.65	4.57	4.48	4.40	4.31
10	10.04	7.56	6.55	5.99	5.64	5.39	5.20	5.06	4.94	4.85	4.71	4.56	4.41	4.33	4.25	4.17	4.08	4.00	3.91
11	9.65	7.21	6.22	5.67	5.32	5.07	4.89	4.74	4.63	4.54	4.40	4.25	4.10	4.02	3.94	3.86	3.78	3.69	3.60
12	9.33	6.93	5.95	5.41	5.06	4.82	4.64	4.50	4.39	4.30	4.16	4.01	3.86	3.78	3.70	3.62	3.54	3.45	3.36
13	9.07	6.70	5.74	5.21	4.86	4.62	4.44	4.30	4.19	4.10	3.96	3.82	3.66	3.59	3.51	3.43	3.34	3.25	3.17
14	8.86	6.51	5.56	5.04	4.69	4.46	4.28	4.14	4.03	3.94	3.80	3.66	3.51	3.43	3.35	3.27	3.18	3.09	3.00
15	8.68	6.36	5.42	4.89	4.56	4.32	4.14	4.00	3.89	3.80	3.67	3.52	3.37	3.29	3.21	3.13	3.05	2.96	2.87
16	8.53	6.23	5.29	4.77	4.44	4.20	4.03	3.89	3.78	3.69	3.55	3.41	3.26	3.18	3.10	3.02	2.93	2.84	2.75
17	8.40	6.11	5.18	4.67	4.34	4.10	3.93	3.79	3.68	3.59	3.46	3.31	3.16	3.08	3.00	2.92	2.83	2.75	2.65
18	8.29	6.01	5.09	4.58	4.25	4.01	3.94	3.71	3.60	3.51	3.37	3.23	3.08	3.00	2.92	2.84	2.75	2.66	2.57
19	8.18	5.93	5.01	4.50	4.17	3.94	3.77	3.63	3.52	3.43	3.30	3.15	3.00	2.92	2.84	2.76	2.67	2.58	2.49
20	8.10	5.85	4.94	4.43	4.10	3.87	3.70	3.56	3.46	3.37	3.23	3.09	2.94	2.86	2.78	2.69	2.61	2.52	2.42
21	8.02	5.78	4.87	4.37	4.04	3.81	3.64	3.51	3.40	3.31	3.17	3.03	2.88	2.80	2.72	2.64	2.55	2.46	2.36
22	7.95	5.72	4.82	4.31	3.99	3.76	3.59	3.45	3.35	3.26	3.12	2.98	2.83	2.75	2.67	2.58	2.50	2.40	2.31
23	7.88	5.66	4.76	4.26	3.94	3.71	3.54	3.41	3.30	3.21	3.07	2.93	2.78	2.70	2.62	2.54	2.45	2.35	2.26
24	7.82	5.61	4.72	4.22	3.90	3.67	3.50	3.36	3.26	3.17	3.03	2.89	2.74	2.66	2.58	2.49	2.40	2.31	2.21
25	7.77	5.57	4.68	4.18	3.85	3.63	3.46	3.32	3.22	3.13	2.99	2.85	2.70	2.62	2.54	2.45	2.36	2.27	2.17
26	7.72	5.53	4.64	4.14	3.82	3.59	3.42	3.29	3.18	3.09	2.96	2.81	2.66	2.58	2.50	2.42	2.33	2.23	2.13
27	7.68	5.49	4.60	4.11	3.78	3.56	3.39	3.26	3.15	3.06	2.93	2.78	2.63	2.55	2.47	2.38	2.29	2.20	2.10
28	7.64	5.45	4.57	4.07	3.75	3.53	3.36	3.23	3.12	3.03	2.90	2.75	2.60	2.52	2.44	2.35	2.26	2.17	2.06
29	7.60	5.42	4.54	4.04	3.73	3.50	3.33	3.20	3.09	3.00	2.87	2.73	2.57	2.49	2.41	2.33	2.23	2.14	2.03
30	7.56	5.39	4.51	4.02	3.70	3.47	3.30	3.17	3.07	2.98	2.84	2.70	2.55	2.47	2.39	2.30	2.21	2.11	2.01
40	7.31	5.18	4.31	3.83	3.51	3.29	3.12	2.99	2.89	2.80	2.66	2.52	2.37	2.29	2.20	2.11	2.02	1.92	1.80
60	7.08	4.98	4.13	3.65	3.34	3.12	2.95	2.82	2.72	2.63	2.50	2.35	2.20	2.12	2.03	1.94	1.84	1.73	1.60
120	6.85	4.79	3.95	3.48	3.17	2.96	2.79	2.66	2.56	2.47	2.34	2.19	2.03	1.95	1.86	1.76	1.66	1.53	1.38
∞	6.63	4.61	3.78	3.32	3.02	2.80	2.64	2.51	2.41	2.32	2.18	2.04	1.88	1.79	1.70	1.59	1.47	1.32	1.00

续表

$\alpha=0.005$

f_2 \ f_1	1	2	3	4	5	6	7	8	9	10	12	15	20	24	30	40	60	120	∞
1	16211	20000	21615	22500	23056	23437	23715	23925	24091	24224	24426	24630	24836	24940	25044	25148	35253	25359	25465
2	198.5	199.0	199.2	199.2	199.3	199.3	199.4	199.4	199.4	199.4	199.4	199.4	199.4	199.5	199.5	199.5	199.5	199.5	199.5
3	55.55	49.80	47.47	46.19	45.39	44.84	44.43	44.13	43.88	43.69	43.39	43.08	42.78	42.62	42.47	42.31	42.15	41.99	41.83
4	31.33	26.28	24.26	23.15	22.46	21.97	21.62	21.35	21.14	20.97	20.70	20.44	20.17	20.03	19.89	19.75	19.61	19.47	19.32
5	22.78	18.31	16.53	15.56	14.94	14.51	14.20	13.96	13.77	13.62	13.38	13.15	12.90	12.78	12.66	12.53	12.40	12.27	12.14
6	18.63	14.54	12.92	12.03	11.46	11.07	10.79	10.57	10.39	10.25	10.03	9.81	9.59	9.47	9.36	9.24	9.12	9.00	8.88
7	16.24	12.40	10.88	10.05	9.52	9.16	8.89	8.68	8.51	8.38	8.18	7.97	7.75	7.65	7.53	7.42	7.31	7.19	7.08
8	14.69	11.04	9.60	8.81	8.30	7.95	7.69	7.50	7.34	7.21	7.01	6.81	6.61	6.50	6.40	6.29	6.18	6.06	5.95
9	13.61	10.11	8.72	7.96	7.47	7.13	6.88	6.69	6.54	6.42	6.23	6.03	5.83	5.73	5.62	5.52	5.41	5.30	5.19
10	12.83	9.43	8.08	7.34	6.87	6.54	6.30	6.12	5.97	5.85	5.66	5.47	5.27	5.17	5.07	4.97	4.86	4.75	4.64
11	12.23	8.91	7.60	6.88	6.42	6.10	5.86	5.68	5.54	5.42	5.24	5.05	4.86	4.76	4.65	4.55	4.44	4.34	4.23
12	11.75	8.51	7.23	6.52	6.07	5.76	5.52	5.35	5.20	5.09	4.91	4.72	4.53	4.43	4.33	4.23	4.12	4.01	3.90
13	11.37	8.19	6.93	6.23	5.79	5.48	5.25	5.08	4.94	4.82	4.64	4.46	4.27	4.17	4.07	3.97	3.87	3.76	3.65
14	11.06	7.92	6.68	6.00	5.56	5.26	5.03	4.86	4.72	4.60	4.43	4.25	4.06	3.96	3.86	3.76	3.66	3.55	3.44
15	10.80	7.70	6.48	5.80	5.37	5.07	4.85	4.67	4.54	4.42	4.25	4.07	3.88	3.79	3.69	3.58	3.48	3.37	3.26
16	10.58	7.51	6.30	5.64	5.21	4.91	4.69	4.52	4.38	4.27	4.10	3.92	3.73	3.64	3.54	3.44	3.33	3.22	3.11
17	10.38	7.35	6.16	5.50	5.07	4.78	4.56	4.39	4.25	4.14	3.97	3.79	3.61	3.51	3.41	3.31	3.21	3.10	2.98
18	10.22	7.21	6.03	5.37	4.96	4.66	4.44	4.28	4.14	4.03	3.86	3.68	3.50	3.40	3.30	3.20	3.10	2.99	2.87
19	10.07	7.09	5.92	5.27	7.85	4.56	4.34	4.18	4.04	3.93	3.76	3.59	3.40	3.31	3.21	3.11	3.00	2.89	2.78
20	9.94	6.99	5.82	5.17	4.76	4.47	4.26	4.09	3.96	3.85	3.68	3.50	3.32	3.22	3.12	3.02	2.92	2.81	2.69
21	9.83	6.89	5.73	5.09	4.68	4.39	4.18	4.01	3.88	3.77	3.60	3.43	3.24	3.15	3.05	2.95	2.84	2.73	2.61
22	9.73	6.81	5.65	5.02	4.61	4.32	4.11	3.94	3.81	3.70	3.54	3.36	3.18	3.08	2.98	2.88	2.77	2.66	2.55
23	9.63	6.73	5.58	4.95	4.54	4.26	4.05	3.88	3.75	3.64	3.47	3.30	3.12	3.02	2.92	2.82	2.71	2.60	2.48
24	9.55	6.66	5.52	4.89	4.49	4.20	3.99	3.83	3.69	3.59	3.42	3.25	3.06	2.97	2.87	2.77	2.66	2.55	2.43
25	9.48	6.60	5.46	4.84	4.43	4.15	3.94	3.78	3.64	3.54	3.37	3.20	3.01	2.92	2.82	2.72	2.61	2.50	2.38
26	9.41	6.54	5.41	4.79	4.38	4.10	3.89	3.73	3.60	3.49	3.33	3.15	2.97	2.87	2.77	2.67	2.56	2.45	2.33
27	9.34	6.49	5.36	4.74	4.34	4.06	3.85	3.69	3.56	3.45	3.28	3.11	2.93	2.83	2.73	2.63	2.52	2.41	2.29
28	9.28	6.44	5.32	4.70	4.30	4.02	3.81	3.65	3.52	3.41	3.25	3.07	2.89	2.79	2.69	2.59	2.48	2.37	2.25
29	9.23	6.40	5.28	4.66	4.26	3.98	3.77	3.61	3.48	3.38	3.21	3.04	2.86	2.76	2.66	2.56	2.45	2.33	2.21
30	9.18	6.35	5.24	4.62	4.23	3.95	3.74	3.58	3.45	3.34	3.18	3.01	2.82	2.73	2.63	2.52	2.42	2.30	2.18
40	8.83	6.07	4.98	4.37	3.99	3.71	3.51	3.35	3.22	3.12	2.95	2.78	2.60	2.50	2.40	2.30	2.18	2.06	1.93
60	8.49	5.79	4.73	4.14	3.76	3.49	3.29	3.13	3.01	2.90	2.74	2.57	2.39	2.29	2.19	2.08	1.96	1.83	1.69
120	8.18	5.54	4.50	3.92	3.55	3.28	3.09	2.93	2.81	2.71	2.54	2.37	2.19	2.09	1.98	1.87	1.75	1.61	1.43
∞	7.88	5.30	4.28	3.72	3.35	3.09	2.90	2.74	2.62	2.52	2.36	2.19	2.00	1.90	1.79	1.67	1.53	1.36	1.00

附表4　t分布表

f \ a	0.1	0.05	0.025	0.01	0.005	0.001	0.0005	单侧
	0.2	0.1	0.05	0.02	0.01	0.002	0.001	双侧
1	3.078	6.314	12.706	31.821	63.657	318.309	636.619	
2	1.886	2.920	4.303	6.965	9.925	22.327	31.599	
3	1.638	2.353	3.182	4.541	5.841	10.215	12.924	
4	1.533	2.132	2.776	3.747	4.604	7.173	8.610	
5	1.476	2.015	2.571	3.365	4.032	5.893	6.869	
6	1.440	1.943	2.447	3.143	3.707	5.208	5.959	
7	1.415	1.895	2.365	2.998	3.499	4.785	5.408	
8	1.397	1.860	2.306	2.896	3.355	4.501	5.041	
9	1.383	1.833	2.262	2.821	3.250	4.297	4.781	
10	1.372	1.812	2.228	2.764	3.169	4.144	4.587	
11	1.363	1.796	2.201	2.718	3.106	4.025	4.437	
12	1.356	1.782	2.179	2.681	3.055	3.930	4.318	
13	1.350	1.771	2.160	2.650	3.012	3.852	4.221	
14	1.345	1.761	2.145	2.624	2.977	3.787	4.140	
15	1.341	1.753	2.131	2.602	2.947	3.733	4.073	
16	1.337	1.746	2.120	2.583	2.921	3.686	4.015	
17	1.333	1.740	2.110	2.567	2.898	3.646	3.965	
18	1.330	1.734	2.101	2.552	2.878	3.610	3.922	
19	1.328	1.729	2.093	2.539	2.861	3.579	3.883	
20	1.325	1.725	2.086	2.528	2.845	3.552	3.850	
21	1.323	1.721	2.080	2.518	2.831	3.527	3.819	
22	1.321	1.717	2.074	2.508	2.819	3.505	3.792	
23	1.319	1.714	2.069	2.500	2.807	3.485	3.768	
24	1.318	1.711	2.064	2.492	2.797	3.467	3.745	
25	1.316	1.708	2.060	2.485	2.787	3.450	3.725	
26	1.315	1.706	2.056	2.479	2.779	3.435	3.707	

续表

f \ a	0.1	0.05	0.025	0.01	0.005	0.001	0.0005	单侧
	0.2	0.1	0.05	0.02	0.01	0.002	0.001	双侧
27	1.314	1.703	2.052	2.473	2.771	3.421	3.690	
28	1.313	1.701	2.048	2.467	2.763	3.408	3.674	
29	1.311	1.699	2.045	2.462	2.756	3.396	3.659	
30	1.310	1.697	2.042	2.457	2.750	3.385	3.646	
31	1.309	1.696	2.040	2.453	2.744	3.375	3.633	
32	1.309	1.694	2.037	2.449	2.738	3.365	3.622	
33	1.308	1.692	2.035	2.445	2.733	3.356	3.611	
34	1.307	1.691	2.032	2.441	2.728	3.348	3.601	
35	1.306	1.690	2.030	2.438	2.724	3.340	3.591	
36	1.306	1.688	2.028	2.434	2.719	3.333	3.582	
37	1.305	1.687	2.026	2.431	2.715	3.326	3.574	
38	1.304	1.686	2.024	2.429	2.712	3.319	3.566	
39	1.304	1.685	2.023	2.426	2.708	3.313	3.558	
40	1.303	1.684	2.021	2.423	2.704	3.307	3.551	
41	1.303	1.683	2.020	2.421	2.701	3.301	3.544	
42	1.302	1.682	2.018	2.418	2.698	3.296	3.538	
43	1.302	1.681	2.017	2.416	2.695	3.291	3.532	
44	1.301	1.680	2.015	2.414	2.692	3.286	3.526	
45	1.301	1.679	2.014	2.412	2.690	3.281	3.520	
46	1.300	1.679	2.013	2.410	2.687	3.277	3.515	
47	1.300	1.678	2.012	2.408	2.685	3.273	3.510	
48	1.299	1.677	2.011	2.407	2.682	3.269	3.505	
49	1.299	1.677	2.010	2.405	2.680	3.265	3.500	
50	1.299	1.676	2.009	2.403	2.678	3.261	3.496	
51	1.298	1.675	2.008	2.402	2.676	3.258	3.492	
52	1.298	1.675	2.007	2.400	2.674	3.255	3.488	

续表

f \ a	0.1	0.05	0.025	0.01	0.005	0.001	0.0005	单侧
	0.2	0.1	0.05	0.02	0.01	0.002	0.001	双侧
53	1.298	1.674	2.006	2.399	2.672	3.251	3.484	
54	1.297	1.674	2.005	2.397	2.670	3.248	3.480	
55	1.297	1.673	2.004	2.396	2.668	3.245	3.476	
56	1.297	1.673	2.003	2.395	2.667	3.242	3.473	
57	1.297	1.672	2.002	2.394	2.665	3.239	3.470	
58	1.296	1.672	2.002	2.392	2.663	3.237	3.466	
59	1.296	1.671	2.001	2.391	2.662	3.234	3.463	
60	1.296	1.671	2.000	2.390	2.660	3.232	3.460	
61	1.296	1.670	2.000	2.389	2.659	3.229	3.457	
62	1.295	1.670	1.999	2.388	2.657	3.227	3.454	
63	1.295	1.669	1.998	2.387	2.656	3.225	3.452	
64	1.295	1.669	1.998	2.386	2.655	3.223	3.449	
65	1.295	1.669	1.997	2.385	2.654	3.220	3.447	
66	1.295	1.668	1.997	2.384	2.652	3.218	3.444	
67	1.294	1.668	1.996	2.383	2.651	3.216	3.442	
68	1.294	1.668	1.995	2.382	2.650	3.214	3.439	
69	1.294	1.667	1.995	2.382	2.649	3.213	3.437	
70	1.294	1.667	1.994	2.381	2.648	3.211	3.435	
71	1.294	1.667	1.994	2.380	2.647	3.209	3.433	
72	1.293	1.666	1.993	2.379	2.646	3.207	3.431	
73	1.293	1.666	1.993	2.379	2.645	3.206	3.429	
74	1.293	1.666	1.993	2.378	2.644	3.204	3.427	
75	1.293	1.665	1.992	2.377	2.643	3.202	3.425	
76	1.293	1.665	1.992	2.376	2.642	3.201	3.423	
77	1.293	1.665	1.991	2.376	2.641	3.199	3.421	
78	1.292	1.665	1.991	2.375	2.640	3.198	3.420	

续表

f ＼ a	0.1	0.05	0.025	0.01	0.005	0.001	0.0005	单侧
	0.2	0.1	0.05	0.02	0.01	0.002	0.001	双侧
79	1.292	1.664	1.990	2.374	2.640	3.197	3.418	
80	1.292	1.664	1.990	2.374	2.639	3.195	3.416	
81	1.292	1.664	1.990	2.373	2.638	3.194	3.415	
82	1.292	1.664	1.989	2.373	2.637	3.193	3.413	
83	1.292	1.663	1.989	2.372	2.636	3.191	3.412	
84	1.292	1.663	1.989	2.372	2.636	3.190	3.410	
85	1.292	1.663	1.988	2.371	2.635	3.189	3.409	
86	1.291	1.663	1.988	2.370	2.634	3.188	3.407	
87	1.291	1.663	1.988	2.370	2.634	3.187	3.406	
88	1.291	1.662	1.987	2.369	2.633	3.185	3.405	
89	1.291	1.662	1.987	2.369	2.632	3.184	3.403	
90	1.291	1.662	1.987	2.368	2.632	3.183	3.402	
91	1.291	1.662	1.986	2.368	2.631	3.182	3.401	
92	1.291	1.662	1.986	2.368	2.630	3.181	3.399	
93	1.291	1.661	1.986	2.367	2.630	3.180	3.398	
94	1.291	1.661	1.986	2.367	2.629	3.179	3.397	
95	1.291	1.661	1.985	2.366	2.629	3.178	3.396	
96	1.290	1.661	1.985	2.366	2.628	3.177	3.395	
97	1.290	1.661	1.985	2.365	2.627	3.176	3.394	
98	1.290	1.661	1.984	2.365	2.627	3.175	3.393	
99	1.290	1.660	1.984	2.365	2.626	3.175	3.392	
100	1.290	1.660	1.984	2.364	2.626	3.174	3.390	
120	1.289	1.658	1.980	2.358	2.617	3.160	3.373	
∞	1.282	1.645	1.960	2.326	2.576	3.090	3.291	

附表 5　累计法平均增长速度查对表

递增速度　　　　　　　　间隔期:1—5 年

平均每年增长 %	各年发展水平总和为基期的%				
	1 年	2 年	3 年	4 年	5 年
0.1	100.10	200.30	300.60	401.00	501.50
0.2	100.20	200.60	301.20	402.00	503.00
0.3	100.30	200.90	301.80	403.00	504.50
0.4	100.40	201.20	302.40	404.00	506.01
0.5	100.50	201.50	303.01	405.03	507.56
0.6	100.60	201.80	303.61	406.03	509.06
0.7	100.70	202.10	304.21	407.03	510.57
0.8	100.80	202.41	304.83	408.07	512.14
0.9	100.90	202.71	305.44	409.09	513.67
1.0	101.00	203.01	306.04	410.10	515.20
1.1	101.10	203.31	306.64	411.11	516.73
1.2	101.20	203.61	307.25	412.13	518.27
1.3	101.30	203.92	307.87	413.17	519.84
1.4	101.40	204.22	308.48	414.20	521.40
1.5	101.50	204.52	309.09	415.23	522.96
1.6	101.60	204.83	309.71	416.27	524.53
1.7	101.70	205.13	310.32	417.30	526.10
1.8	101.80	205.43	310.93	418.33	527.66
1.9	101.90	205.74	311.55	419.37	529.24
2.0	102.00	206.04	312.16	420.40	530.80
2.1	102.10	206.34	312.77	421.44	532.39
2.2	102.20	206.65	313.40	422.50	534.00
2.3	102.30	206.95	314.01	423.53	535.57
2.4	102.40	207.26	314.64	424.60	537.20
2.5	102.50	207.56	315.25	425.63	538.77
2.6	102.60	207.87	315.88	426.70	540.40
2.7	102.70	208.17	316.49	427.73	541.97
2.8	102.80	208.48	317.12	428.80	543.61
2.9	102.90	208.78	317.73	429.84	545.20

续表

平均每年增长%	各年发展水平总和为基期的%				
	1年	2年	3年	4年	5年
3.0	103.00	209.09	318.36	430.91	546.84
3.1	103.10	209.40	319.00	432.00	548.50
3.2	103.20	209.70	319.61	433.04	550.10
3.3	103.30	210.01	320.24	434.11	551.74
3.4	103.40	210.32	320.88	435.20	553.41
3.5	103.50	210.62	321.49	436.24	555.01
3.6	103.60	210.93	322.12	437.31	556.65
3.7	103.70	211.24	322.76	438.41	558.34
3.8	103.80	211.54	323.37	439.45	559.94
3.9	103.90	211.85	324.01	440.54	561.61
4.0	104.00	212.16	324.65	441.64	563.31
4.1	104.10	212.47	325.28	442.72	564.98
4.2	104.20	212.78	325.92	443.81	566.65
4.3	104.30	213.08	326.54	444.88	568.31
4.4	104.40	213.39	327.18	445.98	570.01
4.5	104.50	213.70	327.81	447.05	571.66
4.6	104.60	214.01	328.45	448.15	573.36
4.7	104.70	214.32	329.09	449.25	575.06
4.8	104.80	214.63	329.73	450.35	576.76
4.9	104.90	214.94	330.37	451.46	578.48
5.0	105.00	215.25	331.01	452.56	580.19
5.1	105.10	215.56	331.65	453.66	581.89
5.2	105.20	215.87	332.29	454.76	583.60
5.3	105.30	216.18	332.94	455.89	585.36
5.4	105.40	216.49	333.58	456.99	587.06
5.5	105.50	216.80	334.22	458.10	588.79
5.6	105.60	217.11	334.86	459.29	590.50
5.7	105.70	217.42	335.51	460.33	592.26
5.8	105.80	217.74	336.17	461.47	594.04
5.9	105.90	218.05	336.82	462.60	595.80

续表

平均每年增长%	各年发展水平总和为基期的%				
	1年	2年	3年	4年	5年
6.0	106.00	218.36	337.46	463.71	597.54
6.1	106.10	218.67	338.11	464.84	599.30
6.2	106.20	218.98	338.75	465.95	601.04
6.3	106.30	219.30	339.42	467.11	602.84
6.4	106.40	219.61	340.07	468.24	604.61
6.5	106.50	219.92	340.71	469.35	606.35
6.6	106.60	220.24	341.38	470.52	608.18
6.7	106.70	220.55	342.03	471.65	609.95
6.8	106.80	220.86	342.68	472.78	611.73
6.9	106.90	221.18	343.35	473.95	613.56
7.0	107.00	221.49	343.99	475.07	615.33
7.1	107.10	221.80	344.64	476.20	617.10
7.2	107.20	222.12	345.31	477.37	618.94
7.3	107.30	222.43	345.96	478.51	620.74
7.4	107.40	222.75	346.64	479.70	622.61
7.5	107.50	223.06	347.29	480.84	624.41
7.6	107.60	223.38	347.96	482.01	626.25
7.7	107.70	223.69	348.61	483.15	628.05
7.8	107.80	224.01	349.28	484.32	629.89
7.9	107.90	224.32	349.94	485.48	631.73
8.0	108.00	224.64	350.61	486.66	633.59
8.1	108.10	224.96	351.29	487.85	635.47
8.2	108.20	225.27	351.94	489.00	637.30
8.3	108.30	225.59	352.62	490.19	639.18
8.4	108.40	225.91	353.29	491.37	641.05
8.5	108.50	226.22	353.95	492.54	642.91
8.6	108.60	226.54	354.62	493.71	644.76
8.7	108.70	226.86	355.30	494.91	646.67
8.8	108.80	227.17	355.96	496.08	648.53
8.9	108.90	227.49	356.63	497.26	650.41

续表

平均每年增长%	各年发展水平总和为基期的%				
	1年	2年	3年	4年	5年
9.0	109.00	227.81	357.31	498.47	652.33
9.1	109.10	228.13	357.99	499.67	654.24
9.2	109.20	228.45	358.67	500.87	656.15
9.3	109.30	228.76	359.33	502.04	658.02
9.4	109.40	229.08	360.01	503.25	659.95
9.5	109.50	229.40	360.69	504.45	611.87
9.6	109.60	229.72	361.37	505.66	663.80
9.7	109.70	230.04	362.05	506.86	665.72
9.8	109.80	230.36	362.73	508.07	667.65
9.9	109.90	230.68	363.42	509.30	669.62
10.0	110.00	231.00	364.10	510.51	671.56
10.1	110.10	231.32	364.78	511.72	673.50
10.2	110.20	231.64	365.47	512.95	675.47
10.3	110.30	231.96	366.15	514.16	677.42
10.4	110.40	232.28	366.84	515.39	679.39
10.5	110.50	232.60	367.52	516.61	681.35
10.6	110.60	232.92	368.21	517.84	683.33
10.7	110.70	233.24	368.89	519.05	685.28
10.8	110.80	233.57	369.60	520.32	687.32
10.9	110.90	233.89	370.29	521.56	689.32
11.0	111.00	234.21	370.97	522.77	691.27
11.1	111.10	234.53	371.66	524.01	693.27
11.2	111.20	234.85	372.35	525.25	695.27
11.3	111.30	235.18	373.06	526.52	697.32
11.4	111.40	235.50	373.75	527.76	699.33
11.5	111.50	235.82	374.44	529.00	701.33
11.6	111.60	236.15	375.15	530.27	703.38
11.7	111.70	236.47	375.84	531.52	705.41
11.8	111.80	236.79	376.53	532.76	707.43
11.9	111.90	237.12	377.24	534.03	709.48

续表

平均每年增长%	各年发展水平总和为基期的%				
	1年	2年	3年	4年	5年
12.0	112.00	237.44	377.93	535.28	711.51
12.1	112.10	237.76	378.62	536.52	713.53
12.2	112.20	238.09	379.34	537.82	715.63
12.3	112.30	238.41	380.03	539.07	717.67
12.4	112.40	238.74	380.75	540.37	719.78
12.5	112.50	239.06	381.44	541.62	721.82
12.6	112.60	239.39	382.16	542.92	723.94
12.7	112.70	239.71	382.85	544.17	725.98
12.8	112.80	240.04	383.57	545.47	728.09
12.9	112.90	240.36	384.26	546.72	730.14
13.0	113.00	240.69	384.98	548.03	732.28
13.1	113.10	241.02	385.70	549.33	734.40
13.2	113.20	241.34	386.39	550.59	736.46
13.3	113.30	241.67	387.11	551.89	738.59
13.4	113.40	242.00	387.83	553.20	740.73
13.5	113.50	242.32	388.53	554.48	742.83
13.6	113.60	242.65	389.25	555.79	744.98
13.7	113.70	242.98	389.97	557.10	747.13
13.8	113.80	243.30	390.67	558.38	749.23
13.9	113.90	243.63	391.39	559.69	751.38
14.0	114.00	243.96	392.11	561.00	753.53
14.1	114.10	244.29	392.84	562.34	755.74
14.2	114.20	244.62	393.56	563.65	757.89
14.3	114.30	244.94	394.26	564.93	760.01
14.4	114.40	245.27	394.99	566.27	762.21
14.5	114.50	245.60	395.71	567.59	764.39
14.6	114.60	245.93	396.43	568.90	766.55
14.7	114.70	246.26	397.16	570.24	768.76
14.8	114.80	246.59	397.88	571.56	770.94
14.9	114.90	246.92	398.61	572.90	773.16

续表

平均每年增长%	各年发展水平总和为基期的%				
	1 年	2 年	3 年	4 年	5 年
15.0	115.00	247.25	399.34	574.24	775.38
15.1	115.10	247.58	400.06	575.56	777.56
15.2	115.20	247.91	400.79	576.91	779.80
15.3	115.30	248.24	401.52	578.25	782.02
15.4	115.40	248.57	402.25	579.60	784.26
15.5	115.50	248.90	402.98	580.94	786.48
15.6	115.60	249.23	403.71	582.29	788.73
15.7	115.70	249.56	404.44	583.64	790.97
15.8	115.80	249.90	405.19	585.02	793.26
15.9	115.90	250.23	405.92	586.36	795.49
16.0	116.00	250.56	406.65	587.71	797.74

参考文献

1. 黄良文,曾五一. 统计学原理[M]. 北京:中国统计出版社,2000

2. 曾五一. 统计学概论[M]. 北京:首都经济贸易大学出版社,2003

3. 陈允明,刘厚甫,黄书田. 国民经济统计概论[M]. 北京:中国人民大学出版社,1995

4. 陈珍珍,罗乐勤. 统计学[M]. 厦门:厦门大学出版社,2002

5. 全国统计专业技术资格考试用书编写委员会. 统计基础理论及相关知识[M]. 北京:中国统计出版社,2005

6. 贾俊平,何晓群,金勇进. 统计学[M]. 北京:中国人民大学出版社,2007

7. 朱胜,陈增明等. 统计学原理[M]. 北京:中国统计出版社,2009

8. 陈仁恩. 统计学基础[M]. 厦门:厦门大学出版社,2004

9. 陈仁恩. 统计学原理习题解答问题辨析[M]. 北京:中国统计出版社,2002

10. 王立杰,张宏升,卫爱华. 统计学原理[M]. 北京:清华大学出版社,2008

11. 曹尔黎,张立军,徐云霞. 基础统计与应用[M]. 北京:清华大学出版社,2008

12. 裴更生,陈娟. 统计基础[M]. 北京:中国人民大学出版社,2011

图书在版编目(CIP)数据

统计基础/陈增明编著. —厦门:厦门大学出版社,2013.7
ISBN 978-7-5615-4695-6

Ⅰ.①统…　Ⅱ.①陈…　Ⅲ.①统计学-高等学校-教材　Ⅳ.①C8

中国版本图书馆 CIP 数据核字(2013)第 129327 号

厦门大学出版社出版发行
(地址:厦门市软件园二期望海路 39 号　邮编:361008)
http://www.xmupress.com
xmup @ xmupress.com
厦门市明亮彩印有限公司印刷
2013 年 7 月第 1 版　2013 年 7 月第 1 次印刷
开本:787×1092　1/16　印张:18.75
字数:438 千字　印数:1～3 000 册
定价:30.00 元
本书如有印装质量问题请直接寄承印厂调换